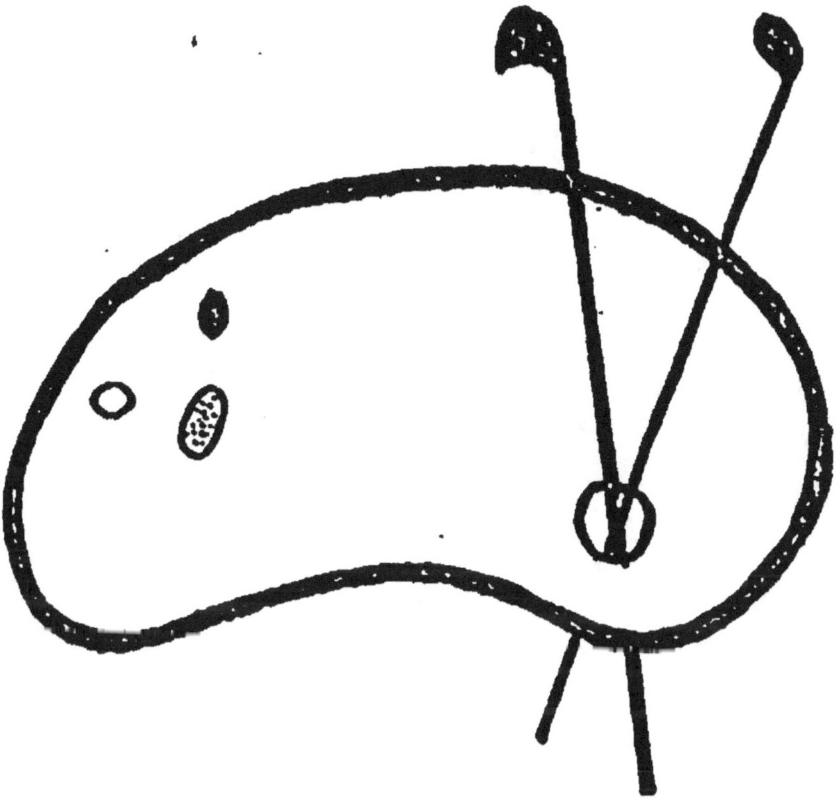

**COUVERTURE SUPERIEURE ET INFERIEURE
EN COULEUR**

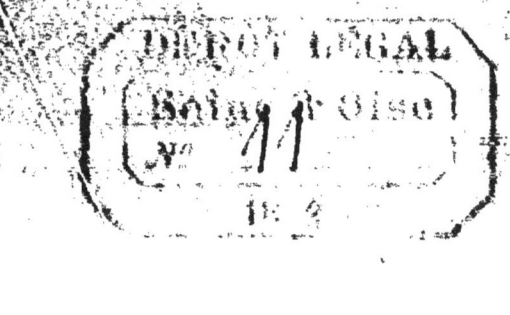

CLASSE DE SECONDE

HISTOIRE DE L'EUROPE

DE LA FIN DU XIIIe SIÈCLE AU COMMENCEMENT DU XVIIe SIÈCLE

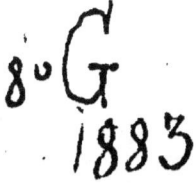

NOUVEAU COURS
D'HISTOIRE ET DE GÉOGRAPHIE

RÉDIGÉ

Conformément aux nouveaux programmes de l'Université

PAR

M. L'ABBÉ DRIOUX

VICAIRE GÉNÉRAL ET CHANOINE HONORAIRE DE LANGRES,
DOCTEUR EN THÉOLOGIE, ANCIEN PROFESSEUR D'HISTOIRE ET DE RHÉTORIQUE AU SÉMINAIRE
DE LANGRES, MEMBRE DE LA SOCIÉTÉ LITTÉRAIRE DE L'UNIVERSITÉ
CATHOLIQUE DE LOUVAIN.

CLASSE DE SECONDE

HISTOIRE DE L'EUROPE

DE LA FIN DU XIIIe SIÈCLE AU COMMENCEMENT DU XVIIe SIÈCLE

NOUVELLE ÉDITION, ENTIÈREMENT REFONDUE

PARIS

LIBRAIRIE CLASSIQUE EUGÈNE BELIN

Vve EUGÈNE BELIN & FILS

RUE DE VAUGIRARD, N° 52

1881

Tout exemplaire de cet ouvrage non revêtu de ma griffe sera réputé contrefait.

HISTOIRE DE L'EUROPE

DE LA FIN

DU XIII° AU COMMENCEMENT DU XVII° SIÈCLE

(1270-1610)

CHAPITRE PREMIER.

GÉOGRAPHIE POLITIQUE DE L'EUROPE EN 1270.

Pendant le douzième et le treizième siècle, les limites intérieures des divers États n'ont pas beaucoup changé, mais les divisions politiques et administratives de chaque royaume ont subi des modifications profondes. Nous ferons ici connaître ces modifications intérieures en décrivant successivement l'état de la France, les Iles Britanniques, l'Espagne, l'Italie, l'Allemagne, les États scandinaves, les États slaves et l'Empire grec de Byzance.

§ Ier. — *De la France* (1).

En France nous avons à constater le développement du domaine royal, les changements survenus dans les grands fiefs, l'établissement des apanages, et les possessions des princes étrangers.

Développement du domaine royal. — Le domaine royal d'abord resserré dans les limites de l'Ile-de-France s'agrandit perpétuellement sous les successeurs de Hugues-Capet. Philippe Ier réunit à la couronne le comté du *Gâtinais* qui fut cédé au roi de France par le comte d'Anjou, Foulque le Réchin, en 1069; le *Vexin français*, qui fit retour à la couronne par la mort de son dernier comte (1082), et la vicomté de *Bourges*, que le roi acheta du comte Eudes Arpin partant pour la croi-

---

(1) Voyez dans notre atlas la carte de la *France féodale*.

sade (1100). A la mort de ce prince, en 1108, le domaine royal comprenait donc les comtés de Paris, de Melun, d'Étampes, d'Orléans, de Dreux, de Sens, du Vexin et la vicomté de Bourges.

Pour ne pas rappeler ici les annexions qui ne furent que temporaires, nous dirons qu'à l'extinction des Capétiens directs le domaine royal avait absorbé :

Le comté de Corbeil, enlevé par Louis-le-Gros au seigneur du Puiset en Beauce..	1112
La sirerie de Montlhéry, par déshérence...........................	1118
Le comté du Vexin français.......................................	1123
La terre de Montargis, par cession................................	1184
Les comtés de Vermandois et d'Amiens, également par cession....	1185
Le comté de Meulan par déshérence................................	1204
Les comtés d'Uzès, de Viviers, du Velay et du Gévaudan, par traité..	1229
Les comtés de Carcassonne, de Béziers, d'Agde, de Nîmes et d'Albi, par cession...	1247
Le comté de Chartres, par achat..................................	1286
La sirerie de Beaugency, également par achat.....................	1302
La ville et le comté de Lyon, qui appartenaient auparavant aux évêques de cette ville...	1309

Changements survenus dans les grands fiefs. — *Le duché de Normandie* et le *comté d'Anjou* que nous avions remarqués parmi les grands fiefs qui se trouvaient au nord de la Loire avaient été détruits dans les guerres qui s'élevèrent entre Philippe Auguste et Jean sans Terre. Ces deux provinces avaient été réunies à la couronne en 1204, mais elles en furent aussitôt séparées pour être données en apanage. — Le *comté* de Flandre s'était affaibli. Il avait perdu *Arras, Bapaume, Aire, Hesdin, Lens, Saint-Omer*, et avait renoncé aux hommages de *Boulogne, Guines, Saint-Pol* et *Ardres*. — Le comté de Champagne avait vendu à saint Louis en 1234 les comtés de *Blois*, de *Sancerre*, de *Chartres*, et la vicomté de *Châteaudun*. — La Bretagne, érigée en duché-pairie en 1297, possédait les comtés de Penthièvre, de Guingamp et de Léon, et hors de ces limites, le comté de Montfort, la vicomté de Limoges, la Fère et Brie-Comte-Robert. Elle était tombée ainsi que la *Bourgogne* au pouvoir d'une branche cadette de la maison de France.

Au sud de la Loire, le *comté de Toulouse*, une des plus grandes puissances féodales, avait été détruit par suite de la guerre des Albigeois ; les duchés d'*Aquitaine* et de Gascogne, si célèbres autrefois, avaient perdu toute leur importance, et le comté de *Barcelone* avait cessé d'appartenir à la France. C'est même la seule modification que la France ait subie alors dans ses limites générales.

Des apanages. — Ces anciennes seigneuries furent remplacées par une féodalité nouvelle résultant de l'établissement des *apanages*. On appelait ainsi du mot *apanace* qui signifie en basse latinité *donner le pain*, les terres que le roi de France donnait à ses fils puinés qui ne pouvaient avoir part à la succession royale. On avait d'abord donné des apanages aux filles de France, mais à partir de Philippe Auguste on convint de ne leur donner qu'une dot en argent. Les fils du roi recevaient en apanage des provinces à condition que ces fiefs reviendraient à la couronne soit à leur mort soit à l'extinction de leur descendance masculine directe. Malgré cette clause, cette disposition morcelait perpétuellement le domaine royal et lui faisait perdre le bénéfice de ses acquisitions. Il sortit même de là des maisons princières qui furent plus dangereuses pour la royauté que l'ancienne féodalité.

Louis VIII avait donné aux frères de saint Louis des domaines considérables. Robert avait eu le comté d'*Artois*, Charles *le Maine*, *l'Anjou* et était comte de *Provence;* Alphonse avait le comté de *Poitiers*, une partie de *l'Auvergne* et était *comte de Toulouse*. Saint Louis donna à son fils Jean *le Valois*, à un autre Robert le comté de *Clermont* et à son troisième Pierre, *Alençon* et *le Perche*.

Des terres possédées par les princes étrangers. — Dans la France féodale plusieurs princes étrangers avaient des possessions importantes. Après la répudiation de la princesse Éléonore par Louis VII, le roi d'Angleterre était beaucoup plus puissant que le roi de France sur le continent. Philippe Auguste ravit à Jean sans Terre toutes ses possessions. Saint Louis rendit à Henri III une partie de ces conquêtes dont il suspectait la légitimité, mais le roi d'Angleterre ne conserva plus, depuis le traité conclu en 1259, que le duché de *Guyenne* avec l'*Aunis*, la *Saintonge*, le comté de *Périgord* et la vicomté de *Limoges* qui en étaient les dépendances. —

Le roi d'Aragon avait des droits sur le *Languedoc*, mais saint Louis en obtint la concession par le traité de Corbeil en 1258. — La branche cadette de la maison de Castille possédait depuis 1252 le comté d'*Aumale*, les baronnies de *Montgommery* et de *Noyelles*, la seigneurie d'*Épernon*, etc. — Enfin le *Comtat Venaissin* et la moitié d'*Avignon* avaient été cédés au saint-siége par Philippe le Hardi, en exécution d'une des clauses du traité de Meaux qui mit fin à la guerre des Albigeois.

§ II. — *Des Îles Britanniques.*

De l'Angleterre. — Quand les Normands furent maîtres de l'Angleterre, ils y établirent le système féodal dans toute sa rigueur. Tout le pays fut divisé en 60 215 fiefs de chevaliers. Guillaume prit 1462 manoirs, avec les principales villes et toutes les grandes forêts du royaume pour en former son domaine. Il distribua tous les autres fiefs à ceux qui l'avaient suivi, et récompensa de cette manière les seigneurs et les chevaliers. Pour fortifier l'autorité royale, il exigea le serment des vassaux et des arrière-vassaux, et pour s'assurer de la fidélité des Saxons il couvrit le royaume de forteresses. La charge de comte qui avait été jusqu'alors viagère fut rendue héréditaire. Après la puissance royale, celle de comte était la plus grande. Ceux qui en étaient investis se trouvaient à la tête des autres vassaux immédiats, ils possédaient eux-mêmes de vastes domaines, exerçaient la juridiction royale dans leurs provinces et étaient ainsi tout à la fois les officiers du roi et les grands vassaux de la couronne. Dans l'Angleterre et le pays de Galles (1) on comptait dès lors 52 comtés ou *shires*, dont voici le tableau :

(1) Le comté de Galles ne fut conquis que plus tard par Édouard I*er* de 1277-1284.

DIVISION DE L'ANGLETERRE EN CINQUANTE-DEUX COMTÉS[1]
AVEC LEURS VILLES PRINCIPALES.

COMTÉS.	VILLES PRINCIPALES ET LIEUX CÉLÈBRES.
1° Au midi 23.	
Cornwal	Falmouth.
Devon	Exeter.
Dorset	Dorchester.
Sommerset	Wels, Bath et Gastonbury.
Wils	Salisbury, Clarendon.
Glocester	Glocester, Bristol.
Oxford	Oxford, Banbury, Woodstock.
Berkshire	Windsor, Runnimead.
Hampshire	Winchester, Portsmouth.
Ile de Wight	Newport.
Sussex	Arundel, Lews, Hastings, Battle.
Kent	Cantorbery, Douvres, Sandwich.
Surrey	Guildford.
Middlesex	Londres.
Buckingham	Buckingham, Aylesbury.
Hertford	Saint-Albans.
Essex	Colchester, Coggeshale.
Suffolk	Ipswich.
Norfolk	Norwich, Yarmouth.
Cambridge	Cambridge, Ely.
Bedford	Bedford.
Huntingdon	Huntingdon.
Northampton	Northampton.
2° Au centre 12.	
Monmouth	Monmouth, Car-Léon.
Hereford	Hereford.
Worchester	Worchester, Evesham.
Shrop	Shrewsbury.
Stafford	Stafford.
Warwick	Warwick, Kenilworth.
Leicester	Leicester, Bosworth.
Rutland	Stamford, Ockham.
Lincoln	Lincoln, Boston.
Nottingham	Nottingham.
Derby	Derby, Chesterfield.
Chester	Chester.
3° Au nord 6.	
York	York, Richemont, Leeds.
Lancaster	Lancaster, Preston.
Westmoreland	Kendal.
Durham	Durham.
Cumberland	Carlisle.
Northumberland	Newcastle, Bamborough, Alnwich, Norham, Bedford.
4° Dans le pays de Galles 12.	
Glamorgan	Cardiff, Landaff.
Brecknok	Brecon.
Caermarthen	Caermarthen.
Pembroke	Pembroke, St-David, Milford.
Cardigan	Cardigan.
Radnor	Radnor.
Montgommery	Montgommery.
Merioneth	Bala.
Caernarvon	Caernarvon, Snowdon, Bangor, Aberconway.
Denbigh	Denbigh, Holt.
Flint	St-Asaph.
Anglesea (île)	Llanerchymedd.

De l'Écosse. — L'Écosse était restée ce qu'elle était au onzième siècle. La division politique du royaume était à peu près la même et ses villes avaient conservé le même degré d'importance. L'Angleterre prétendait exercer sur

[1] Voyez pour cette division en comtés notre carte *des Îles Britanniques*.

elle un droit de suzeraineté, mais les rois d'Écosse ne reconnaissaient ces prétentions que quand ils y étaient forcés par les armes. Le roi Alexandre III avait acheté du roi de Norwége l'île de *Man* et les *Hébrides*. Mais à la mort de ce prince devait éclater une effrayante anarchie qui arrêta tous les progrès et tous les succès de cette nation.

De l'Irlande. — L'Irlande avait été conquise par Henri II, à l'exception des montagnes de l'ouest et des districts marécageux du nord où s'étaient réfugiés les indigènes. Mais cette conquête n'eut que de médiocres résultats. Les rois et les chefs de clans retinrent sous leurs ordres toute la population du centre et du nord et se reconnurent à peine tributaires des Normands. *Dublin*, *Waterford*, *Limerick* et quelques villes maritimes de Leicester et de Munster étaient à peu près les seules possessions des Anglais dans cette île. Encore ces possessions profitèrent-elles plus aux aventuriers normands, gallois et gascons qui s'y établirent, qu'à Henri II et ses successeurs.

§. III. — *De l'Espagne* (1).

L'Espagne restait toujours divisée en deux parties : l'Espagne chrétienne et l'Espagne musulmane.

De l'Espagne musulmane. — Le roi de Castille Ferdinand III avait enlevé aux musulmans leurs plus belles cités, *Cordoue*, *Jaen* et *Séville*; l'Aragon avait reconquis sur eux le royaume de *Valence*, les îles *Baléares* et la province de *Murcie* qu'il avait partagée avec la Castille : le Portugal leur avait repris *Lisbonne* et les *Algarves*. Il ne restait plus aux infidèles que le royaume de Grenade, resserré entre la chaîne des Alpujarras et la mer, et comprenant seulement les contrées du sud-est de la péninsule. Ses principales villes, après *Grenade* sa capitale, étaient *Alméria*, *Malaga*, *Cadix*, *Gomarès*, *Almuneçar* et *Gibraltar*. Son sol était très-fertile et sa population très-considérable. Tous les Maures de Valence, Jaen, Cordoue, Séville et des autres pays conquis s'y ré-

---

(1) Voyez la carte de *l'Europe à l'époque des croisades*.

fugièrent, et c'est ce qui nous explique comment il put résister pendant plus de deux siècles aux ennemis qui l'entouraient.

De l'Espagne chrétienne. — On distinguait dans l'Espagne chrétienne quatre royaumes : le *Portugal*, la *Castille*, l'*Aragon* et la *Navarre*.

1° Le Portugal était parvenu aux limites qu'il ne devait pas dépasser. Il comprenait la partie occidentale de l'Espagne qui se trouve entre l'embouchure du Minho et celle de la Guadiana. Réduit tout d'abord aux provinces qui se trouvent entre le Minho et le Douro, il comprit après la victoire d'Ourique, en 1139, les provinces de *Beira*, et d'*Estramadure*. Sanche 1er conquit l'*Alemtéjo* en 1203, et Alphonse III soumit, un demi-siècle plus tard, le pays des *Algarves*. *Lisbonne* fut la capitale du Portugal immédiatement après la conquête de l'Estramadure. Ses villes principales étaient : *Braga* et *Porto* sur le Douro, *Coïmbre* sur le Mondégo, *Santarem* sur le Tage, et *Faro* dans les Algarves.

2° Le royaume de *Castille* comprenait les anciens royaumes de *Léon* et des *Asturies* et s'étendait au nord-ouest jusqu'à l'Océan Atlantique. Indépendamment de la Galice, des Asturies et du royaume de Léon, il possédait encore la *Vieille-Castille* au nord, la *Nouvelle-Castille* au centre, l'*Estramadure* qui se trouvait entre le Portugal et la Nouvelle-Castille, l'*Andalousie* qui s'étendait jusqu'aux deux mers que le détroit de Gibraltar réunit, et une partie de la *Murcie* à l'est du royaume de Grenade. Ferdinand III, Alphonse X et Sanche IV avaient successivement ajouté à ce royaume toutes ces provinces. *Tolède* était encore la capitale du royaume. Ses villes principales étaient *Santiago* (Saint-Jacques) dans la Galice ; *Oviédo* dans les Asturies ; *Bilbao* dans la Biscaye ; *Léon*, *Valladolid* et *Salamanque* dans le royaume de Léon ; *Burgos*, *Soria* et *Ségovie* dans la Vieille-Castille ; *Tolède*, *Madrid*, *Siguenza* dans la Nouvelle-Castille ; *Badajoz* dans l'Estramadure ; *Séville*, *Niebla*, *Cadix*, *Cordoue* et *Jaen* dans l'Andalousie ; *Murcie* dans la province de ce nom.

3° Le royaume d'*Aragon* au nord-est n'avait cessé de s'agrandir. En 1118, *Saragosse* sa capitale fut conquise sur les Maures, et en 1151, il s'unit au *comté de Barce-*

lone, qui indépendamment de la *Catalogne* possédait en fiefs les comtés de *Roussillon*, d'*Urgel*, d'*Ampurias*, de *Confolens*, de *Gironne*, de *Vich* ou d'*Ausone*. Jayme 1ᵉʳ y ajouta le royaume de Valence et les Baléares qu'il conquit, et la seigneurie de *Montpellier* qu'il avait reçue par héritage. Il avait aussi fait la conquête de la province de *Murcie*, mais il en céda la plus grande partie à la Castille qui fut par là chargée de la guerre contre les Maures. La *Ségura*, qui se jette dans la Méditerranée, servit de limite entre l'Aragon et la Castille. Les îles *Baléares* furent érigées en royaume et prirent le nom de *royaume de Majorque*. Le comté de Montpellier fut vendu à la France en 1349, mais le royaume d'Aragon s'étendit à cette époque dans un autre sens, en faisant valoir ses prétentions sur la Sicile et le royaume de Naples.

4° Le royaume de *Navarre* n'était qu'un petit État absolument sans importance. Ses meilleures provinces, la *Biscaye*, l'*Alava* et le *Guipuscoa* lui avaient été enlevées. Les comtes de Champagne devinrent rois de Navarre après la mort de Sancho VII, et par le mariage de Jeanne 1ʳᵉ avec Philippe le Bel, la Navarre se trouva réunie à la France en 1284. Elle passa dans la maison d'Évreux par le mariage de Jeanne, la petite fille de Louis le Hutin, avec le comte d'Évreux (1328).

§ IV. — De l'Italie.

Nous diviserons ce que nous avons à dire sur l'Italie à cette époque en cinq parties : la *Lombardie*, les *républiques maritimes*, le *comté de Savoie*, les *États de l'Église* et le *royaume des Deux-Siciles*.

1° **La Lombardie.** — En Italie l'élément féodal fut absorbé par les communes, et celles-ci formèrent généralement des républiques particulières remarquables par leur force et leur éclat. Ces républiques jouèrent un très-grand rôle dans les luttes que l'Italie eut à soutenir en faveur de son indépendance, contre le despotisme des empereurs d'Allemagne qui tendaient à les asservir. Les plus importantes de ces républiques étaient, au nord du Pô, *Verceil, Novare, Milan, Côme, Bergame, Brescia,*

Lodi, Crémone, Mantoue, Vérone, Vicence, Padoue et *Trévise*. Au sud de ce fleuve on remarquait : *Asti, Alexandrie, Tortone, Pavie, Plaisance, Parme, Reggio, Modène, Ferrare, Bologne, Ravenne, Rimini* et *Faënza*. Les grandes républiques de la Toscane étaient *Lucques, Pise, Florence, Sienne, Arezzo et Pistoie*.

Toutes ces villes se divisaient en deux partis : les villes *Guelfes* qui soutenaient le pape et l'indépendance nationale de l'Italie, et les villes *Gibelines* qui étaient dévouées aux empereurs d'Allemagne. Souvent, dans cette longue lutte, la même ville passa d'un parti à l'autre, de sorte qu'on ne peut déterminer d'une manière positive les villes guelfes et les villes gibelines. Cependant, nous désignerons ici *Crémone, Gênes, Come, Asti, Savone, Imola, Faënza, Rimini, Ravenne*, comme ayant été généralement attachées aux empereurs, tandis que *Trévise, Padoue, Vicence, Ferrare, Mantoue, Bergame, Milan, Novare, Verceil, Alexandrie, Plaisance, Parme, Reggio, Bologne*, soutenaient le parti des papes.

Les républiques lombardes qui combattirent si généreusement pour leur indépendance, n'absorbèrent pourtant pas entièrement, même au temps de leur plus grande puissance, tout le système féodal. Plusieurs seigneurs conservèrent leurs terres à titre de duché et de comté. Ainsi, on voyait les *Gonzague* dans le Mantouan, les *Este* et les *Carraro* dans le Padouan, les *Romano* et les *Camino* dans le Trévisan et le Vicentin, les *Scala*, les *San Bonifacio* dans le Véronais, les *Corrégio*, les *Pic* à la Mirandole, les *Doria*, les *Grimaldi* et les *Spinola* dans la Ligurie, les *Malaspina* au nord-ouest des Apennins, etc., etc.

Après la mort de Frédéric II, les villes lombardes n'ayant plus à combattre le despotisme impérial, tournèrent leurs armes contre elles-mêmes et devinrent bientôt la proie de quelques ambitieux. Les seigneurs profitèrent de cette division pour étendre leur autorité particulière, de sorte que les républiques furent partout remplacées par des seigneuries. Cette révolution était accomplie sur la fin du xiiie siècle. Ainsi, les Eccelino qui possédaient la *marche de Vérone* étendaient leur domination sur *Padoue, Vicence, Trente, Bassano,*

Bellune et *Trévise*; le marquis d'Este ajouta le *Ferrarais*, *Modène* et *Reggio* à ses États auparavant resserrés entre l'Adige et la Brenta; la seigneurie de *Milan* se trouvait au pouvoir des Visconti, la seigneurie de *Mantoue* était sur le point d'être érigée en marquisat au profit des Gonzagues (1328), et toutes les anciennes républiques obéissaient à des seigneurs particuliers. *Florence* portait toujours le nom de république, mais elle devait être bientôt asservie par les Médicis.

2° **Les républiques maritimes.** — Il n'y eut que les républiques maritimes, *Venise*, *Gênes* et *Pise*, qui conservèrent leur première forme de gouvernement. — Venise avait placé sous sa dépendance l'*Istrie* et la *Dalmatie*. En 1117, les Hongrois lui enlevèrent cette dernière province, à l'exception de la ville de *Zara*, qui lui fut rendue en 1202. Mais elle fut dédommagée de cette perte par les croisés qui lui abandonnèrent, après la prise de Constantinople, le *quart et demi de l'empire romain*. Ses possessions s'étendaient alors sur les *îles Illyriennes* et *Ioniennes*, le duché de *Gallipoli*, *Arcadiople*, *Messinople*, *Héraclée* et *Rodosto* en Thrace, *Arta* et *Lépante* en Épire; *Patras*, *Coron* et *Modon* en Morée, l'*île de Candie* et une partie de l'*Eubée*. Des aventuriers s'établirent en son nom à *Candie*, *Corfou*, *Céphalénie*, *Zante*, *Naxos*, *Paros*, *Mélos*, *Mycone*, *Scyros*, *Zéa* et *Lemnos*, et exploitèrent toutes ces îles à son profit (1). Des huit quartiers de Constantinople elle en possédait trois, où elle pouvait établir des comptoirs fort avantageux pour son commerce. Elle était maîtresse de l'Adriatique et aucun vaisseau n'y pouvait naviguer sans lui payer tribut.

Gênes s'était rendue très-puissante par ses victoires sur les Pisans. Elle régnait sur tout le littoral qui se trouve entre les Apennins et la mer, et elle avait conquis la *Corse*, l'*île d'Elbe* et une partie de la *Sardaigne*. Les croisades l'avaient enrichie et l'avaient rendue la rivale de Venise. Elle possédait en Orient, *Pera*, faubourg de Constantinople, *Caffa*, *Tana*, ou *Azof*, *Smyrne*, *Scio*, *Métélin* et *Ténédos*, où elle avait fondé de magnifiques établissements de commerce. — La république de *Pise*

---

(1) Voyez la carte de l'*Europe à l'époque des croisades*.

était au contraire arrivée à sa période de décadence; elle ne possédait plus dans la Sardaigne que *Cagliari* et *Iglesias*, qui lui appartenaient en propre. Les autres provinces de cette île ne reconnaissaient sa suzeraineté que de nom. D'un autre côté, les Florentins lui avaient ravi sur le continent une partie de son patrimoine et elle se voyait presque réduite à la seule ville de Pise.

3° **Le comté de Savoie.** — À l'ouest de la Lombardie, la maison de Savoie formait un État très-puissant. Il comprenait le *Bugey* (Belley), la *Savoie* (Chambéry), le *Chablais* sur la rive gauche du Léman, une partie du *Valais* et du pays de *Vaud* avec les *comtés* de *Mondon* et de *Romonte*, le *duché d'Aoste*, le *marquisat de Suze* et la *principauté de Piémont*. Le *comté de Nice* dépendait alors de la Provence. Mais ces États du comte de Savoie furent démembrés au milieu du treizième siècle, et tombèrent sous la suzeraineté de la France. Ils ne furent réunis qu'au commencement du quinzième siècle à l'approche des guerres d'Italie.

4° **Les États du pape.** — Le patrimoine de saint Pierre avait conservé en Italie la même étendue. Mais dans la *Romagne*, la *marche d'Ancône* et le *duché de Spolète* on avait vu s'élever une foule de tyrans qui s'étaient emparés du gouvernement des villes, et s'autorisaient du nom de l'empereur contre le saint-siége. Ainsi *Ravenne* était soumise aux Polentani, *Rimini* aux Malatesti, *Bologne*, *Urbin*, *Camérino*, *Imola*, *Faënza* à d'autres tyrans. Dans la campagne de Rome on remarquait les *Orsini* à Tibur, les *Colonna* à Préneste, les *Frangipani* vers *Antium*, etc. Souvent ces familles pénétraient dans l'intérieur de Rome et y entretenaient des factions. Tout le patrimoine de saint Pierre peut donc être considéré comme offrant un assemblage assez confus de puissances et de seigneuries qui vivaient dans une sorte de rivalité perpétuelle.

5° **Les deux Siciles.** — Le royaume des *Deux-Siciles*, formé de la Sicile et de l'Italie méridionale, obéissait à la maison d'Anjou quand les *Vêpres siciliennes* vinrent tout à coup le diviser en deux parties, le *royaume de Naples* et le *royaume de Sicile* proprement dit (1282). Le royaume de Naples comprenait les *Abruzzes*, la terre de *Labour*, le *Principat*, la *Capitanate* et la principauté de *Bari*. Ses villes principales étaient: *Aquila*, *Teramo*, *Chieti* et *Pescara* dans les Abruzzes; *Capoue*, *Naples* et *Nole* dans la Terre de Labour; *Nocera*, *Salerne*, *Amalfi* dans le Principat; *Lucera*, *Manfredonia* dans la Capitanate; *Bari* dans la principauté de ce nom, et *Melfi* dans la Basilicate.

Le royaume de *Sicile*, qui échut aux Aragonais, comprenait indépendamment de la Sicile, la *terre d'Otrante* et la *Calabre* sur le continent, et les îles de *Malte*, de *Gerbe* et de *Kerkini*, conquises par Roger de Loria un an après les Vêpres Siciliennes. La capitale de ce nouveau royaume fut *Palerme*. Ses villes les plus remarquables furent *Messine*, *Syracuse*, et *Catane* en Sicile, *Reggio* et *Cosenza* dans la Calabre, *Otrante* dans la terre d'Otranto, etc.

§ V. — De l'Allemagne.

Limites générales de l'empire. — Au douzième et au treizième siècle l'Allemagne avait été divisée aussi bien que l'Italie en deux maisons rivales, celle des *Welf* (Guelfes), et celle des *Hohenstauffen* (Gibelins). Les *Welf* possédaient en Allemagne le *duché de Saxe*, moins la marche de Brandebourg, le *duché de Bavière* et la partie de la *Souabe* comprise entre le Lech et le lac de Constance. Les *Hohenstauffen* étaient maîtres de la plus grande partie de la *Souabe* et de la *Franconie*, ainsi que du *comté Palatin de Bourgogne* (Franche-Comté) et du *Voigtland* au sud-ouest de la Thuringe. Ces luttes affaiblirent l'Empire, et favorisèrent les royaumes qui cherchèrent à recouvrer leur indépendance. Ainsi l'*Italie* et le *royaume d'Arles* s'affranchirent entièrement de la domination impériale; la *Hongrie*, la *Pologne* et le *Danemark* refusèrent également de reconnaître sa suzeraineté. Il est vrai qu'en 1182 la *Poméranie* fut incorporée à l'Empire, et que les ordres militaires des Teutons et des Porte-Glaives établis dans la *Prusse* et la *Livonie* se reconnurent les vassaux de l'empereur; mais ces acquisitions ne compensèrent pas les pertes qu'on avait faites.

Des changements politiques qui s'opérèrent à l'intérieur de l'Empire. — A la chute des Hohenstauffen (1), les limites extérieures de l'empire restèrent les mêmes. Mais sa constitution intérieure subit des modifications profondes; tous les anciens duchés se transformèrent. 1° Du *duché de Saxe* sortirent le *margraviat de Brandebourg*, le *duché de Wittemberg*, le *landgraviat de Thuringe*, et une foule de seigneuries et de comtés. Le *Mecklembourg* et le duché de *Poméranie* devinrent des fiefs immédiats de la couronne. 2° Le *duché de Bavière* perdit la Carinthie, l'Autriche et la Styrie à la chute des Welf. Mais en passant des Welf aux Wittelbach, la Bavière gagna le *palatinat du Rhin* (1227); ce comté se divisa ensuite en deux, le *Palatinat* proprement dit et le *duché du Rhin*. 3° La *Souabe* vit sortir de son duché le *margraviat de Bade*, le *duché de Wurtemberg*, et une foule de comtés indépendants. 4° Le *duché de Franconie*, éteint avec la maison Salique, forma les États du *comte palatin du Rhin*, du *landgrave de Hesse*, des comtes de *Nassau* et de l'évêque de *Wurtzbourg*. 5° Le duché de Lorraine se divisa en deux parties: la *Haute-Lorraine*, qui appartint aux comtes d'Alsace, et la *Basse-Lorraine* aux comtes de Louvain, qui l'administrèrent sous le titre de *comtes de Brabant*. Les comtes de *Hollande*, *Zélande*, *Frise*, *Juliers*, *Clèves*, *Gueldre*, *Luxembourg* ne relevèrent plus que de l'empereur. 6° La *Bohême* forma un royaume particulier dont le roi était un des sept électeurs.

Des électeurs. — La dignité impériale était élective, mais le choix de l'empereur ne dépendait que de sept électeurs: trois ecclésiastiques et quatre séculiers. Les électeurs ecclésiastiques étaient les archevêques de *Cologne*, de *Mayence* et de *Trèves*. Les électeurs séculiers étaient le *roi de Bohême* (capitale Prague), le *duc de Saxe* (capitale Wittemberg), le *duc de Bavière* (capitale Ratisbonne) et le *margraviat de Brandebourg* (capitale Brandebourg).

Des principaux États laïques. — On comptait environ cent États laïques ainsi divisés : six grands ducs,

(1) Voyez dans notre atlas la carte de l'*Europe féodale* en 1328.

trente comtes princiers et soixante villes impériales.

Les grands-ducs étaient ceux de *Bavière*, d'*Autriche*, de *Carinthie*, de *Brunswick*, de *Lorraine* et de *Brabant-Limbourg*.

Les comtes princiers portaient les titres de duc, comte, margrave, landgrave et burgrave. Les plus remarquables étaient les ducs de *Holstein*, de *Lauenbourg*, de *Stettin* et de *Mecklembourg* au nord ; les margraves de *Brandebourg*, de *Lusace*, de *Misnie*, de *Moravie* à l'est ; les landgraviats de *Thuringe* et de *Hesse* : les comtés de *Habsbourg*, de *Lauffenbourg*, de *Hohenzollern*, de *Wurtzbourg*, de *Luxembourg*, de *Hainaut*, de *Louvain*, de *Juliers*, de *Gueldre*, de *Hollande*, etc., au centre et au nord-ouest.

Les villes libres en Allemagne devinrent très-importantes. Elles furent autant d'entrepôts qui facilitaient les relations commerciales du reste de la chrétienté avec l'Asie et les contrées orientales de l'Europe. Leur négoce les enrichit, et elles formèrent entre elles des ligues qui augmentèrent beaucoup leur puissance. Parmi ces diverses ligues ou fédérations on distinguait la *ligue rhénane* et la *ligue hanséatique*. La *ligue rhénane* se forma en 1254, et comprit soixante villes dans le sud de l'Allemagne. Son but était de s'opposer aux prétentions de la noblesse, mais elle ne joua jamais un grand rôle dans les affaires politiques. La *ligue hanséatique* fut ainsi appelée parce qu'on donnait dans l'origine le nom de Hanse (*hansa*, impôt de la douane) aux comptoirs que les villes commerçantes possédaient à l'étranger. *Cologne*, *Hambourg*, *Lubeck*, *Brême*, etc., eurent des hanses à Londres et de très-bonne heure. En 1241, Lubeck et Hambourg s'étant unies, plusieurs autres villes se joignirent à elles, et cette ligue prit le nom de ligue hanséatique. En 1300, cette fédération comprenait déjà soixante villes, dont les plus remarquables étaient après Lubeck et Hambourg *Brême*, *Cologne*, *Rostock*, *Stralsund*, *Wismar*, *Stettin*, *Dantzick*, etc. Sa constitution définitive date de 1367. Elle s'empara de tout le commerce de la mer Baltique et d'une grande partie de la mer du Nord. *Novogorod* en Russie, *Bergen* en Norwége, *Bruges* en Flandres et *Londres* en Angleterre furent ses quatre grands entrepôts. Elle se partagea en quatre parties : 1° la *Hanse venède*, chef-lieu Lubeck; 2° la *Hanse Westphalienne*, chef-lieu Cologne, la rivale de Lubeck ; 3° la *Hanse saxonne*, chef-lieu Brunswick; la *Hanse prussienne* et *livonienne*, chef-lieu Dantzick.

Des principaux États ecclésiastiques. — Les États ecclésiastiques étaient un peu plus nombreux que les États laïques. Le clergé était en possession à peu près du tiers de l'Allemagne. Ainsi la moitié de la *Lorraine mosellane* ou de la Haute Lorraine relevait des évêques de *Toul*, de *Metz* et de *Verdun*. L'archevêque de *Trèves* possédait les pays de Trèves, *Coblentz* et *Andernach;* l'évêché de *Liége* s'étendait de Givet à Maëstricht et comprenait plusieurs autres possessions dans différents comtés; l'archevêché de *Cologne* s'étendait sur les rives du Rhin et possédait sur la rive droite *Deutz*, *Essen*, *Werl*, *Soest*, etc., et sur la rive gauche *Bonn*, *Cologne*, *Neuss*, *Zulpich*, etc. L'évêché d'*Utrecht* embrassait les provinces actuelles d'*Utrecht*, d'*Over-Yssel* et de *Groningue*. — On remarquait dans la *Saxe* les évêchés souverains de *Munster*, d'*Osnabruck*, de *Minden*, de *Paderborn*, d'*Hildesheim*, et les riches archevêchés de *Brême* et de *Magdebourg;* dans la *Bavière*, l'archevêché de *Salzbourg*, qui comprenait tous les pays situés sur les deux rives de la Salza depuis Burghausen au nord jusqu'à la haute vallée de la Drave au sud, et l'évêché de *Passau* qui touchait aux frontières de la Bohême; dans la *Souabe*, l'évêché d'*Augsbourg*; dans la *Franconie*, celui de *Wurtzbourg*, dont l'évêque prenait les titres de duc de Franconie, comte de Waldsassen, du Badenagau, du Gotzfeld, etc.; dans la *Suisse*, les évêchés de *Constance*, de *Bâle* et l'évêché de *Coire*; dans l'*Alsace*, l'évêché de *Strasbourg* qui comprenait le quart de cette province. Indépendamment des évêchés, il y avait aussi des abbayes très-puissantes; on en comptait plus de soixante qui jouissaient de possessions très-étendues.

De l'ordre Teutonique et des chevaliers Porte-Glaives. — Pour achever l'énumération de toutes les parties de l'empire germanique, il ne nous reste plus qu'à mentionner l'établissement des *Chevaliers teutoniques* qui possédaient sur la mer Baltique la *Prusse* et la *Courlande*, et celui des chevaliers *Porte-Glaives* qui étaient maîtres de la *Livonie* et de l'*Esthonie*. Ces pays barbares se civilisaient à mesure que les lumières du christianisme les éclairaient; on vit s'élever les villes de *Riga* dans la Livonie, *Revel* dans l'Esthonie, *Millau* dans la Courlande, au nord du Niémen, et celles de *Culm, Thorn, Kœnigsberg, Marienwerder* et *Marienbourg* dans la Prusse, en deçà de ce fleuve. Cette dernière ville était la capitale de l'ordre et la résidence du grand maître qui, après la réunion des deux ordres, porta le titre de *prince d'Empire*.

§ VI. — *Des États scandinaves, des États slaves et de l'Empire grec.*

Des États scandinaves. — Les États scandinaves commençaient à sortir de la barbarie où ils avaient été jusqu'alors plongés. — Le *Danemark* comprenait le *Jutland*, la *Scanie*, les *îles Danoises, Rugen* et *Bornholm* et le nord de l'*Esthonie*. Il céda cette dernière contrée à l'ordre Teutonique, en 1347. La capitale du Danemark était *Roskild* dans le Séeland. Il avait pour villes principales: *Lund* en Scanie, sa métropole ecclésiastique, *Sleswig, Viborg, Odensée. Copenhague* commençait à prendre de l'importance. — La *Norwége*, avait affermi sa suzeraineté sur l'*Islande*, le *Groënland* et une partie des *îles de la mer du Sud*. La Suède lui avait enlevé le *Jamteland* au milieu du douzième siècle, mais elle venait de le recouvrer, et elle avait même étendu sa domination sur les *Lapons* du *Finmark* occidental; sa capitale était *Bergen*. — La *Suède*, réunie à la *Gothie* en 1278, par Magnus Ladislas, comprenait la *Gothie* proprement dite, la *Suévie*, les îles de *Gothland* et d'*Œland*, la plus grande partie de la *Finlande* et de la *Laponie finlandaise*. Ses villes principales étaient: *Upsal, Stockolm, Nikœping, Calmar, Carlstad*, etc....

Des États slaves. — Les États slaves indépendants de l'empire germanique étaient: la *Pologne*, la *Lithuanie*, la *Russie*, la *Hongrie* et la *Bulgarie*.

La *Pologne*, qui devait être un des États slaves les

plus puissants, était alors divisée en plusieurs principautés qui prétendaient être indépendantes. Ainsi les duchés de *Mazovie* et de *Cujavie*, qui comprenaient presque toute la partie de la Pologne renfermée dans le bassin de la Vistule, en étaient des fiefs plutôt que des provinces. Il en était de même de la *Poméranie orientale*, de la *Silésie*, des duchés de *Breslau* et de *Posen* et de plusieurs autres principautés. — La *Lithuanie* avait fait au treizième siècle de grandes conquêtes, et l'on remarquait parmi les villes qu'elle possédait : *Polostk*, sur la Dwina; *Minsk*, vers les sources du Niémen, et *Grodno*, sur ce même fleuve. *Wilna*, qui devait être si importante, ne fut bâtie que vers l'an 1300. Dans l'époque suivante, cette province se réunit à la Pologne, et donna par là même à ce royaume une force et un éclat qu'il n'avait point encore eus.

La *Russie* avait été divisée, comme la Pologne, en principautés indépendantes. Il ne restait plus de ces divers États au treizième siècle que la *république de Novogorod*, la *principauté de Wladimir* et celle de *Kief*. La *république de Novogorod* s'étendait au nord entre la Dwina, la Néva, le lac Peipus et le haut Volga. Ses villes les plus considérables étaient : *Novogorod*, *Pskov* et *Vitepsk*. La *principauté de Wladimir* reconnaissait la suzeraineté de la Grande-Horde ; mais le grand-duc de Wladimir avait conservé son titre de chef suprême. Cette principauté comprenait *Sousdal*, *Tver*, *Riœzan* et *Smolensk*. Celle de *Kief* comprenait la *Russie Rouge*, la *Gallicie*, la *Sévérie*, et les steppes qui bordent le Borysthène. Ses principales villes étaient : *Kief* ou *Kiovie*, *Kalitsch*, *Kaminiech*, et *Wladimir*. — Le khan du Kaptschack avait profité de la division de la Russie pour l'asservir. Il s'était emparé de toute la Russie orientale jusqu'au Véronèje, affluent de la rive gauche du Tanaïs, ainsi que du pays des *Cumans* entre le Don et l'Alt.

La *Hongrie* s'était agrandie de la Dalmatie tout entière à l'exception de *Zara*, recouvrée par les Vénitiens en 1202. Elle s'étendait donc depuis l'Adriatique jusqu'aux monts Krapacks, et depuis la Morova jusqu'à l'Aluta. On y distinguait la *Transylvanie*, qui avait été repeuplée en partie par des colonies saxonnes, et qui avait *Hermanstadt* pour capitale. Les *Cumans* s'y étaient aussi réfugiés après l'invasion désastreuse des Mongols, et ce mélange de population entretenait au sein de ce royaume bien des divisions. Le roi de Hongrie prenait le titre de roi de *Hongrie*, de *Dalmatie*, de *Croatie*, de *Rascie* (c'était le nord-est de la Servie), de *Gallicie*, de *Lodomérie* et de *Cumanie*, faisant ainsi comprendre tous les peuples et toutes les provinces qui lui obéissaient.

La *Bulgarie* s'étendait sur la rive droite du Danube, depuis Belgrade jusqu'à l'embouchure de ce fleuve. Ce royaume était très-puissant, mais il avait de dangereux ennemis dans les Hongrois et les Mongols ses voisins. Ces derniers le rendirent tributaire sur la fin du treizième siècle. Ses principales villes étaient : *Widdin*, *Trinobum*, *Silistrie*, *Varna* et *Sophia*.

De l'empire Byzantin. — L'empire grec de Constantinople rétabli en 1261 par les Paléologues n'avait plus l'importance d'autrefois. Il ne possédait en Europe que la Thrace, la Macédoine et une partie de l'Épire. Il était limité au nord de ce côté par le mont *Hœmus* (Balkan), qui le séparait du royaume des Bulgares. Les Latins possédaient le duché d'Athènes et la principauté d'Achaïe. Les Vénitiens et les Génois étaient maîtres des îles. Les Paléologues n'avaient en Asie que la partie occidentale de l'Asie-Mineure. Constantinople était leur capitale. Ils avaient pour villes principales : *Andrinople*, *Saloniki*, *Misitra*, *Napoli* ou *Nauplie de Romanie*. Ce faible Empire devait être la proie des Turcs-ottomans.

CHAPITRE II.

PHILIPPE LE HARDI ET PHILIPPE LE BEL. GUERRES AVEC L'ARAGON, LA FLANDRE ET L'ANGLETERRE (1).

Saint Louis avait été la plus haute manifestation de la piété catholique au moyen âge, et son règne fut pour ce motif une époque de progrès pour les sciences, les arts, et en général pour toutes les institutions nationales. Son fils, Philippe le Hardi, n'était pas un prince médiocre, mais les circonstances manquèrent à ses talents, et il n'a point laissé de grands souvenirs. On touche dès lors à la fin du treizième siècle, et on sent un esprit nouveau se former contre l'Eglise. Après avoir été à la tête de la société, le pouvoir religieux commence à être attaqué par le pouvoir civil, qui veut substituer son action à la sienne. Philippe le Bel inaugure cette lutte, mais son despotisme amena une réaction qui fut funeste à la royauté elle-même et à la nation.

§ I*er*. — *Philippe le Hardi. Guerre avec l'Aragon* (1270-1285).

Agrandissement du domaine royal sous Philippe le Hardi. — Quand Philippe III rentra dans Paris, il portait lui-même, avec les seigneurs de sa suite, le cercueil de son père. Tout le peuple accourut à cette cérémonie touchante, et chacun voulait s'approcher des restes vénérés du monarque qu'on invoquait déjà comme un saint. Son corps fut déposé à Saint-Denis, et on y transporta en même temps les corps de la reine Isabelle, du comte de Nevers et du roi de Navarre. Après avoir rendu les derniers devoirs à ces personnages illustres, on se rendit à Reims pour le sacre du nouveau roi. Philippe III était triste et languissant : l'onction sainte lui rendit l'espérance, mais la mort continua à désoler sa famille. Le comte de Poitiers son oncle et sa tante la comtesse Jeanne expirèrent tous deux quelque temps après.

---

(1) AUTEURS A CONSULTER : Guillaume de Nangis, *Chroniques, Chroniques de Saint-Denis*; Godefroy de Paris, *Chroniques civiles*; Gabourd, *Histoire de France*; Châteaubriand, *Études historiques*; Gaillard, *Rivalité de la France et de l'Angleterre*; Rohrbacher, *Histoire de l'Église*.

Le règne de Philippe III, inauguré au milieu de ces événements, n'est guère remarquable que par l'accroissement du domaine royal, qui s'augmenta par suite de plusieurs successions. Jean Tristan légua à la couronne le Valois et ses terres d'Auvergne ; Alphonse de Poitiers et Jeanne de Toulouse lui laissèrent le Poitou, l'Auvergne, la Saintonge, les comtés de Toulouse et d'Albi, le Quercy, l'Agénois et le Venaissin. Philippe III céda au souverain pontife ce dernier pays avec la ville d'Avignon (1274). Il réunit encore à la couronne le comté de Champagne et le royaume de Navarre, à l'occasion de la mort de Henri le Gros, fils de Thibault. Le parti espagnol voulait lui ravir cet héritage en mariant Jeanne, l'unique héritière de Henri, à un prince aragonais ou castillan. Mais Philippe le Hardi déjoua tous ces projets en préparant l'alliance de son fils Philippe avec cette princesse.

Vêpres siciliennes (1282). — Les Capétiens étaient alors devenus très-puissants en France, ils exerçaient une grande influence en Espagne et occupaient le trône des Deux-Siciles. Charles d'Anjou, qui avait reçu du souverain pontife cette dernière couronne, s'appliqua dans les commencements de son règne à satisfaire ses nouveaux sujets. Sa sévérité lui fit ensuite des ennemis, lorsqu'il eut vaincu les Allemands à la bataille de Tagliacozzo, près d'Aquilée (1268). La croisade de saint Louis, les préparatifs de guerre qu'il fit contre Constantinople occupèrent son activité et augmentèrent encore le nombre de ses ennemis. Mais ce qui le rendit surtout odieux à ses sujets, ce furent ses exactions innombrables et la brutalité de ses gens envers les vaincus. Les Siciliens, lassés d'être soumis à un joug étranger, résolurent de mettre à mort tous les Français. Une vaste conspiration se forma sous la direction de Jean de Procida, médecin de Manfred, qui, après avoir été dépouillé de tous ses biens, s'était retiré à la cour de Pierre, roi d'Aragon. Les conjurés convinrent que le lundi de Pâques (30 mars 1282), au moment où les cloches appelleraient les fidèles aux vêpres, ils se jetteraient sur les Français et les massacreraient tous sans exception. En deux heures, plus de huit mille personnes furent égorgées. On n'épargna ni les femmes ni les enfants, et il n'y eut dans toute la Sicile qu'un seul chevalier français, dont on admirait les vertus, qui fut épargné. Ce massacre est resté célèbre sous le nom de *Vêpres siciliennes*.

Guerre avec l'Aragon. Mort de Philippe III (1284-1285). — Pierre d'Aragon s'était entendu avec les auteurs de cette horrible conspiration. Il se présenta aussitôt avec sa flotte pour en recueillir les fruits. Le souverain pontife, usant de ses droits, lança l'excommunication sur les assassins et retira à Pierre d'Aragon son royaume d'Espagne pour en investir le roi de France. Le saint-siége avait sur ce pays un droit de suzeraineté incontestable, et rien n'était plus légitime que l'action du pape dans cette circonstance.

Philippe III accepta la couronne qui lui était offerte et s'avança vers le Roussillon avec une armée de quatre-vingt mille hommes de pied et vingt mille chevaux. Pierre d'Aragon étant sous l'anathème, et Philippe n'ayant pris les armes qu'à la voix du souverain pontife, on considéra cette expédition comme une croisade. Elle fut savamment conduite et débuta par de brillants succès; mais il essuya un échec près de Gironne, et la maladie s'étant mise dans l'armée il fallut se retirer. Philippe fut si vivement affligé des ravages que la contagion faisait parmi ses troupes, que sa santé s'affaiblit rapidement; il fut pris de la fièvre et se traîna péniblement jusqu'à Perpignan, où il mourut après avoir reçu les derniers sacrements avec une grande dévotion (1285).

Ce prince porta indirectement une grave atteinte à la féodalité en autorisant les roturiers à acquérir des fiefs et à prendre des titres de noblesse. Les premières lettres d'ennoblissement sont celles qu'il accorda en 1272 à Raoul, son argentier. C'est aussi sous ce règne que parurent les premières ordonnances sur les *avocats*, qui commencèrent dès lors à former un corps dont l'influence politique ne tarda pas à se manifester. Leurs statuts furent rédigés en 1274, et ils devaient jurer tous les ans de ne jamais défendre que des causes qu'ils croiraient justes.

§ II. — Philippe le Bel. Guerre avec la Flandre et l'Angleterre (1285-1299).

Caractère de Philippe IV. — Depuis longtemps la royauté prenait de la force, tandis qu'au contraire le régime aristocratique s'affaiblissait. Il y avait dans ce mouvement progressif, d'ailleurs si avantageux pour la civilisation, un grand péril pour la liberté des peuples. Il était à craindre que le pouvoir royal ne tombât entre les mains d'un prince qui se laissât emporter aux excès du despotisme, et ce fut malheureusement ce qui arriva. Fier par caractère, exigeant par avarice, dévoré par une insatiable cupidité, Philippe le Bel fit peser sur ses sujets un joug de fer, pendant que par sa mauvaise foi il déconcertait la loyauté de ses ennemis. On ne trouve plus en lui la droiture et la religion du fils de saint Louis; ces éminentes vertus y sont déjà remplacées par une politique astucieuse.

Quand il monta sur le trône, la guerre était partout. On la faisait dans l'Aragon contre don Pèdro, dans la Castille contre don Sanche IV qui avait usurpé les droits de ses neveux, et dans les Deux-Siciles en faveur de la maison d'Anjou. Toutes ces guerres furent terminées par les traités de Tarascon (1291) et d'Agnani (1295). L'Aragon demeura à don Pèdro, la Castille reconnut la puissance de son usurpateur, et Naples appartint à Charles le Boiteux, le successeur de Charles d'Anjou. On l'avait également confirmé dans la possession de la Sicile, mais il laissa Frédéric d'Aragon s'emparer de cette île et le reconnut *roi de Trinacrie* (1302).

Guerre avec l'Angleterre. Guerre de Guyenne (1293-1299). — Philippe le Bel vivait en paix avec Édouard Ier, roi d'Angleterre. Une querelle survenue entre des matelots normands et des matelots anglais fut l'occasion de la guerre. Les deux partis se livrèrent des combats sur mer, et les Anglais poussèrent l'audace jusqu'à s'emparer de la Rochelle. Philippe le Bel demanda raison de cet attentat au roi d'Angleterre. Bien qu'Édouard Ier se fût engagé à réparer les torts de ses sujets, Philippe le cita néanmoins devant sa cour en qualité de vassal. Édouard envoya son frère en France et conclut un traité d'après lequel il s'engageait à céder au roi de France six places fortes, en réparation de l'offense qui lui avait été faite. Ce traité n'était qu'une formalité ; il avait été convenu entre les deux rois que ces villes seraient rendues à l'Angleterre après quarante jours.

Au lieu de s'en tenir à ces conventions, Philippe cita de nouveau le roi Édouard et prononça la confiscation de la Guyenne, parce qu'il ne s'était pas présenté en personne après la première citation (1293). Le roi d'Angleterre répondit à ces violences par une déclaration de guerre. Il fit alliance avec l'empereur d'Allemagne, Adolphe de Nassau, et Guy de Dampierre, comte de Flandre dont Philippe retenait la fille captive par le fait d'une révoltante félonie (1297). Le roi de France s'allia de son côté avec l'Écosse. Ce qu'il y eut d'étrange dans cette guerre, c'est que les deux monarques firent tomber tout le poids de leurs armes sur leurs alliés réciproques. Édouard attaqua les Écossais, les vainquit à Dumbar, où il fit prisonnier leur roi Baillol (1297). Le fameux Wallace, qui se montra l'héroïque défenseur de la liberté de la nation, ayant ranimé le courage des vaincus et provoqué une insurrection nouvelle, Édouard se mit de nouveau en campagne et gagna la célèbre bataille de Falkirk qui le rendit maître de toute l'Écosse (1298). Pendant que les alliés de la France étaient ainsi privés de leur liberté, Philippe le Bel triomphait des Flamands, les alliés de l'Angleterre. Charles de Valois, son frère, avait conquis tout leur pays, et Guy était captif à Paris comme Baillol l'était en Angleterre.

Toutes ces guerres étant ruineuses pour les deux pays, Philippe et Édouard se livrèrent l'un et l'autre aux exactions les plus honteuses pour les soutenir. Après avoir violé les droits du peuple et les priviléges de la noblesse, ils n'avaient pas craint l'un et l'autre de prélever un impôt extraordinaire sur les biens du clergé. Boniface VIII résolut de s'opposer à ces excès. Il publia donc une bulle (*Clericis laïcos*) dans le dessein de réprimer ces empiétements de la puissance civile 1296). Édouard 1er s'y soumit, mais Philippe le Bel, exagérant son autorité, empêcha de sortir de France les legs pour la terre sainte et les dons annuels faits au saint-siége par le clergé du monde entier. Le pape, étonné de cette résistance, expliqua sa bulle et prouva dans une lettre que toute la doctrine en était conforme aux anciens canons (1297). Philippe parut satisfait, révoqua ses ordonnances et fit sa paix avec Rome. Il reconnut même le pape pour arbitre du différend qui s'était élevé entre lui et le roi d'Angleterre. Boniface VIII, qui voyait avec peine les deux plus grands monarques de la chrétienté épuiser les forces de leurs royaumes pour la vaine satisfaction de leur amour-propre, accepta ce rôle de conciliation avec bonheur. En juge équitable, il prononça que la Guyenne serait rendue à l'Angleterre ; que la reddition des places qu'on s'était prises réciproquement serait ajournée, et que pour consolider la paix, Marguerite, sœur de Philippe, épouserait le roi d'Angleterre, qui était veuf alors, et que la fille du roi de France, Isabeau, serait unie à Édouard, fils du roi d'Angleterre. Tous ces mariages eurent lieu, et ce traité qui était tout à l'avantage de la France fut observé pendant quelque temps.

Guerre de Flandre. Bataille de Courtray et de Mons-en-Puelle (1300-1305). Philippe le Bel tourna ensuite ses armes contre la Flandre. Son frère Charles de Valois entra dans ce pays et s'empara de la ville de Gand. Le comte de Flandre et ses fils s'étant présentés pour conférer avec lui, il les détermina à venir à Paris et leur promit qu'on respecterait leur liberté dans le cas où ils ne tomberaient pas d'accord avec le roi sur les conditions de la paix. Mais Philippe manqua en cette circonstance au droit des gens. Il désavoua ce qu'avait fait son frère, jeta en prison le comte de Flandre et ses enfants, et déclara que ses provinces étaient un fief vacant dont l'administration appartenait au roi de France (1301). Jacques de Châtillon, qui en fut nommé gouverneur, crut ne pouvoir dominer les Flamands que par la crainte, et il se montra sévère, exigeant, insatiable. Tant d'injustices portèrent ce peuple à la révolte. La première armée française qu'on envoya contre les rebelles fut défaite à Courtray (11 juillet 1302). Avant la bataille, le connétable de Nesle, frappé de la contenance de ces milices, voulait tempérer l'ardeur des chevaliers français et de leurs hommes d'armes. « Est-ce que vous avez peu de ces lapins, lui dit le comte d'Artois, ou porteriez-vous vous-même de leur poil? » — « Sire, lui répartit le connétable indigné, si vous venez où j'irai, vous viendrez bien avant. » Alors il chargea l'ennemi à la tête des siens, sans avoir seulement pris la précaution de reconnaître la position des Flamands. Toute la cavalerie, dans son aveugle impétuosité, vint se jeter sans s'en douter dans le canal qui couvrait la ligne ennemie. Les Flamands n'eurent qu'à s'avancer pour plonger leurs longues lances dans cette masse confuse d'hommes et de chevaux et sans péril pour eux. Plus de vingt mille hommes périrent dans cette effroyable boucherie. Le comte d'Artois, le connétable, les deux maréchaux de France, les comtes de Dreux, d'Angoulême, d'Aumale furent trouvés parmi les morts, et les vainqueurs recueillirent sur le champ de bataille quatre mille paires d'éperons dorés dont ils firent un trophée.

En même temps Édouard 1er perdit en Écosse trois armées. Alors les deux rois conclurent ensemble un traité par lequel ils se sacrifiaient mutuellement leurs alliés (1303). Mais les Flamands et les Écossais n'acceptèrent ni l'un ni l'autre le joug humiliant de la servitude. Philippe le Bel marcha lui-même contre la Flandre avec dix mille hommes d'armes et soixante mille fantassins. Les villes de Flandre firent de leur côté des efforts héroïques et mirent sur pied plus de 80 000 combattants. Les deux armées en vinrent aux mains à Mons-en-Puelle, où Philippe vengea la défaite de Courtray (1304). Malgré ce succès, il fut obligé de reconnaître l'indépendance de cette province qui retourna à ses anciens comtes. Seulement les communes flamandes s'engagèrent à lui payer une contribution de deux cent mille livres pour les frais de la guerre et lui donnèrent en gage toute la partie de la Flandre où l'on parlait français, avec les villes de Douai, de Lille et leurs dépendances (1305).

RÉSUMÉ DE CE CHAPITRE. — Après saint Louis le trône de France est occupé successivement par Philippe le Hardi et Philippe le Bel.

I. Philippe le Hardi ajoute par différents héritages le Poitou, l'Auvergne, la Saintonge, les comtés de Toulouse et d'Albi, le Quercy, l'Agénois et le Venaissin au domaine de la couronne. Il cède au souverain pontife ce dernier pays avec la ville d'Avignon (1274), mais il recueille ensuite le comté de Champagne et la couronne de Navarre. Les Français sont massacrés en Sicile, et ce massacre reste célèbre sous le nom de Vêpres siciliennes (1282). Pierre d'Aragon s'étant entendu avec les auteurs de cette conspiration pour s'établir dans cette île, Philippe III marche contre lui, et se dispose à passer les Pyrénées et à faire la conquête de son royaume en Espagne, dont le pape lui a déjà donné l'investiture. Une maladie contagieuse s'étant mise dans l'armée, Philippe III en fut lui-même victime à Perpignan (1285).

II. Philippe le Bel inaugura son règne par les traités de Tarascon et d'Agnani qui mirent fin à toutes les guerres que la France avait à soutenir en Espagne et en Sicile. Une querelle survenue entre des matelots anglais et normands fut l'étincelle qui ranima la guerre avec l'Angleterre (1293). Philippe le Bel ayant prononcé à la suite de cette querelle la confiscation de la Guyenne, Édouard Ier, roi d'Angleterre, répondit à cette sentence par une déclaration de guerre. Le roi de France s'allia avec l'Écosse, et le roi d'Angleterre avec l'empereur d'Allemagne et le comte de Flandre. Les alliés supportèrent des deux côtés le poids de la guerre. Édouard Ier vainquit les Écossais pendant que Philippe le Bel triompha des Flamands. La médiation du pape fit un instant cesser cette guerre entre les deux pays (1298). Mais les hostilités ne tardèrent pas à éclater de nouveau en Flandre. Une armée française fut taillée en pièces à Courtray (1301), pendant qu'Édouard Ier était lui-même vaincu en Écosse. Les deux rois firent la paix, mais leurs alliés refusèrent de se soumettre. Philippe le Bel marcha lui-même contre les Flamands et répara par sa victoire de Mons-en-Puelle la défaite de Courtray (1304).

CHAPITRE III.

DIFFÉREND DE PHILIPPE LE BEL ET DE BONIFACE VIII. ÉTATS GÉNÉRAUX. RÉSIDENCE DES PAPES A AVIGNON. CONDAMNATION DES TEMPLIERS.

La lutte de la papauté contre l'Empire, du pouvoir spirituel contre le pouvoir temporel éclata en France sous le règne de Philippe le Bel. Mais à cette époque la foi s'était déjà profondément affaiblie; on n'était plus au temps des Grégoire VII, des Alexandre III, des Innocent III et des Innocent IV. Boniface VIII le ressentit. Ayant voulu faire valoir contre le roi de France les droits que ses prédécesseurs avaient justement revendiqués contre les empereurs d'Allemagne, il ne trouva pas dans l'opinion le même appui. Philippe le Bel soutenu par les légistes ne craignit pas de faire mettre la main sur sa personne sacrée et de commettre un attentat sacrilège qui eût fait frémir d'indignation les générations précédentes. A la suite de cet outrage la papauté fixée à Avignon devint l'esclave des volontés du roi de France, et nous voyons cette sorte de captivité commencer de la manière la plus ignominieuse par la faiblesse de Clément V, qui ne fait que se prêter aux désirs du roi de France.

§ I⁽ʳ⁾. — *Différend de Philippe le Bel et de Boniface VIII. États généraux (1296-1303).*

Rapports de la France avec le saint-siége. — Depuis la conversion de Clovis, la France n'avait pas cessé d'être unie de la manière la plus étroite avec le saint-siége. Les souverains pontifes aidèrent la dynastie carlovingienne à s'établir, en sacrant de leurs propres mains ses chefs illustres; et, en reconnaissance de cet appui, les Carlovingiens défendirent la liberté de Rome et du saint-siége contre les Lombards et les Orientaux. Pépin et Charlemagne fondèrent l'indépendance de la papauté en lui donnant ces provinces qui ont formé ce qu'on a appelé depuis le patrimoine de Saint-Pierre. Les Capétiens furent également l'objet des faveurs toutes spéciales du saint-siége. Philippe I⁽ʳ⁾ et Philippe-Auguste furent sévèrement frappés; mais les sentences qui les atteignirent étaient motivées par les plus grands scandales. Toutes les fois que les papes, dans leur lutte contre les empereurs d'Allemagne, se virent forcés de quitter l'Italie, ils trouvèrent toujours en France un refuge assuré. Ils en témoignèrent constamment leur reconnaissance aux rois et à la nation en agissant dans leur intérêt toutes les fois que la justice le leur permettait. Sous le règne de saint Louis, nous avons vu le souverain pontife offrir la couronne impériale à Robert de France et donner à Charles d'Anjou le royaume des Deux-Siciles. Il avait aidé Philippe le Hardi à réparer le désastre causé par l'affreux massacre des Vêpres siciliennes. Ces bonnes relations se trouvèrent tout à coup troublées par le différend qui s'éleva entre Philippe le Bel et Boniface VIII.

Embarras financiers du roi. Altération des monnaies. — Les guerres que Philippe le Bel avait eu à soutenir ayant épuisé le trésor public, ce prince y pourvut en chassant les juifs de son royaume et en confisquant leurs biens, puis en rançonnant les marchands italiens et lombards, qui s'occupaient alors, avec la plus grande activité, d'industrie et de commerce. Toutes ces vexations arbitraires n'ayant point comblé le déficit, il se rendit coupable de la plus inique banqueroute en altérant les monnaies. Sous prétexte de réprimer le luxe de la bourgeoisie et de la petite noblesse, il obligea tous ceux qui avaient moins de six mille livres de revenu à apporter à l'hôtel des monnaies leur vaisselle d'or et d'argent, et il fit frapper une monnaie qui n'avait, comme il l'avoue lui-même, ni le titre ni le poids ordinaire. Il enleva en même temps aux seigneurs le droit qu'ils avaient de battre monnaie sur leurs terres, et donna ainsi un cours forcé à sa monnaie de mauvais aloi. Ces expédients ne l'empêchèrent pas d'avoir recours à de nouvelles exactions en établissant des impôts de consommation sur les denrées, ce qui souleva l'indignation du peuple, qui flétrit ces nouvelles charges du nom de *maltôte*.

Démêlé avec Boniface VIII. — Toutes ces exactions n'ayant pu combler le déficit du trésor, Philippe ne craignit pas de mettre la main sur les biens de l'Église et de s'emparer d'une partie des revenus du clergé. Boniface VIII, qui occupait alors le saint-siége, fit au roi de France des représentations à ce sujet et en obtint d'abord satisfaction, comme nous l'avons vu, avant que la guerre de Guyenne fût terminée. Mais après que le souverain pontife eut, par sa médiation conciliante, rétabli la paix entre la France et l'Angleterre, Philippe le Bel se permit de nouvelles vexations contre l'Église et le saint-siége. Il recueillit à sa cour les Colonne, qui étaient les ennemis jurés de Boniface VIII et qui avaient fait schisme avec le saint-siége; il s'empara de Cambrai, dont la juridiction temporelle et spirituelle appartenait à l'évêque de cette ville; s'attribua les revenus de l'Église de Reims et ceux de l'Église de Laon, dont le pontife était cité en cour de Rome; altéra les monnaies, préleva des sommes énormes sur les couvents et les églises, et s'arrogea l'investiture du comté de Melgueil, qui relevait de l'église de Narbonne. Boniface lui envoya un légat, Bernard de Saisset, évêque de Pamiers, pour lui demander raison de tous ces griefs. Philippe, au lieu de s'entendre avec lui, le fit jeter en prison (1301). Alors le pape lui adressa une seconde bulle (*Ausculta fili*), par laquelle il l'invitait à venir à Rome avec les prélats et les docteurs de son royaume pour que sa cause fût entendue et jugée en concile. Philippe falsifia la bulle du pape, lui en substitua une tout à fait injurieuse, et après avoir excité par là le mécontentement général contre Rome, il la fit brûler publiquement (1302) et adressa au pape une réponse qui manquait tout à la fois de convenance et de dignité. Elle commençait par ces mots : « Philippe, par la grâce de Dieu, roi des Français, à Boniface, qui se dit pape, peu ou point de salut. Que ta très-grande fatuité sache, etc. »

Premiers états généraux (1302). — Après avoir trompé la nation en publiant une bulle fausse qui ne renfermait nullement les pensées et les sentiments du souverain pontife, Philippe le Bel réunit le 19 avril 1302 un parlement dans l'église Notre-Dame, où il admit, pour la première fois, les députés des universités et des communes, et c'est cette assemblée qui est considérée comme la première réunion des *États généraux*. Comme personne ne connaissait la vérité et ignorait que le roi avait complétement changé les paroles du pape, tout le monde fut indigné contre Rome, et le clergé, les nobles et les bourgeois se prononcèrent, sans hésiter, en faveur de Philippe contre Boniface. « A vous, très-noble prince, disaient les députés du tiers-état, à vous, notre sire Philippe, supplie et requiert le peuple de votre royaume que vous gardiez la souveraine franchise de cet État qui est telle que vous ne reconnaissiez, de votre temporel, souverain en terre autre que Dieu. »

Pendant que toutes ces lettres pleines d'insolence étaient adressées à Boniface, le pontife tint à Rome son concile : quarante-cinq prélats français s'y rendirent malgré la défense de Philippe. Boniface y publia une troisième bulle (*Unam sanctam*), par laquelle il définit la supériorité de la puissance spirituelle sur la puissance temporelle, mais sans fulminer aucune condamnation.

Arrestation et mort de Boniface VIII (1303). — Pendant ce temps, le roi de France était loin de garder la même modération. Il réunit une assemblée nouvelle où, par l'organe de Guillaume de Nogaret, un de ses conseillers, il déposa Boniface et en appela de ses sentences au pape futur et à un concile (1303). Ainsi le roi de France se faisait schismatique. Boniface, qui avait toujours patienté, allait enfin porter la sentence d'excommunication, quand on trama contre lui le plus noir des complots. Les émissaires de Philippe, Pierre Flotte et Guillaume de Nogaret, ne rougirent pas d'aller en Italie avec quelques troupes pour mettre la main sur cet auguste vieillard et le faire captif. Le pape était alors à Agnani, dans sa ville natale. Nogaret gagna à force d'argent le chef des milices de cette ville, et, suivi par quatre cents hommes d'armes et quelques centaines de fantassins qui criaient : *Mort au pape! vive le roi de France!* il pénétra dans la place avec Sciarra Colonne, ennemi irréconciliable du pape. Boniface VIII croyant que sa dernière heure était arrivée, montra une héroïque fermeté. Il se revêtit de ses habits pontificaux, s'assit sur son trône, la tiare en tête, la croix d'une main, les clefs de saint Pierre de l'autre, et attendit ainsi ses meurtriers. Ils le sommèrent d'abdiquer : « Voilà mon cou, voilà ma tête, leur répondit-il ; trahi comme Jésus-Christ, s'il me faut mourir comme lui, du moins je mourrai pape. » Colonne le frappa de son gantelet au visage, et il l'aurait tué si Nogaret ne l'en eût empêché. « O toi, disait le petit-fils de l'Albigeois, ô toi, chétif pape, considère et regarde la bonté de mon seigneur le roi de France, qui, si loin que soit de toi son royaume, par moi te garde et te défend. » Boniface se voyant leur prisonnier, fut trois jours sans prendre de nourriture, parce qu'il craignait qu'on ne mêlât du poison à ses aliments. Le peuple d'Agnani, revenu de sa première surprise, le délivra de sa captivité ; mais l'énergique vieillard s'étant retiré à Rome, y mourut un mois après d'une fièvre ardente (11 octobre 1303).

§ II. — *Clément V. Résidence des Papes à Avignon. Condamnation des Templiers.*

Clément V. Résidence des papes à Avignon. — Benoît XI fut élu à la place de Boniface VIII ; il voulut soutenir la même cause que son prédécesseur et le venger de toutes les violences et de tous les outrages dont il avait été l'objet. Il excommunia Nogaret, Colonne et tous ceux qui avaient pris part à l'odieux attentat d'Agnani. Un mois après la publication de sa bulle il mourut empoisonné (6 juillet 1304). La division s'étant mise dans le conclave, Philippe le Bel en profita pour faire élire un pape de son choix, Bertrand de Got, archevêque de Bordeaux, qui prit le nom de Clément V (5 juin 1305). Le nouveau pontife était un homme faible, que les volontés du roi influencèrent constamment. Sa première faute fut d'enchaîner l'autorité pontificale, en consentant à choisir Avignon pour sa résidence. Alors commença ce que la malignité du temps a appelé la nouvelle captivité de Babylone, qui dura comme l'ancienne soixante-dix années (1305-1376). Les papes d'Avignon ne parurent plus aux yeux des autres nations que les ministres des rois de France, et leurs sentiments ne furent plus respectés. Des dissensions s'étant élevées entre le saint-siège et l'empereur d'Allemagne, cette lutte eut aux yeux des peuples eux-mêmes un caractère plus politique que religieux, et l'on crut que les papes obéissaient aux ressentiments et aux jalousies du roi de France, ce qui nuisit considérablement à leur autorité. Pendant ce temps, Rome abandonnée à elle-même était le théâtre des scènes les plus affligeantes. Les souverains pontifes avaient laissé à Pérouse un légat qui administrait en leur nom les États de l'Église. Mais Rome n'était pas soumise immédiatement à leur autorité : elle était gouvernée par un sénateur annuel élu par le peuple, qui agissait de concert avec les capitaines du peuple et le conseil municipal des *caporioni*. Cette forme de gouvernement mixte, toute favorable qu'elle était à la liberté, ne put cependant pas comprimer les séditions et les guerres intérieures. Les factions des Guelfes et des Gibelins pénétrèrent dans Rome même, et y furent représentées par la famille des Colonna et celle des Orsini. L'arrivée de Louis de Bavière en Italie compliqua encore cette lutte, qui ne fut véritablement calmée qu'en 1338 par le traité de paix qui fut alors conclu entre les deux partis.

Condamnation des Templiers. — Philippe le Bel une fois maître de Clément V, essaya d'en arracher la condamnation de Boniface VIII, dont il eût voulu flétrir la mémoire et brûler les os comme ceux d'un hérétique. Clément V n'eut cependant pas la faiblesse de condescendre à de pareils désirs; il révoqua ce qu'avait fait son prédécesseur, mais il respecta sa mémoire. Ce fut sur la demande de Philippe le Bel que Clément V instruisit le procès des Templiers. Cet ordre, fondé à Jérusalem pour combattre les musulmans, avait reçu sa règle des mains de saint Bernard. Ses richesses excessives lui firent oublier ses devoirs, et on l'accusa d'impiété et de vices infâmes. On disait que les doctrines manichéennes et albigeoises avec toute leur corruption étaient professées par un grand nombre de ses membres. Mais toutes ces accusations spécieuses ne furent que des prétextes dont Philippe le Bel se servit pour les condamner et confisquer leurs biens, qui tentaient son avidité. Ces religieux possédaient dans la chrétienté plus de dix mille manoirs, un très-grand nombre de forteresses, et il y avait dans leur trésor cent cinquante mille florins d'or, sans compter l'argent et les vases précieux. Ils avaient aussi un certain nombre de forteresses, et leur organisation militaire en faisait un corps redoutable au sein de l'État. Pour se délivrer de cette puissance qui lui faisait ombrage et s'emparer de toutes les richesses qu'il convoitait, Philippe le Bel eut recours aux moyens les plus odieux. Le 14 septembre 1307, il fit prévenir tous les sénéchaux et baillis du royaume de se tenir prêts pour le 12 octobre suivant, et il leur fit remettre en même temps des lettres closes qu'ils ne devaient ouvrir que ce jour-là sous peine de mort. Ces lettres renfermaient l'ordre d'arrêter tous les chevaliers. Ceux-ci étant ainsi pris à l'improviste ne purent résister. Ils furent partout arrêtés. Les états généraux s'assemblèrent à Tours, reçurent les accusations portées contre eux, recueillirent leurs aveux et les condamnèrent. Dans plusieurs contrées on les trouva innocents. En France, *ils avouèrent dans les tortures*, dit Bossuet, *mais ils nièrent dans les supplices*. En tout cas un ordre aussi discrédité ne pouvait plus rendre de services à l'Église : le concile de Vienne en prononça la suppression et donna tous ses biens aux *hospitaliers* (1311). Sous prétexte de couvrir les frais de la procédure, Philippe s'empara de tout ce qu'ils possédaient en France. En Italie, en Angleterre, en Espagne, en Allemagne l'ordre ayant été aboli, les princes s'emparèrent aussi de la plus grande partie de ses biens.

Mort de Philippe le Bel (1314). — Lorsque la bulle qui prononçait l'extinction de l'ordre des Templiers fut promulguée (21 mai 1312), les principaux dignitaires de l'ordre qui étaient ensevelis dans les cachots depuis six ans (1307-1313) en furent tirés pour comparaître devant une commission nouvelle qui, d'après leurs propres aveux, les condamna à une détention perpétuelle. Mais le grand maître Jacques Molay et un autre dignitaire ayant rétracté ces aveux, il fallut revenir sur la sentence qu'on avait prononcée. Pendant que le procès s'instruisait de nouveau, Philippe le Bel fit construire à la hâte un bûcher à l'endroit où est aujourd'hui la statue de Henri IV sur le Pont-Neuf, et y fit brûler Jacques Molay et son compagnon le 11 mars 1314. Une légende populaire rapporte que le grand maître, quand il fut sur le bûcher, ajourna à comparaître devant Dieu, le pape dans quarante jours et le roi quatre mois après.

Clément V mourut en effet le 20 avril de la même année, et Philippe le Bel ne tarda pas lui-même à être atteint d'une maladie de langueur, dont la cause et les remèdes échappèrent à l'art des médecins. Ses dernières années furent troublées par de cruels chagrins domestiques. Il fut obligé d'arrêter les femmes de ses trois fils, Louis le Hutin, Philippe le Long et Charles le Bel, par suite des scandales qu'elles donnaient. L'une d'elles périt de désespoir, une autre fut étranglée après avoir été enfermée au Château-Gaillard. Quand il sentit sa fin approcher, il se fit transporter à Fontainebleau et mourut dans la chambre où il était né, le 29 novembre 1314 à l'âge de 46 ans.

RÉSUMÉ DE CE CHAPITRE. — La lutte du pouvoir temporel contre le pouvoir spirituel est le grand événement qui domine cette dernière partie du règne de Philippe le Bel.
I. Sous tous les rois précédents le saint-siége avait toujours été étroitement uni avec la France, et tous les souverains pontifes avaient accordé les plus grandes faveurs aux princes régnants. Mais Philippe le Bel ne trouvant pas dans les ressources ordinaires de ses États de quoi suffire à toutes ses dépenses, crut pouvoir empiéter sur les droits de l'Église, ce qui amena sa lutte avec Boniface VIII. Le souverain pontife l'ayant engagé à envoyer à Rome des prélats et des docteurs pour que sa cause y fût examinée, il falsifia honteusement cette bulle, convoqua à ce sujet les États généraux, induisit en erreur tous les ordres de la nation, et provoqua de leur part une réponse irrespectueuse pour le saint-siége (1302). Le pape ayant

convoqué un concile à Rome, Philippe le Bel ne rougit pas de le faire arrêter à Agnani et le maltraita comme un criminel. Boniface VIII mourut peu après ces indignes traitements (1303).

II. Benoît XI lui succéda, mais il fut après quelque temps remplacé par Clément V qui se fit l'esclave du roi de France (1305). Ce pontife consentit à venir s'établir à Avignon. Cette détermination fut fatale pour la papauté qui sacrifia ainsi son indépendance, et elle le fut pour Rome qui perdit la source de sa prospérité. Philippe le Bel n'ayant pu obtenir de Clément V la condamnation de Boniface VIII, obtint du moins celle des Templiers. Cet ordre militaire fondé par saint Bernard dans la seconde croisade avait des biens immenses, et ce fut ce qui tenta la cupidité du roi. Il y avait sans doute dans cet ordre de grands abus, et c'est ce qui engagea le concile de Vienne à en prononcer la suppression (1311). Le grand-maître Jacques Molay fut brûlé vif sur le Pont-Neuf à Paris, mais il cita au tribunal de Dieu Clément V dans quarante jours et Philippe le Bel dans quatre mois, et ces auteurs de sa mort ne manquèrent pas en effet d'y comparaître à l'époque indiquée (1314).

CHAPITRE IV.

INSTITUTIONS DE PHILIPPE LE BEL. LES TROIS FILS DE PHILIPPE LE BEL. LA LOI SALIQUE; AVÉNEMENT DES VALOIS.

Philippe le Bel n'obéit dans son gouvernement qu'à une pensée d'égoïsme et d'ambition personnelle. Saint Louis avait étendu et fortifié la royauté par son désintéressement et son amour de la justice; Philippe le Bel compromit l'œuvre de son pieux aïeul en suivant une route opposée. Il agit en maître absolu sans respecter ni les droits du clergé ni ceux de la noblesse. Ses enfants portèrent la peine de son despotisme. A sa mort il y eut une réaction terrible, la féodalité regagna tout à coup le terrain qu'elle avait perdu, et la royauté rétrograda de plus d'un siècle. Tant il est vrai que le despotisme joint à l'arbitraire n'a jamais rien fondé de durable.

§ Ier. — *Institutions de Philippe le Bel.*

Administration de Philippe-le-Bel. — Le gouvernement de Philippe le Bel se signala par une certaine activité. Il voulut organiser l'administration intérieure de ses États, et il publia à ce sujet un très-grand nombre d'ordonnances. Devançant la politique de Louis XI, il entretint les divisions parmi les seigneurs au profit de son autorité. Il vendit à tous les ordres de l'État des chartes, des lettres-patentes, des diplomes pour augmenter entre eux les haines et les jalousies. Quand il réunit les états généraux il eut soin de se prévaloir de leurs décisions pour rendre son pouvoir toujours plus absolu. « La nation, dit Mably, ne parut en quelque sorte assemblée que pour reconnaître, d'une manière plus authentique, les nouvelles prérogatives de la couronne et en affermir l'autorité. »

Le domaine royal qui s'était agrandi sous Philippe le Hardi du comté de *Toulouse*, reçut sous Philippe le Bel de nouveaux accroissements. Il acheta le comté de *Chartres*, en 1286, la sirerie de *Beaugency*, en 1302, et ces deux possessions furent définitivement acquises par la couronne. Il acheta aussi la même année le comté de *Bigorre*, mais il fut ensuite séparé du domaine royal. Les vicomtés de *Lomagne* et d'*Auvillars* lui furent cédées par leur propriétaire en 1305. Il confisqua la baronnie de *Fougères* en 1307, le comté de la *Basse-Marche* avec celui d'*Angoulême* en 1308, et le comté de Rhétel en 1309, mais aucune de ces réunions ne fut définitive. Cette même année il réunit la ville et le comté de *Lyon*, qui appartenait auparavant aux évêques de cette ville. Par le traité qui mit fin aux guerres de Flandre, il avait obtenu *Lille* et plusieurs autres villes du Nord, mais elles ne restèrent pas longtemps unies à la couronne.

Comme il avait réuni à la couronne la Champagne, la Brie, la Navarre dont il avait hérité de sa femme, Jeanne de Navarre, les grands fiefs se trouvaient réduits à quatre : la *Bretagne*, la *Bourgogne*, la *Flandre* et l'*Aquitaine*. Ce dernier appartenait au roi d'Angleterre; les ducs de Bretagne et de Bourgogne étaient dévoués au roi.

Le Parlement. Centralisation judiciaire. — Le parlement devint, sous Philippe le Bel, la cour suprême du roi. On pouvait appeler de toutes les cours établies dans les grands fiefs au parlement du roi, et ses arrêts faisaient loi dans toute l'étendue du territoire français.

Les parlements ou cours des barons avaient été primitivement des assemblées de barons qui siégeaient, dit M. Mignet, ou comme pairs, ou comme législateurs, ou comme souverains. S'il s'agissait du jugement d'un vassal, les barons étaient convoqués comme pairs, ainsi que nous l'avons vu sous Philippe-Auguste; s'agissait-il d'abroger ou d'établir une coutume, ils étaient convoqués comme législateurs; un traité à souscrire ou une guerre à déclarer les faisait convoquer comme souverains. Ainsi les parlements étaient tout à la fois des cours judiciaires, des corps législatifs et des corps diplomatiques. Ce fut sous le règne de saint Louis qu'ils subirent une modification profonde et qu'ils devinrent exclusivement une cour de justice.

A l'avénement de Philippe le Bel, le parlement était déjà composé de plusieurs chambres dont ce prince régla les attributions (1291). On distinguait la *grand'-chambre*, qui dominait tout l'ordre judiciaire, *la chambre des enquêtes*, qui préparait l'instruction des procès, la *chambre des requêtes*, qui jugeait sommairement sur pièces, la *chambre du plaidoyer*, où les affaires se plaidaient. En 1302, le roi rendit le parlement permanent et sédentaire. Il régla également ce qui regardait les cours supérieures du royaume; les *grands jours de Troyes*, où l'on jugeait les procès de la Champagne, *l'échiquier de Rouen*, où l'on jugeait ceux de la Normandie, le parlement de *Toulouse*, pour le Languedoc. Des commissions du parlement de Paris allaient tenir deux fois par an les grandes assises judiciaires à Troyes et à Rouen. Il y avait en outre quatre grands baillis qui ressortissaient du parlement du roi : celui de Saint-Quentin pour le Nord, de Sens pour la Champagne, de Mâcon pour la Bourgogne, de Saint-Pierre-le-Moutier pour l'Auvergne.

Les rois prirent l'habitude d'envoyer leurs ordonnances à la grand'chambre pour qu'elle en constatât l'authenticité et qu'elle en surveillât l'exécution; c'est ce qui, plus tard, donna naissance au droit de *vérification* et d'*enregistrement*, ainsi qu'au *droit de remontrances* que le parlement invoqua et qui fut l'occasion de toutes les luttes qu'il soutint contre la royauté

Premiers États généraux. — Tous ces changements introduits dans l'ordre judiciaire donnèrent une grande importance aux hommes de loi. Dans les premiers temps les barons siégèrent, se servant des légistes pour instruire les procès; mais bientôt ceux-ci l'emportèrent. Leurs argumentations sophistiques et creuses devinrent insaisissables aux seigneurs, qui furent obligés de leur céder leurs siéges de juges.

Ce triomphe des légistes devint universel. Depuis la découverte des *Pandectes* à Amalfi, en 1135, ils se répandirent dans l'Italie et dans l'Allemagne, opérant partout une révolution profonde dans les idées. L'Angleterre, qui n'avait jamais reconnu qu'une loi, et qui paraissait se contenter de la justice du roi et de la cour des *plaids communs* obtenus par le peuple avec la *grande charte*, se laissa pourtant envahir également au treizième siècle par les jurisconsultes. Ces hommes nouveaux, s'inspirant des lois de Justinien et de la législation du monde ancien, élevèrent partout la puissance temporelle au détriment de la puissance spirituelle, et devinrent funestes à l'Église.

M.., tout en devenant ainsi les instruments de l'arbitraire et de l'absolutisme, ils eurent néanmoins la plus grande influence sur les affaires publiques et contribuèrent à initier insensiblement la bourgeoisie dans le gouvernement du royaume et à en faire un ordre particulier qu'on a désigné sous le nom de *tiers état*, pour le distinguer du clergé et de la noblesse, qui formaient les deux autres ordres de la nation. Saint Louis fut le premier de nos rois qui consulta les bourgeois des grandes villes sur des affaires importantes. Il le fit en 1256 et en 1262. Mais ces consultations particulières ne peuvent être considérées que comme le germe de cette sorte d'institution, qui ne reçut son application complète que sous Philippe le Bel, dans la convocation des premiers états généraux. Il les convoqua pour la première fois à Paris, comme nous l'avons vu, dans l'église Notre-Dame, à l'occasion de ses démêlés avec Boniface VIII.

Nouvelle organisation de l'armée. — L'armée était toujours formée des milices féodales et communales. Ces milices n'avaient pas de solde. Mais à la bataille de Mons-en-Puelle, Philippe le Bel n'avait dû la victoire qu'à l'énergie des efforts qu'il avait faits. Il avait forcé les nobles et les bourgeois à porter leur vaisselle d'argent à la monnaie royale, et il avait fait des levées d'hommes extraordinaires pour pouvoir répondre aux

80 000 hommes que les communes de Flandre lui avaient opposés. Il avait payé de sa personne, et il s'était fait représenter dans la cathédrale de Paris tel qu'il était allé à l'armée, sans autres armes qu'un casque, des gantelets et une épée. Il comprit, à la suite de cette guerre, la nécessité pour la royauté et la sécurité publique d'avoir une armée mieux organisée et toujours prête à se mettre en marche. Il fit remplacer la cotte de mailles par une armure complète, et au lieu de maintenir parmi ses feudataires et les communes l'obligation du service militaire telle qu'elle était, il permit de s'exonérer moyennant une somme d'argent déterminée, et avec cet argent il recruta des soldats parmi les nationaux et les étrangers, soumit ses hommes aux exercices militaires, et obtint ainsi des troupes mieux formées et mieux disciplinées.

Des Finances. — Toutes ces réformes, dont l'utilité ne peut être contestée, imposaient à la royauté de lourdes charges. L'argent devint nécessaire pour entretenir l'armée et faire fonctionner toutes ces administrations nouvelles que l'on venait de créer. Philippe s'en procura de toutes les manières. Il abolit le servage dans la sénéchaussée de Toulouse et d'Alby, moyennant une redevance annuelle. Il vendit des lettres de noblesse et des maîtrises dans un intérêt purement fiscal. Il créa les douanes en frappant d'un droit particulier l'exportation des marchandises; il établit des impôts indirects sur les ventes faites aux marchés et sur les objets de consommation; il imposa la propriété foncière en s'attribuant une quote-part, le centième, le cinquantième ou le dixième du capital ou du revenu. Il s'empara plusieurs fois des *annates*, c'est-à-dire de la première année de revenu des bénéfices ecclésiastiques qui devenaient vacants. Il fit des lois contre l'usure et les appliqua aux Juifs en s'emparant de leurs biens et de leurs créances. Enfin il eut le triste honneur d'être le premier roi de France qui ait altéré les monnaies, ce qui l'a fait surnommer le *faux monnoyeur*. Sous son règne les monnaies varièrent continuellement. En 1305, le marc d'argent, qui n'avait valu que deux livres, fut élevé à huit livres dix sous. Les plaintes éclatèrent de toutes parts; les denrées montèrent à un prix excessif et les transactions furent interrompues. Philippe fit fabriquer cette même année (1305) des espèces d'un si bas titre, que le marc ne valut plus l'année suivante que deux livres quinze sous six deniers.

Ces mesures déconsidérèrent son gouvernement sans aucun profit pour le trésor. Philippe aurait voulu avoir le monopole de cette nouvelle monnaie, mais son exemple était imité par une foule de malfaiteurs que l'avidité du lucre portait à braver la sévérité des lois. Ces variations arbitraires dans la monnaie jetèrent une perturbation profonde dans les transactions sociales. Le commerce et l'industrie étaient paralysés et le peuple, qui avait le plus à souffrir de cette étrange confusion, se souleva plusieurs fois. L'émeute se porta en 1305 sur le palais qu'habitait la famille royale, et la maison d'Étienne Barbette, le directeur de la monnaie, fut pillée. On demandait à grands cris d'en revenir à la monnaie de Mgr saint Louis. Ces injustices furent funestes à la royauté elle-même et excitèrent la réaction qui éclata contre elle sous les fils de Philippe le Bel.

§ II. — *Les trois fils de Philippe le Bel, Louis X, Philippe V et Charles IV (1314-1328).*

Réaction contre la royauté. — Jamais prince n'eut de plus belles espérances que Philippe le Bel du côté de sa famille. Au concile de Vienne, il voyait siéger près de son trône ses trois fils, tous pleins d'avenir. Ils portèrent successivement la couronne, mais aucun d'eux n'eut d'héritier direct. Louis X, dit le Hutin, ne régna que deux ans (1314-1316). A peine était-il en possession du pouvoir qu'il vit se soulever contre lui la nation entière irritée par les injustices et les tyrannies de son père. De la Bretagne, de la Bourgogne, du Nivernais, de la Provence, du Beauvoisis, de la Picardie, de la Champagne, du Forez et de tous les points de la France féodale, il n'y eut qu'une voix pour demander les anciennes franchises. Les barons exigèrent du roi la promesse de ne point appeler en guerre leurs hommes et de leur laisser exclusivement tout droit de juridiction sur eux. Les seigneurs demandèrent le rétablissement du combat judiciaire, des guerres privées et du gage de bataille prohibés par saint Louis. On voulait que le roi n'eût le droit d'acquérir ni baronnies, ni fiefs, ni arrière-fiefs autrement que par succession ou par confiscation. Le duc de Bretagne et l'échiquier de Rouen prétendaient juger sans appel ; on attaquait les cas royaux ; on taxait le poids de la monnaie royale que Philippe le Bel avait si indignement altérée ; enfin on sollicitait la disgrâce de tous les officiers royaux qui avaient contribué aux exactions du règne précédent. Charles de Valois, chargé de négocier avec les mécontents, leur accorda tout ce qu'ils voulurent, et cette réaction, qui satisfaisait la noblesse, ravit à la royauté tous les droits qu'elle avait acquis sous saint Louis, et la plaça même dans une situation moins avantageuse que sous Philippe Auguste.

Condamnation d'Enguerrand de Marigny (1315). — Cependant le peuple, qui avait beaucoup souffert, exigeait une grande expiation. Philippe le Bel n'existait plus, mais les hommes qui avaient été les ministres de ses exactions lui survivaient, et c'est leur condamnation que la multitude demandait avec colère. En souscrivant aux exigences de la multitude on flétrissait la mémoire du roi qui venait de descendre dans la tombe ; Louis le Hutin le comprenait, aussi hésitait-il par respect pour son père. Mais la faiblesse l'emporta, et il sacrifia le ministre qui avait dirigé les affaires pendant le règne précédent, le célèbre Enguerrand de Marigny. Charles de Valois saisit cette grande victime *en sa maison de Paris, en la rue qu'on appelle le Fossé Saint-Germain*, l'accusa de dilapidation, de vol, d'infidélité, et sans lui donner le temps ni les moyens de se défendre, il le fit pendre au gibet de Montfaucon. Le remords se chargea de faire expier cruellement au prince l'iniquité d'une telle procédure. Se sentant attaqué quelques années après d'une maladie incurable, il reconnut la main de Dieu qui le frappait et eut recours à l'aumône et à la prière pour obtenir son pardon. Il donna ordre de distribuer aux pauvres des sommes immenses, faisant dire à chacun d'eux : « Priez Dieu pour monseigneur de Marigny et pour monseigneur Charles de Valois. »

Guerre contre la Flandre. — Louis le Hutin, qui n'avait pas la force de résister à ces injustices, essaya pourtant de faire une expédition contre la Flandre; mais il était si pauvre qu'il lui fallut rançonner encore les juifs que son père avait déjà dépouillés. Cet expédient n'ayant pas suffi, il imagina de mettre à l'encan la liberté des serfs. Ceux-ci, attachés à la glèbe, dédaignèrent l'offre qu'on leur fit et refusèrent d'acheter leur indépendance à prix d'argent. Quand on vit qu'ils tenaient si peu à ce bienfait, on résolut de les contraindre à l'accepter et à le payer. Louis employa cet argent à équiper une armée; mais quand il fut en Flandre, des pluies continuelles le forcèrent à retourner sur ses pas sans s'être illustré par aucun événement important. Il mourut peu après, victime de sa passion pour le jeu (1316), laissant une fille nommée Jeanne et sa femme sur le point d'être mère.

Philippe V dit le Long. La loi salique (1316-1322). — La veuve de Louis le Hutin mit au monde un fils qui fut proclamé roi à sa naissance, sous le nom de Jean Ier, mais qui ne vécut que huit jours. Philippe le Long, frère du dernier roi, qui pendant ce temps avait été nommé régent, fit alors valoir ses droits au trône (9 janvier 1317). On lui opposa la fille de Louis le Hutin, la princesse Jeanne. Il s'agissait de savoir si la couronne, comme les fiefs, pouvait tomber de *lance en quenouille*. On invoqua en faveur de Philippe V la *loi salique*, et il fut déclaré que le « royaume de France est bien si noble qu'il ne doist mie aller à femelle (2 février 1317). »

Le nouveau roi se vit encore assailli, comme son prédécesseur, par les réclamations des nobles. Il s'agissait toujours du rétablissement des anciennes franchises qu'on disait avoir été détruites depuis saint Louis. Pour répondre à toutes ces plaintes, Philippe se vit contraint de flatter les villes et de ménager les nobles pour rendre leurs prétentions moins hardies. Il fit diversion à tous ces mouvements d'opposition, en allant faire la guerre aux Flamands qui supportaient difficilement le joug de la France. Aucun événement important ne signala cette expédition. Le pape intervint et fit conclure la paix tout à fait à l'avantage de la France.

Sous ce règne la tranquillité du royaume ne fut troublée que par la révolte des *pastoureaux*. On donnait ce nom à une multitude d'hommes de basse condition, qui, sous prétexte d'une croisade, s'étaient soulevés contre les seigneurs, et qui pillaient et ravageaient les contrées qu'ils parcouraient. L'apparition de ces bandes de paysans armés ne fut que passagère, l'autorité parvint à les réprimer.

Convocation fréquente des états généraux. Cour des comptes. — Philippe le Long cherchant à se concilier l'affection de ses sujets réunit fréquemment les états généraux pour s'éclairer des conseils de la noblesse, du clergé et des députés des principales villes du royaume. Il les convoqua en 1317, 1319 et 1321, et c'est dans ces assemblées qu'il rendit la plupart des ordonnances qui ont caractérisé son règne. Ces décrets montrent la royauté incertaine et flottante, mais bien intentionnée. Placée entre deux écueils, le monarque redoutait d'un côté le libéralisme et ses excès, et de l'autre il craignait, s'il négligeait les droits de sa couronne, de laisser empiéter les seigneurs.

Il déclara le domaine de la couronne inaliénable et imprescriptible et fit du parlement un corps purement judiciaire. Il en tira le *Grand-Conseil* ou cour du roi, dont il fit un conseil d'État attaché à la personne du roi, pour délibérer avec lui sur les intérêts du royaume.

Il en dégagea en même temps la Chambre ou *Cour des comptes* qu'il chargea, en 1319, de tout ce qui concerne les finances. Il fit en même temps des règlements pour obliger tous les agents du fisc à une comptabilité régulière et mettre ainsi le peuple à l'abri des exactions.

Il y eut dès lors trois grands corps ou conseils à la tête de l'administration du pays; le grand conseil qui était pour les affaires politiques, la chambre des comptes pour les finances, et le parlement pour la justice.

Lettres de noblesse. — Philippe le Long travailla, dans l'intérêt du commerce, à établir l'unité de poids et de mesure; il se montra le protecteur des sciences et des lettres en dotant l'Université de Paris de grandes faveurs. Il attacha son nom à une innovation qui eut les plus grandes conséquences pour l'aristocratie féodale. Jusqu'à ce moment la noblesse était un attribut du fief militaire et n'acquérait de titres qu'en s'illustrant par l'épée. Philippe le Long donna des lettres de noblesse aux roturiers, et ces titres pouvaient être acquis à beaux deniers comptants. C'était changer complétement la nature de cette institution et lui enlever tout son prestige du moment, puisqu'il était reconnu que ce n'était plus le mérite personnel, mais la fortune qui arrivait à cette distinction. Philippe le Long mourut après avoir régné cinq ans moins cinq jours (3 janvier 1322).

Charles IV dit le Bel (1322-1328). — Philippe le Long étant mort sans enfants mâles, la couronne appartenait de droit à son frère Charles le Bel. Il fit périr dans les tortures le ministre de Philippe le Long, Gérard de la Guette, qui avait été accusé de vols et de malversations. Il ordonna également la mort du baron de l'Ile-de-Jourdain, seigneur de Casaubon, que ses meurtres et ses brigandages avaient rendu la terreur du Languedoc. Cette sévérité le fit surnommer le Grand-Justicier.

Il publia d'utiles règlements pour le commerce et bannit les négociants lombards que Louis X avait rappelés. Au-dehors, son intervention ne fut pas sans influence. Il réconcilia en Flandre le comte Louis avec les communes flamandes, obligea le roi d'Angleterre à lui faire, dans la personne de son fils, hommage pour la Guyenne et le Ponthieu, et contribua à la révolution qui renversa du trône le roi d'Angleterre, Édouard II, pour donner sa couronne à son fils, Édouard III. Il chercha à se faire décerner la couronne impériale que se disputaient Frédéric d'Autriche et Louis de Bavière, mais il échoua. Il mourut à Vincennes le 1er février 1328 à l'âge de 34 ans.

C'est sous son règne que la baronnie de Bourbon fut érigée en duché-pairie, en faveur de Louis de Bourbon, petit fils de saint Louis (1327). Charles le Bel mourut sans postérité. En lui s'éteignit la branche directe des Capétiens. On ne peut s'empêcher d'être frappé de la brièveté de ces derniers règnes. Le peuple avait vu dans la mort de Philippe le Bel une vengeance du ciel; ne serait-on pas en effet tenté de ratifier ce jugement quand on réfléchit à la triste destinée de sa famille?

Résumé de ce chapitre. — Les derniers Capétiens directs fournirent un règne sans éclat, et virent tous les succès de leurs prédécesseurs compromis par une réaction qui éclata en faveur de la féodalité.

I. L'administration de Philippe le Bel avait été active et s'était signalée par quelques lois utiles, mais elle était partie d'un mauvais principe en consacrant la division parmi les seigneurs au profit de son pouvoir absolu. Philippe le Bel manqua aussi de loyauté dans toutes les mesures fiscales qu'il prit relativement aux monnaies. Cependant les apparences de succès semblèrent pendant un temps lui donner raison. Il avait réglé avec assez de sagesse les parlements, il avait réuni autour de lui les premiers états généraux, et avait été assez habile pour obtenir en tout leur assentiment. Il était même entouré d'une nombreuse famille à laquelle on pouvait prédire un bel avenir, mais tous ces avantages s'évanouirent bien rapidement.

II. Philippe le Bel mourut très-jeune, et en moins de quinze ans ses trois fils passèrent sur le trône et moururent sans laisser de postérité. Sous Louis X, qui ne régna que deux ans (1314-1316), une réaction terrible éclata contre la royauté et la dépouilla de toutes ses prérogatives. Il entreprit contre la Flandre une expédition qui fut sans résultat. Philippe V eut un règne plus long (1316-1322), pendant lequel il signala son activité et sa sagesse par de nombreuses ordonnances qui furent impuissantes à rendre à la royauté son ancienne force. Il convoqua fréquemment les états généraux, travailla à établir l'unité des poids et mesures, et accorda aux roturiers des lettres de noblesse. C'est sous son règne, à l'occasion de son avénement, que fut faite la première application de la loi salique. Charles IV échoua dans tout ce qu'il entreprit (1322-1328). Ces princes étant morts sans postérité, la branche des Capétiens directs s'éteignit avec eux, et les Valois furent appelés sur le trône (1338).

TABLEAU GÉNÉALOGIQUE DE LA BRANCHE AÎNÉE DES CAPÉTIENS.

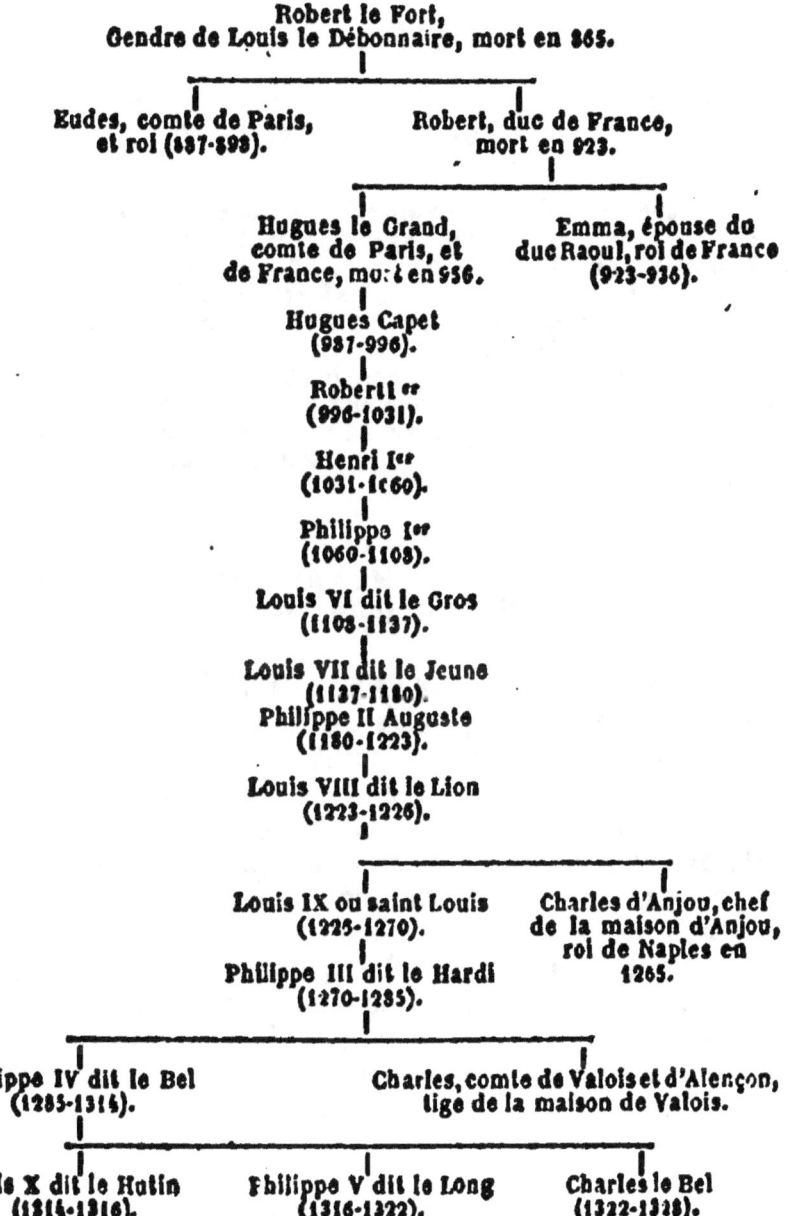

CHAPITRE V.

AVÈNEMENT DES VALOIS. PHILIPPE VI. PREMIÈRE PARTIE DE LA GUERRE DE CENT ANS (1).

La branche des Valois étant appelée au trône de France par suite de l'extinction de la branche des Capétiens directs, le roi d'Angleterre prétendit avoir autant de droits à la couronne que Philippe, et ces prétentions renouvelèrent entre les deux nations les anciennes rivalités qui leur avaient coûté déjà tant de sang. Dans cette nouvelle lutte, qui ne dura pas moins d'un siècle et qui fut appelée pour ce motif la guerre de Cent ans, la France éprouva d'abord les plus grands revers et fut en proie aux plus affreuses calamités. La défaite de Crécy, la peste et la famine l'affligèrent dans les dernières années du règne de Philippe VI, et la précipitèrent dans des angoisses inouïes.

§ Ier. — *Depuis l'avènement de Philippe VI jusqu'à la bataille de Crécy (1328-1346).*

Avènement de Philippe VI. — Charles le Bel n'avait point d'héritier direct, mais en mourant il avait laissé Jeanne, sa femme, sur le point de devenir mère. On confia la régence à Philippe de Valois, le plus proche parent du roi, jusqu'à ce que la reine fût accouchée. Celle-ci ayant donné le jour à une princesse, le régent fut proclamé roi par les barons et les nobles. Toutefois les droits de la maison de Valois ne furent pas unanimement reconnus. Édouard III, qui régnait en Angleterre depuis un an quand mourut Charles IV, prétendit avoir des droits sur la couronne de France du côté de sa mère. Mais on lui opposa la loi salique, et il dissimula pour un temps son ressentiment. Philippe alla se faire

---

(1) AUTEURS A CONSULTER pour la première période de la guerre de Cent ans : les *Chroniques* de Froissard, les *Chroniques de Saint-Denis*, l'*Histoire de Charles V*, par Christine de Pisan, la *Chronique* de Bertrand Duguesclin par Cuvélier; Châteaubriand, *Études historiques*; Barante, *Histoire des ducs de Bourgogne*; Secousse, *Histoire du roi de Navarre Charles le Mauvais*; Gaillard, *Rivalité de la France et de l'Angleterre*, et toutes les histoires générales de France et d'Angleterre.

couronner à Reims et déploya dans cette fête une pompe et une magnificence étonnantes pour ce siècle.

Puissance du roi de France avant la guerre avec l'Angleterre. — Depuis Charlemagne, aucun roi de France n'avait disposé de forces aussi imposantes que le nouveau monarque. Philippe de Valois ajoutait aux fiefs déjà réunis à la couronne par ses prédécesseurs les comtés de Valois, d'Anjou, du Maine et de Chartres, et se voyait ainsi maître des trois quarts du royaume. Son droit de suzeraineté, qui s'étendait sur les fiefs que possédaient en France les rois d'Angleterre, de Navarre et de Majorque, lui avait fait obtenir l'hommage de ces monarques. Il s'était uni aux rois de Bohême et d'Écosse, qui se glorifiaient de son alliance. Il était le parent des rois de Naples et de Hongrie, et la protection qu'il exerçait sur les papes résidant à Avignon lui donnait la plus grande influence relativement aux affaires ecclésiastiques. Dans cette situation brillante et prospère, Philippe de Valois conçut le projet de se mettre à la tête de la noblesse et d'étendre au loin l'éclat de son nom et de sa puissance, en entreprenant une nouvelle et dernière croisade. Mais il devait être retenu dans ses États par cette malheureuse rivalité de la France et de l'Angleterre, qui ne tarda pas à se ranimer avec une nouvelle fureur.

Prétentions d'Édouard III. — Le roi d'Angleterre Édouard III, qui était petit-fils de Philippe le Bel, par sa mère Isabelle, prétendait que le principe qui excluait les femmes de la succession au trône n'était pas applicable à leur postérité masculine. Les États généraux, devant qui le procès fut plaidé par les ambassadeurs d'Angleterre, ayant prononcé que l'exclusion des femmes et de leurs descendants était la coutume constitutionnelle en France, Édouard avait paru se soumettre, mais il n'en conservait pas moins le désir de faire valoir plus tard ses droits si l'occasion favorable se présentait. Il paraissait d'autant mieux fondé dans ses espérances que le duché de Guyenne et les autres provinces qu'il possédait en France lui permettaient de renouveler cette ancienne rivalité de l'Angleterre contre la France et de la soutenir avec avantage. Il devait aussi trouver un appui dans les Flamands, contre lesquels Philippe VI fut obligé de prendre les armes presque immédiatement après son avénement.

Affaires de Flandre. (1329). — Le comte de Flandre, Louis Ier, étant venu faire hommage au roi de France, son suzerain, avait réclamé son secours contre ses sujets révoltés. Philippe VI assembla aussitôt les seigneurs, leur découvrit le dessein qu'il avait de soutenir son vassal, et s'écria : « Qui m'aime me suive ! » A cette parole, tous les chevaliers s'armèrent et se disposèrent à marcher contre les Flamands. Le roi se prépara à cette expédition par des actes religieux, puis il alla faire bénir l'oriflamme à Saint-Denis, et la remit au pieux messire Mile de Noyers. Bruges, Ypres, Cassel étaient les centres de la rébellion. En arrivant près de cette dernière ville, les Français rencontrèrent les Flamands qui, pour se railler d'eux, avaient placé au haut de leur camp un grand coq de toile peinte avec cette inscription :

> Quand ce coq chanté aura
> Le roi Cassel conquêtera.

Les Flamands étaient pleins de confiance dans la force de leurs murailles et dans le nombre de leurs bataillons. Le combat s'engagea au cri de *Mont-joie! Saint-Denis!* et fut très-meurtrier. En peu de temps les Flamands furent taillés en pièces, et ils laissèrent sur le champ de bataille près de vingt mille morts. Le pays ne songea plus à résister. On entra dans Cassel, bien que le coq n'eût pas chanté. Philippe rétablit le comte dans tous ses droits, fit justice des chefs de la sédition, et revint en France déposer l'oriflamme sur l'autel de Saint-Denis et remercier dévotement Notre-Dame de sa victoire.

Gloire de Philippe. — Alors la gloire du nouveau roi fut à son apogée. Ses libéralités lui avaient mérité l'attachement des seigneurs, et son courage avait rendu son autorité respectable à tout le monde. Sa cour était illustrée par la présence des rois de Navarre, de Majorque et de Bohême. Chaque jour se passait en fêtes et en tournois. Il voyait ses cousins occuper les trônes de Naples et de Hongrie, et l'Écosse était venue réclamer sa protection. Il se sentit assez puissant pour exiger du roi d'Angleterre qu'il vînt en personne lui jurer foi et hommage pour son duché de Guyenne. Édouard III y consentit. Il mit ses mains entre les mains du roi de France et on lui dit : « Vous devenez homme-lige du roi de France monseigneur qui cy est, comme duc de Guienne et pair de France, et lui promettez foy et loyauté porter ? Et lors le roy d'Angleterre dit : voire (Oui). » Mais cette humiliante cérémonie le blessa profondément, et il se promit d'en tirer un jour une éclatante vengeance (1331).

Philippe, trompé par l'éclat extérieur de tous ces événements, se laissa enivrer par la prospérité, et agit envers tout le monde sans aucun ménagement. Il renouvela les lois anciennes favorables à la royauté, et irrita imprudemment Robert d'Artois, en déclarant nulles ses prétentions sur l'héritage de sa tante Mathilde, sans adoucir sa sentence par une compensation suffisante. De tous les seigneurs, Robert était celui qui avait le plus contribué à l'élection de Philippe. Il taxa donc d'ingratitude l'arrêt judiciaire qui le frappait, et se retira près d'Édouard III (1334). La guerre entre les deux pays fut l'effet de leurs communs ressentiments.

Arteweld. Rupture avec l'Angleterre (1337-1340). — L'étincelle qui devait enflammer ce grand incendie partit du centre de la Flandre. Les cruautés du comte Louis II avaient mécontenté tous ses sujets. Un bourgeois de Gand, Jacques Arteweld, poussa le peuple à la révolte et se mit à la tête des séditieux. Il avait autrefois suivi le comte de Valois dans ses guerres d'Italie et avait été « Valet de la fruiterie de monseigneur Loys de France. » De là il était revenu à Gand, sa patrie, où il avait épousé une *brasseresse de miel*. Cet homme, d'une énergie infatigable et d'une activité effrayante, marchait partout suivi d'un cortége d'individus armés, pour faire justice contre ce qu'il appelait les oppresseurs du peuple. Il était devenu le roi du peuple et on l'avait mis à la tête de la commune de Gand, d'où il faisait trembler tout le pays. Il sentait que son parti avait besoin de l'appui du roi d'Angleterre, et il montra aux Flamands que sans cela « ils ne pouvoient vivre; car toutes Flandres est fondée sur drapperies, et sans laines on ne peut drapper, et pour cela, il louoit (conseillait) que l'on tinst le roy d'Angleterre à amy. » Il fit admettre ses idées à Bruges, à Ypres, à Bergues, à Cassel, à Furnes et s'adressa ensuite à Édouard III pour l'engager à s'allier à lui contre le roi de France.

Ce prince, déjà excité par les rancunes haineuses de Robert d'Artois, reçut avec joie les propositions d'Arteweld. Une seule chose arrêtait les Flamands : c'était le serment qu'ils avaient fait de rester fidèles au drapeau français. Édouard, pour les tirer de cette difficulté, prit le titre et les insignes du roi de France, et aussitôt les rebelles accoururent avec empressement sous ses étendards fleurdelisés.

Cette guerre qu'entreprenait Édouard plaisait à la noblesse et au peuple anglais. Tous les chevaliers avaient fait vœu de ne voir que d'un œil jusqu'à ce qu'ils se fussent illustrés en France par quelque *prouesse*. Ils parcouraient donc le Hainaut et toute la basse Allemagne avec un œil couvert de drap vert, cherchant partout des alliés. Philippe, de son côté, s'était uni à Jean III, duc de Bretagne, et les deux nations se trouvèrent ainsi préparées à une grande guerre.

Combat naval de l'Écluse (1340). — Les premiers succès furent pour les Français. Ils remportèrent une victoire sur mer, s'emparèrent de Portsmouth, où ils firent un riche butin, et saccagèrent l'île de Guernesey. Édouard se vengea par des ravages et des incendies, et ces désastres furent suivis de plusieurs combats sur terre presque sans importance. Mais Philippe ayant appris que le roi d'Angleterre allait aborder en Flandre avec une flotte immense, résolut de lui opposer des forces à peu près égales. Quatre cents navires furent armés et montés par quarante mille hommes, Normands, Picards et Génois. Les amiraux français méprisèrent l'avis du Génois Barbevère, et s'obstinèrent à livrer le combat devant le port de l'Écluse. Ils ne purent déployer toutes leurs forces, comme s'ils avaient été en pleine mer, et les ennemis les ayant cernés dans cet endroit où ils s'étaient entassés, ce ne fut pas un combat, mais une destruction. Les Français perdirent plus de vingt mille hommes, et il n'y eut que les petits vaisseaux qui purent s'éloigner ; le reste tomba entre les mains des Anglais (1340). Édouard marcha contre Tournai, où il échoua ; et Robert d'Artois, qui s'avança sur Saint-Omer, fut battu par le duc de Bourgogne. Les deux partis épuisés conclurent alors une trêve d'un an.

Affaires de Bretagne (1341). — Les troubles de la Bretagne ranimèrent ensuite la guerre entre les deux nations. Le duc Jean III étant mort (1341), le comte de Montfort, son frère utérin, et sa nièce Jeanne de Penthièvre, la fille du plus âgé de ses frères, se disputèrent sa succession. Jeanne avait épousé le neveu du roi de France, Charles de Blois. De part et d'autre on alléguait des textes de lois qui semblaient contradictoires. La loi salique, le droit coutumier, les rescrits des empereurs romains, et jusqu'à la loi mosaïque, tout était invoqué à défaut de raisons décisives et péremptoires. Charles de Blois fut soutenu par Philippe VI, auquel il promit de maintenir la Bretagne dans une plus grande dépendance de la couronne ; Jean de Montfort se hâta, de son côté, de reconnaître Édouard III comme roi de France et de s'engager à tenir de lui la Bretagne comme fief. Ces deux rois soutinrent ainsi chacun leur candidat au trône ducal.

Il en résulta, comme le dit Froissard, une de ces guerres « pleines de rencontres, belles cavaleries, belles rescousses, beaux faits d'armes et belles prouesses. » Jean de Montfort ayant été fait prisonnier et enfermé à Paris dans la tour du Louvre, la comtesse Jeanne, sa femme, « bien qu'elle eust grand deuil au cœur, remporta vaillamment tous ses amis et soudoyers, et leur montrait un petit-fils qu'elle avait, nommé Jéhans comme son père ; et leur disait : « Ah ! seigneurs, ne vous ébahissez mie de Monseigneur que nous avons perdu : ce n'était qu'un seul homme ! Voyez-ci mon petit enfant, qui sera, si à Dieu plaît, son restaurier (vengeur) et vous fera des biens assez. » Elle alla ainsi dans toutes les villes ranimer le courage de ses soldats et soutint le poids de la guerre avec un héroïsme vraiment admirable.

Charles de Blois ayant eu ensuite le même sort que Jean de Montfort, Jeanne de Penthièvre imita le courage de Jeanne de Montfort, et ces deux femmes célèbres se firent une guerre qui reçut le nom de *guerre des deux*

Jeanne. La chevalerie bretonne s'y distingua par ses exploits, et cette lutte ne fut terminée qu'en 1365, au traité de Guérande, qui assigna cette province à la maison de Montfort.

Mort d'Arteweld (1345). — Pendant cette guerre de Bretagne, au moment où le roi d'Angleterre et le roi de France allaient en venir aux mains en faveur de leur protégé, les légats du pape étaient intervenus et avaient fait accepter aux deux monarques une trêve qui fut signée à Malestroit, le 19 janvier 1343, et qui devait durer jusqu'à la Saint-Michel de l'année 1346. Mais le supplice d'Olivier de Clisson, que Philippe VI avait fait décapiter à Paris, sans qu'il eût à lui reprocher autre chose que son dévouement à l'Angleterre, amena la rupture de cette trêve en 1345.

Le roi d'Angleterre se fit le vengeur de ce brave chevalier et descendit au port de l'Écluse pour exciter une révolte parmi les Flamands. Jacques Arteweld avait travaillé les villes de Gand, de Bruges, d'Ypres, mais sa parole n'avait plus la même autorité. Le peuple ne vit même en lui qu'un aventurier qui spéculait sur ses infidélités, et qui le vendait à l'étranger. Au lieu de prêter l'oreille à ses pensées de révolte, il le somma de rendre compte de son administration et se mit à l'accuser. Déjà sa maison était envahie par une multitude menaçante, quand il parut à une de ses fenêtres pour haranguer cette populace irritée. A toutes ses paroles, la foule répondit : « Nous voulons avoir compte du grand trésor de Flandre que vous avez desvoyé sans nul titre de raison. » Il demanda un jour pour préparer sa justification. « Nenny, lui respondit-on, d'une commune voix, nous le voulons tantout avoir. Vous ne nous eschapperez ainsi, nous savons de vérité que vous l'avez vuidé et envoyé en Angleterre sans notre sceu, pour laquelle cause il vous faut mourir. » Arteweld chercha inutilement à s'évader. Il fut pris et égorgé *vilainement et sans nulle mercy*. C'était un appui de moins pour le roi d'Angleterre. La politique de Philippe lui avait encore ravi l'appui du comte de Hainaut, mais la guerre n'en devait pas moins être fatale à la France.

Expédition d'Édouard III en France. — Le roi Édouard débarqua en Normandie à la Hogue Saint-

Vaast, et ravagea toute la presqu'île du Cotentin. Les Anglais se hâtèrent ensuite de marcher sur Caen, qui ne put leur opposer une résistance sérieuse. Ils dévastèrent cette ville et se précipitèrent sur Rouen, où ils espéraient même butin, mais ils échouèrent dans leur attaque. Alors ils se mirent à suivre la rive gauche de la Seine, à brûler et à piller les villes de Pont-de-l'Arche, Vernon, Meulan, Louviers, et arrivèrent jusqu'à Poissy. De là, Édouard III envoya des coureurs mettre le feu au château de Saint-Germain, aux bourgs de Nanterre, de Rueil et à tous les villages jusqu'à Neuilly. L'aspect des flammes effraya les Parisiens; le château de Montjoye de l'abbaye de Saint-Denis fut atteint par ces dévastations et on crut que rien ne résisterait à la fureur des Anglais.

Cependant Philippe VI ayant réuni son armée du côté de Saint-Denis, offrit la bataille à Édouard. Mais le roi d'Angleterre se sentant trop faible pour engager la lutte, marcha sur Beauvais, passa sous les murs de cette ville et s'arrêta devant la Somme. Tous les ponts étaient gardés, et Édouard se vit à la veille d'être bloqué par l'armée française, qui le pressait et qui était déjà arrivée à Amiens. Un traître lui signala un endroit où la Somme était guéable, et il put la passer. Il alla alors prendre position sur une colline au-dessus du village de Crécy, au delà d'Abbeville, et y attendit l'armée française.

Bataille de Crécy (26 août 1346). — C'en eût été fait des Anglais, si les Français eussent suivi les conseils de la prudence; mais quand ils furent en présence de l'ennemi, ils n'écoutèrent que leur fougue chevaleresque. « Ni aussi le roi ni ses maréchaux ne purent donc être maîtres de leurs gens, car il y avoit si grant gens et si grant nombre de grans seigneurs que chascun vouloit là montrer sa puissance. Si chevauchèrent en cet estat, sans arroi et sans ordonnance, si avant qu'ils approchèrent leurs ennemis, et qu'ils les voyoient en leur présence. Les Anglois, sitost qu'ils virent les François approcher, se levèrent moult ordonnément, sans nul effroi, et se rangèrent en leurs batailles. Quand le roi Philippe vint jusque sur la place où les Anglois estoient de là arrêtés et ordonnés, et il les vit, le sang lui mua, car il les haïssoit moult, et dit à ses maréchaux : « Faites passer nos Génois devant et commencer la bataille, au nom de Dieu et de monseigneur saint Denis. »

Les princes français payèrent bravement de leur personne. Ils traversèrent les archers anglais et vinrent donner contre la ligne des gendarmes qui étaient commandés par le jeune prince de Galles, à peine âgé de seize ans. Leur choc parut si redoutable qu'on conseilla à Édouard de faire avancer sa troisième division qu'il avait en réserve, mais il s'y refusa en disant qu'il voulait « que l'enfant gagnât ses éperons. » Les Anglais se servirent d'armes à feu dans ce combat, mais les canons étaient encore si grossièrement construits qu'ils faisaient plus de bruit que de mal. Les flèches des archers anglais et les lances des gendarmes furent plus funestes aux chevaliers français que toute autre arme. Onze princes, douze cents seigneurs ou chevaliers, et trente mille soldats restèrent sur le champ de bataille. Philippe s'enfuit après avoir reçu deux blessures. Il arriva aux portes du château de la Broye « lorsqu'il faisait déjà moult noir et obscur. Lors fit le roy appeler le chastellain qui vint sur les guettes et dist : *Qui est-ce là qui appelle à ceste heure? Le roy dist : Œuvrez, œuvrez, c'est l'infortuné roy de France!*

§ II. — *Depuis la bataille de Crécy jusqu'à la mort de Philippe VI (1346-1350).*

Siége de Calais. — Édouard aurait pu marcher sur Paris, mais il jugea plus prudent de se replier du côté de la mer pour s'en assurer l'empire. Il vint mettre à cet effet le siége devant Calais. Toutes les grandes villes d'Angleterre, Douvres, Bristol, Plymouth, Yermouth, Sandwick, envoyèrent à Édouard des secours puissants pour détruire cette cité, parce qu'il importait beaucoup au commerce que le détroit fût absolument libre, et que les vaisseaux anglais eussent un abordage facile dans la Flandre et le continent. Le siége fut changé en blocus. Les assiégés firent la plus belle résistance, attendant toujours que le roi de France vînt à leur secours. Philippe s'approcha en effet de la ville avec une armée, mais il trouva l'ennemi maître de positions si fortes, qu'il prit le parti de s'éloigner.

Les Calaisiens vaincus par la famine envoyèrent Jean de Vienne pour capituler. Le roi d'Angleterre leur fit dire que pour obtenir merci il fallait lui livrer six des plus notables bourgeois de la ville, qui viendraient « les chefs nus et les pieds déchaux, la hart au col, et les clefs de la ville et du chastel en leurs mains, se mettant en sa volonté. » Jean de Vienne assembla tous les bourgeois de la ville et leur manifesta les conditions du vainqueur.

Eustache de Saint-Pierre. — A cette proposition la consternation fut universelle. On ne savait comment désigner les six victimes demandées. Tout à coup Eustache de Saint-Pierre, le plus riche bourgeois de la ville, s'avance et dit à ses concitoyens : « Seigneurs, grans et petits, grand meschief serait de laisser mourir ung tel peuple. J'ay endroit moy si grant espérance d'avoir pardon de Nostre Seigneur si je meurs pour ce peuple sauver, que je veuil estre le premier. » Tous, étonnés d'un tel langage, se jetaient à ses pieds et les arrosaient de leurs larmes. Un autre citoyen, Jean d'Aire, annonce *qu'il feroit compaignie à son compère sir Eustace ;* deux frères, Jacques et Pierre de Wissant, s'offrent avec le même dévouement ; enfin le nombre se complète de deux autres notables dont l'histoire n'a pas conservé les noms.

Quand ces six hommes furent prêts, on ouvrit les portes de la ville et on les suivit des yeux jusqu'à ce qu'ils fussent arrivés à l'entrée du camp du roi Édouard. Ils se présentèrent nu-pieds, la corde au cou, près de la tente du monarque pour y entendre leur sentence.

Édouard ayant autour de lui tous les grands seigneurs de sa cour, les attendait sur la place devant son logement. « Sire, lui dit Gaultier de Mauny, voici la représentation de la ville de Calais à votre ordonnance. » Le roi se tint tout coi et les regarda moult fellement (cruellement), car moult haïssoit les habitants de Calais pour les grands dommages et contraires que, au temps passé, sur mer lui avoient faits. Ces six bourgeois se mirent tantost à genoux par-devant le roi, et dirent ainsi en joignant leurs mains : « Gentil sire et gentil roi, voyez nous six, qui avons été d'ancienneté bourgeois de Calais et grands marchands ; si vous apportons les clefs de la ville et du chastel de Calais, et les vous rendons à vostre plaisir, et nous mettons en tel point que vous nous voyez, en vostre pure volonté, pour sauver le demeurant du peuple de Calais, qui a souffert moult griévetés. Si veuillez avoir pitié de nous et merci, par vostre très-haute noblesse. » Certes, il n'y eut adonc en la place seigneur chevalier ni vaillant homme qui se pût abstenir de pleurer de droite pitié, ni qui pût de grant pièce parler. Le roi les regarda irousement, car il avoit le cœur si dur et si éprit de grant courroux, qu'il ne put parler, et quand il parla, il commanda qu'on leur coupast tantost les testes. Tous les barons et chevaliers qui là estoient, en pleurant, prioient si acertes que faire pouvoient au roi qu'il en voulust avoir pitié et merci ; mais il n'y vouloit entendre. Sire Gaultier de Mauny parla à son tour pour eux : mais Édouard grinça des dents et dit : « Qu'on fasse venir le coupe-teste. » Adonc fit la noble reine d'Angleterre grant humilité, qui estoit enceinte et pleuroit si tendrement de pitié que elle ne pouvoit se soutenir. Si se jeta à genoux par devant le roi son seigneur et dit : « Ah ! gentil sire, depuis que je repassai la mer en grant péril, si, comme vous savez, je ne vous ai rien requis ni demandé. Or, vous prié-je humblement et requiers, en propre don, que pour le fils de sainte Marie et pour l'amour de moi vous veuilliez avoir de ces six hommes merci. » Le roi attendit un petit à parler et regarda la bonne dame sa femme qui pleuroit à genoux moult tendrement, si lui amollia le cœur, car envis (*invitus*, malgré soi) l'eust il courroucée (chagrinée), au point où elle estoit ; si dit : « Ha ! dame, j'aimerois trop mieux que vous fussiez autre part que ci. Vous me priez si acertes que je ne vous le ose refuser, et combien que je le fasse avec peine, tenez, je vous les donne, si vous en faites vostre plaisir. » La bonne dame dit : « Monseigneur, très-grands mercis. » Lors se leva la reine et fit lever les six bourgeois, et leur ôter les chevestres (cordes) d'entour le col, et les emmena avec elle en sa chambre, et les fit revêtir et donner à dîner toute aise, et puis donna à chacun six nobles (pièces d'or), et les fit conduire hors de l'ost à sauveté (en sûreté) (1). » (5 août 1347.)

Peste de Florence. — Après cette conquête, le souverain pontife Clément VI, qui ne désirait que la paix dans l'intérêt de l'Église, interposa sa médiation entre les deux princes et leur fit conclure une trêve d'un an (26 septembre 1347) qui se prolongea jusqu'en 1355. La France fut alors en proie à deux horribles fléaux, la peste et la famine. La peste qu'on a appelée la *peste noire* ou la *peste de Florence*, parce qu'elle avait tout particulièrement sévi dans cette ville, avait d'abord paru en Languedoc, où l'on disait qu'elle était venue d'*outremer* par la Lombardie. Elle y fit d'effrayants ravages pendant huit mois et passa ensuite en France où elle se révéla d'abord dans une petite bourgade, à Roissy près de Gonesse. Elle se répandit de là dans tous les autres lieux. « Dans beaucoup d'endroits, dit le continuateur de Nangis, sur vingt hommes il n'en restait pas deux en vie. Dans l'Hôtel-Dieu de Paris, la mortalité fut telle que pendant longtemps ou en emporta chaque jour cinq cents morts dans des chars au cimetière des Innocents. » Il mourut à Paris quatre-vingt mille personnes, à Saint-Denis environ seize mille. Ce fléau parcourut toute l'Europe et enleva le quart des habitants. En quelques lieux, on crut que les juifs ou de mauvais chrétiens empoisonnaient les sources et on les mit à mort.

La gabelle. — Pour suffire à toutes les dépenses de la guerre, Philippe VI avait eu recours aux moyens odieux et iniques que nous avons vus employés par Philippe le Bel. Il avait porté des décrets de spoliation contre les marchands italiens et juifs. Il avait arraché au clergé des subsides injustes et s'était approprié, sous le nom de *régales*, les droits perçus par les patrons sur les bénéfices vacants. Il avait eu recours aussi à l'altération des monnaies, et il abusa si étrangement de cette mesure déloyale, qu'en 1342 le prix de l'argent varia presque à chaque semaine. Il vendit en même temps des offices de judicature et créa de nouveaux impôts. Une ordonnance de 1343 établit que le roi de France

---

(1) Froissart, livre I, partie 1, chap. CCCXXI.

aurait le monopole du sel et qu'on ne pourrait s'en procurer que dans les *gabelles* ou greniers du roi. Cet impôt le fit appeler l'auteur de la loi salique. Il établit aussi un impôt de quatre deniers sur toutes les ventes et entrava ainsi la liberté du commerce. Les états généraux avaient décrété en 1338 que les rois « ne lèveraient aucuns deniers extraordinaires sur le peuple, sans l'octroi des trois états, et qu'ils en prêteraient le serment à leur sacre. » Mais ce grand principe, qui établissait que le peuple ne devait l'impôt qu'autant qu'il était consenti par ses représentants, fut constamment éludé par Philippe de Valois. Les états généraux de la langue d'oïl réunis à Paris et ceux de la langue d'oc assemblés à Toulouse en 1348, réclamèrent contre les abus, mais ils ne purent en obtenir la suppression.

Acquisition de Montpellier et du Dauphiné. — Philippe VI ajouta aux domaines de la couronne la seigneurie de Montpellier et le Dauphiné. Il acheta la seigneurie de Montpellier de Jacques II, roi de Majorque, pour une somme de cent vingt mille écus. Le Dauphiné lui fut cédé par Humbert II, comte de Vienne, qu'on appelait dauphin du Viennois, parce que sa maison portait un dauphin dans ses armes. Il vendit ses États au roi de France pour 20 000 florins, en 1349, à la condition que l'héritier présomptif de la couronne de France porterait à l'avenir le nom de Dauphin. Cette acquisition était importante parce qu'elle reculait les frontières de la France jusqu'aux Alpes qui la couvraient de ce côté. Philippe VI mourut un an après cette acquisition (1350). Ce prince eut toutes les vertus d'un chevalier loyal et courageux, mais il n'eut aucune des qualités qui font les grands rois.

RÉSUMÉ DE CE CHAPITRE. — L'extinction des Capétiens directs ayant fait naître chez les rois d'Angleterre des prétentions à la couronne de France, la rivalité entre les deux nations éclata de nouveau et donna lieu à une guerre séculaire que l'on a appelée pour ce motif la guerre de Cent ans. Cette guerre se divise en deux périodes; la première renferme les règnes de Philippe VI, de Jean le Bon et de Charles V, la seconde ceux de Charles VI et de Charles VII.

I. Philippe VI commence cette terrible lutte. Il avait à sa disposition des forces imposantes et il pouvait se glorifier des plus belles alliances de l'Europe. Son début fut heureux; les Flamands s'étant révoltés contre Louis Ier, leur comte, Philippe prit la défense de son vassal, triompha des séditieux à Cassel et les obligea à rentrer dans le devoir. Il exigea alors du roi d'Angleterre l'hommage (1331), et vit sa cour illustrée par la présence des principaux souverains de l'Europe. Tant de succès l'éblouit, et à l'occasion de l'arrêt qu'il porta contre Robert d'Artois la guerre éclata de nouveau entre la France et l'Angleterre (1337). La Flandre se souleva à l'instigation de Jacques Arteweld, et les Flamands révoltés appelèrent le roi d'Angleterre à leur secours. Après avoir remporté quelques avantages, les Français perdirent la bataille de l'Ecluse (1340), à la suite de laquelle une trêve fut conclue entre les deux pays (1341). Mais les troubles de la Bretagne et les affaires de Flandre ranimèrent presque aussitôt la guerre. Édouard III ne fut pas secondé cette fois par Arteweld comme il l'avait été dans les premières campagnes; ce chef de révolté avait perdu sa popularité et il fut même égorgé par les Flamands (1345). Néanmoins les événements tournèrent à son avantage, l'armée française fut taillée en pièces à la bataille de Crécy où périt toute la fleur de la noblesse (1346).

II. Toutefois le roi d'Angleterre ne tira pas de cette victoire tout le parti possible. Il se contenta d'assiéger Calais. On admira dans cette circonstance le dévouement d'Eustache de Saint-Pierre et de ses compagnons. Après la prise de cette ville le souverain pontife amena les deux souverains à conclure une trêve qui dura jusqu'en 1355. La France fut alors ravagée par deux terribles fléaux, la famine et la peste. Philippe VI renouvela les exactions de Philippe le Bel et établit la *gabelle*, ou le monopole du sel en sa faveur. Il ajouta au domaine de la couronne la seigneurie de Montpellier et le Dauphiné et mourut après 22 ans de règne (1350).

CHAPITRE VI.

JEAN. BATAILLE DE POITIERS. LES ÉTATS GÉNÉRAUX. LA JACQUERIE. TRAITÉ DE BRÉTIGNY.

Sous ce règne, comme sous le précédent, la lutte de la France contre l'Angleterre se poursuit avec les mêmes calamités et les mêmes désastres. Jean II a l'esprit chevaleresque comme son père, mais il est encore plus imprévoyant et plus prodigue. A l'intérieur du royaume, les mêmes exactions et les mêmes abus se perpétuent; le désastre de Poitiers renouvelle celui de Crécy et il a des suites encore plus funestes, parce que le roi et la noblesse furent obligés de se ruiner et de ruiner avec eux la nation pour payer leur rançon. La captivité du roi laissant tous les ordres de l'État s'abandonner à leur esprit d'indépendance, il en résulta une effroyable anarchie.

§ I*er*. — *Depuis l'avénement du roi Jean jusqu'à sa captivité. Bataille de Poitiers* (1350-1356).

Caractère de ce prince. — Jean le Bon avait trente et un ans quand il monta sur le trône. Le nouveau roi avait reçu une brillante éducation, mais personne ne l'avait initié à la connaissance des hommes et de son siècle. Édouard III avait triomphé de Philippe de Valois, parce qu'il l'avait attaqué avec des troupes permanentes et régulières, et que dans toute sa conduite il avait obéi à une tactique qui était un progrès sur les temps antérieurs. Jean le Bon ne se douta pas même de la leçon qui lui avait été faite, bien loin d'en profiter. Il gouverna le royaume avec une imagination vraiment chevaleresque, et il ne brilla que par la fougue de son courage et la magnificence de ses largesses. Il commença par créer un ordre nouveau de chevalerie qu'on appela l'*Ordre de l'Estoile*, parce que tous les chevaliers devaient porter une étoile sur leur *chaperon* ou sur leur *mantel*. Jean ne rêvait que fêtes et tournois, et autorisait les combats singuliers en souvenir des duels judiciaires sanctionnés par la législation féodale. On lui aurait peut-être pardonné ces travers s'il eût su ménager les esprits. Malheureusement il blessa tout le monde par ses mesures imprudentes et inconsidérées.

Ainsi il se rendit odieux à la noblesse par le supplice inutile du connétable Raoul, comte d'Eu et de Guines, qu'il supposait de connivence avec le roi d'Angleterre; il irrita le peuple par l'altération des monnaies, et il se soumit humblement à tous les caprices de l'humeur inquiétante et bizarre du roi de Navarre, Charles le Mauvais. Trois fois ce prince perfide ourdit contre lui d'iniques conspirations, et trois fois il lui pardonna dans la crainte de le voir s'unir aux Anglais. Il récompensa même toutes ses infidélités par de l'argent ou des domaines, et il eut le tort de donner au royaume le plus grand scandale, en laissant ainsi publiquement la déloyauté et le meurtre impunis.

États généraux de 1355. — Ce qu'il y a de remarquable à cette époque, c'est l'esprit d'indépendance qui se manifeste dans toutes les classes de la société. Le roi ayant besoin d'argent avait convoqué les états généraux en 1351. Il n'en obtint guère que des promesses, ce qui l'obligea à avoir recours aux exactions employées par ses prédécesseurs. Lorsque la trêve qu'il avait conclue avec l'Angleterre fut sur le point d'expirer, sa prodigalité ayant épuisé toutes ses ressources, il rappela de nouveau les États pour qu'ils lui accordassent les secours dont il avait besoin. Il réunit donc *les prélats, chapitres, barons et villes de France* en la chambre du parlement dans l'année 1355, et leur fit exposer par son chancelier l'état des armées. Chacun des trois ordres protesta de son dévouement à la personne du roi et délibéra sur les mesures à prendre pour la défense du royaume. On décida qu'on mettrait sur pied une armée de 90 000 combattants, pour résister aux immenses préparatifs que faisait le roi d'Angleterre, et l'on vota tous les subsides nécessaires à l'entretien de cette armée. Mais en retour les États exigèrent de Jean II l'établissement d'une monnaie invariable, la suppression du droit de prendre en voyage toutes les choses nécessaires, parce que sous ce prétexte les officiers du roi pillaient les fermes autour des résidences royales. Pour que l'argent qu'ils avaient accordé ne fût pas follement dissipé, comme toutes les autres sommes que le roi avait eues auparavant à sa disposition, ils voulurent qu'il restât entre les mains des receveurs particuliers des états, qui devraient justifier de l'emploi de cet argent pour l'équipement de l'armée et les besoins de la guerre. Les subsides devaient être fournis au moyen d'un impôt sur le sel et d'une aide de huit deniers pour livre sur toutes les choses vendues. Cet impôt devait frapper également sur tous les ordres du royaume, sur les prélats, les nobles, aussi bien que sur les bourgeois. Toutes ces innovations, qui supposaient aux représentants de la nation le droit de voter l'impôt, d'en régler et d'en surveiller l'emploi, enlevaient à la royauté une partie de sa souveraineté, mais Jean II, pressé par le péril où il se trouvait, consentit à tout ce qu'on voulut.

Bataille de Poitiers (1356). — L'orage qu'on pressentait se leva tout à coup menaçant et terrible. Édouard III entra en France par l'Artois, tandis que le *Prince Noir*, son fils, ravageait la Gascogne. La Normandie s'agita sous les menées perfides de Charles le Mauvais. Jean II, sans se déconcerter, se dirigea d'abord contre son gendre rebelle, pacifia le pays qu'il avait troublé, et enferma le Navarrais dans un château fort de la Picardie. Une révolte qui éclata en Écosse contraignit en même temps Édouard à quitter le nord de la France. Il ne restait donc plus à combattre que le prince de Galles. Jean l'atteignit près de Poitiers, et bloqua tellement ses troupes qu'il lui était impossible d'échapper. Pour l'obliger à se rendre, il eût suffi de le tenir encore un jour dans le lieu où on l'avait cerné. Malheureusement le roi n'était pas homme à rester ainsi vingt-quatre heures en face de l'ennemi sans le combattre. Il ordonna l'attaque d'une manière irréfléchie, et les troupes françaises furent entièrement défaites. Il resta onze mille morts sur le champ de bataille, et de plus les Anglais firent prisonniers le roi Jean, treize comtes, un archevêque, soixante-dix barons et deux mille hommes d'armes, ce qui rendit cette défaite plus désastreuse pour la France que celle de Crécy.

Toutefois, le prince de Galles ne se laissa point éblouir par sa victoire. Ses captifs étant deux fois plus nombreux que ses soldats, il ne chercha point à les conserver. Il rendit la liberté à la plupart d'entre eux, sans autre garantie que l'engagement qu'ils prenaient de venir à Bordeaux aux fêtes de Noël payer la somme convenue pour leur rançon, ou de se remettre en captivité. Pour le roi Jean, il n'eut garde de l'humilier; il le traita au contraire avec un respect chevaleresque. Il servit lui-même à table son royal captif, et refusa de s'asseoir devant lui. Au lieu de marcher sur Paris après sa victoire de Poitiers, le prince de Galles se retira sur Bordeaux pour mettre en sûreté son immense butin et ses prisonniers. De là il conduisit le roi Jean à Londres, où il fut reçu en triomphe.

§ II. — *Depuis la captivité du roi Jean jusqu'à la fin de son règne. Les États généraux. La Jacquerie. Traité de Brétigny* (1356-1364).

Le dauphin Charles. États généraux de 1350. Étienne Marcel. — Lorsque le roi Jean fut à Londres, le pape réussit une seconde fois à conclure une trêve entre les deux nations. La France, privée de son souverain, se trouva dans la situation la plus critique. Le dauphin Charles, qui devait hériter de la couronne et mériter le surnom de Sage, fut proclamé lieutenant du royaume. Il convoqua sur-le-champ les états généraux (29 sept. 1356) pour aviser aux moyens de délivrer le roi son père, et de venger l'humiliation qu'avait subie la France. Dans cette assemblée, Pierre de Craon, archevêque de Reims, parla au nom du clergé, Philippe, duc d'Orléans, au nom de la noblesse, et Marcel, prévôt des marchands, au nom de la bourgeoisie (1). Tous ces discours respiraient la sédition et la révolte. Les États voulaient qu'on punît tous les officiers du roi Jean pour avoir mal administré le royaume; ils demandaient la liberté du roi de Navarre, sous prétexte que sa détention avait été le signal de tous les maux qui avaient fondu sur le royaume, et ils confisquaient à leur profit l'autorité souveraine, en imposant au dauphin des conseillers qui auraient puissance de tout faire et ordonner, comme le roi lui-même.

(1) C'est ce Marcel qui a fondé l'Hôtel de ville en 1357.

Charles trouva moyen d'éluder toutes ces requêtes et ajourna les États. Mais le défaut d'argent l'obligea de les réunir de nouveau le 5 février 1357. Il les trouva plus ardents et plus intraitables que jamais. L'évêque de Laon, Robert Lecoq, porta la parole et demanda au dauphin d'éloigner de ses conseils vingt-deux de ses ministres coupables de malversation et d'abus de pouvoir. Il le pria en même temps de laisser aux États généraux la faculté de s'assembler régulièrement deux fois par an, sans autre convocation, pour s'assurer si les lois étaient bien observées; de leur permettre de nommer trente-six commissaires, douze de chaque ordre, pour assister le dauphin en leur absence; de leur reconnaître le droit de voter l'impôt et d'en surveiller l'emploi; de s'engager à ne plus altérer les monnaies à l'avenir, de réformer la justice en enjoignant aux juges d'expédier les affaires sans retard et aux moindres frais, enfin de ne plus laisser à ses gens le droit de prendre dans les voyages les choses nécessaires à sa maison, ce qui entraînait les plus monstrueux abus. Jean de Picquigny, au nom des nobles, Étienne Marcel, au nom des bourgeois de Paris, et un avocat d'Abbeville au nom des communes, approuvèrent les paroles de l'évêque de Laon et appuyèrent toutes ses propositions.

Charles le Mauvais. — Pendant ce temps, le parti du roi de Navarre, Charles le Mauvais, s'était fortifié. Il était petit-fils, par sa mère, de Louis le Hutin, et sans l'application de la loi salique, il aurait été l'héritier légitime de la couronne, puisqu'il était le véritable représentant des droits de la branche féminine de la dynastie capétienne. Ses partisans dissimulaient mal leurs prétentions, et le roi Jean l'avait fait arrêter parce qu'il voyait en lui un ennemi dangereux de sa famille. Le lendemain de la convocation des états généraux, Jean de Picquigny alla tirer ce prince de sa prison pour en faire le chef de leur parti. Le roi de Navarre parut aussitôt au Pré aux Clercs, où il harangua la multitude.

Pendant ce temps, le dauphin restait dans l'isolement. Marcel alla le trouver et le somma de faire justice au roi de Navarre. Tout le monde connaissait les crimes et les trahisons de ce prince que la postérité a surnommé *le Mauvais;* mais le dauphin fut obligé de céder, et il accorda tout ce qu'on voulut. Le prévôt des marchands, fier de ce succès, ne dissimula plus ses intentions secrètes. Il ordonna à ses partisans de porter un chaperon rouge et bleu, comme signe de ralliement, et résolut d'intimider le dauphin en poussant la sédition jusque dans son palais.

Il assembla les artisans au nombre de trois mille, les conduisit à la demeure du prince, et fit égorger sous ses yeux Jean de Conflans, maréchal de Champagne, et Robert de Clermont, ses fidèles ministres. Charles, tout tremblant, demanda au prévôt la grâce de la vie. » Sire, lui dit Marcel, vous n'avez garde, » et aussitôt il lui mit sur la tête son chaperon rouge et bleu, qui était le symbole de la révolte. Le dauphin l'accepta et ratifia les horreurs dont il venait d'être le témoin. Mais en les ratifiant il avait dans le cœur des sentiments de colère et de vengeance.

Il laissa le prévôt appeler le roi de Navarre à Paris, puis quand il vit les factieux eux-mêmes divisés, il s'éloigna de la capitale où son action était trop fortement entravée, et il se retira à Compiègne où il put rallier autour de lui tous ses partisans. Il y convoqua une assemblée des trois ordres du royaume, en obtint des subsides, leva une armée et vint bloquer Paris. La vue du péril provoqua parmi le peuple de cette grande cité une nouvelle réaction. Marcel voulait faire proclamer roi le Navarrais; mais deux bourgeois, Jean et Simon Maillart, formèrent un parti puissant contre ce fougueux tribun, et résolurent de le mettre à mort (1358).

Mort de Marcel. — Ils savaient que le prévôt des marchands s'était entendu avec Charles le Mauvais pour lui livrer la porte et la bastille de Saint-Denis, et le rendre ainsi maître de Paris. L'exécution du complot avait été fixée à la nuit du 31 juillet au 1ᵉʳ août. Jean Maillart qui avait pénétré ces desseins s'en ouvrit aux chefs du parti du dauphin, Pépin des Essarts et Jean de Charny, et tous trois avec leurs hommes « s'en vinrent un peu avant minuit à la bastille Saint Denis, et trouvèrent ledit prévôt des marchands, les clefs de la porte en ses mains. Le premier parler que Jean Maillart lui dit, ce fut qu'il lui demanda par son nom : «Étienne, Étienne, que faites-vous ci à cette heure? » Le prévôt lui répondit:

« Jean, je suis ici pour prendre garde de la ville dont j'ai le gouvernement. — Par Dieu, répondit Jean Maillart, il ne va mie ainsi ; mais n'êtes-ci à cette heure pour nul bien, et je vous le montre, dit-il à ceux qui estoient avec lui, comment il tient les clefs des portes en ses mains pour trahir la ville. » Le prévôt des marchands s'avança et dit : « Vous mentez. — Par Dieu, répondit Jean Maillart, traître, mais vous mentez. » Et tantost (aussitôt) férit à lui (frappa sur lui) et dit à ses gens : « A la mort, à la mort, tout homme de son côté, car ils sont traîtres. » Là eut grant hutin (combat) et dur, et s'en fût volontiers le prévôt des marchands fui s'il eût pu ; mais il fut si hâté (serré de si près) qu'il ne put ; car Jean Maillart le férit d'une hache sur la tête et l'abattit à terre, quoique ce fût son compère, ni se partit de lui jusqu'à ce qu'il fût occis, et six de ceux qui là estoient, et le demeurant pris et envoyé en prison (1) ».

La Jacquerie. — Pendant que Paris était ainsi le théâtre des premières révoltes de la bourgeoisie contre la noblesse, les campagnes étaient désolées par des excès plus graves encore. La populace s'était ameutée, et le sentiment de sa misère lui ayant inspiré une haine violente et cruelle contre tous ceux qui avaient de l'argent ou des terres, elle enveloppait indistinctement dans ses destructions et ses massacres les bourgeois et les nobles. On donna le nom de *jacquerie* à ces paysans armés, parce qu'ils s'appelaient eux-mêmes *Jacques Bonhomme*, par allusion au dédain que la noblesse affectait à leur égard. Dans leur aveugle vengeance, ils exterminaient les seigneurs et commettaient dans les campagnes d'effroyables brigandages. Ils dévastèrent spécialement la Champagne, la Picardie et l'Ile-de-France. La noblesse et la bourgeoisie cessèrent un instant leurs querelles particulières pour marcher ensemble contre ces brigands qui ne parlaient que d'extermination. Les Anglais, les Navarrais et les troupes du régent se réunirent pour les accabler. On en tua un grand nombre près de Clermont, et on détruisit le reste à Meaux par le glaive et l'incendie.

Traité de Brétigny (1300). — Toutes ces calamités firent unanimement soupirer après le retour du roi Jean,

---

(1) Froissart, livre I, partie II, chap. LXIII.

aussi Édouard mit-il sa délivrance à un prix excessif. Il demandait que la Normandie, la Guyenne, le Poitou, la Touraine, l'Anjou, le Maine, l'Agénois, le Quercy, la Gascogne, la Saintonge, l'Angoumois, le Limousin, le Périgord, les comtés de Boulogne et de Guines, le comté de Ponthieu, la vicomté de Montreuil et la ville, lui fussent accordés sans aucune redevance d'hommage. En outre, il voulait encore quatre millions d'écus d'or, et à ce prix il renonçait à son droit sur la couronne de France. Le dauphin lut ce traité en frémissant. Il convoqua les états généraux, et la nation n'eut qu'une voix pour repousser des conditions aussi injurieuses et aussi humiliantes. On se prépara à la guerre. Édouard se montra en France avec une grande armée, en parcourut les plus belles provinces, pillant et dévastant les campagnes; mais comme il ne pouvait pénétrer dans les villes, la misère se fit bientôt sentir parmi ses troupes, et il se vit obligé de reprendre les négociations. Il rendit au roi la liberté, à condition qu'il lui laisserait en pleine souveraineté Calais, le Ponthieu et tout l'ancien duché d'Aquitaine. La rançon de Jean II fut fixée à trois millions d'écus d'or, payables en six termes égaux, d'année en année. Ce traité, si onéreux pour la France, fut signé près de Chartres, dans le petit village de Brétigny (1360).

Fin du règne de Jean II (1360-1364). — De retour dans sa capitale, Jean fut accueilli avec enthousiasme par le peuple, le clergé et la noblesse. Les dons qui lui arrivaient de toutes parts suffirent pour acquitter le premier payement de sa rançon. L'année suivante, il vendit aux juifs le droit de rentrer en France et d'y ramener avec eux la fraude et l'usure; puis il lui fallut surcharger d'impôts très-lourds le peuple déjà ruiné. Toutefois, au milieu de cette grande détresse, il ne faillit pas à l'honneur. Un de ses fils, le duc d'Anjou, qu'il avait laissé en otage au roi Édouard, s'étant évadé, Jean, courroucé de cette déloyauté, retourna lui-même en Angleterre et y mourut (1364). C'est à ce monarque qu'on rapporte cette belle parole : « Si la bonne foi était bannie du reste du monde, il faudrait la trouver dans la bouche des rois. »

Seconde maison de Bourgogne. — Jean II avait réuni à la couronne la *Normandie*, qu'il avait reçue en apanage, le comté de *Toulouse*, celui de *Champagne*, qui fut vainement réclamé par le roi de Navarre, et le duché de *Bourgogne*, qui lui revint après l'extinction de la première maison capétienne de Bourgogne, en 1361. Mais il eut le tort de l'en séparer deux ans après en faveur de son quatrième fils, Philippe le Hardi, qui devint le chef de la seconde maison de Bourgogne. Ce prince s'étant marié en 1384 avec Marguerite, la fille et l'héritière du comte de Flandre, cette alliance fit des ducs de Bourgogne les vassaux les plus puissants du roi de France, et favorisa ainsi leur ambition, qui fut si fatale à la monarchie. Jean II morcela encore maladroitement le royaume, qui avait en ce moment grand besoin d'unité, en faisant du duché d'Anjou et du duché de Berri des apanages pour ses autres fils.

RÉSUMÉ DE CE CHAPITRE. — Le règne de Jean II est un des règnes les plus tristes et les plus désastreux de la monarchie française.

I. Sans avoir de mauvaises intentions, ce prince, aussi chevaleresque que Philippe VI, son père, mais plus imprévoyant et plus prodigue, irrita tout le monde par ses exactions et ses mesures arbitraires. L'esprit d'indépendance se manifesta alors dans toutes les classes de la société. Lorsque la trêve conclue avec l'Angleterre fut expirée, Jean réunit les États généraux, qui tout en approuvant sa politique s'élevèrent contre les abus de son gouvernement (1355). Il fut décidé que l'on mettrait sur pied une nombreuse armée, mais la fougue du roi la compromit et la fit tailler en pièces près de Poitiers (1356).

II. Le roi ayant été fait prisonnier dans cette défaite, la France fut livrée à la plus déplorable anarchie. Le dauphin Charles convoqua les États généraux (1356) qui essayèrent un instant de gouverner la nation. Mais ils ne tardèrent pas à être dépassés par le parti populaire qui voulait donner le pouvoir et la couronne au roi de Navarre, Charles le Mauvais. Pendant que Paris voyait la bourgeoisie se soulever contre la noblesse, les provinces étaient désolées par la populace qui sous le nom de *jacquerie* commettait d'horribles brigandages et troublait partout l'ordre et la tranquillité. Le traité de Brétigny (1360), vint un instant mettre un terme à tous ces maux, mais quand il fallut en remplir les conditions, le roi et la noblesse furent obligés de se ruiner et de ruiner avec eux toute la nation, sans que ces immenses sacrifices pussent suffire. Jean II détacha de ses États la Bourgogne pour en faire l'apanage de son quatrième fils, Philippe le Hardi, qui devint le chef de la seconde maison de Bourgogne dont le rôle fut si important à cette époque.

CHAPITRE VII.

CHARLES V. DUGUESCLIN. GUERRES ET GOUVERNEMENT. GRAND SCHISME D'OCCIDENT.

Charles V se trouva placé entre deux époques désastreuses pour la France, les règnes des premiers Valois, qui ne se sont fait remarquer que par des fautes et des malheurs, et le règne de Charles VI, dont la démence doit être si funeste à la nation. Charles V est le premier de nos rois qui ait eu l'intelligence des temps nouveaux qui vont s'ouvrir, et qui ait su comprendre les idées modernes et en faire une juste application. Il inaugura un nouveau système de guerre qui tourna tout à fait à l'avantage de la France, et son génie calculateur trouva la plupart des réformes nécessaires pour établir l'ordre à l'intérieur du royaume et faire asseoir la monarchie d'une manière ferme et inébranlable. En abolissant les apanages il indiqua le moyen de mettre fin à ces démembrements qui empêchaient la royauté d'arriver par là à la puissance. Il eut recours à l'intelligence plus qu'à la force pour se délivrer de ses ennemis, et pendant qu'il chassait de la France tous les étrangers, il trouvait le moyen de soulager le peuple en rétablissant partout l'ordre au moyen de ces ordonnances qui l'ont fait surnommer le Sage.

§ I*er*. — *Depuis l'avénement de Charles V jusqu'à la reprise des hostilités avec les Anglais (1364-1369).*

Rétablissement de l'ordre dans le pays et les finances. — Charles V, dont l'expérience avait été mûrie par le malheur, apporta sur le trône un génie plus élevé et une politique plus profonde que ses prédécesseurs. Son caractère froid et réfléchi ne le rendait pas propre aux aventures, et on ne trouva rien en lui de cette fougue chevaleresque qui caractérisait ses prédécesseurs. Il comprit que la royauté avait d'autres devoirs à remplir, et qu'il importait avant tout au bonheur du royaume, qu'il fût sagement administré. Étant d'une complexion faible et délicate, il sentit qu'il ne pouvait par lui-même suffire à tous les besoins de l'État et à toutes les difficultés de sa position. Dans sa sagesse, il résolut donc de « faire en tout pays querir et chercher et appeler à soy clers solennels (renommés) et philosophes fondés en sciences mathématiques et spéculatives. »

Il prit conseil de tous les hommes instruits pour l'administration intérieure du royaume. Grâce aux réformes qu'il introduisit et à son économie, il parvint à remplir son trésor tout en diminuant les impôts. En 1367, il réduisit de moitié l'impôt de la gabelle et les aides, et fit remise aux bourgeois du quart de leurs contributions à condition qu'ils les emploieraient aux fortifications de leurs villes.

Ne pouvant combattre lui-même, il s'environna de tous les capitaines les plus illustres, Olivier de Clisson, Boucicault, Louis de Châlons, Édouard de Renty, les sires de Beaujeu, de Pommiers, de Reyneval, et une foule d'autres qui reconnaissaient pour leur chef et leur maître le fameux Bertrand du Guesclin. C'est à l'épée de ce chevalier breton que Charles V confia la défense du royaume.

Pour recouvrer son autorité et rendre à la France son indépendance, Charles V avait trois ennemis à combattre: le Navarrais qui tenait Paris bloqué, et était maître de la Normandie, les *compagnies*, qui n'étaient que des bandes d'aventuriers et qui désolaient toutes les campagnes, les Anglais qui se prévalaient du traité de Brétigny pour insulter à l'honneur de la France. Le Breton du Guesclin fut l'illustre guerrier qui délivra Charles V de tous ses adversaires.

Guerre contre le roi de Navarre. Du Guesclin (1364). — La guerre se fit d'abord contre le Navarrais. Du Guesclin lui enleva Mantes, Meulan, et lui ravit toutes ses meilleures places sur la Seine. Charles le Mauvais appela à son secours Jean de Grailly, fameux chevalier gascon, plus connu sous le nom de captal de Buch. Les deux armées se rencontrèrent sur les bords de l'Eure, près du petit village de Cocherel. Le captal de Buch avait placé ses troupes sur une éminence. Les chevaliers tentèrent de l'escalader comme à Crécy et à Poitiers, mais du Guesclin fit peu après sonner la retraite et feignit de prendre la fuite. Alors le capitaine anglais John Joël, croyant la bataille déjà gagnée, se mit à la poursuite des Français, malgré les ordres du captal de Buch; aussitôt que, par cette ruse, du Guesclin eut attiré l'ennemi dans la plaine, il fit faire volte-face à son armée et écrasa les Anglais. Il avait en même temps chargé trente cavaliers des plus braves de ne s'occuper que du captal de Buch et de le faire prisonnier. Ce dernier stratagème ayant réussi, les troupes privées de leur chef se découragèrent et l'armée navarraise fut complétement défaite.

Du Guesclin avait promis cette capture à Charles V « pour estrennes de sa novelle royauté. » Cette victoire inaugura en effet son règne ; il l'apprit le jour même de son sacre à Reims. Charles le Mauvais s'empressa aussitôt de traiter avec le roi de France et d'accepter les conditions qui lui étaient imposées, c'est-à-dire la restitution de ses fiefs de Normandie en échange de la seigneurie de Montpellier. Charles V alla ensuite à Rouen remercier le vainqueur en lui donnant le comté de Longueville et en le faisant maréchal de Normandie.

Fin de la guerre de Bretagne (1365). — La guerre durait toujours en Bretagne entre la maison de Montfort et la maison de Penthièvre. Cette lutte chevaleresque s'était signalée par une foule de combats extraordinaires. Un des faits d'armes les plus célèbres fut le *combat des Trente*, qui se livra, en 1351, entre Robert de Beaumanoir, gouverneur du château de Josselin, et le capitaine anglais Richard Bramborough, qui commandait à Ploërmel. Ils se mesurèrent sur la lande qui s'étend entre ces deux pays, ayant chacun vingt-neuf compagnons d'armes. Le combat dura presque toute la journée. Le châtelain de Ploërmel et neuf Anglais ayant été tués, les autres crièrent merci, et la victoire resta aux Français, qui n'avaient perdu que quatre hommes. Beaumanoir fut du nombre. Ayant été blessé un des premiers et mourant de soif, il demandait à boire. Un de ses compagnons, Geoffroi Dubois, lui cria : « Bois ton sang, Beaumanoir ! » et continua de frapper. Cette parole héroïque devint la devise de cette maison.

Ces espèces de combats singuliers, qui ressemblaient plutôt à des tournois qu'à des batailles, n'étaient pas de nature à mettre fin à cette guerre. Les rois de France et d'Angleterre s'étaient ménagés, par une clause du traité de Brétigny, la faculté de secourir les prétendants à la couronne ducale de Bretagne, sans qu'il en résultât entre eux une déclaration de guerre. En vertu de cette stipulation singulière, Charles V avait donné l'ordre à du Guesclin d'aller avec ses meilleures troupes au secours de Charles de Blois. Jean de Montfort fut de son côté soutenu par le prince de Galles qui lui envoya deux cents lances, deux cents archers et bon nombre de chevaliers avec le brave et prudent Jean Chandos.

De part et d'autre on voulait en finir, et les seigneurs bretons avaient résolu, « que si on venoit au-dessus de la bataille, que messire Charles de Blois fût trouvé en la place, on ne le devoit point prendre à nulle rançon, mais occire. Et ainsi en ces semblables, les François et les Bretons en avoient ordonné de messire Jean de Montfort, car en ce jour, ils vouloient avoir fin de bataille et de guerre. » On se rencontra près de la ville d'Auray. Les Anglais et Montfort occupaient une hauteur et du Guesclin ne voulait pas les y attaquer ; mais Charles de Blois, n'écoutant que son emportement chevaleresque, engagea la bataille. Il fut tué avec la plupart des seigneurs qui l'entouraient, et le chevalier breton, malgré sa prudence et sa valeur, tomba entre les mains des vainqueurs. Cette défaite n'eut cependant pas de suites funestes pour la France. Charles V s'empressa de négocier, et le 11 avril 1365, le traité de Guérande mit fin à cette guerre, en reconnaissant pour duc de Bretagne Jean de Montfort, et en assignant à Jeanne de Penthièvre, veuve de Charles de Blois, le comté de Penthièvre avec le vicomté de Limoges. Jean de Montfort vint faire hommage au roi de France pour son nouveau duché, le genou baissé, les mains jointes entre celles du roi, se reconnaissant son vassal comme l'avaient été tous les ducs de Bretagne ses prédécesseurs. Du Guesclin avait été rendu à la liberté, moyennant cent mille livres qu'il paya pour sa rançon.

Les grandes compagnies. Intervention des Français en Castille (1366). — Bertrand du Guesclin, après avoir recouvré sa liberté, reçut pour mission de délivrer la France des *compagnies*. On appelait ainsi toutes ces bandes d'hommes armés qui, depuis que les hostilités avaient cessé en Normandie et en Bretagne, s'étaient répandues vers le centre de la France, où elles commettaient les crimes les plus épouvantables. Le vol, le meurtre, le sacrilége et l'incendie marquaient partout leur passage. Ne pouvant les détruire par la force, Charles V avait cherché à les éloigner par la politique. Il avait essayé de les séduire par un projet de croisade, mais l'entraînement des siècles passés n'existait plus. Henri de Transtamare ayant demandé des secours à la France contre son frère Pierre le Cruel, qui déshonorait le trône de Castille par ses infamies, Charles V profita de cette circonstance pour délivrer la France de toutes ces bandes indisciplinées. Il leur donna pour chef le brave du Guesclin, qui les entraîna au delà des Pyrénées. Tout céda à leurs armes. Henri de Transtamare fut reconnu roi de Castille, et Pierre le Cruel prit la fuite.

Dans son exil, le prince entra en négociation avec les Anglais. Le vieux roi Édouard n'était pas d'humeur à se jeter de nouveau dans les périls de la guerre. Mais le prince de Galles et les seigneurs de Guyenne ne demandaient qu'à courir de pareilles aventures. Ils négocièrent la défection des *compagnies*, et marchèrent ensuite contre Henri de Transtamare, qui n'avait d'autre soutien que l'épée de du Guesclin. Les troupes s'étant trouvées en présence à Najara ou Navarette, le connétable *déconseillait* la bataille. On ne tint pas compte de son avis, et il fut obligé de se rendre au captal de Buch, qu'il avait fait prisonnier devant Cocherel (1367). Le prince de Galles lui demanda cent mille roubles d'or pour sa rançon. Les amis du vaillant capitaine, le roi de France, Jean Chandos lui-même lui vinrent en aide, et aussitôt qu'il fut délivré, il releva le drapeau de Henri de Transtamare, gagna pour lui la bataille de Montiel et le rétablit sur le trône. Les affaires de Castille se terminèrent ainsi à la gloire du connétable, et la France se trouva délivrée des *compagnies*.

§ II. — *Depuis la reprise des hostilités avec les Anglais jusqu'à la fin du règne de Charles V (1369-1380).*

Reprise des hostilités avec les Anglais. — Charles V délivré des compagnies et des Navarrais n'avait plus à combattre que les Anglais. Avant de les attaquer il prit sagement toutes ses mesures. Il renouvela l'ancienne alliance de la France avec l'Écosse, s'unit au roi de Castille que du Guesclin venait de rétablir sur son trône, et s'assura ainsi l'appui d'une partie de l'Espagne. Il entraîna dans son parti le roi de Navarre, qui était jusqu'alors resté indécis, et maria son frère Philippe le Hardi avec l'héritière du comté de Flandre, pour empêcher le fils d'Édouard III, le comte de Cambridge, de faire valoir ses droits sur ce pays. En 1369, il crut que le moment était favorable pour reprendre la guerre contre l'Angleterre. Le trésor se trouvait rempli, les troupes étaient parfaitement disciplinées, et l'ordre paraissait suffisamment rétabli à l'intérieur du royaume. Édouard III avait au contraire dissipé ses ressources au milieu des fêtes, et son humeur altière avait multiplié ses ennemis.

Charles V convoqua donc le 9 mai les états généraux et leur demanda ce qu'il devait faire au sujet du roi d'Angleterre. Le prince de Galles, à son retour de la guerre de Castille, avait frappé de contributions énormes toutes les provinces qu'il possédait en France. Ces provinces ayant adressé dans leur détresse leurs plaintes à Charles V, celui-ci les avait accueillies avec empressement et avait cité le prince de Galles à comparaître devant la cour des pairs, pour *ouir droit sur lesdites complaintes*. Celui-ci s'y étant refusé, la cour des pairs prononça que le roi Édouard et son fils n'ayant point comparu à leur ajournement, le duché d'Aquitaine et leurs autres terres étaient confisqués.

Nouveau système de guerre. — Les états généraux ayant applaudi à cette mesure, Charles V commença la guerre immédiatement sur trois points à la fois, dans le Ponthieu, la Guyenne et la Picardie (1369). Les Anglais débarquèrent peu après à Calais, mais le roi de France savait que ce qui avait perdu ses prédécesseurs à Poitiers et à Crécy, c'était leur bouillante ardeur. Il donna le commandement de l'armée française à son frère Philippe, déjà duc de Bourgogne, en lui défendant d'engager aucune action générale. Trois fois les Anglais envahirent la France, et à chaque fois on laissa leurs armées mourir de faim et de misère. On se contentait de les empêcher de pénétrer dans les villes et on leur abandonnait le reste du pays. Dans une de ces invasions ils s'avancèrent jusqu'au cœur du royaume, et brûlèrent sous les yeux du roi les villages des environs de Paris. Mais le brave Olivier de Clisson fortifiait Charles V dans la résolution qu'il avait prise en lui disant : « Sire, vous n'avez que faire d'employer vos gens contre ces enragés ; laissez-les se fatiguer eux-mêmes. Ils ne vous mettront pas hors de votre héritage avec toutes ces lumières. »

Pendant que les Anglais se rendaient odieux à toute la France par les désastres qu'ils commettaient, Charles V s'appliquait à s'attacher les villes en leur accordant des exemptions et des priviléges. Ainsi, par différentes ordonnances, il exemptait d'impôts pour vingt ans la ville de Milhau, accordait des priviléges aux villes de Montauban, de Verfeil, de Tulle, de Tarbes, de Cahors, de Castres. Il promettait aux habitants de Figeac de ne point être inquiétés sur leurs biens s'ils passaient de l'obéissance d'Édouard à celle du roi de France.

Du Guesclin se trouvait à la tête de quelques détachements pour entrer dans les villes qui se rendaient d'elles-mêmes aux Français ou pour s'y introduire par ruse, et y établir garnison. Il étudiait dans ses évolutions tous les mouvements de l'ennemi et profitait de ses fautes pour remporter une foule d'avantages partiels. C'est ainsi qu'il battit à Pont-Vallin Robert Knolles (1370), un des généraux anglais les plus redoutés, et qu'il fit la conquête du Poitou, pendant que la flotte du roi de Castille détruisait celle de l'Angleterre près de la Rochelle (1372). L'année suivante (1373), il s'empara de la Bretagne et punit ainsi Jean de Montfort de son alliance avec les ennemis de la France. Mais Charles V ne devait pas conserver cette dernière conquête. Ayant eu l'imprudence de vouloir soumettre cette province à un odieux impôt, les barons, chevaliers et écuyers de la Bretagne signèrent à Rennes, le 26 avril 1399, un acte de confédération, en vertu duquel ils rappelèrent leur duc et recouvrèrent leur indépendance.

Les Anglais ne conservent que Calais, Bordeaux, Bayonne, Brest. — Le souverain pontife qui se faisait toujours l'arbitre de la paix au milieu de ces scènes de trouble et d'anarchie, arrêta encore une fois l'effusion du sang par la trêve de Bruges (1375). Peu après, Édouard III et le prince de Galles, son fils, descendirent au tombeau. Celui-ci périt d'une maladie cruelle qui le faisait souffrir depuis six ans. Son père, abattu par les revers et subjugué par la volupté, perdit insensiblement sa gloire, et ne fut, pendant les dernières années de sa vie, qu'un objet de mépris pour le peuple qui l'avait tant idolâtré. Alice Pierre, sa concubine, assista seule à ses derniers moments, et ce fut pour le voler (1377). Charles V profita de la mort de son rival pour remporter de nouveaux triomphes. Cinq armées furent lancées dans des directions diverses, et toute la Guyenne fut conquise, tandis qu'une flotte castillane ravageait les côtes d'Angleterre. Le jeune Richard II, successeur d'Édouard III, effrayé de cette apparition se hâta de conclure avec Charles V une trêve qui ne laissait aux Anglais, en France, que les quatre villes de Bayonne, Bordeaux, Brest et Calais.

Mort de du Guesclin (1380). — Le brave du Guesclin mourut devant le château de Randon, l'une des dernières places qui restassent aux Anglais en Guyenne. Quand il sentit que sa fin approchait, il demanda les sacrements de l'Église, se fit apporter son épée de connétable, la baisa et la remit au maréchal de Sancerre, pour qu'il la rendît au roi. Il adressa de touchantes paroles à tous ses frères d'armes, et jusqu'à son dernier soupir il ne cessa de leur recommander de ne jamais oublier que les gens d'église, les femmes, les enfants, le pauvre peuple, n'étaient pas leurs ennemis. Le lendemain de la mort du connétable était le jour où la ville devait se rendre. Le gouverneur ayant dit que c'était à du Guesclin qu'il avait donné sa parole et qu'il ne se rendrait qu'à lui, le maréchal de Sancerre fut obligé de lui avouer sa mort. Eh bien ! reprit le gouverneur, je porterai les clefs de la ville sur son tombeau. Le corps de du Guesclin fut transporté à Paris avec une grande pompe, et déposé à Saint-Denis près du tombeau réservé à Charles V.

Mort de Charles V. Sages ordonnances de ce prince. — La même année Charles V mourut. Ce monarque avait fait beaucoup pendant son règne pour la gloire de la nation. Sans être guerrier, il avait ranimé autour de lui l'esprit militaire, et en donnant à tous les hommes d'armes qui l'entouraient un élan patriotique et une direction sage et prudente, il était parvenu à délivrer le royaume de ses ennemis. « Il n'y eust oncques roi de

France qui moins s'armast, disait Édouard III, et si n'y eust oncques roi qui tant ne donnast à faire. »

Il ne convoqua qu'une fois les états généraux pour les consulter sur la conduite qu'il devait tenir envers le roi d'Angleterre. Il leur substitua les *lits de justice*, qui étaient des solennités judiciaires auxquelles on admettait le parlement, les grands officiers de la couronne, des prélats et des députés de la bourgeoisie et de l'université. Ce fut dans une de ces assemblées qu'il fit décider que les rois de France seraient majeurs à l'âge de treize ans, et pour prévenir le démembrement du royaume, il décréta en même temps qu'à l'avenir on donnerait aux fils de France des pensions au lieu d'apanages.

Ce prince s'occupa avec le plus grand soin de l'administration intérieure de ses États. Il favorisa le commerce par de sages ordonnances et la création d'une marine qui fut chargée d'en protéger le développement à l'extérieur. Son économie lui permit de rétablir l'ordre dans les finances sans avoir jamais besoin de recourir, comme ses prédécesseurs, à l'altération des monnaies. Il réduisit les impôts et les répartit avec plus de justice, diminua le nombre des employés de l'État, et encouragea l'agriculture, les arts et les sciences. Il commença la Bastille, qui devint une célèbre prison d'État, reconstruisit l'enceinte de Paris et le Louvre, bâtit les châteaux de Beauté, de Plaisance et de Melun, et conçut le projet d'unir la Loire à la Seine par un canal qui fut plus tard exécuté sous Henri IV.

Plein de charité pour les pauvres, il fonda des hôpitaux. Souvent on lui entendait répéter ces mémorables paroles : « Je suis heureux, parce que j'ai puissance de faire bien à autrui. » Il ne craignait pas de donner extérieurement des marques de sa foi et de sa piété. « Monseigneur le roy, dit Froissard, alloit en procession bien pieusement, tout déchaux et pieds nus, et madame la royne aussi. » Il aimait l'étude et possédait la plus belle bibliothèque qui fût alors, neuf cent dix volumes, qui étaient précieusement gardés dans une tour du Louvre, sous des chaînes de fer. Cette collection fut le commencement de la Bibliothèque nationale. Il créa à Paris un collége d'astronomie et de médecine avec un observatoire en faveur d'un savant nommé Gervais qui passait pour un astrologue très-habile. Il encouragea les lettres en faisant traduire la Bible, Aristote, saint Augustin et Tite Live, et sous son règne la littérature nationale fit de très-grands progrès. L'écrivain le plus distingué de cette époque fut Froissard, que l'on peut considérer comme l'historien du quatorzième siècle, au même titre que Villehardouin et Joinville le furent au treizième.

Progrès du tiers état. — Le tiers état, qui avait été introduit pour la première fois dans les états généraux sous Philippe le Bel, se développa dans les fréquentes réunions de ces grandes assemblées qui eurent lieu sous ses successeurs. En 1332 il fut appelé à prononcer sur les droits de Philippe V au trône. Jean II ayant convoqué les états généraux en 1355 pour en obtenir des subsides, il fut obligé, pour avoir leurs suffrages, de décréter qu'à l'avenir on ne ferait rien sans le consentement des trois ordres, et que le roi serait tenu de rendre compte de l'emploi de tous les secours qui lui auraient été alloués. Pendant la captivité du monarque, les états s'emparèrent du gouvernement et s'imposèrent de force au dauphin. Le prévôt Marcel fit statuer que désormais on ne pourrait décider, sans l'avis des trois ordres, ni trêve, ni guerre; que la convocation de l'arrière-ban, les règlements sur les monnaies et sur les institutions judiciaires dépendraient de leur sanction. Mais ces excès joints aux calamités de l'anarchie, qui désolait alors le pays, arrêtèrent les progrès de la bourgeoisie et la forcèrent à reculer dans la voie où elle s'était engagée. Charles V se défiant de ces assemblées tumultueuses ne s'en servit que pour casser le traité qui avait été imposé à son père, et le tiers état dut chercher ses moyens de développement dans la richesse et les lumières plutôt que dans l'action de la politique. Car cette classe de la société prépara son triomphe dans les temps modernes en étendant son influence d'un côté par l'industrie et le commerce qui furent pour elle une source féconde de richesse et de prospérité, de l'autre en se livrant à l'étude et en produisant des hommes distingués qui l'honorèrent en soutenant ses intérêts.

Importance du parlement et de l'université. — Mais

outre les états généraux, qui n'étaient convoqués que périodiquement, il y avait encore en France d'autres corps, qui furent d'abord étrangers à la politique, mais qui prirent ensuite part aux affaires publiques. Tels furent les parlements et l'université.

Les parlements ne se bornaient pas à rendre la justice; l'enregistrement des édits royaux donna lieu au droit de *remontrances*, qui fut pendant longtemps le seul frein de la monarchie absolue. Les lumières des magistrats, la gravité de leur caractère donnaient du poids à leurs représentations, aussi nous verrons que dès le commencement du quinzième siècle ils eurent assez d'autorité pour suspendre l'exécution des volontés du roi en se refusant à enregistrer ses édits. Charles V ajouta à leur importance en laissant à leurs membres le droit de pourvoir eux-mêmes aux places qui venaient à vaquer dans leur sein, et en substituant aux états généraux ces grandes solennités judiciaires qu'on a appelées *lits de justice*, et auxquelles étaient admis avec le parlement, les grands officiers de la couronne, les prélats, les députés de la bourgeoisie et les délégués de l'université.

L'université était alors très-puissante. Elle comptait plus de vingt mille étudiants qui fréquentaient ses cours, et les lumières de ses membres les appelèrent à prendre part au conseil des souverains. Ils furent surtout consultés dans la lutte qui s'éleva entre l'autorité spirituelle et l'autorité temporelle, et ils défendirent avec une ardeur extrême ce qu'on appelait alors *les libertés de l'Église gallicane*. Des questions religieuses ils passèrent ensuite aux affaires civiles, et on doit reconnaître que dans ces temps malheureux ils dressèrent plusieurs ordonnances qui se firent remarquer par leur sagesse et leur modération. Charles V s'appuya particulièrement sur l'université, et il la récompensa de son dévouement en l'appelant *la fille aînée des rois*.

Grand schisme d'Occident. — (1378). Deux ans avant la mort de Charles V éclata le grand schisme d'Occident. Depuis que les souverains pontifes avaient quitté Rome pour s'établir à Avignon d'après les instigations de Philippe le Bel, leur retour dans la ville éternelle n'avait cessé d'être vivement désiré non-seulement par les Romains, mais encore par tous les Italiens. En diverses circonstances, de magnifiques ambassades avaient été envoyées aux souverains pontifes pour les exhorter à consoler de son veuvage la ville éternelle. Les vers que prononça Pétrarque dans une de ces occasions solennelles sont restés immortels comme son génie. Tout Français qu'ils étaient, les papes d'Avignon ne furent point insensibles à ces supplications touchantes. Ils comprenaient qu'ils ne pourraient recouvrer leur pleine indépendance qu'en retournant à Rome, et Urbain V, pressé par ce motif puissant, se décida à quitter le territoire français; mais il y revint avant sa mort. Ce ne fut que sous son successeur Grégoire XI que la papauté fut définitivement rétablie dans la capitale de la chrétienté. Ce pontife y fit son entrée avec une pompe triomphale, et choisit pour demeure le Vatican, qui a toujours été depuis la résidence des successeurs de saint Pierre (1377). A la mort de Grégoire XI, les Romains exigèrent des cardinaux qu'ils choisissent un pape italien. Leurs suffrages tombèrent sur l'archevêque de Bari, qui prit le nom d'Urbain; mais sa mauvaise humeur, ses caprices bizarres et son inconcevable caractère donnèrent aussitôt des regrets aux cardinaux. Seize d'entre eux, sous prétexte que l'élection n'avait pas été libre, se séparèrent de lui et élurent à Agnani l'évêque de Cambrai, Robert, qui fut Clément VII (1378). Dans le doute sur la validité de ces deux élections, la chrétienté se partagea en deux obédiences. La France et ses alliés, c'est-à-dire, la Castille, l'Aragon, le Portugal, la Savoie, l'Écosse, la Lorraine et le royaume de Naples, furent pour Clément VII qui se fixa à Avignon. Toutes les autres nations catholiques se prononcèrent pour Urbain VI. Les pontifes s'anathématisèrent réciproquement, et le scandale de ce déplorable schisme dura près de quarante années (1378-1417).

RÉSUMÉ DE CE CHAPITRE. — Le règne de Charles V fut un règne réparateur. A son avénement ce prince avait à réduire trois puissances qui mettaient obstacle à l'indépendance de la monarchie et au repos de la France. Ces trois puissances étaient le roi de Navarre, les grandes compagnies et les Anglais. Charles n'étant pas guerrier, se servit de du Guesclin contre ces trois ennemis.

I. Le héros breton le délivra d'abord du roi de Navarre, Charles le Mauvais, qui avait tenté pendant les désordres du règne précédent de s'emparer de la couronne de France. Du Guesclin l'obligea à se soumettre en faisant prisonnier Jean de Grailly, captal de Buch, son allié, à la bataille de Cocherel (1364). Peu de temps après, Charles V mit fin à la guerre de Bretagne entre les Penthièvre et les Montfort par le traité de Guérande (1365). Pour se délivrer des *grandes compagnies*, qui n'étaient que des bandes d'aventuriers, il engagea du Guesclin à les entraîner en Espagne pour prendre le parti de Henri de Transtamare contre son frère Pierre le Cruel. Du Guesclin après avoir été fait prisonnier termina les affaires de Castille à sa gloire, et la France se trouva délivrée des terribles compagnies qui la dévastaient.

II. Il ne restait plus qu'à attaquer les Anglais. Charles V consulta les états généraux à ce sujet, la guerre fut reprise et éclata tout à la fois sur trois points différents, dans le Ponthieu, la Guyenne et la Picardie (1369). On adopta une tactique nouvelle qui paralysa tous les efforts des Anglais. Charles V eu recours à la persuasion plus qu'à la force, et du Guesclin put s'emparer ainsi d'un grand nombre de villes. Édouard étant mort (1377), Charles V profita de cette circonstance pour redoubler d'activité. Il lança cinq armées dans cinq directions différentes, et il ne resta bientôt plus aux Anglais que Bayonne, Bordeaux, Brest et Calais. Le valeureux du Guesclin mourut la même année que le sage monarque (1380). Charles V s'était occupé avec le plus grand soin de l'administration intérieure de ses États. Il avait fondé des hôpitaux, encouragé les sciences et les lettres, et sous son règne toutes les grandes institutions avaient pris de l'importance. Le tiers état, le parlement et l'université commencèrent alors à prendre part aux affaires et à exercer une très-grande influence. Le retour des papes d'Avignon à Rome fut l'occasion d'un schisme déplorable qui dura près de 40 ans et qui fut très-funeste à l'Église et à la foi en Occident (1378-1417).

CHAPITRE VIII.

CHARLES VI. LES ARMAGNACS ET LES BOURGUIGNONS. BATAILLE D'AZINCOURT ET TRAITÉ DE TROYES (1).

Le règne de Charles VI marque dans notre histoire une de ces époques de transition où tout semble en décadence. Les idées nouvelles ne sont pas encore assez puissantes pour animer et soutenir la société qui se transforme, et dans cette transformation le passé lui-même, qui se trouve atteint, perd chaque jour de sa force et de

(1) AUTEURS A CONSULTER. *La Chronique du religieux de Saint-Denis*. Juvénal des Ursins et les historiens de Charles VI, les *Mémoires* de Pierre de Fenin (1409-1427), les *Chroniques* de Monstrelet à partir de 1400, *La vie du maréchal Boucicault*, *Mémoires* de Lefebvre de Saint-Remi dit Toison-d'Or.

son prestige, de sorte qu'il en résulte une espèce de défaillance universelle. C'est le phénomène que l'on peut observer à cette époque si calamiteuse de notre monarchie. Au dedans la France est travaillée par des luttes violentes qui ont le caractère prématuré de nos révolutions modernes; des essais de réforme se font jour, mais ils échouent parce que les esprits n'étaient pas encore suffisamment préparés pour de pareils changements. L'ennemi extérieur profite de ce moment d'anarchie et exploite avec tant de succès toutes les dissensions, qu'il parvient à s'emparer de la plus grande partie du territoire, et à faire sanctionner par la cour elle-même la légitimité de ses conquêtes.

§ Ier. — *Minorité et démence de Charles VI* (1380-1392).

Minorité de Charles VI. — Charles VI n'avait pas encore douze ans quand il monta sur le trône. D'après l'ordonnance de son père, Charles V, il devait être majeur à quatorze ans, mais il était incapable de jamais gouverner. Ses quatre oncles, Louis, duc d'Anjou, Jean, duc de Berri, Philippe le Hardi, duc de Bourgogne, et Louis le Bon, duc de Bourbon, s'emparèrent du pouvoir. L'aîné, le duc d'Anjou, avait autrefois désolé par ses rapines le Languedoc dont il avait été gouverneur. A la mort de Charles V, il avait volé les joyaux de la couronne et s'était fait ouvrir par Pierre de Savoisy l'épargne du roi, où il avait puisé à pleines mains. Le duc de Bourgogne s'était adjugé le gouvernement de la Normandie et de la Picardie; le duc de Berri qui possédait déjà en apanage le Berri, l'Auvergne et le Poitou, y avait encore ajouté l'Aquitaine et le Languedoc. Le duc de Bourbon seul ne prit rien, mais son honnêteté le laissa sans influence.

Le duc d'Anjou qui, en sa qualité d'aîné, prit le titre de régent, songeait à la conquête du royaume de Naples que la reine Jeanne lui avait légué par testament. Ayant toujours besoin d'argent, il fit publier un nouvel impôt sur les marchandises vendues (1er mars 1382).

Soulèvements à Paris, à Rouen, dans le Languedoc. — La révolte éclata à cette occasion, c'est ce qu'on a appelé la révolte des *maillotins*. Le lendemain de la promulgation de ce décret, les percepteurs ayant voulu prélever l'impôt sur un peu de cresson que venait de vendre une vieille femme, le peuple courut à l'hôtel de ville et à l'arsénal, où se trouvaient de grands dépôts de lances, d'épées, de maillets de plomb (ou masses d'armes) et s'étant emparé de ces armes il poursuivit et massacra les agents du fisc. L'impôt fut retiré et l'émeute s'apaisa.

Mais ce mouvement insurrectionnel ne s'était pas borné à la ville de Paris. Il s'était aussi manifesté dans les provinces. La sédition avait commencé à Rouen, où le peuple s'était soulevé avant les Parisiens. De là, elle s'était communiquée aux villes de Reims, Châlons, Troyes, Orléans et Sens.

Le duc de Berri avait vu aussi la guerre civile troubler son gouvernement du Languedoc. En vain le souverain pontife était intervenu, les paysans avaient recommencé avec fureur les désordres de la jacquerie et s'étaient réfugiés dans les montagnes des Cévennes, d'où ils épouvantaient par leurs crimes les nobles et les riches. On leur donna le nom de *tuchins* ou brigands.

Guerre de Flandre. — Les Flamands crurent le moment favorable pour se soulever contre leur comte et se rendre indépendants. Pierre Dubois et Philippe Arteweld, fils du fameux Jacques Arteweld, se mirent à la tête de l'insurrection des *chaperons blancs*, et vainquirent le comte Louis à la bataille de Bruges, le 3 mai 1382. Des députés des villes de Gand, d'Ypres et de Bruges allèrent après cette victoire trouver en Angleterre Richard II, et lui offrirent de le reconnaître pour leur roi, s'il voulait leur venir en aide. Les régents de France furent frappés des périls de la situation. Un jour que le duc de Bourgogne et le duc de Berri s'en entretenaient, le jeune Charles VI entra, un épervier sur le poing : « Eh bien, dit-il, mes oncles, en quel grand conseil êtes-vous donc ? — Ah! monseigneur, dit le duc de Berri, mon frère de Bourgogne raconte comment les Flamands ont chassé de son héritage leur seigneur avec tous les gentilshommes, et comment un brasseur, nommé Arteweld, qui d'ailleurs a le cœur très-anglais, assiége le reste des chevaliers de Flandre enfermés dans Audenarde ; ils ne peuvent recevoir secours que de vous. — Par ma foi, répartit le roi, j'ai grande volonté de les aider ; au nom de Dieu, allons-y. Je ne désire rien de plus que de m'armer, car je n'ai pas encore porté les armes, et pourtant il le faut, si je veux régner avec puissance et honneur. » La guerre de Flandre fut ainsi résolue.

Victoire de Roosebeke (27 nov. 1382). — La noblesse qui avait à venger la défaite qu'elle avait essuyée à Courtrai en 1302, brûlait d'en venir aux mains avec les rebelles. Aussi une armée considérable fut-elle bientôt sur pied. A l'approche des Français, un grand nombre de villes ouvrirent d'elles-mêmes leurs portes, et Philippe Arteweld se vit contraint d'engager avec ses Gantois une bataille décisive à Roosebeke. Toute sa tactique fut de se jeter sur l'ennemi avec une aveugle fureur, et ses gens s'étaient attachés les uns aux autres pour qu'aucun ne pût reculer. Cette manœuvre, qui leur avait réussi à Bruges contre le comte de Flandre, leur devint funeste contre les Français. Cette masse énorme et immobile fut enveloppée par les troupes de Charles VI, et ce fut moins un combat qu'une extermination. Vingt-six mille hommes restèrent sur le champ de bataille, et Philippe Arteweld fut trouvé parmi les morts.

Cette victoire abattit l'insurrection à Paris et dans tout le reste de la France. Les régents en profitèrent pour rétablir leurs anciens impôts, et retirer aux villes leurs priviléges et leurs franchises. Ainsi on enleva à la ville de Paris ses magistrats électifs, ses maîtrises, corporations et confréries, et l'on instruisit le procès de ceux que l'on considérait comme les principaux chefs de la révolte. Les princes du sang saisirent cette occasion pour perdre l'avocat général Jean Desmarets. Il marcha au supplice avec une admirable fermeté. Lorsqu'il fut arrivé aux halles où il devait être exécuté, ceux qui l'entouraient lui ayant crié : « Demandez merci au roi, maître Jean, afin qu'il vous pardonne vos forfaits. » — J'ai servi au roi Philippe, son grand aïeul, au roi Jean et au roi Charles, son père, bien et loyaument ; ne oncques ces trois rois ne me sçurent que demander, et aussi ne ferait cestui, s'il avait âge et connaissance d'homme : à Dieu seul veux crier merci (1383). »

Lorsqu'on se fut ainsi délivré des principaux personnages, le roi fit annoncer qu'il ferait grâce au reste des rebelles, moyennant certaines compositions pécuniaires. Les *tuchins*, effrayés par ces supplices, se rendirent également dans le Languedoc. Le comte de Flandre étant venu à mourir, le duc de Bourgogne, qui avait épousé sa fille Marguerite, hérita de ses vastes domaines (1384), et cette succession qui se transmit dans cette maison pendant quatre générations, fit de ces princes les rivaux les plus redoutables du roi de France.

Projet de descente en Angleterre (1385). — L'année suivante, le roi Charles VI épousa Isabeau de Bavière (juillet 1385). Les fêtes que l'on donna à cette occasion ne firent pas perdre de vue le projet que l'on avait conçu de faire une descente en Angleterre, pour punir cette nation des secours qu'elle avait envoyés aux Flamands révoltés. A cet effet le roi rassembla quinze cents vaisseaux au port de l'Écluse, destina cinquante mille chevaux à cette expédition, et réunit d'immenses munitions de guerre et de bouche, parmi lesquelles on remarquait des barils de jaunes d'œufs cuits et pilés comme de la farine. On avait composé des pièces de rapport qui se démontaient et se remontaient à volonté, une ville de bois de trois mille pas de diamètre, munie de tours et de retranchements, et capable de contenir une armée. Les vaisseaux de la flotte étaient ornés de sculptures et de peintures; les mâts couverts d'or et d'argent : magnificence qui rappelle la flotte de Cléopâtre. Mais ces immenses préparatifs furent sans résultat. La maladresse du duc de Bourgogne et la lenteur intéressée du duc de Berri laissèrent venir la saison des tempêtes, et la flotte fut ruinée (1386).

Fin de la régence (1386). — Charles VI secoua le joug de ses oncles. Ils avaient entrepris une expédition contre le duc de Gueldres que le roi d'Angleterre avait sollicité à porter un défi au roi de France. Cette expédition avait été comme les autres; elle avait coûté beaucoup d'argent sans produire aucun résultat. Le peuple était las de tant d'exactions et de faiblesse et désirait voir mettre fin à l'administration ruineuse de ces princes qu'il appelait les *sires des fleurs de lys*. Charles VI avait alors vingt et un ans. Le cardinal Pierre de Montaigu, évêque de Laon, l'engagea dans un conseil qui se tint à Reims de déclarer qu'il allait désormais prendre lui-même les rênes du gouvernement. Il le fit et appela aux affaires les anciens conseillers de son père Olivier de Clisson, Bureau de la Rivière, le Bègue de Vilaines, Jean de Novian, Jean de Montaigu, que les grands seigneurs appelèrent dédaigneusement les *marmousets*. Cette nouvelle administration fut sage, économe, comme l'avait été le gouvernement de Charles V; malheureusement elle voyait ses efforts sans cesse paralysés par les folies du roi. Il ne cessait de donner des fêtes, et il encourageait par ses exemples le luxe et les profusions de tout genre que sa femme Isabeau avait mis à la mode parmi les seigneurs de la cour. Ces prodigalités épuisaient le trésor, et les caprices du monarque empêchaient ses ministres les plus dévoués de rétablir l'ordre dans les finances. Il fallait donc chaque jour imaginer des taxes nouvelles et inventer de nouvelles tortures contre le peuple malheureux. Enfin un fatal événement vint plonger la France dans un abîme de malheurs.

Assassinat de Clisson. — Pierre de Craon, favori du duc d'Orléans et parent de Montfort, duc de Bretagne, résolut de mettre à mort le connétable Olivier de Clisson, le chef du nouveau ministère. Il l'attendit de nuit, le 13 juin 1392, à l'issue d'une fête qui avait été donnée à l'hôtel de Saint-Pol et l'attaqua dans la rue Sainte Catherine. Le connétable ne savait pas d'abord ce qu'on lui voulait. Mais Pierre de Craon lui cria : « A mort, à mort Clisson! si vous faut mourir. » Le connétable se sentit aussitôt frappé et tomba de cheval. Les gens de Pierre de Craon le crurent mort et s'enfuirent. Il n'était que blessé. Le roi à la nouvelle de cet attentat accourut à la maison où Clisson avait été reçu et arriva au moment où le connétable commençait à reprendre connaissance. « Connétable, lui dit-il, oncques chose ne fut si cher payée comme elle sera, ni si fort amendée. »

Démence du roi. — Après cet attentat, Pierre de Craon s'était enfui en Bretagne pour échapper à la vengeance du roi. Charles VI résolut de l'y poursuivre et il se mit lui-même à la tête de l'armée qui devait châtier son vassal rebelle. Dans la forêt du Mans, une espèce de fantôme enveloppé d'un linceul, la tête et les pieds nus, se précipite sur la bride du cheval de Charles VI, disant : « Roi, ne chevauche plus avant, mais retourne, car tu es trahi. » Le spectre rentra dans la forêt sans être poursuivi. Charles, frémissant et les traits altérés, continua sa route. Un page qui portait la lance du roi la laissa tomber sur le casque d'un autre page ; à ce bruit, le roi tressaillit ; il tira son épée, et fondit sur les pages en s'écriant : « Avant, avant sur les traîtres ! » Le duc d'Orléans accourt ; Charles se jette sur lui : « Fuyez, beau neveu d'Orléans, lui crie le duc de Bourgogne, monseigneur veut vous occire ; haro ! le grand meschef (malheur), monseigneur est tout dévoyé (égaré). Dieu, qu'on le prenne ! » Le roi ne tua ni ne blessa personne, quoi qu'en ait dit Monstrelet. Il fut ramené au Mans sur une charrette à bœufs.

Cet événement le replaça sous la tutelle de ses oncles, dont Pierre de Craon, en cherchant à assassiner le connétable, avait servi les passions et les intérêts politiques. Les petites gens, ou, comme ils les appelaient, les *marmousets*, furent éloignés des affaires. Le sire de Montaigu se sauva à Avignon, Clisson se rendit dans ses fiefs de Bretagne ; Bureau de la Rivière, le sire de Novian, le Bègue de Vilaines, n'ayant pas réussi à s'évader, furent enfermés au château Saint-Antoine.

§ II. — *Depuis la démence du roi jusqu'à la bataille d'Axincourt. Les Armagnacs et les Bourguignons* (1392-1415).

Croisade de Nicopolis (1396). — La maladie du roi ne porta pas la cour à renoncer à ses fêtes. On parut même vouloir en faire une distraction aux malheurs du temps, et l'histoire n'a pas à raconter alors autre chose que d'odieuses saturnales et d'effrayantes orgies. Le peuple était extrêmement malheureux. Des inondations terribles, jointes à la famine et à la peste, l'avaient jeté dans une sorte de détresse. Ceux qui le gouvernaient ne semblaient pas même s'occuper de ces désastres, tant ils étaient esclaves de leurs plaisirs.

Dans cette même année, on résolut une croisade contre le sultan des Turcs ottomans, Bajazet, qui, dans sa haine contre les chrétiens, avait juré de faire manger l'avoine à son cheval sur l'autel de saint Pierre à Rome. Tous les chevaliers s'enrôlèrent avec enthousiasme pour cette guerre sainte. Depuis la bataille de Roosebeke ils n'avaient pas eu l'occasion de se signaler par de grands exploits et ils étaient impatients de déployer leur valeur. Le comte de Nevers Jean, fils du duc de Bourgogne, que son intrépidité avait fait surnommer *sans Peur*, fut mis à la tête de l'armée.

Lorsque les croisés se trouvèrent en face de l'ennemi près de Nicopolis, le roi de Hongrie Sigismond leur conseilla de le laisser avec son infanterie charger les premiers rangs de l'armée ottomane et de se tenir en réserve pour attaquer les janissaires que Bajazet avait placés sur une éminence et qui ne devaient donner qu'en second lieu. Mais les chevaliers crurent leur honneur engagé à combattre au premier rang et ils chargèrent vivement les troupes de Bajazet qu'ils enfoncèrent facilement. Malheureusement quand ils pénétrèrent jusqu'au lieu où se trouvaient les janissaires, ils étaient déjà épuisés, leurs rangs étaient rompus, et le sultan les tailla en pièces et fit tuer tous les prisonniers qui tombèrent entre ses mains. Il n'excepta du massacre que Jean de Nevers et vingt-quatre seigneurs, auxquels il accorda la liberté moyennant une forte rançon (1398).

Isabeau de Bavière. — Pendant que les chevaliers français se faisaient tuer à Nicopolis, les régents avaient conclu une trêve de vingt-huit ans avec le roi d'Angleterre, et ne surent tirer aucun profit des embarras que se créa Henri IV pour ravir à Richard II sa couronne. Ces conseillers cupides ne montrèrent d'ardeur que pour les plaisirs et les dépenses, et ruinèrent follement la France en divertissements et en fêtes. Isabeau de Bavière, qui aurait pu rendre à la nation les plus grands services, si elle avait eu la fermeté et les vertus de Blanche de Castille, était au contraire une femme vindicative, vicieuse et cruelle, qui ne prit part aux événements de cette époque que pour se déshonorer elle-même en faisant le malheur de la France. Elle était venue d'Allemagne à l'âge de quinze ans et avait pris les mœurs dissolues de la cour. N'ayant de goût que pour les plaisirs, elle s'était livrée avec une licence effrénée aux fêtes et aux divertissements. Elle avait excité dans Charles VI cette passion déjà trop vive, et quand la raison de ce prince eut succombé d'épuisement et de fatigue, elle ne resta près de lui, pendant sa démence, que pour jouir de l'autorité et la faire servir à la satisfaction de ses passions et de ses vices.

Assassinat du duc d'Orléans (1407). — Dans les rivalités qui s'étaient élevées entre les maisons de Bourgogne et d'Orléans, Isabeau s'était déclarée pour le parti d'Orléans. Philippe le Hardi n'en avait pas moins conservé une autorité prépondérante jusqu'à sa mort (1404). Son fils, le comte de Nevers, Jean sans Peur, ayant recueilli son héritage, prit place au conseil de la régence et voulut exercer la même influence que son père. Le duc d'Orléans, qui se sentait soutenu par la reine Isabeau, s'y opposa. Il en résulta entre les deux princes une rivalité terrible qui faillit dégénérer en guerre civile. Ils avaient assemblé leurs gens, fortifié leur hôtel et ils allaient en venir aux mains, quand le duc de Berri s'interposa et parvint à calmer leurs différends. Le rapprochement parut complet; le dimanche vingtième jour de novembre, lesdits seigneurs d'Orléans et de Bourgogne ouïrent la messe ensemble et reçurent le corps de Notre Seigneur, après qu'ils se furent préalablement juré bon amour et fraternité (1407). Mais cette réconciliation cachait la plus odieuse perfidie.

Le mercredi suivant, à huit heures du soir (23 novembre 1407), au moment où le duc d'Orléans suivait la rue Vieille-du-Temple, accompagné seulement de quelques-uns de ses gens, il fut assailli par une troupe d'assassins, qui se précipitèrent sur lui en criant : « A mort! à mort! » Le duc, pour se faire reconnaître, s'écria : « Je suis le duc d'Orléans ! » « C'est ce que nous demandons, » répondirent les assassins; et sa tête fut toute pourfendue par telle manière que sa cervelle chéit (tomba) dessus la chaussée.

Ce meurtre remplit la ville de consternation. Le lendemain, Jean sans Peur alla, comme tous les autres, visiter le prince mort et lui jeter de l'eau bénite à l'église des Blancs-Manteaux : « Jamais, dit-il à la vue du cadavre, jamais plus triste meurtre n'a été commis en ce royaume ! » Il assista en grand deuil aux funérailles et tint, les larmes aux yeux, un des coins du drap mortuaire. Mais lorsque les enquêtes furent faites et qu'elles eurent révélé son crime, le roi lui ayant interdit l'entrée du conseil, il s'enfuit en Flandre, après avoir chargé maître Jean Petit de faire son apologie.

Les Armagnacs et les Bourguignons. — Le duc de

Bourgogne, Jean sans Peur, ayant été forcé de quitter la France après l'assassinat du duc d'Orléans, trouva pour sa défense quelque chose qui valait mieux que l'argumentation lourde et sophistique de Jean Petit : ce fut son génie politique et belliqueux. Ayant remporté à Hasbain, près de Tongres, une grande victoire sur les Liégeois révoltés, il revint alors à Paris, arracha au roi des lettres de rémission et lui fit jurer que la mort du duc d'Orléans ne lui avait causé aucune *déplaisance*. Il y eut depuis ce moment deux partis formidables au sein du royaume : le parti du duc d'Orléans et celui du duc de Bourgogne. Pendant son administration, le duc d'Orléans s'était rendu odieux au peuple par ses exactions et ses débauches. Il avait déclaré la guerre à l'Angleterre, et, quoiqu'il ne la fit pas, il usait de ce prétexte pour établir des taxes nouvelles. Les nobles, irrités de voir que Jean sans Peur n'avait pas respecté en lui l'inviolabilité des princes, avaient pris sa défense. Le beau-père du jeune duc d'Orléans, le comte d'Armagnac, se mit à la tête du parti et lui donna son nom.

Le duc de Bourgogne chercha, au contraire, son appui dans le peuple et la bourgeoisie. Il n'avait jamais eu la fierté du duc d'Orléans, et il s'était hautement opposé aux tailles nouvelles. En toute circonstance, il avait témoigné aux bourgeois les plus grands égards, et sa popularité s'était accrue. Quand il rentra dans Paris, la multitude se joignit à lui et essaya de tirer profit de ces dissensions qui armaient les grands les uns contre les autres.

Massacres dans Paris. — On vit alors reparaître tous les désordres qui avaient éclaté pendant la captivité du roi Jean. Le peuple se rendit à l'hôtel du dauphin, le somma de renvoyer tous les ministres sous prétexte qu'ils le conseillaient mal, et lui fit des remontrances sur sa propre conduite. Une milice fut en même temps organisée, sous la conduite d'un écorcheur nommé Simon Caboche, et on donna pour ce motif à ceux qui en firent partie le nom de *Cabochiens*. Ses prétentions étaient de surveiller la cour, de réformer l'État et de détruire les factions ennemies. Les docteurs et les légistes préparèrent de leur côté les lois réformatrices que l'on demandait, et publièrent la fameuse ordonnance de 1413 qu'on a appelée l'ordonnance *cabochienne*. Le duc de Bourgogne approuva tout ce qui se faisait et ne rougit pas d'accorder à la multitude toutes les victimes qu'elle lui désigna.

Les Armagnacs désespérés appelèrent le roi d'Angleterre à leur secours, ce fut un moyen d'animer contre eux le peuple déjà mutiné. Des échafauds se dressèrent sur toutes les places publiques, et le sang des Armagnacs coula partout à flots. Mais le duc de Bourgogne ne put pas contenir lui-même la populace qu'il avait soulevée. Les *Cabochiens* qui avaient paru d'abord ne demander que la réforme des abus, proscrivirent ensuite la richesse et s'attaquèrent, par le meurtre et le pillage, à tous ceux qui possédaient quelque chose. La bourgeoisie eut honte de ces crimes et désira le retour des Armagnacs et des princes. La réaction qui se fit contre les cabochiens et les Bourguignons devint si forte que la faction cabochienne fut étouffée et le duc de Bourgogne obligé de s'enfuir en Flandre (1413).

Bataille d'Azincourt. — Mais la guerre civile ne se calmait un instant que pour faire place à la guerre étrangère. Le roi d'Angleterre Henri IV étant mort, son fils Henri V s'empressa de faire revivre les prétentions d'Édouard III sur la couronne de France, et de marcher sur les traces de son illustre prédécesseur. Le parlement approuva son dessein et la nation y applaudit, parce qu'elle eut alors l'espérance de satisfaire l'esprit de jalousie et de rivalité qui l'avait toujours armée contre la France. Henri somma donc Charles VI d'exécuter toutes les conditions du traité de Brétigny, et sur son refus, il débarqua à l'improviste sur les côtes de Normandie avec une armée de cinquante mille hommes. Harfleur lui ouvrit ses portes, et il passa ensuite la Somme pour se retirer vers Calais, et éviter l'armée française qui était quatre fois plus nombreuse que la sienne. Il se trouva en retard dans sa marche, et le chemin lui fut coupé dans l'Artois, près d'Azincourt. Ce qui avait perdu les Français à Crécy et à Poitiers les perdit encore en cette circonstance. En se précipitant aveuglément sur les ennemis, les soldats s'enfoncèrent dans des marais jusqu'à mi-jambe, et dans cette situation les archers anglais les assaillirent sous une grêle de flèches. Les Français perdirent dix mille hommes, dont sept princes et cent vingt seigneurs bannerets. Les ducs d'Orléans et de Bourbon, les comtes d'Eu, de Vendôme et de Richemont, furent faits prisonniers. Heureusement le défaut d'argent et l'épuisement de son armée empêchèrent Henri V de tirer tout le parti possible de sa victoire et le contraignirent à se rembarquer à Calais.

§ III. — *Depuis la bataille d'Azincourt jusqu'à la mort de Charles VI (1415-1422).*

Nouvelles dissensions entre les Armagnacs et les Bourguignons. — Après la défaite d'Azincourt les Français, au lieu de rester unis pour réparer leurs pertes, retournèrent aussitôt à leurs anciennes dissensions. Les Armagnacs avaient perdu dans la défaite un grand nombre des leurs, mais ils se trouvaient maîtres de Paris. Le comte d'Armagnac, devenu connétable, avait entre les mains toutes les affaires du royaume. Il administrait les finances, réglait les impôts, et disposait à son gré des dignités importantes de l'Etat. Jean sans Peur observa de près les actes de son administration, et parvint à soulever le peuple contre lui en déclamant contre l'énormité des impôts. Cette parole toujours si puissante dans les temps de troubles et d'anarchie opéra dans les conjonctures présentes une révolution profonde. Toute la multitude maudit les Armagnacs et Paris ayant ouvert ses portes aux Bourguignons, Jean sans Peur fit faire main basse sur les vaincus. Ce fut alors une effroyable boucherie : les massacres durèrent un jour et deux nuits. On n'épargnait pas même les femmes enceintes. On se jetait au hasard sur la place publique, on pénétrait dans les maisons, et on égorgeait tous ceux qu'on supposait être du parti des Armagnacs. Charles VI restait étranger à toutes ces horreurs, et Isabeau de Bavière eut l'audace de s'unir alors avec le roi d'Angleterre contre les droits du roi son mari, et contre les espérances légitimes du dauphin son fils.

Meurtre de Jean sans Peur. — Jean sans Peur, ne pouvant soutenir l'idée du démembrement de la France, s'éloigna de cette alliance. Il rompit donc ses liaisons avec Isabeau de Bavière pour se rapprocher du dauphin, et le peuple s'en réjouit, en pensant qu'ils allaient réunir leurs forces contre les Anglais, les vrais ennemis du royaume. Les deux princes devaient en effet avoir ensemble à ce sujet une conférence à Montereau. Le dauphin s'y trouva, et Jean sans Peur s'y rendit aussi de son côté. Mais à peine se trouva-t-il en présence du Dauphin et de ses gens, que Tanneguy du Châtel le frappa d'une hache et le fit tomber sur ses genoux (10 sept. 1419). Le duc voulut porter la main à son épée pour se défendre, mais aussitôt il fut assailli par une multitude d'autres assassins, qui le mirent en pièces. C'était une expiation horrible de la mort du duc d'Orléans ; le meurtre payait pour le meurtre.

Traité de Troyes (1420). — A cette affreuse nouvelle, Isabeau, qui se trouvait à Troyes, se déclara pour le fils de Jean sans Peur, Philippe le Bon, et jura de l'aider à venger la mort de son père. Le nouveau duc de Bourgogne se jeta de désespoir dans le parti anglais, et le honteux traité de Troyes fut conclu avec le roi d'Angleterre (décembre 1420). On y faisait dire au roi : « Est accordé que tantôt après notre trépas, la couronne et royaume de France demeureront et seront perpétuellement à nostre dit fils le roy Henry et à ses hoirs (héritiers)... La faculté et l'exercice de gouverner et ordonner la chose publique dudit royaume, seront et demeureront, notre vie durant, à nostre dit fils le roy Henry, avec le conseil des nobles et sages dudit royaume... Toutes conquêtes qui se feront par nostre dit fils le roy Henry sur les désobéissants, seront et se feront à nostre profit... Considéré les horribles et énormes crimes et délits perpétrés audit royaume de France, par Charles, soi-disant dauphin de Viennois, il est accordé que nous, nostre dit fils le roy, et aussi nostre très-cher fils Philippe, duc de Bourgogne, ne traiterons aucunement de paix ni de concorde avec ledit Charles, ni traiterons ou ferons traiter, sinon du consentement et du conseil de tous et chacun de nous trois et des trois états des deux royaumes dessusdits. »

Le peuple de Paris, lassé de toutes les souffrances qu'il endurait depuis plusieurs années, accepta ces transactions scandaleuses avec autant d'enthousiasme qu'une victoire. Quand les deux rois Charles VI et Henri V se montrèrent dans la capitale, la multitude les salua avec acclamation. Les États furent convoqués, et Henri V les trouva aussi souples à son égard qu'ils s'étaient auparavant montrés indociles envers leurs légitimes souverains. Il put même assez compter sur leur fidélité pour passer en Angleterre et y faire parade de ses nouveaux titres et de ses nouvelles conquêtes. Les seigneurs, les chevaliers, les hommes d'armes partagèrent ses espérances et s'empressèrent de repasser avec lui le détroit pour achever la soumission de la France.

Mort de Henri V d'Angleterre et de Charles VI. — Heureusement la nation entière ne sanctionna pas comme le firent les Parisiens, l'infâme traité de Troyes. Sens, Montereau, Melun et Meaux résistèrent aux Anglais, et le duc de Clarence fut défait et tué dans l'Anjou (23 mars 1421). Le dauphin s'étant retiré avec le parti national au delà de la Loire, Henri V se préparait à aller le combattre avec le duc de Bourgogne, lorsque la mort le surprit (31 août 1422). Le duc de Bedford s'empara de la régence et déclara le fils de Henri V roi de France et d'Angleterre, sous le nom de Henri VI. Charles VI mourut sept semaines après (21 oct.), n'ayant pour l'assister dans ses derniers moments que son chancelier, son premier chambellan et son confesseur. Son corps fut transporté à Saint-Denis. Le duc de Bedford assista à la cérémonie, et le peuple de Paris entendit, sans indignation, les paroles lugubres qui furent prononcées sur le cercueil de son roi : « Dieu fasse paix à l'âme de Charles VI, roi de France, et Dieu donne vie à Henri VI, roi de France et d'Angleterre, notre souverain seigneur. »

RÉSUMÉ DE CE CHAPITRE. — Le règne de Charles VI fut le plus déplorable de la monarchie française. Il se divise en trois périodes et chacune de ces périodes se termine par un affreux malheur; la première aboutit à sa démence, la seconde à la bataille d'Azincourt, et la troisième au traité de Troyes.

I. La minorité de Charles VI s'annonce d'une manière fâcheuse par les dilapidations de ses oncles qui sont à la tête de la régence. Leurs excès provoquent des soulèvements dans toutes les parties du royaume; le jeune roi parvient à les comprimer par sa victoire de Roosebeke (1382), mais son action est paralysée par les exactions de ses oncles. On aurait pu alors faire avec avantage une descente en

Angleterre, mais la maladresse et les intentions malveillantes des régents firent échouer cette entreprise. Pour comble de malheur le roi tombe en démence (1392).

II. Cette maladie le replaça sous la tutelle de ses oncles, et les désordres précédents reparurent avec l'éclat des fêtes. Une croisade fut alors prêchée contre les Turcs, et la fleur de la chevalerie alla se faire exterminer sous la direction imprudente de Jean sans Peur à la célèbre bataille de Nicopolis (1396). On put croire un instant que les rivalités de la France et de l'Angleterre allaient cesser. Richard II épousa la fille de Charles VI, et une trêve de 25 ans fut conclue entre les deux nations (1396). Mais les rivalités qui s'élevèrent entre la maison de Bourgogne et celle d'Orléans amenèrent des dissensions affreuses qui dégénérèrent en guerre civile. L'assassinat du duc d'Orléans fut le signal de ces luttes intérieures qui furent si funestes à la France (1407). Après l'assassinat du duc d'Orléans la nation se divisa en deux partis; les nobles soutinrent les Armagnacs, la bourgeoisie et le peuple se déclarèrent pour les Bourguignons. Jean sans Peur étant rentré à Paris, tous les désordres qui avaient éclaté pendant la captivité du roi Jean reparurent. Les Cabochiens se recrutèrent parmi la populace et s'attaquèrent aux riches. La bourgeoisie eut elle-même horreur de ces excès et passa du côté de la noblesse, ce qui obligea Jean sans Peur à se retirer en Flandre (1413). Cette même année Henri IV mourut, et il eut pour successeur son fils Henri V qui changea de conduite aussitôt qu'il fut arrivé au pouvoir, et prit au sérieux la direction des affaires de l'Etat. Voulant profiter des luttes intérieures qui déchiraient la France, il passa le détroit et frappa les Français à Azincourt d'une défaite semblable à celles de Crécy et de Poitiers (1415).

III. Cette défaite ne mit pas fin aux malheureuses dissensions entre les Armagnacs et les Bourguignons. Après d'affreux massacres, Isabeau de Bavière s'allia avec le roi d'Angleterre, mais cette odieuse politique fit honte à Jean sans Peur lui-même, et l'on put croire à une réconciliation entre les partis lorsque le meurtre du duc de Bourgogne à Montereau (1419) ranima toutes les haines. Philippe le Bon jura de venger son père et passa du côté des Anglais, ce qui amena le honteux traité de Troyes (1420), par lequel la France fut sacrifiée à l'Angleterre. Henri V mourut peu de temps après, et Charles VI ne lui survécut que sept semaines (1422). Avec Henri VI et Charles VII une autre ère va commencer.

CHAPITRE IX.

CHARLES VII. JEANNE D'ARC. TRAITÉ D'ARRAS (1422-1443) (1).

Le règne de Charles VI avait été le plus désastreux de la monarchie, le règne de Charles VII en fut au contraire un des plus remarquables et des plus glorieux. Il trouva la France presque entièrement occupée par les Anglais et il parvint à la délivrer de la domination étrangère. Il y avait dans l'administration de l'État les plus grands désordres, il sut les réparer par des réformes pleines de sagesse. Cependant nous ne pouvons pas faire honneur au génie de ce prince de tous ces merveilleux résultats. Au commencement de son règne il parut si faible et si nul qu'il semble que la Providence ait voulu le réduire à cet état d'anéantissement et de faiblesse pour qu'on reconnût mieux l'action divine au milieu de tous les événements si surprenants qui s'accomplirent alors.

§ Ier. — *Charles VII. Jeanne d'Arc.*

Henri VI, roi d'Angleterre, est couronné roi de France. — Henri VI, que le duc de Bedford avait proclamé roi à Saint-Denis, n'était qu'un enfant de dix mois. Ses oncles prirent en son nom l'administration de ses États; le duc de Bedford eut le gouvernement de la France, et le duc de Glocester celui de l'Angleterre. Le nouveau roi fut reconnu par les états généraux, le parlement, l'université, par le premier prince du sang, Philippe le Bon, duc de Bourgogne, et par la reine Isabeau de Bavière. Paris, l'Ile-de-France, la Picardie, l'Artois, la Flandre, la Champagne, la Normandie et en général tous les pays situés au nord de la Loire reconnurent la domination anglaise. Le duc de Bedford usa de son autorité comme régent pour opérer d'utiles réformes et se concilier l'affection du peuple, et il s'em-

---

(1) AUTEURS A CONSULTER. Outre les ouvrages indiqués au chapitre précédent, *Chronique de la Pucelle*, *Mémoires de Richemont*, *Chronique des ducs de Bourgogne*, Quicherat, *Aperçus nouveaux sur Jeanne d'Arc*, Wallon, Williaumé, *Histoire de Jeanne d'Arc*, Pierre Clément, *Jacques Cœur et Charles VII*, De Barante *Histoire des ducs de Bourgogne*.

pressa en même temps de rassembler de nouvelles troupes pour combattre les partisans de Charles VII.

Charles VII ne possède que les provinces au sud de la Loire. — Lorsque Henri VI fut proclamé à Saint-Denis, le dauphin apprit ce fatal événement au château de Mehun-sur-Yèvre au fond du Berri. Le premier jour il prit le deuil de la mort de son père ; le lendemain, s'étant rendu à la messe en robe vermeille, quelques chevaliers français déployèrent la bannière royale en criant : « Vive le roi Charles, septième du nom, par la grâce de Dieu, roi de France. » Cette royauté s'inaugurait dans des circonstances bien critiques. Elle ne fut reconnue que dans une partie des provinces du centre et du midi de la France, la Touraine, l'Orléanais, le Berri, le Bourbonnais, l'Auvergne, le Languedoc, le Dauphiné et le Lyonnais. La Guyenne obéissait depuis longtemps aux Anglais, qui appelaient par dérision Charles VII le *roi de Bourges*.

Inertie du roi de Bourges, fêtes et intrigues continuelles à sa petite cour. — Ce qu'il y avait encore de plus déplorable, c'est que Charles VII ne paraissait pas comprendre qu'il avait « un grand crime à réparer et son royaume à conquérir. » Il transporta son conseil, son parlement et son université à Poitiers ; mais ce prince d'une oisiveté et d'une indolence extrême, trouvant cette ville trop grande et trop animée, la quitta bientôt pour aller, de châteaux en châteaux, mener une vie de fêtes et de plaisir. Tous les subsides votés par les états généraux rassemblés à Bourges étaient dissipés en réjouissances, au lieu d'être employés aux frais de la guerre. A voir ce luxe et ces divertissements on aurait pu se croire aux jours les plus heureux de la monarchie, et cependant on était à la veille de sa ruine.

Les provinces qui s'étaient déclarées pour Charles VII étaient les moins belliqueuses de la France, il avait fallu avoir recours aux étrangers pour former des armées. On avait renouvelé l'ancienne alliance avec l'Écosse et on en avait reçu des troupes qui étaient commandées par le connétable de Buchan, mais ces troupes furent défaites d'abord à Crevant, près d'Auxerre (1423), et ensuite à Verneuil, en Normandie, où le connétable écossais périt lui-même (1424).

Ces défaites ne purent tirer le roi de son inertie. Il s'abandonnait aux charmes de la volupté et perdait ainsi gaiement son royaume. Les favoris qui l'entouraient se disputaient sa confiance et il subissait, sans s'en rendre compte, l'influence des plus habiles. C'est ainsi qu'il se livra d'abord à Yolande de Sicile, sa belle-mère, et que l'autorité passa ensuite des mains de cette femme intrigante entre celles de Tanneguy Duchâtel, le meurtrier du duc de Bourgogne ; plus tard, il se laissa gouverner par le connétable de Richemont, le comte de Beaulieu et le sire de la Trémoille. Toutes ces influences paraissaient se succéder au hasard, et cependant au milieu de ces intrigues l'avenir se préparait. En éloignant Tanneguy Duchâtel, le roi se ménagea une réconciliation avec le duc de Bourgogne qui exerçait alors une si grande prépondérance, et en donnant l'épée de connétable au duc de Richemont, il rapprocha de lui la Bretagne qui devait lui fournir de redoutables défenseurs.

Réveil du sentiment national. — Après leurs victoires de Crevant et de Verneuil, les Anglais furent quelque temps sans rien entreprendre de sérieux. Mais en 1428, Bedford fit venir d'Angleterre, sous la conduite du comte de Salisbury, six mille hommes de troupes nouvelles, ordonna une levée en Normandie, et résolut de presser vigoureusement le roi de Bourges. Cette armée s'empara de toutes les places qui restaient à Charles VII dans le Maine, et se prépara à mettre le siége devant Orléans, qui devait ouvrir aux Anglais l'entrée du Bourbonnais, du Berri et du Nivernais.

Dans ce moment le sentiment national se réveilla. Orléans, qui s'était attendu à ce siége, brûla ses faubourgs et donna ainsi l'exemple de l'héroïsme et du dévouement. La noblesse française, craignant d'obéir à un Anglais, reprit courage d'elle-même. Le vaillant comte de Dunois, l'intrépide Xaintrailles, la Trémoille, les sires de Villars, de Guitry, et une foule d'autres preux chevaliers se jetèrent dans cette place avec quatre ou cinq mille soldats et soixante bouches à feu. Au nombre de ceux-ci était le vaillant Etienne Vignolles, dit La Hire, qui, en s'élançant au combat, disait : « Dieu, je te prie que tu fasses aujourd'hui pour La Hire autant que tu voudrais que La Hire fît pour toi, s'il était Dieu, et que tu fusses La Hire! »

Les Anglais parurent sous les murs d'Orléans le 12 octobre 1428, et se mirent à élever autour de la place des bastilles dans le but d'intercepter toutes les voies de communication. Chaque semaine ils en élevaient une nouvelle, et la ville allait se trouver ainsi enveloppée par ces travaux sans pouvoir recevoir de vivres. Il y avait déjà quatre mois que le siége durait et les ressources commençaient à s'épuiser. Angers, Tours, Bourges, Poitiers et toutes les villes de la Loire s'intéressaient vivement au sort des assiégés, et de toutes parts on leur faisait parvenir de l'argent et des denrées; mais on sentait qu'il ne suffisait pas de ravitailler la place, et qu'il fallait en même temps intercepter les vivres qu'on envoyait aux Anglais dans leur camp.

Le comte de Clermont ayant su que le duc de Bedford envoyait de Paris à l'armée anglaise quatre à cinq cents chariots remplis de farine et de harengs salés, à cause de l'approche du carême, résolut d'attaquer le convoi et de l'arrêter. Toute la noblesse de l'Auvergne, du Berri et du Bourbonnais se mit à sa suite pour tenter cette expédition. Mais il ne réussit pas; son armée fut battue, et cette journée est restée célèbre sous le nom de *journée des harengs*, parce que le champ de bataille resta jonché des poissons qui étaient tombés des barils que les boulets avaient défoncés (12 février 1429).

Ce revers, qui vint s'ajouter à toutes les calamités qui pesaient partout sur le royaume, ne servit qu'à rendre le sentiment national plus vif et plus ardent. A Paris, le peuple avait horriblement souffert depuis que le pays était tombé dans les horreurs de l'anarchie. Les habitants des campagnes avaient été en proie à des maux plus grands encore. La guerre avait amené après elle la famine, et la famine avait produit des maladies contagieuses. « Vous auriez entendu dans tout Paris, dit un chroniqueur, des lamentations pitoyables, de petits enfants qui criaient : « Je meurs de faim. » On voyait sur un fumier vingt, trente enfants, garçons et filles, qui mouraient de faim et de froid. On mourait tant et si vite, qu'il fallait faire dans les cimetières de grandes fosses où l'on mettait les morts par trente et quarante;

arrangés comme lard, à peine poudrés de terre. Ceux qui faisaient les fosses affirmaient qu'ils avaient enterré plus de cent mille personnes. Les cordonniers comptèrent, le jour de leur confrérie, les morts de leur métier, et trouvèrent qu'ils étaient trépassés bien dix-huit cents, tant maîtres que valets, en ces deux mois. »

Au milieu de tous ces maux, le peuple ne voyait pas d'autre cause de ses souffrances que les Anglais. Il leur attribuait ces fléaux, et il était bien persuadé qu'il n'en serait délivré que lorsque la France aurait chassé de son sein l'ennemi qui l'avait envahie. On disait que toutes ces calamités étaient le châtiment de l'infâme trahison d'Isabeau de Bavière, qui n'avait pas craint de livrer la France à des étrangers. Cependant on ne savait comment on sortirait de cette crise affreuse, lorque Dieu suscita l'héroïne de Domremy, Jeanne d'Arc, pour sauver la France, la fille aînée de son Église.

Jeanne d'Arc. — Jeanne d'Arc naquit au village de Domremy dans les Vosges, d'un simple laboureur, Jacques d'Arc, et d'Isabelle Romée, le 6 janvier 1412. Sa province n'avait presque pas souffert des dernières guerres. Cependant là comme ailleurs le sentiment national s'était réveillé, et l'on avait pris vivement intérêt à tous les événements qui se passaient. Le village de Domremy et la famille de Jeanne d'Arc étaient Armagnacs, tandis que le village voisin de Marey était Bourguignon. Les luttes de ces deux partis, qui avaient ensanglanté Paris, s'étaient plus d'une fois reproduites entre ces deux villages, et les frères de Jeanne d'Arc étaient souvent rentrés à la maison couverts de sang et de blessures, par suite des rixes qu'ils avaient eues avec les habitants de Marey. A la mort de Charles VI, les habitants de Domremy reconnurent avec enthousiasme le dauphin Charles pour leur roi, et ne s'entretinrent que de l'injustice qu'il y avait à voir cet infortuné prince chassé de son royaume par les Anglais.

Jeanne d'Arc n'avait alors que quatorze ans. C'était une bien bonne fille, simple, douce et timide, disent les contemporains, se plaisant à l'église et aux saints lieux et se confessant souvent. Elle eut une première vision (1423) dans le jardin de son père ; elle entendit une voix qui lui disait : « Jeanne, sois bonne et sage enfant, va souvent à l'église. » Peu de temps après, elle entendit encore la voix qui lui dit : « Jeanne, va au secours du roi de France, et tu lui rendras son royaume. » Elle répondit toute tremblante : « Messire, je ne suis qu'une pauvre fille, je ne saurais chevaucher ni conduire les hommes d'armes. » La voix lui répliqua : « Tu iras trouver M. de Baudricourt, capitaine de Vaucouleurs, et il te fera mener au roi. Sainte Catherine et sainte Marguerite viendront t'assister. » Pendant quatre ans, Jeanne entendit les voix et vit de douces et saintes figures. Elle raconta ce qu'elle avait vu et entendu et elle ne put résister aux ordres qui lui avaient été donnés.

Elle alla trouver le seigneur de Baudricourt qui commandait à Vaucouleurs. « Capitaine messire, lui dit-elle, sçachez que Dieu depuis aucun temps en ça m'a plusieurs fois fait assavoir et commandé que j'allasse devant le gentil dauphin, qui doit être et est vray roy de France, et qu'il me baillât des gendarmes, et que je lèverais le siége d'Orléans, et le mènerais sacrer à Rheims. » Baudricourt la crut insensée et la renvoya. Mais Jeanne ne se rebuta pas. Elle retourna à Vaucouleurs et dit au sire de Baudricourt, qu'avant qu'il soit la mi-carême, il fallait qu'elle fût devant le roi, dussé-je, ajoutait-elle, pour m'y rendre, user mes jambes jusqu'aux genoux. » Baudricourt résistait encore, mais Jeanne lui ayant annoncé à l'avance le revers que les Français avaient essuyé à la bataille des Harengs, il la laissa partir (fév. 1429).

On la revêtit d'habits guerriers, on lui donna un cheval et des armes et une petite escorte. De Vaucouleurs à Chinon où était le roi, il y avait une distance de cent cinquante lieues, et tout le pays était couvert d'ennemis. Néanmoins, après onze jours, Jeanne arriva devant Charles VII. Le roi s'était déguisé pour éprouver la jeune fille, mais elle le reconnut parmi tous ses courtisans et lui dit : Eh! mon Dieu, gentil prince, c'estes vous qui estes le roi, et non aultre. » On la soumit aux plus difficiles épreuves pour s'assurer de sa mission. Les prélats et les docteurs l'interrogèrent devant les princes et les grands du royaume, les savants de l'université lui firent toutes les questions les plus insidieuses, elle les remplit d'admiration par la sagesse et la sublimité de ses réponses. — « Jeanne, lui disait l'un, vous dites que Dieu veut délivrer le peuple de France; si telle est sa volonté, il n'a pas besoin de gens d'armes? » — « Ah ! mon Dieu, répondit-elle sans se troubler, les gens d'armes batailleront, et Dieu donnera la victoire. » — « Croyez-vous en Dieu? lui demandait un autre. — Mieux que vous, répliqua-t-elle. — Eh bien ! Dieu ne veut pas que l'on ajoute foi à vos paroles, si vous ne montrez un signe (miracle) qui prouve qu'on doit vous croire. » — « Je ne suis point venue pour faire des signes, répliqua-t-elle, conduisez-moi à Orléans, je vous y montrerai les signes pour quoi je suis envoyée. Qu'on me donne des hommes d'armes en telle et si petite quantité qu'on voudra, et j'irai et je ferai lever le siége d'Orléans. »

Puis se tournant vers le roi, elle lui disait : « Gentil Dauphin, pourquoi ne me croyez-vous? Je vous dis que Dieu a pitié de vous, de votre royaume et de votre peuple ; car saint Louis et Charlemagne sont à genoux devant lui en faisant prière pour vous. Si vous me baillez gens, je lèverai le siége d'Orléans et je vous mènerai sacrer à Rheims ; car c'est le plaisir de Dieu que ses ennemis les Anglais s'en aillent en leur pays et que ce royaume vous demeure. » La fermeté de ces paroles et l'accent prophétique avec lequel Jeanne les prononçait triomphèrent de l'esprit sceptique et railleur de la plupart des hommes de la cour, et on n'hésita plus à lui confier un commandement.

Siége d'Orléans. — Jeanne se fit apporter une épée qui était cachée à Sainte-Catherine de Fierbois, et qui était marquée de cinq petites croix auprès de la poignée; elle se fit faire une bannière sur champ blanc semée de fleurs de lis, avec l'image du Sauveur tenant un globe à la main, et à ses pieds deux anges à genoux. Au milieu brillaient ces mots : *Jhésus, Maria.* Ce petit étendard devait être son arme de bataille. Jeanne ainsi équipée se disposa à pénétrer dans Orléans avec un convoi de vivres et une faible escorte. Elle y entra le 29 avril 1429. Son arrivée rendit le courage aux assiégés, et sur ses conseils il s'opéra un changement étonnant dans toute l'armée. Cette soldatesque effrénée qui se livrait auparavant aux plus infâmes débauches, se confessa et communia, et changea tellement ses habitudes qu'on n'entendait plus dans le camp ni blasphèmes ni mauvaises paroles. Les

Anglais l'appelaient au contraire une sorcière et l'accablaient de toutes les injures les plus grossières. Mais ils la craignaient, et aussitôt qu'ils la voyaient à la tête des troupes le découragement s'emparait d'eux. Ainsi, le 4 mai, ils laissèrent entrer dans Orléans l'armée qui se trouvait à Blois, et les assiégés, fortifiés par ce secours, prirent l'offensive. Il fut décidé que le 6 on attaquerait les bastilles des Augustins et des Tournelles que les Anglais avaient élevées au milieu de la Loire. Jeanne d'Arc dirigea elle-même l'attaque contre la bastille des Augustins, planta son étendard sur le bord du fossé, et cette forteresse fut prise, brûlée et rasée. Le lendemain, elle attaqua la bastille des Tournelles, et reçut une blessure profonde en montant à l'assaut. Mais cette blessure ne fit qu'exciter son courage et animer ses soldats. Les Anglais furent vaincus, et on en fit passer cinq cents au fil de l'épée. Le 8, on les chassa des fortifications qu'ils occupaient au nord de la place, et ils furent obligés de lever le siège. Les Français voulaient les poursuivre, mais Jeanne d'Arc s'y opposa. Le 17 elle quitta Orléans pour aller trouver le roi à Tours et le pressa d'aller se faire sacrer à Reims. « Noble dauphin, disait-elle, ne tenez plus tant et de si longs conseils, mais venez plutôt à Rheims prendre votre digne couronne. »

Le roi sacré à Reims. — Avant d'entreprendre ce long voyage, il fallait reprendre aux Anglais toutes les villes qu'ils avaient sur la Loire. Jeanne promet la victoire, et aussitôt on est maître de Jargeau, de Meung-sur-Loire et de Beaugency. Le duc de Bedford envoie de Paris des renforts considérables, et une grande bataille se livre près du village de Patay. Les Français sont encore victorieux. Ces succès exaltent tous les courages, et Jeanne entraîne Charles VII et son armée vers Reims. En passant près d'Auxerre, les bourgeois de cette ville offrirent au roi des vivres pour ses soldats, mais ils refusèrent de le recevoir sous prétexte qu'on leur avait assuré la plus stricte neutralité. La Pucelle parut mécontente de cette froideur, mais on respecta les droits prétendus des Auxerrois et on s'avança vers Troyes. C'était là qu'avait été conclu le fameux traité qui dépouillait Charles de son royaume au profit du roi d'Angleterre. Les bourgeois détestaient cette domination étrangère, mais ils redoutaient la garnison anglaise qui était maîtresse de leur cité. Les officiers de Charles VII arrêtés devant cette ville parlaient déjà de battre en retraite, quand Jeanne d'Arc vint promettre la victoire, si l'on voulait donner subitement l'assaut. On obéit à sa voix, et aussitôt que les trompettes eurent donné le signal de l'attaque, les assiégés furent tellement glacés de frayeur qu'ils demandèrent à genoux une capitulation.

Châlons s'émut à cette nouvelle. Tous les habitants accoururent avec leur évêque au-devant de Charles VII, et la route de Reims s'ouvrit d'elle-même. Quand le roi arriva dans cette dernière ville, toutes les cloches sonnaient; le peuple et les chevaliers affluaient sur son passage, les prêtres bénissaient Dieu de sa protection signalée, et tous les regards étaient fixés sur la fille de Domremy, qui se tenait debout près du roi, sa petite bannière à la main. Quand la cérémonie fut finie, elle se jeta à ses genoux et lui dit en versant des larmes : « Gentil roy, ores (aujourd'hui) est exécuté le plaisir de Dieu qui voulait que je levasse le siége d'Orléans et que vous amenasse en cette cité de Rheims recepvoir vostre saint sacre, en monstrant que vous estes vray roy et celluy auquel le royaulme de France doibt appartenir (17 juill. 1429). » Elle aurait voulu s'en retourner dans son village, mais on la contraignit de rester au milieu de l'armée. Elle y consentit, mais avec le triste pressentiment de son malheur.

Captivité de Jeanne d'Arc. — Charles VII étant sorti de Reims essaya de s'emparer de Paris. Jeanne se signala au siége de cette ville par son intrépidité accoutumée, mais elle y fut blessée et l'armée fut obligée de se replier sur la Loire (29 août 1429). Le roi s'était retiré à Chinon pour y reprendre sa vie de plaisir, et ayant donné l'ordre à ses troupes d'évacuer Saint-Denis, les Anglais et les Bourguignons profitèrent de cette circonstance pour rentrer dans Soissons et assiéger Compiègne. Jeanne eut pitié de cette dernière ville, et résolut de se jeter dans ses murs pour la défendre.

Le jour même de son arrivée, le 24 mai 1430, ayant fait une sortie, la trahison la livra aux ennemis. Elle tomba entre les mains du bâtard de Vendôme, qui la céda à Jean de Luxembourg, et celui-ci la vendit aux

Anglais pour dix mille francs. La captivité de cette héroïne fut un grand triomphe pour ces insulaires; à Paris ils chantèrent un *Te Deum*, comme le lendemain d'une brillante victoire. Cet incident fâcheux n'empêcha pas les Français de poursuivre leurs succès. Bedford en devint furieux et résolut de s'en venger sur la pauvre fille qu'il tenait prisonnière.

L'université de Paris demanda qu'elle fût mise en jugement, et l'évêque de Beauvais, Pierre Cauchon, se fit le plus ardent de ses persécuteurs. On la conduisit à Rouen où l'on instruisit son procès. Il dura quatre mois, et pendant tout ce temps on tourmenta l'héroïne par toutes les questions imaginables. Tout en elle paraissait un crime : ses visions, son armure, ses victoires, sa bannière blanche, ses révélations, son courage lui furent reprochés. Dans le cours de cet effrayant interrogatoire, il lui échappait des paroles si belles que ses ennemis eux-mêmes en étaient frappés.

« Je voudrais que cette femme fût Anglaise, » s'écria un officier de Henri VI. Mais rien ne put désarmer la fureur de ses juges. Ils la déclarèrent *apostate, relapse, idolâtre, hérétique*, et l'envoyèrent au supplice, la tête coiffée d'une mitre sur laquelle on avait écrit ces mots.

Mort de Jeanne d'Arc (1431). — L'exécution eut lieu le 30 mai 1431. Le matin, Pierre Cauchon lui envoya un confesseur, frère Martin Ladvenu, pour lui annoncer sa mort et l'exciter à la résignation. A neuf heures, on l'habilla et on la mit sur un char traîné par quatre chevaux. Le terme du triste voyage était le Vieux-Marché, le marché aux poissons. Trois échafauds avaient été dressés. Sur l'un était la chaire épiscopale et royale, le trône du cardinal d'Angleterre, parmi les siéges de ses prélats. Sur l'autre devaient figurer les personnages du lugubre drame, le prédicateur, les juges et le bailli; enfin, la condamnée. On voyait à part un grand échafaud de plâtre, chargé et surchargé de bois ; « on n'avait rien plaint au bûcher, il effrayait par sa hauteur. »

Une foule immense s'était portée sur le passage de Jeanne. Elle traversa lentement ces flots de peuple, ne cessant de répandre des larmes. Quand elle fut devant le bûcher, elle reprit courage et entendit sa sentence, puis elle se mit à genoux, invoquant Dieu, la Vierge, saint Michel et sainte Catherine, pardonnant à tous et demandant pardon, disant aux assistants : « Priez pour moi ! » Elle requérait tous les prêtres qui étaient là de dire chacun une messe pour son âme, et elle faisait tout cela d'une façon si dévote, si humble et si touchante que, l'émotion gagnant, personne ne put se contenir : l'évêque de Beauvais se mit à pleurer, celui de Boulogne sanglottait, les Anglais eux-mêmes ne pouvaient retenir leurs larmes.

Les juges un instant décontenancés se raffermirent et renouvelèrent la promulgation de la sentence. On lui apporta la croix de la paroisse Saint-Sauveur qu'elle tint embrassée et sur laquelle elle eut les yeux fixés jusqu'à sa mort. Le prêtre qui l'accompagnait, Martin Ladvenu, lui ayant adressé ses dernières exhortations, la soldatesque anglaise trouva le sermon trop long, et dans sa fureur cynique elle lui criait : « Comment ! prêtre, nous ferez-vous dîner ici ? » Enfin deux sergents la saisirent sur son char et la firent monter sur le bûcher.

Quand elle fut arrivée au-dessus de cet immense échafaud, voyant toute la ville et cette foule immobile et silencieuse, elle ne put s'empêcher de dire : « Ah ! Rouen, Rouen, j'ai grand'peur que tu n'aies à souffrir de ma mort ! » Le bourreau ayant mis le feu au bûcher, elle le vit d'en haut, poussa un cri et engagea le frère qui l'exhortait et qui ne faisait pas attention à la flamme, à descendre pour se préserver. D'après le témoignage de ce prêtre, qui l'assista dans ses derniers moments, elle ne cessa, étant dans les flammes, de résonner jusqu'à la fin et confesser à haute voix le nom de Jésus, en implorant et invoquant sans cesse l'aide des saints et saintes du paradis ; et en rendant son esprit à Dieu et inclinant sa tête, elle proféra le nom de *Jésus*, en signe qu'elle était fervente en la foi de Dieu. » Ses cendres furent jetées dans la Seine, et ce qu'il y a d'inexplicable, c'est que Charles VII ne parut pas attacher le moindre intérêt à celle qui lui avait rendu sa couronne.

§ II. — *Traité d'Arras. La Praguerie.*

Revers des Anglais. — Après l'exécution de Jeanne d'Arc, le duc de Bedford voulant légitimer aux yeux du peuple la royauté de Henri VI, résolut de le faire sacrer à Paris. En effet le sacre eut lieu le 16 décembre 1431, mais, au grand étonnement du régent, il sembla ne produire aucune impression. Il n'y eut presque pas de Français à Notre-Dame, et le duc de Bourgogne lui-même trouva un prétexte pour ne pas assister à la cérémonie.

On reprit ensuite les hostilités, mais la guerre ne servit pas mieux la cause anglaise que le sacre. Le maréchal de Boussac fut sur le point de s'emparer de Rouen ; le brave Dunois prit Chartres, et les Anglais purent juger que dans les places les plus importantes ils avaient des ennemis dangereux qui n'attendaient pour les abandonner qu'une occasion favorable. Le duc de Bedford s'étant mis lui-même à la tête des troupes, perdit la bataille de Gerberoi, et les Français reprirent cette ville, Saint-Valery et plusieurs autres places.

L'alliance bourguignonne était le seul appui qui restât en France aux Anglais. Le duc de Bedford le comprenait, mais il n'en était pas de même du duc de Glocester. Philippe le Bon avait surpris de ses lettres où il ne s'agissait rien moins que de le perdre pour lui ravir les provinces qu'il possédait dans le Nord. Ces révélations commençaient à détacher le duc de cette alliance étrangère qu'il avait consentie sous l'empire des circonstances, mais qu'il n'avait jamais acceptée qu'à regret. Le connétable Arthur de Richemont, qui était un négociateur habile, s'étudiait à tirer parti de toutes les fautes des ennemis pour rapprocher Philippe le Bon de Charles VII. La mort du duc de Bedford, qui arriva sur ces entrefaites, hâta le dénoûment de cette affaire.

Traité d'Arras (1435). — Une assemblée générale de tous les plénipotentiaires européens ayant été convoquée à Arras, on y vit arriver les représentants du pape, de l'empereur, des rois de Castille, de Navarre, d'Aragon, de Portugal, de Sicile, de Naples, de Chypre, de Pologne et de Danemark, le connétable de Richemont avec les seigneurs qui représentaient Charles VII, le cardinal de Winchester et les lords qui représentaient Henri VI, et le duc de Bourgogne. Le congrès s'ouvrit le 5 août 1435 dans la chapelle de Saint-Waast. Les Anglais ayant demandé l'exécution pure et simple du traité de Troyes, on leur offrit l'Aquitaine et la Normandie en toute souveraineté. N'ayant pas voulu acquiescer à cette offre, ils quittèrent l'assemblée le 6 septembre. Tout le monde se tourna alors vers le duc de Bourgogne pour l'engager à se réconcilier avec le roi de France. Il opposait aux propositions qui lui furent faites des raisons qui paraissaient spécieuses, mais enfin il comprit qu'il avait lui-même tout intérêt à cette réconciliation, et le traité fut signé le 21 septembre. Il y fut convenu « que le roy dira ou, par ses gens notables suffisamment fondés, fera dire à Mgr de Bourgogne que la mort de feu Mgr le duc Jean son père (que Dieu absolve) fut iniquement et mauvaisement faite par ceux qui perpétrèrent ledit cas, et par mauvais conseil, et lui en a toujours déplu, et à présent déplaît de tout son cœur : et que s'il eût sçu ledit cas et en tel âge et en entendement qu'il a à présent, il y eût obvié à son pouvoir ; mais il étoit bien jeune, et avoit pour lors petite connoissance, et ne fut point si avisé que d'y pouvoir. Et priera à mondit seigneur de Bourgogne que toute rancune ou haine qu'il peut avoir à l'encontre de lui à cause de ce, il ôte de son cœur, et qu'entre eux ait bonne paix et amour. »

Après ce désaveu du meurtre de Jean sans Peur, venaient ensuite des concessions importantes que le roi accordait à Philippe le Bon. Ainsi il lui cédait les comtés d'Auxerre et de Mâcon, les villes de la Somme, Saint-Quentin, Amiens, Abbeville, Saint-Valery, les châteaux de Péronne, Roye, Montdidier, c'est-à-dire toutes les barrières de la France du côté du nord, avec exemption de tout hommage pendant la vie du roi et celle du duc, ce qui rendait sa souveraineté absolument indépendante ; enfin Charles VII s'engageait à renoncer à toute alliance contre le duc, et à l'aider dans toutes ses guerres contre ses ennemis.

Charles VII à Paris (1436). — Par ces concessions énormes, la royauté avait pour ainsi dire abdiqué entre les mains du duc de Bourgogne. Mais cette réconciliation était nécessaire et il ne fallait pas trop se préoccuper du prix exorbitant qu'elle coûtait. Ce traité fut accueilli dans toute la France avec des transports d'allégresse, et les partisans des Anglais commencèrent à perdre contenance. Le peuple et les bourgeois de Paris se déclarèrent ouvertement pour Charles VII, et appelèrent le connétable de Richemont dans la capitale. Il y entra le 29 mai 1436. Les Anglais, qui s'étaient retranchés à la Bastille, capitulèrent à la seule condition qu'on leur permettrait de se retirer avec ceux qui voudraient les suivre. Ils s'embarquèrent sur la Seine et la descendirent jusqu'à Rouen.

Le connétable eut le bon esprit de rendre sa victoire honorable par sa modération. Il proclama l'amnistie et s'efforça de soulager les souffrances du peuple en faisant descendre par la Seine des convois de blés et de vivres. Charles VII apprit cette nouvelle au fond du Languedoc. Il affermit ses possessions dans le Midi, prit lui-même quelques places fortes et revint en triomphe habiter le palais de ses ancêtres (1436). Mais il eut la douleur de voir le peuple de Paris cruellement affligé par une maladie pestilentielle. Plus de cinq mille personnes périrent à l'Hôtel-Dieu, et on prétend qu'il y eut dans la ville près de cinquante mille morts. « Quand la mort, dit le chroniqueur, se heurtait dans une maison, elle en emportait la plus grande partie des gens, et spécialement des plus forts et des plus jeunes. »

Pour réparer tous les maux que la guerre avait faits à la France, il fallait un génie actif et ferme qui ne se laissât troubler par aucun obstacle. Charles VII jusqu'à ce moment avait été admirablement servi par les hommes et les circonstances, mais il n'avait encore rien fait par lui-même. On désespérait de le tirer de son oisiveté et de sa mollesse, lorsque excité par les personnes qui l'entouraient, il eut honte de sa faiblesse et se mit dès lors à l'œuvre avec énergie. En organisant l'armée, en faisant partout respecter l'ordre et la justice, il mérita d'être appelé le *restaurateur de la France*.

De la Praguerie (1440). — En 1439 Charles VII enjoignit aux barons, par une ordonnance, de tenir en garnison les soldats qu'ils avaient à leur service, sous peine d'être responsables de leurs excès, et il leur interdit de lever arbitrairement aucune contribution pour l'entretien de leurs forteresses ; enfin il porta des peines sévères contre ceux qui dépouilleraient à l'avenir les bourgeois et les manants. Des compagnies de gens d'armes et de francs archers furent établies pour mettre fin à toutes les pilleries et à tous les excès des gens de guerre, et les seigneurs qui voulaient enfreindre ces règlements furent sévèrement punis.

Ces rigueurs excitèrent parmi les grands de vifs mécontentements, et ils formèrent alors une conspiration qui a reçu le nom de *Praguerie* (1440). Les ducs de Bourbon, d'Alençon, les comtes de Dunois, de Vendôme, et de Chabannes en furent les principaux instigateurs. Le dauphin lui-même, las de se voir sans puissance et sans action, s'unit aux seigneurs mécontents, et ne craignit pas d'attaquer son père, sous prétexte qu'il était l'esclave du connétable de Richemont. Charles VII déploya beaucoup d'activité ; il marcha lui-même contre le duc d'Alençon et Jean de la Roche qui avaient surpris le château de Saint-Maixent, et fit pendre, décapiter ou noyer leurs gens. Partout le peuple se déclara pour le roi contre les factieux. Les états d'Armagnac déclarèrent qu'ils étaient corps et biens à ce bon roi protecteur, et toutes les villes ouvrirent leurs portes à ses troupes. Les rebelles ainsi abandonnés furent obligés de demander grâce. Les ducs de Bourbon et d'Alençon et le dauphin lui-même s'agenouillèrent devant le roi et sollicitèrent leur pardon. Charles se contenta de dire à son fils : « Louis, soyez le bien-venu : vous avez moult longuement demeuré ; allez vous reposer en votre hôtel pour aujourd'hui, et demain nous parlerons à vous. » Mais au duc de Bourbon il dit : « Beau cousin, il nous déplaît de la faute que maintenant et autrefois avez faite contre notre majesté par cinq fois ; » et lui déclara les propres lieux où il avait été, disant : « Si ne fust pour l'honneur et l'amour d'aucuns, lesquels nous ne voulons point nommer, nous vous eussions montré le déplaisir que vous nous avez fait. Si (ainsi) vous gardez dorénavant de plus y rencheoir. » Le lendemain, le duc de Bourbon et le dauphin supplièrent le roi de pardonner à leurs associés ; Charles dit qu'il n'en ferait rien, mais que seulement il voulait bien leur permettre de retourner chez eux sans être molestés. Alors le dauphin s'écria : « Monseigneur, il faut donc que je m'en retourne, car ainsi leur ai promis ; » et le roi lui répondit : « Louis, les portes vous sont ouvertes, et si elles ne sont pas assez grandes, je vous ferai abattre quinze ou vingt toises de mur pour passer ou mieux vous semblera. Vous êtes mon fils, et vous ne pouvez obliger personne sans mon congé et consentement ; mais s'il vous plaît vous en aller, vous le pouvez ; car au plaisir de Dieu, nous trouverons aucuns de notre sang qui nous aideront mieux à maintenir et entretenir notre honneur et seigneurie que vous avez fait jusques à icy. »

Le dauphin s'efforça dans la suite d'effacer sa faute par le zèle et la valeur qu'il déploya dans les commandements qui lui furent confiés à Pontoise, à la Réole et surtout à celui de Dieppe où il contraignit les Anglais à lever le siége (14 août 1443.)

Résumé de ce chapitre. — Le règne de Charles VII est un des plus glorieux de la monarchie française. Il ne s'annonça pas d'abord sous d'heureux auspices.

I. Le roi d'Angleterre Henri VI fut proclamé roi de France à Saint-Denis, et la plus grande partie du royaume reconnut son autorité (1422). Charles VII ne possédait que les provinces au sud de la Loire et était appelé par dérision le roi de Bourges; il ne s'occupait que de plaisirs et de fêtes et perdait gaiement son royaume. Les Écossais lui envoyèrent quelques secours, mais ces troupes furent défaites à Crevant (1423) et à Verneuil (1424). Bedford résolut d'en finir avec le roi de Bourges et entreprit une campagne qui devait être décisive (1428). Orléans était assiégé, et la journée des Harengs vint ajouter à la détresse générale du royaume (1429). Ce fut dans ces circonstances critiques que parut Jeanne d'Arc qui devait sauver la France. Elle eut ses premières visions en 1423 et quitta son village de Domremy après la bataille des Harengs. Elle se rendit à Chinon où était le roi et de là à Orléans. Elle entra dans cette ville le 29 avril 1429, obligea les Anglais à en lever le siége, et le 17 mai suivant elle alla trouver le roi à Tours pour l'engager à aller se faire sacrer à Reims. La cérémonie eut lieu le 17 juillet. Jeanne, dont la mission était terminée, demandait à retourner chez son père, mais on la contraignit de rester au service du roi, et elle tomba entre les mains des ennemis au siége de Compiègne, le 24 mai 1430. Les Anglais lui firent son procès et la condamnèrent à être brûlée vive comme hérétique et relapse. Cette affreuse sentence fut exécutée à Rouen le 30 mai 1431.

II. Les revers des Anglais ne firent que s'accroître après la mort de Jeanne d'Arc. En vain le duc de Bedford fit-il sacrer Henri VI à Paris, chaque jour les Français reprenaient des places importantes.

Le duc de Bourgogne, Philippe le Bon, se détacha de l'Angleterre pour s'unir à la France au congrès d'Arras (1435). Cette défection acheva de ruiner le parti des Anglais. L'année suivante, Charles VII entra à Paris (27 mai 1636), et déploya une étonnante activité pour réparer tous les maux que la guerre avait faits au royaume. Sa sévérité envers les nobles amena la Praguerie (1440). Son fils, le dauphin Louis, ne craignit pas de se mettre lui-même à la tête de la sédition, mais la nation comprit que là n'étaient pas ses vrais intérêts. Elle soutint la cause du roi qui comprima les rebelles et leur pardonna. Le dauphin n'eut pas d'autre désir que d'effacer sa faute en faisant preuve de zèle et de dévouement.

CHAPITRE X.

FIN DE LA GUERRE DE CENT ANS. INSTITUTIONS DE CHARLES VII.

Cette période si féconde en calamités et en désastres pour la France, ne fut cependant pas stérile pour le développement de ses institutions. Les malheurs, suivant l'expression d'un de nos historiens, mûrirent les esprits et leur communiquèrent une activité prodigieuse. En Angleterre, les événements tournèrent au profit des libertés publiques. En France, les lois, l'administration, l'art militaire, les sciences, les lettres se développèrent pour satisfaire aux besoins d'une société tourmentée par les fléaux de la guerre civile et de la guerre étrangère. Les maux sans nombre que subit la nation, contribuèrent à la ruine de la féodalité et des idées du moyen âge. La royauté profitant des abus de l'ancien système, devint toute-puissante sous Charles VII, grâce aux sages réformes qui furent alors introduites.

Expulsion définitive des Anglais. — Pendant que Charles VII travaillait à réformer l'intérieur du royaume, ses armées ne cessaient de remporter de nouveaux succès sur les Anglais. Elles leur enlevaient Meaux, Pontoise, Dieppe et presque toutes leurs provinces, et les forçaient à demander une trêve et à implorer la main de Marguerite d'Anjou pour leur roi Henri VI. Cette trêve, signée à Arras en 1444, n'était conclue que pour deux ans, mais elle en dura quatre.

Charles VII se trouva alors assez embarrassé du nombre considérable de gens de guerre qui épuisaient le trésor, et qui, par leur brutalité et leur indiscipline, faisaient l'effroi de toutes les provinces, où on les connaissait sous le nom d'*écorcheurs*. Fort heureusement, l'empereur Frédéric III ayant demandé à Charles VII du secours contre les Suisses, celui-ci lui envoya ces bandes terribles sous la conduite du dauphin Louis. Cette armée indomptée rencontra les Suisses à Saint-Jacques sur la Birse (1444) et les extermina jusqu'au dernier, mais elle fit elle-même de grandes pertes que le roi de France ne regretta nullement. A l'expiration de la trêve avec les Anglais, Charles VII se prévalut de cette victoire remportée sur la première infanterie de l'Europe, pour inspirer à ses troupes un nouveau courage. Ayant créé une armée permanente, il se sentit assez fort pour en finir avec l'invasion étrangère. Un Anglais s'étant emparé, malgré la trêve, de la petite ville de Fougères, le roi de France et le duc de Bretagne demandèrent au duc de Sommerset une indemnité pour la réparation des pertes causées par cette violation du droit des gens. Les Anglais, qui se trouvaient alors divisés, n'ayant pu accéder à cette demande, une armée entra en Normandie et s'empara de Pont-Audemer, Lisieux, Mantes, Vernon, Evreux, Louviers, Coutances et Valogne. Enfin le 18 octobre 1449, les Français parurent sous les murs de Rouen. Les bourgeois s'étant soulevés en leur faveur, Sommerset fut obligé de se rendre et d'abandonner, avec Rouen, toute la partie inférieure de la Seine jusqu'à son embouchure.

Les Anglais envoyèrent l'année suivante Thomas Kyriel, un de leurs meilleurs chevaliers, avec une armée de six mille hommes au secours de Sommerset. Il débarqua, le 15 mars 1450, à Cherbourg, et rencontra le connétable de Richemont et le comte de Clermont près de Formigny, où il fut défait. Il laissa quatre mille hommes sur le champ de bataille, et la conquête de la Normandie fut la conséquence de cette victoire (15 avril).

Charles VII ordonna des actions de grâces dans tout le royaume pour ce glorieux événement. Quand on voyait ce prince environné des généraux les plus illustres, comme les Dunois, les Richemont, les Xaintrailles, les Brézé et tant d'autres, on avait peine à croire aux malheurs qui avaient signalé les commencements de son règne. Ces braves guerriers marchèrent ensuite à la tête de vingt mille hommes contre la Guyenne, la seule province qui restât alors aux Anglais. Ils s'emparèrent sans peine de Bourg, Blaye, Castillon, Libourne, Saint-Émilion, et le 23 juin 1451 ils entrèrent dans Bordeaux sans éprouver une grande résistance.

Mais l'année suivante, les Anglais envoyèrent Talbot avec une puissante armée pour reprendre cette province. Il rentra dans Bordeaux le 22 septembre 1452, et il lui fut facile de soumettre la Guyenne, qui était complétement dégarnie de troupes. Charles VII dirigea son armée sur cette province, dès le printemps de 1453, et Talbot ayant été tué et défait au combat de Castillon le 14 juillet, les Anglais ne purent soutenir la lutte. Toutes les villes furent obligées de se rendre, et le roi de France entra triomphalement à Bordeaux, le 19 octobre 1453. Il ne restait plus aux Anglais sur le continent que la ville de Calais. Dès lors fut terminée cette longue lutte, si terrible et pourtant si glorieuse pour la France.

Administration de Charles VII. — De grands changements s'opérèrent dans la nation sous le règne de ce prince. L'augmentation de la moyenne propriété, l'accroissement des cités et de leur population, les progrès du droit civil, l'anéantissement des droits de la féodalité, voilà, dit Châteaubriand, les principales causes qui amenèrent à cette époque une des grandes transformations de la monarchie. Après avoir montré contre les nobles une certaine sévérité et les avoir obligés à se soumettre à sa volonté, comme il le fit à la suite de la Praguerie, Charles VII s'occupa de l'agriculture, du commerce et des finances. Un riche marchand de Bourges, Jacques Cœur, établit de l'ordre dans la comptabilité, et obligea les officiers royaux à rendre leurs comptes à un receveur général. Il fit d'immenses épargnes, tout en remplissant les coffres du roi. Charles VII sut rendre le peuple heureux : ainsi il délivra le royaume des bandes d'aventuriers qui l'infestaient ; il pourvut à la sécurité des routes ; il multiplia les grandes foires pour rendre le commerce plus actif, et il écrivit dans le même but au sultan d'Égypte, sollicitant sa protection en faveur des marchands français qui allaient à Jérusalem ou à Alexandrie.

Création d'une armée permanente. — Les archers

anglais avaient gagné les batailles de Crécy, de Poitiers et d'Azincourt; les paysans avaient essayé leurs forces en France dans les séditions des *Cabochiens* et de la *Jacquerie*, et en Italie les troupes de pied s'étaient montrées en toutes rencontres supérieures aux cavaliers. Ces circonstances discréditèrent entièrement la chevalerie, et le peuple lui fut désormais préféré. Aussi, à mesure que les institutions féodales tombèrent, on vit de tous côtés se former des armées permanentes, qu'on recruta parmi les hommes les plus obscurs et dont on acheta le dévouement. Édouard III avait dû toutes ses victoires à ses troupes soldées. La France, après avoir appris dans de terribles défaites ce que valaient des soldats sagement disciplinés et soumis à un seul chef, suivit cet exemple.

Les états d'Orléans (1439) autorisèrent cette création dans le but de faire cesser les pillages des gens de guerre. L'insurrection de la Praguerie en montra la nécessité. En 1443, on organisa enfin d'une manière définitive une armée de quinze compagnies de cent lances chacune, dont le roi choisit lui-même les officiers. D'après une ordonnance du 28 avril 1448 on enjoignit ensuite à chaque province du royaume de fournir un *franc-archer*, ce qui forma une infanterie régulière. Enfin les frères Bureau furent chargés d'organiser l'artillerie. La royauté se trouva ainsi protégée par une force imposante qui l'affranchit de la dépendance des grands feudataires et qui lui permit de mettre un terme aux vols et aux déprédations qui se commettaient impunément dans le royaume.

Taille perpétuelle. — Mais pour l'entretien d'une armée permanente il fallait une taille perpétuelle. L'impôt nécessaire pour subvenir à ces frais ayant été voté pour une année, on l'étendit à toutes les années suivantes sans consulter de nouveau les états, et cette mesure parut si juste et les avantages de cette institution furent si sensibles dès le commencement, qu'il n'y eut aucune réclamation. Afin que cette nouvelle taille ne devînt pas trop onéreuse, Charles VII s'entendit avec Jacques Cœur pour régler avec ordre tout ce qui regardait les finances. Il établit une cour des comptes chargée de surveiller la gestion des fonctionnaires, et il parvint ainsi à faire cesser les concussions sans nombre qui ruinaient l'État et qui rendaient le peuple malheureux.

Pragmatique sanction de Bourges. — La France, déjà si agitée par la guerre qu'elle avait à soutenir contre les Anglais, se ressentait encore des conflits affligeants et des divisions scandaleuses qui s'élevèrent alors au sein de l'Église. Le concile de Bâle ayant attaqué les prérogatives du saint-siége et refusé obéissance au pape Eugène IV, une assemblée du clergé de France fut convoquée à Bourges (1441) pour s'occuper des rapports du pouvoir temporel avec l'autorité spirituelle. Les évêques s'appuyèrent sur les décrets du concile et rédigèrent ce qu'on a appelé la *pragmatique sanction de Bourges*, que Bossuet considère comme le fondement de la discipline de l'Église gallicane. Ils reconnaissaient l'autorité du concile comme supérieure à celle du pape, interdisaient les annates, les réserves et les expectatives, qui étaient autant de droits que le saint-siége possédait, enfin ils n'admettaient la réception des bulles pontificales en France qu'avec l'approbation du roi. Mais cet acte, que le saint-siége ne pouvait revêtir de son approbation, fut aboli par le concordat qui eut lieu plus tard entre Léon X et François Ier.

Fin du règne de Charles VII (1452-1461). — Après avoir expulsé les Anglais de la France, Charles VII ne parut plus occupé que de faire respecter sa puissance au dedans et de la rendre imposante au dehors. Il fit pressentir aux seigneurs que leur puissance arbitraire et tyrannique était à son déclin, en jugeant avec sévérité le bâtard de Bourbon, le seigneur de l'Espare et le duc d'Alençon. Pour accroître son influence sur les nations étrangères, il renouvela son alliance avec les Suisses, s'unit au roi de Danemark Christian Ier, qui s'engageait à lui fournir des vaisseaux et des troupes en cas de guerre avec l'Angleterre, et il fiança Madeleine de France, sa fille, avec Ladislas, roi de Hongrie et de Bohême.

Le dauphin Louis causait au roi de grands soucis. Pour occuper son esprit inquiet et remuant, il l'envoya en Dauphiné, dans son apanage, pour qu'il pût par là, dit le chroniqueur, « subtiliser jour et nuit diverses pensées, qui avaient soudainement maintes étrangetés. » Il en avisa tant qu'il finit par bouleverser complétement le pays. S'étant mis en rapport avec le duc d'Alençon, le duc de Bourgogne, il intrigua de tous les côtés, et chercha par tous les moyens à s'emparer de l'autorité. Charles VII n'hésita pas à frapper un grand coup; il envoya un corps de troupes sur la frontière du Dauphiné, et le dauphin n'eut plus qu'à fuir. Il se rendit à la cour du duc de Bourgogne, où il fut parfaitement accueilli. A cette nouvelle, Charles VII se contenta de dire de Philippe le Bon : « Il a reçu chez lui un Normand qui lui mangera ses poules. »

Cependant sa présence dans cette province ne laissait pas que d'inquiéter le monarque, qui ne savait s'il devait lui ôter la couronne pour la donner à son second fils. C'est au milieu de ces perplexités qu'une forte fièvre le saisit et l'enleva le 22 juillet 1461. Sans doute il y a bien des taches dans la conduite et bien des défauts dans le caractère de ce prince. Mais s'il eut des faiblesses, il sut du moins bien choisir ses hommes, et il eut le talent de s'en servir. Il fit peu par lui-même, mais il fit beaucoup par les autres. Il avait trouvé la France ruinée à son avénement; à sa mort, il la laissa seule puissante et forte en Europe. Car en ce temps-là l'Angleterre était désolée par la guerre des deux Roses; l'Allemagne était bouleversée par le fanatisme sanguinaire des hussites; la Hongrie tremblait devant les armées de Mahomet II; la Bohême était déchirée par des guerres intestines, et l'Italie était en proie à une véritable anarchie. Il n'y avait que la France qui fût tranquille (1).

Résumé de ce chapitre. — Charles VII ne se distingua pas moins par son habile administration et ses sages institutions que par les victoires que ses généraux remportèrent sur les Anglais.

Depuis que l'épée du connétable de Richemont lui avait ouvert les portes de sa capitale, il n'avait cessé de voir toutes ses entreprises couronnées des plus brillants succès. Les Anglais perdirent successivement la Bretagne et la Normandie (1450), et la défaite de Talbot, au

---

(1) Succession des rois de France et d'Angleterre pendant la guerre de cent ans : Rois de France. *Branche collatérale des Valois* : Philippe VI de Valois (1328-1350), Jean II le Bon (1350-1364), Charles V le Sage (1364-1380), Charles VI l'Insensé (1380-1422), Charles VII le Victorieux (1422-1461).
Rois d'Angleterre : Richard II (1377-1399). *Maison de Lancastre* : Henri IV (1399-1413), Henri V (1413-1422), Henri VI (1422-1471).

combat de Castillon leur enleva la Guyenne (1453). De toutes leurs possessions en France il ne leur resta plus que Calais. Charles VII, redevenu maître de son royaume, y fit de grands changements. Après avoir réprimé une foule d'abus dans la noblesse, il favorisa l'agriculture et le commerce et mit l'ordre dans les finances. Pour résister aux Anglais et maintenir l'ordre dans ses États, il comprit la nécessité d'une armée permanente. Les états d'Orléans en ayant autorisé la création en 1439, il fallut établir une taille perpétuelle pour subvenir aux frais de cette institution. Dans les dernières années de son règne, Charles VII fit respecter sa puissance au dedans et au dehors. Le dauphin lui inspira de graves inquiétudes, et il ne savait s'il devait lui ôter la couronne pour la donner à son second fils. Il mourut au milieu de ces perplexités (22 juillet 1461), laissant la France tranquille au milieu de l'Europe agitée.

CHAPITRE XI.

DE L'ALLEMAGNE. AVÈNEMENT DE LA MAISON DE HABSBOURG. AFFRANCHISSEMENT DE LA SUISSE. MAISON DE LUXEMBOURG. LA BULLE D'OR. GUERRE DES HUSSITES. FIN DU GRAND SCHISME D'OCCIDENT. MAISON D'AUTRICHE : MAXIMILIEN (1)

Cette période est un temps de décadence pour l'Église et la papauté. Les deux puissances qui ont servi de base et d'appui à la société, pendant le moyen âge, s'affaiblissent et indiquent ainsi qu'une autre ère va s'ouvrir. La lutte des empereurs d'Allemagne contre les souverains pontifes n'a pas d'autre résultat que de nourrir un schisme qui prépare les voies au protestantisme en jetant des idées d'indépendance dans tous les esprits. Le grand schisme d'Occident apprend en même temps aux peuples à ne pas se préoccuper des anathèmes des papes, et enlève ainsi à l'autorité des successeurs de saint Pierre une partie de son influence. La dignité impériale perd également tout son prestige. Dépouillée de ses fiefs et de ses trésors par Charles IV, déshonorée par l'indolence et la lâcheté de Wenceslas, elle n'est plus entre les mains de Frédéric III qu'un vain titre purement nominal. Maximilien fonde la grandeur future de la maison d'Autriche par ses alliances et fait d'utiles efforts contre l'anarchie, mais il ne parvient pas à la vaincre. L'Allemagne

---

(1) AUTEURS A CONSULTER. Schmidt, Kohlrausch, Luden, *Historiens d'Allemagne*; Montelle, *Essai historique sur les accroissements et les pertes de la maison d'Autriche depuis l'avénement de Rodolphe de Habsbourg*, *Histoire des souverains pontifes qui ont siégé à Avignon*, Avignon, 1777; Maimbourg, *Histoire du grand schisme d'Occident*; *Histoire du concile de Pise*; *Histoire du concile de Constance*; *Histoire du concile de Bâle*; toutes les histoires de l'Église.

était trop morcelée, trop divisée, et elle n'avait pas un pouvoir central assez puissant pour comprimer les désordres qui éclatèrent de toutes parts.

§ I. — *Avènement de la maison de Habsbourg. Affranchissement de la Suisse (1273-1328).*

Rétablissement de la dignité impériale. Rodolphe de Habsbourg (1273-1291). — Après un interrègne de vingt-trois années, les seigneurs, las de l'anarchie, se réunirent enfin et se concertèrent pour nommer un empereur. Ils voulaient un homme sage et ferme, qui pût rétablir l'autorité impériale ; mais il ne leur fallait pas un homme puissant, capable de menacer leur indépendance. Werner, archevêque de Mayence, leur indiqua Rodolphe de Habsbourg, dont la loyauté était passée en proverbe. Tous l'agréèrent, et d'un coin obscur de la Suisse on vit sortir, au grand étonnement de chacun, le maître de l'Allemagne. Rodolphe commença par visiter l'Empire, s'efforçant d'y faire régner la justice en châtiant les révoltes des petits seigneurs. Il ne trouva point de résistance parmi eux ; mais, quand il s'adressa aux grands feudataires de la couronne pour en obtenir l'hommage, la chose ne fut pas aussi facile. Ottocar, roi de Bohême, avait d'immenses possessions qui le rendaient très-puissant ; aussi quand l'empereur, qui avait été son maréchal du palais, le somma de lui rendre hommage, il répondit avec dédain : *Que me veut Rodolphe, ne lui ai-je pas payé ses gages?* Ces paroles outrageantes devaient nécessairement être le signal de la guerre ; Rodolphe se hâta en effet de se précipiter sur la Bohême avec une forte armée. Ottocar fut vaincu dans plusieurs combats, et perdit la vie au milieu de sa dernière défaite, à Marchefeld, sur la Morava, près de Vienne (1278). On laissa le Brandebourg et la Bohême à ses enfants ; mais l'Autriche, la Styrie, la Carniole et la marche de Vienne passèrent aux héritiers de Rodolphe, qui devint ainsi le fondateur de la maison d'Autriche (1282). Le reste de son règne fut employé à réprimer les seigneurs qui commettaient d'horribles exactions ; il démolit leurs châteaux, qui ne servaient d'asile qu'au brigandage. Malgré d'aussi importants services, on refusa pourtant de reconnaître son fils pour son successeur, parce qu'on craignit que la couronne ne devînt héréditaire. Il mourut à Gemersheim, dans le Palatinat, à soixante-quatorze ans (1291).

Adolphe de Nassau. Albert d'Autriche. Impuissance des empereurs (1291-1308). — Les grandes maisons de Habsbourg, de Nassau, de Luxembourg et de Bavière, se trouvant sans rivales, se disputèrent la couronne. Gérard, archevêque de Mayence, opposa son cousin Adolphe de Nassau au parti d'Albert d'Autriche, fils de Rodolphe, et l'emporta. Mais Adolphe était un prince sans capacité, qui négligea les intérêts de l'empire et mécontenta tout le monde par ses injustices et ses bassesses. Son protecteur lui-même, l'archevêque de Mayence, l'abandonna; alors les électeurs le déposèrent et lui donnèrent pour successeur Albert (1298). Ce prince était loin d'avoir hérité des vertus de son père; dur et cruel par caractère, il ne s'occupa que des intérêts de sa famille et négligea ceux de l'empire. Ainsi il abandonna au roi de France Philippe le Bel ses droits sur la Franche-Comté et sur plusieurs parties de l'ancien royaume de Bourgogne, tandis qu'il guerroyait contre la Hollande, la Thuringe et la Bohême, cherchant à enlever ces contrées à leurs légitimes possesseurs, pour en investir les membres de sa famille. Il ne retira de toutes ces injustes tentatives que la haine universelle, dont il finit par être victime; il périt assassiné après dix ans de règne (1308).

Formation de la Confédération helvétique (1307. — La confédération helvétique se forma l'année même de la mort d'Albert I⁰ʳ. La Suisse, qui s'était trouvée annexée à l'empire par suite de la réunion du royaume d'Arles à l'Allemagne, comprenait deux cents fiefs qui relevaient de l'autorité seigneuriale à titre de baronnie ou de comté. Il y avait en outre quatre villes impériales : Berne, Zurich, Fribourg, Soleure, et trois autres cités qui étaient immédiatement soumises à l'autorité de l'empereur. C'étaient les *Waldstettes* d'Uri, Schwitz et Unterwalden. On dit que le roi Albert tenta de convertir le droit de patronage qu'il avait sur ces trois cantons en un droit de souveraineté absolue. Les Suisses s'y seraient opposés, et, par récrimination, il aurait livré ces malheureux montagnards aux exactions insultantes de son intendant Gessler. Cette tyrannie aurait provoqué la conspiration de Grütli, où parut le célèbre Guillaume Tell (1). La ligue qui fut alors formée eut pour chefs Stauffacher d'Uri, Walter Furst de Schwitz, Melctal d'Unterwalden. Le premier jour de l'an 1308, les conjurés bannirent de la Suisse les intendants impériaux. Henri VII ne s'opposa pas à l'organisation nouvelle des trois cantons. Mais à sa mort, Louis de Bavière et Frédéric d'Autriche s'étant disputé le trône, les Suisses se déclarèrent ouvertement pour le duc de Bavière. Alors les princes de la maison de Habsbourg marchèrent contre eux. Le frère de Frédéric, le duc Léopold, réunit une armée de six mille hommes et s'avança au milieu des montagnes. Les Suisses n'en avaient que quinze cents à leur opposer. A la vérité, les difficultés du terrain les servirent : ils profitèrent d'un défilé où les ennemis s'étaient engagés, et les taillèrent en pièces à Morgarten (1315). Après cette victoire, les vainqueurs renouvelèrent leur confédération, que Louis de Bavière confirma (1316), et bientôt de nouveaux cantons l'accrurent et l'affermirent. Lucerne y entra en 1332, Zurich et Glaris en 1351, Zug et Berne en 1352, Saint-Gall en 1405, Fribourg en 1478, Bâle, Schaffouse et Appenzel en 1501. La maison d'Autriche ayant établi un droit sur la route de Lucerne, des jeunes gens de cette ville refusèrent de s'y soumettre. Le duc d'Autriche Léopold profita de cette circonstance pour essayer de ravir à la Suisse son indépendance. Il envahit avec une armée nombreuse le territoire de l'Argovie, et attaqua les soldats de la confédération près de Sempach (1386). Ceux-ci se défendirent avec courage, mais un grand nombre d'entre eux avait déjà succombé, quand un brave chevalier d'Unterwalden, Arnold de Winkelried, se dévoua généreusement pour la liberté de son pays, et parvint ainsi à rompre les rangs des Autrichiens, ce qui amena leur défaite. Cette bataille fut suivie de la

---

(1) Nous avons employé cette forme dubitative, parce que ces faits, racontés comme certains par tous les historiens modernes, sont maintenant rejetés comme purement fabuleux. Un Allemand érudit, M. Kopp, a démontré par des chartes authentiques, que jamais un bailli du nom de Gessler n'avait existé. Cette observation se trouve dans le *Précis* de Mœhler.

victoire de Nœfels (1388), que remportèrent deux ans après les habitants de Glaris. Ces succès amenèrent la paix de Zurich, où le duc d'Autriche Albert III reconnut les droits de la confédération helvétique.

De l'Allemagne jusqu'à l'excommunication de Louis V de Bavière. Maison de Luxembourg (1308-1323). — A la mort d'Albert 1ᵉʳ, les vertus chevaleresques du comte Henri de Luxembourg lui méritèrent les suffrages des électeurs. Quoique son règne fût court, il put cependant faire apprécier la noblesse de ses sentiments et la grandeur de son courage. Depuis Conrad IV, aucun empereur n'était allé en Italie. Henri VII y entra et eut l'avantage de réconcilier un instant les Guelfes et les Gibelins; mais ensuite les mauvaises passions se réveillèrent, les haines reparurent, et il lui fallut choisir entre les deux partis. A l'exemple de ses prédécesseurs, il s'attacha aux Gibelins, s'empara de Lodi, de Crémone et de Bresse, et se rendit à Rome, où les légats du pape le couronnèrent empereur (1312). Robert, roi de Naples, et tous les Guelfes se soulevèrent contre lui. Il se disposait à commencer la guerre, quand il mourut subitement en Toscane par suite d'un refroidissement (1313).

Après un an d'interrègne, l'empire eut deux empereurs, Louis de Bavière et Frédéric d'Autriche. Les villes étaient pour Louis et avaient l'archevêque de Mayence à leur tête; la noblesse soutenait Frédéric, que l'archevêque de Cologne avait promu (1314). Pendant plusieurs années la guerre civile promena le fer et le feu dans toutes les provinces de l'Allemagne. On en vint enfin à une bataille décisive à Mülhdorf en Bavière. La victoire se déclara pour Louis, et Frédéric fut fait prisonnier (1322). Ce succès enhardit le Bavarois, qui en profita pour favoriser les Gibelins d'Italie. Jean XXII lui demanda raison de sa conduite et le cita à son tribunal. Louis en appela à un concile général, et osa, dans une diète à Francfort, s'élever contre le pape, en l'accusant d'être le protecteur des hérétiques. Cet acte schismatique le fit excommunier (1323).

De la papauté jusqu'au schisme de Pierre de Corbière (1303-1328). — L'histoire des dernières années de Philippe le Bel nous a fait connaître le caractère de

Clément V, qui fixa le premier sa résidence à Avignon. Après sa mort, le saint-siège demeura vacant pendant deux ans. On élut ensuite Jacques de Cahors, qui régna sous le nom de Jean XXII (1316). Défenseur inflexible des droits de l'Église, il ouvrit la lutte contre l'empereur d'Allemagne en excommuniant Louis de Bavière qui avait empiété sur les prérogatives de la puissance spirituelle. Au lieu de se soumettre, le prince s'entoura de docteurs hérétiques parmi lesquels se distinguèrent Guillaume d'Occam, Marsile de Padoue et plusieurs franciscains condamnés. Il s'autorisa de leurs doctrines pour se justifier, et prétendit, d'après leurs décisions, avoir le droit d'intervenir même dans les jugements dogmatiques (1324). Sur la foi de ces manifestes, Louis V passa en Italie, et se fit couronner à Rome par les mains du préfet Sciarra Colonna. Après ce nouvel attentat, Jean XXII renouvela contre lui l'excommunication, et le déposa : c'est alors que Louis se crut en droit d'user de représailles, en déposant Jean XXII lui-même et en créant un antipape. Il choisit, pour être l'instrument de ses volontés un frère mineur appelé Pierre de Corbière, qui prit le nom de Nicolas V (1328).

§ II. — *Depuis le schisme d'Allemagne jusqu'à la fin du grand schisme d'Occident (1328-1417).*

Jean XXII et Louis V (1328-1334). Par ses actes schismatiques Louis de Bavière était loin de se concilier l'estime et la confiance de Romains. Son antipape, Pierre de Corbière affectait, depuis qu'il avait ceint la tiare, un luxe immodéré qui indisposait même ses créatures, et l'empereur, pour suffire à ces dépenses, était obligé de multiplier les exactions. Il quitta Rome, où il n'était plus en sûreté pour se retirer à Pise, où il fut accueilli d'abord avec enthousiasme ; mais les Pisans ne tardèrent pas à revenir de leurs égarements. Ils députèrent vers Jean XXII pour obtenir leur pardon, et Pierre de Corbière lui-même donna les témoignages les plus sensibles de son repentir. Il vint en personne à Avignon, se jeta aux genoux du saint-père, et le supplia, en répandant des larmes, de le réconcilier avec Jésus-Christ et son Église. Se voyant ainsi abandonné par tous ses partisans, Louis V quitta l'Italie honteusement et s'en retourna en Allemagne, traînant après lui cette tourbe de faux docteurs qui l'abusaient sans cesse par leurs insinuations perfides. D'après leurs pernicieux conseils, il répandit dans l'Allemagne de nouvelles semences de rébellion et de schisme, et la guerre avec le saint-siége allait recommencer plus vivement, quand Jean XXII mourut (1334).

Dernière période du règne de Louis V (1334-1347).
— Benoît XI, qui occupa la chaire de saint Pierre immédiatement après Jean XXII, était un pontife d'une douceur et d'une modération sans bornes, et qui, ne désirant que la paix, aurait voulu réconcilier le saint-siége avec l'empire. Déjà il avait fait entendre au prince humilié, des paroles de grâce et de pardon, mais le roi de Naples, Robert le Sage, et le roi de France, Philippe de Valois, firent échouer ce dessein.

Alors les électeurs se réunirent pour la première fois près de Cologne sur le Rhin (1338), dans le but de former une ligue capable de résister aux ennemis de l'empire. Là ils déclarèrent la puissance civile indépendante de la puissance spirituelle, et parlèrent même de soumettre l'Église à l'État. Louis aurait pu tirer un grand parti de cette déclaration ; mais après avoir vu les électeurs se prononcer ainsi en sa faveur, il leur donna de l'ombrage en ajoutant sans cesse aux possessions de sa famille. Il avait hérité par sa femme de la Hollande, de la Zélande et de la Frise. L'extinction de la maison de Brandebourg lui offrit l'occasion d'investir son fils de ce margraviat ; plus tard, il lui donna encore le Tyrol, en le mariant à l'héritière de ce comté. Toutes ces acquisitions successives irritèrent la maison d'Autriche, la maison de Luxembourg et le roi de France. Les grands seigneurs s'étant ligués contre lui le déposèrent et élurent à sa place Charles, margrave de Moravie, qui était le fils de Jean l'Aveugle, roi de Bohême (1346).

Louis se disposait à se défendre par les armes quand la mort le surprit au milieu de ses préparatifs de guerre (1347).

Fin du schisme. Règne de Charles IV (1347-1378).
— Le nouvel empereur, issu de la maison de Luxem-

bourg, eut d'abord à combattre la maison de Bavière, qui lui opposa pour compétiteur Gunther de Schwarzbourg. Mais ce prince fut incapable de soutenir son rôle ; il mourut peu de temps après sa prétendue élection. Les fils de Louis de Bavière, déconcertés par ces revers, reconnurent sans peine Charles IV. Celui-ci n'ayant plus de compétiteur, s'empressa de mettre fin au schisme en établissant avec Clément VI, qui l'avait toujours protégé, des rapports de bonne intelligence et de concorde parfaite. Il songea ensuite à faire une expédition en Italie. Il reçut à Milan la couronne de fer et à Rome le diadème impérial des mains des deux cardinaux que le pape Innocent VI y avait envoyés. Mais on eût dit qu'il n'était venu dans cette contrée que pour se dépouiller de tous ses droits et de toutes ses prérogatives. Il céda Padoue et Vérone aux Vénitiens, renonça à sa suzeraineté sur l'Italie centrale (1354), et dans un second voyage qu'il fit au-delà des Alpes, en 1368, il sacrifia toutes les possessions qui lui restaient.

Politique de Charles IV en Allemagne. La bulle d'or. — Comme empereur d'Allemagne, l'acte le plus célèbre du règne de Charles IV est la publication de la constitution connue sous le nom de *bulle d'or* (1356). Elle fut ainsi appelée parce qu'un sceau d'or, sur lequel était représenté d'un côté l'effigie du fondateur, de l'autre, le Capitole de Rome, y était attaché. Cette loi constitutive de l'empire contient trente chapitres. Elle règle le nombre des électeurs, le lieu de leurs assemblées, leurs droits pendant la vacance de l'empire, le mode d'élection et la prérogative attachée à leurs personnes. Les électeurs étaient au nombre de sept, dont trois électeurs ecclésiastiques qui étaient les archevêques de Trèves, de Cologne et de Mayence et quatre électeurs laïques, le comte palatin du Rhin, le margrave de Brandebourg, le duc de Saxe et le roi de Bohême. L'élection devait se faire à Francfort-sur-le-Mein et le sacre devait avoir lieu à Aix-la-Chapelle par les mains de l'archevêque de Cologne. Le festin du sacre devait être servi par le roi de Bohême qui remplissait les fonctions de grand échanson, par le comte palatin qui était grand sénéchal, par le duc de Saxe qui était grand maréchal et par le margrave de Brandebourg qui était grand chambellan.

La bulle déclarait héréditaires et perpétuels ces électorats et accordait aux princes électeurs le droit d'exploiter les mines, de battre monnaie, de rendre la justice sans appel, en un mot elle les égalait aux rois. Elle prépara ainsi la division de l'Allemagne, en faisant de ces électeurs autant de maîtres indépendants, et en affaiblissant dans la même proportion l'autorité impériale, que Charles IV était incapable de soutenir.

Ce monarque aliéna tous les fiefs de l'empire, et ne travailla qu'à l'agrandissement des domaines de sa famille et à la prospérité de la Bohême. Ainsi il enrichit Prague d'une foule d'églises, de couvents et de palais; il y établit une université qui devint en peu de temps capable de rivaliser avec celle de Paris, et qui fit fleurir dans tous ses États les sciences et les lettres. Il incorpora la Silésie, la Lusace et la Moravie à ses domaines, et contrairement à la *bulle d'or*, qui voulait que les électeurs fussent indépendants, il unit le Brandebourg à son royaume de Bohême. A son lit de mort, il partagea ses États entre ses enfants: Wenceslas, l'aîné, eut la Bohême et la Moravie; Sigismond, le second, le Brandebourg, et Jean, le troisième, la Lusace. Mais celui-ci mourut peu de temps après son père, de sorte que Wenceslas et Sigismond restèrent ses seuls héritiers (1378).

Désordres produits par le grand schisme. La chrétienté était alors troublée par le grand schisme d'Occident. Clément VII régnait à Avignon et Urbain VI à Rome (voy. plus haut page 80), et ils s'anathématisaient réciproquement. On avait espéré qu'à la mort d'Urbain cette lutte cesserait; mais les cardinaux de son obédience lui donnèrent un successeur dans Pierre de Romacelli, qui s'appela Boniface IX (1389). A Boniface succédèrent Innocent VII (1404), et Grégoire XII (1406). D'un autre côté, malgré les efforts du clergé de France et de l'université de Paris, Clément VII était mort à Avignon sans avoir rien tenté pour la cessation du schisme (1394). Les cardinaux de son obédience mirent à sa place l'Aragonais Pierre de Luna, l'inflexible Benoît XIII. Opiniâtre et incapable de faire la moindre concession pour le rétablissement de la paix, Benoît régnait avec Grégoire XII quand le concile de Pise se réunit pour chercher à réconcilier les deux partis (1409).

Concile de Pise (1409). On était las de vivre dans la division et l'anarchie; les cardinaux des deux obédiences résolurent donc de se réunir en concile. Ils s'assemblèrent à Pise, citèrent les deux papes, et, sur leur refus de comparaître, ils les déposèrent et donnèrent la tiare au vieux cardinal-archevêque de Milan, qui régna sous le nom d'Alexandre V. Grégoire XII et Benoît XIII ne se soumirent pas aux décisions du concile; ils s'obstinèrent dans leur résistance et conservèrent une partie de leurs partisans. La Castille, l'Aragon et l'Écosse restèrent attachés à Benoît XIII; Robert de Bavière, le roi Ladislas et quelques villes d'Italie persistèrent à soutenir Grégoire XII; le reste de la chrétienté resta neutre, ou s'attacha à Alexandre V. Ainsi, au lieu de deux papes il y en eut trois. Alexandre V ne survécut que dix mois à son élection, et avait suivi en tout les conseils de Balthazar Cossa qui lui succéda sous le nom de Jean XXIII. Ce pontife, qui avait une très-grande habileté dans les affaires, parvint à rentrer dans Rome (1410). Il en fut banni par le roi Ladislas, mais il eut recours à l'empereur Sigismond, avec lequel il eut de nombreuses conférences qui amenèrent la convocation du concile de Constance (1414).

De l'Allemagne pendant cette première période du grand schisme (1378-1414). — Charles IV avait eu pour successeur son fils Wenceslas qui était un prince sans vigueur et sans fermeté. Pendant que l'Église était tourmentée par le schisme et ses désordres, il laissa l'Empire en proie à la plus honteuse dissolution. Ayant renoncé à tous ses droits sur l'Italie, et n'exerçant aucune influence directe sur l'Allemagne, de toutes parts des confédérations se formèrent dans le but de maintenir la paix intérieure dans le pays. Ainsi, les prélats et les seigneurs de Brandebourg, de la Saxe et de Mecklembourg, formèrent ensemble *la paix de Brandebourg*, les seigneurs et les villes du nord et du centre de l'Allemagne conclurent *la paix de Thuringe* et la *paix de Westphalie*. Les villes de Souabe opposèrent à la ligue des seigneurs, appelée la *société du Lion d'or*, une association qui prit le titre de la *paix d'Éhingen* (1382). Il y eut aussi les confédérations des *Cornes*, du *Faucon*, de *l'Étoile*, de *Saint-Guillaume*, de *Saint-Georges*, etc., qui se modelèrent sur celle du *Lion d'or*. Wenceslas n'était compté pour rien, et il n'intervenait dans les affaires de l'Empire que pour exercer une autorité tyrannique. A la fin le mécontentement fut universel et extrême. On divulgua ses vices, et on les exagéra en les divulguant. Alors les électeurs se réunirent et le déposèrent (1400).

Robert de Bavière, son successeur, échoua dans toutes ses entreprises. Il essaya vainement de relever l'autorité impériale en Italie; sa défaite sur le lac de Garda lui apprit que c'était un pays à jamais perdu pour lui et ses successeurs. Il ne put pas même soutenir dignement sa puissance en Allemagne. Les seigneurs formèrent ensemble des ligues sans son autorisation, et il fut obligé de leur en reconnaître le droit. Il eût voulu ensuite s'employer au rétablissement de la paix et de la tranquillité dans l'Église, mais il mourut de mort subite, sans y avoir réussi (1410). Le frère de Wenceslas, Sigismond, son successeur, fut plus heureux. A son avénement, l'Allemagne, divisée en trois partis, reconnaissait trois empereurs. Quelques-uns avaient rappelé Wenceslas, d'autres étaient pour Josse de Moravie, et le plus grand nombre tenaient à Sigismond. La mort de Josse fit cesser cette division. On oublia le lâche Wenceslas, et tous les suffrages se réunirent sur Sigismond, déjà roi de Hongrie et électeur de Brandebourg (1410). Alors ce prince s'entendit avec Jean XXIII pour rendre la paix à l'Église.

Concile de Constance. Sigismond (1414-1417). — Pour rétablir l'ordre dans l'Empire, il fallait commencer par faire cesser le schisme qui jetait l'anarchie dans l'Église. Sigismond le comprit, et fit tous ses efforts pour décider Jean XXIII à convoquer un concile général. Constance fut le lieu qu'on choisit pour cette grande assemblée. Trois patriarches, vingt-deux cardinaux, vingt archevêques, quatre-vingt-douze évêques, cent vingt-quatre abbés, cent quatre-vingts prêtres, une foule de docteurs, plus de seize cents princes, seigneurs, comtes et chevaliers s'y rendirent avec une suite nombreuse. Le pape ouvrit le concile le 5 novembre 1414. Après des dispositions préliminaires qui tendaient à régulariser la marche de l'assemblée, Jean XXIII donna sa démission pour le bien de la paix. L'ayant ensuite retirée, il fut déposé et condamné par le concile. Grégoire XII abdiqua, mais l'obstiné Benoît XIII persista dans son opiniâtre détermination. A la vérité, il fut abandonné par l'Espagne, qui le soutenait, et, resté seul sur son rocher de Peniscola, dans le royaume de Valence, il fut aussi déposé par les Pères de Constance. Alors les cardinaux et trente députés du concile élurent unanimement Martin V, et le calme fut pour un temps rendu à l'Église (1417).

§ III. — *Depuis la fin du grand schisme d'Occident jusqu'à la mort de Maximilien* (1417-1516).

Erreurs de Wiclef. — Outre l'extirpation du schisme, le concile de Constance avait encore pour objet la condamnation des hérésies qui s'étaient répandues en Allemagne, à la faveur de cette funeste division. Wiclef, docteur de l'université d'Oxford, en avait été le principal auteur. Il avait commencé par avancer quelques opinions singulières, qui furent condamnées par le pape Urbain V et par les évêques d'Angleterre. Pour s'en venger, cet hérésiarque attaqua tout l'ordre ecclésiastique. Il enseigna publiquement que le pape n'est pas le chef de l'Église; que les évêques n'ont aucune prééminence sur les simples prêtres; que les pouvoirs ecclésiastiques se perdent par le péché mortel, enfin que la confession est inutile à celui qui est suffisamment contrit. Ces erreurs ne prirent point racine en Angleterre, quoiqu'elles y fussent nées, et Wiclef étant mort, sa secte s'éteignit peu à peu : mais ce novateur avait laissé des écrits infectés du venin de l'hérésie.

Erreurs de Jean Huss. — Ces écrits furent portés en Allemagne par un gentilhomme de Bohême, qui avait étudié à Oxford, et communiqués à Jean Huss, recteur de l'université de Prague. Celui-ci adopta la doctrine pernicieuse que ces livres contenaient et la débita dans ses sermons avec une ardeur incroyable. Il y ajouta de nouvelles erreurs, entre autres la nécessité de communier sous les deux espèces. Il se fit un grand nombre de disciples, dont le plus ardent était Jérôme de Prague, et cette secte fit de grands progrès en Bohême. L'archevêque de Prague et le pape Jean XXIII n'oublièrent rien pour arrêter les progrès de l'erreur et pour ramener le novateur à la vérité et à la soumission ; mais tous leurs efforts furent inutiles, et Jean Huss continua de répandre son hérésie dans les villes et les villages, suivi d'une foule innombrable de peuple qui l'écoutait avec un extrême empressement. Les choses en étaient là lorsqu'on tint le concile de Constance.

Condamnation de Jean Huss. — Jean Huss y vint lui-même pour y défendre sa doctrine. Il avait, avant son départ, fait afficher aux portes des églises de Prague qu'il consentait à y être jugé et à subir les peines portées contre les hérétiques, si on pouvait le convaincre d'aucune erreur contre la foi. Après cette déclaration, l'empereur Sigismond lui avait donné un sauf-conduit, non pour le garantir du châtiment auquel il se soumettait lui-même, mais pour le mettre en sûreté dans le voyage et lui faciliter le moyen de se justifier, s'il avait été calomnié, comme il le disait. Le concile entendit Jean Huss, examina ses livres avec soin et en condamna la doctrine. L'hérésiarque ayant refusé de se soumettre, on essaya de fléchir son obstination et de le soustraire ainsi au supplice qui le menaçait. Il persista dans son erreur, et le concile, après l'avoir solennellement dégradé, le livra au bras séculier. On lui appliqua la peine portée par les lois du temps contre les hérétiques, et il fut brûlé vif (1415). Peu après, Jérôme de Prague, son disciple et son ami, mérita et subit le même supplice.

Guerre des Hussites (1419-1434). — La condamnation et le supplice de Jean Huss et de Jérôme de Prague exaspérèrent leurs partisans. Ils se révoltèrent sous la conduite du fanatique Jean Ziska, et se précipitèrent sur l'hôtel de ville de Prague, où ils massacrèrent tous les magistrats catholiques. Ils se répandirent ensuite dans toute la Bohème, pillant les couvents, incendiant les églises et torturant les prêtres. Wenceslas en mourut d'épouvante. Sigismond, qui recueillit sa couronne, essaya successivement contre ces furieux quatre armées, qui furent taillées en pièces (1420-1431). Pendant cet intervalle, la peste emporta le féroce Ziska, qui ne rougit pas d'ordonner sur son lit de mort qu'on fît de sa peau un tambour, pour allumer encore la fureur des combats (1424). Ils se donnèrent pour chef Procope, qui leur fit ravager la Misnie, la Saxe, le Brandebourg, la Franconie, la

Bavière et l'Autriche. La guerre qu'ils faisaient était une véritable guerre d'extermination. Ils se disaient les élus de Dieu. La montagne qu'ils habitaient était le Thabor, et ils s'appelaient Thaborites. Les peuples qui les environnaient étaient les *Philistins*, les *Iduméens* et les *Moabites*, voués à l'anathème. Ils avaient pour dogme que le royaume du Seigneur commencerait quand toutes les villes de la terre seraient incendiées et réduites à cinq. Ils brûlaient donc et dévastaient tout, comme s'ils eussent accompli par leurs brigandages la volonté du ciel.

Concile de Bâle (1431-1449). — Sigismond était désespéré. Il ne vit moyen de soumettre ces hérétiques sanguinaires et indomptables qu'en s'appuyant sur l'autorité de l'Église. Il soutint donc le concile de Bâle dans ses faibles commencements, et quand il y vit un nombre de membres assez imposant, il cita les hussites au tribunal de cette auguste assemblée (1434). Procope y parut avec quelques-uns de ses partisans. La mine et les discours du sectaire glacèrent d'effroi les Pères du concile. On ne put s'accorder, mais on envoya en Bohême des députés qui furent assez heureux pour réconcilier une partie de ces hérétiques (*les calixtins*) avec l'Église, en leur permettant la communion sous les deux espèces. Les autres ne furent plus assez forts pour résister : Procope et ses Thaborites furent vaincus dans la bataille décisive de Bakmischbrod (1434). Après cette victoire, Sigismond travailla activement à relever son autorité en Bohême, et il en fut reconnu roi dans la pacification d'Iglau, qui eut lieu deux ans après (1436).

Démêlés du concile de Bâle avec le pape (1431-1449). — Martin V avait dissous le concile de Constance sans avoir satisfait à toutes ses demandes. Il avait convoqué celui de Bâle pour achever les réformations qui avaient été commencées ; mais il mourut avant de le voir réuni. Eugène IV, son successeur, s'aperçut dès le commencement qu'il y avait dans les évêques un certain esprit d'hostilité contre Rome. Pour prévenir de nouvelles divisions, il rétracta ses bulles de convocation et résolut de transférer le concile dans un autre lieu. Les évêques résistèrent à ses ordres, prononcèrent que le concile était au-dessus du pape, portèrent des décrets de réforme contre la cour romaine, s'emparèrent des annates, retirèrent au souverain pontife une partie de ses prérogatives, et prétendirent qu'il n'avait pas le droit de dissoudre, d'assembler et de transférer un concile œcuménique. Cette affaire, déjà si envenimée, se compliqua encore par les rapports que l'Église latine eut avec l'Église grecque. Jean Paléologue II désirait la réunion des deux Églises. Le concile de Bâle ambitionnait la gloire de cette réconciliation; mais les Grecs préférèrent s'adresser au pape. Eugène IV transféra donc le concile de Bâle à Ferrare (1438).

Les Pères assemblés refusèrent d'obéir, et consommèrent ainsi leur schisme. Les autres évêques s'attachèrent à la communion du pape et se rendirent à Ferrare. Pendant plusieurs sessions, on discuta les points de doctrine sur lesquels les Grecs s'éloignaient des Latins. La réconciliation, toutefois, ne se conclut pas dans cette ville. Le pape transféra le concile à Florence, et là les deux Églises s'unirent solennellement (1440), en protestant qu'elles avaient la même foi, le même culte et les mêmes sacrements. Les Pères schismatiques de Bâle n'eurent plus alors aucun ménagement pour Eugène IV; ils le déposèrent et créèrent un antipape dans la personne d'Amédée, duc de Savoie, qu'ils appelèrent Félix V (1440).

De la conduite des empereurs pendant ces démêlés (1438-1452). — Sigismond avait favorisé, comme nous l'avons dit, le concile de Bâle dans ses commencements, pour s'en servir ensuite contre les hussites. Albert II d'Autriche, son successeur (1438), accepta, dans une assemblée tenue à Mayence, en 1439, les principales décisions de ce concile. Mais, comme son règne ne fut que de deux ans, il mourut sans avoir rien fait de remarquable (1440). Son successeur et son parent, Frédéric III, qui était un prince pacifique et animé des meilleures intentions, résolut de ramener à l'unité les évêques dissidents de Bâle et de faire cesser ce schisme scandaleux. Il entra en rapport à ce sujet avec Nicolas V, qui avait succédé à Eugène IV (1447), et conclut avec lui le *concordat germanique*, qui n'est qu'un traité de paix entre le saint-siège et l'Empire. Sur ces entrefaites, Félix V ayant abdiqué, le concile, se voyant ainsi abandonné de toutes les puissances, se soumit au chef de l'Église universelle, et ce nouveau schisme fut ainsi terminé (1449). Frédéric III, qui était extrêmement désireux de recevoir la couronne impériale, passa ensuite en Italie, où il fut sacré empereur des mains de Nicolas V (1552).

État de l'Allemagne sous Frédéric III. Anarchie et désordre dans l'Empire. — Frédéric III fut le dernier empereur d'Allemagne qu'ait couronné le souverain pontife. Au moyen âge, l'empereur tenait le premier rang dans la hiérarchie féodale; il étendait son autorité protectrice sur les rois, et on lui donnait avec raison le titre de *souverain de la chrétienté*. Mais au commencement de l'âge moderne ce titre n'est plus qu'un vain nom. Frédéric qui s'en trouvait investi n'avait pas d'ailleurs la vigueur et l'énergie nécessaires pour lui rendre son influence. Loin d'agir sur les autres nations, il n'avait pas même la force de se faire obéir et respecter dans ses propres États.

Sous son règne, l'Allemagne fut en proie à la plus déplorable anarchie. Au dedans les querelles de ses archevêques, de ses électeurs et de ses seigneurs la bouleversaient, pendant qu'au dehors les Turcs dévastaient ses frontières et menaçaient de l'envahir. On assemblait à la vérité des diètes; mais ces assemblées délibérantes perdaient leur temps à prendre des résolutions qui n'étaient jamais exécutées. A chaque fois on parlait de mettre sur pied des armées et de marcher contre les Turcs, et néanmoins on ne voyait pas équiper un seul soldat. Le peu de vie qui restait encore au sein de ce vaste empire ne se manifestait que par des révolutions et par des guerres intestines.

Frédéric le Victorieux, qui était comte palatin, et Louis, duc de Bavière, refusèrent de reconnaître l'autorité de l'empereur et se rendirent en quelque sorte indépendants dans leurs États. Frédéric III ne fut guère plus heureux dans ses États héréditaires. Son frère Albert porta les armes contre lui et l'obligea à lui céder Vienne et la basse Autriche. Heureusement pour Frédéric, ce prince étant venu à mourir l'année suivante (1463), il put jouir en paix de tous ses États pendant dix années (1463 à 1473).

Il essaya alors de s'allier avec Charles le Téméraire, et l'Europe eut un instant les yeux fixés sur ces deux princes; mais après une courte entrevue à Trèves, ils se séparèrent mécontents l'un de l'autre (1473). Ce rapprochement facilita toutefois le mariage de Maximilien, le fils de Frédéric III, avec Marie, l'unique héritière du duc de Bourgogne.

Mariage de Maximilien avec Marie de Bourgogne (1477). — Ce mariage fut une grande fortune pour la maison d'Autriche qui, dès lors, put rivaliser avec la France et dominer par sa propre puissance tous les autres membres du corps germanique. Mais Maximilien ne jouit pas immédiatement de ces avantages. Sa femme étant venue à mourir (1482), il eut de la peine à régner, au nom de Philippe son fils, sur les États qu'elle lui avait légués. Les villes de Gand et de Bruges se révoltèrent plusieurs fois contre lui, et son père ne put lui envoyer presque aucun secours.

Triste fin de Frédéric III (1477-1493). — Frédéric avait en effet beaucoup à faire dans ses propres États. Il avait à se défendre contre les Turcs, qui poussaient leurs incursions jusque dans la Carinthie et la Carniole, et contre Mathias Corvin, roi de Hongrie. Il avait donné d'abord à ce prince l'investiture de la Bohême, et l'avait excité à la guerre contre George Podiebrad, qui favorisait les hussites. A la mort de Podiebrad, Frédéric suscita un compétiteur à Mathias en la personne de Wladislas, fils de Casimir, roi de Pologne; dans la crainte qu'il ne devînt trop puissant (1477). Mathias, irrité, marcha contre l'empereur infidèle à sa parole. Celui-ci, abandonné de l'Empire, fut contraint de lui céder Vienne avec une grande partie de l'Autriche, et tant que Mathias vécut, il ne put rentrer dans ses droits. Ce ne fut qu'après sa mort que Maximilien recouvra ce pays et s'en assura la succession par la paix de Presbourg (1496). Rebuté par ce revers, Frédéric se retira entièrement des affaires. Il se fixa à Linz, cultiva un magnifique jardin, et passa les trois dernières années de sa vie à étudier les arts, les sciences et les lettres.

Élévation de la maison d'Autriche sous Maximilien Ier (1493-1519). — Le règne de Maximilien fut un grand règne. Par ses alliances et celles de ses enfants il fonda la puissance de la maison d'Autriche. Marie, l'héritière du duc de Bourgogne, lui donna les Pays-Bas, (1477), et il reçut de Blanche-Marie, nièce de Ludovic Sforza, une partie de la haute Italie (1494). Son fils, Philippe le Beau, souverain des Pays-Bas, épousa Jeanne la Folle, l'héritière de l'Espagne (1506), et augmenta ainsi les domaines de la maison d'Autriche de l'Espagne, du royaume de Naples et de l'Amérique (1516), en attendant que Philippe II y réunît le Portugal et les Indes orientales (1581). Enfin un de ses petits-fils, d'après un traité conclu en 1515, épousa la sœur du roi de Hongrie et de Bohême, et cette alliance plaça encore ces deux couronnes dans la même maison (1526). Maximilien s'enrichit par des successions en même temps qu'il agrandit sa maison par des alliances. Il recueillit ainsi le Tyrol (1496), Goritz (1500), et une partie de la Bavière (1505).

Efforts tentés par Maximilien. — L'Allemagne dut beaucoup aux talents administratifs de ce prince. Ce fut lui qui provoqua la division de tout le pays en cercles. On en forma d'abord six, ceux de Bavière, de Souabe, de Franconie, du Rhin, de Westphalie et de la basse Saxe (1500). La diète de Trèves en créa ensuite quatre autres : le cercle électoral du Rhin, qui comprenait les quatre électorats ; le cercle de haute Saxe, qui contenait la Saxe et le Brandebourg ; le cercle d'Autriche et le cercle de Bourgogne (1512). Ces divisions donnèrent lieu d'établir plus d'ordre dans l'administration générale de tous les États, et rendirent plus facile la répression des troubles occasionnés par les guerres civiles.

Sans doute Frédéric III avait déjà tenté de mettre un terme à ces désordres ; mais il n'avait pu faire respecter ses volontés. Maximilien, plus ferme et plus puissant, renouvela cet édit sous le titre de *Paix publique et perpétuelle*, et travailla plus efficacement à en assurer l'exécution. Il ne fut plus permis dès lors de se rendre justice à soi-même au moyen des armes. On décréta aussi que les États ne pourraient plus se déclarer aucune guerre, ni se porter aucun défi sans encourir la peine d'une amende de 2000 marcs d'or et sans être mis au ban de l'Empire. Auparavant la *chambre impériale* avait été créée par les diètes, pour prononcer sur toutes les grandes causes qui s'élèveraient entre les Puissances rivales. Cette chambre était permanente et se composait d'un grand juge tiré du corps des États, de huit conseillers empruntés à l'ordre équestre et de huit docteurs en droit (1495). Maximilien, qui avait conçu quelque ombrage de cette cour suprême et indépendante, créa le *conseil aulique* pour lui faire contre-poids (1501). D'abord ce tribunal n'avait de juridiction que dans les États héréditaires de l'empereur; mais ensuite il lui fut permis d'évoquer à sa barre des causes qui étaient du ressort de la *chambre impériale*, et bientôt il fut investi d'une juridiction plus vaste que celle-ci.

Abaissement de Maximilien au dehors. — Par toutes ces mesures, Maximilien ne parvint pas à rétablir complétement l'ordre au sein de l'Empire, mais il réussit du moins à réprimer une foule d'abus, et son règne fut surtout remarquable par l'influence salutaire qu'il exerça sur les affaires intérieures de l'Allemagne. Toutefois au dehors il n'eut ni la même gloire ni le même bonheur. Il s'engagea maladroitement dans une guerre contre l'indépendance des cantons suisses, et intervint dans les guerres d'Italie sans en retirer aucun avantage. Tout d'abord il se déclara contre la France et aida à chasser Charles VIII de la Péninsule (1496), puis il s'allia avec Louis XII contre les Vénitiens (1508). Après la bataille d'Agnadel il abandonna le parti de la France pour entrer dans la sainte ligue. Son armée gagna sur les Français la brillante bataille de Guinegate (1513), mais il ne sut pas en profiter. Il termina sa carrière militaire par un échec, en levant honteusement le siége de Milan dont il avait voulu s'emparer (1516) (1).

RÉSUMÉ DE CE CHAPITRE. — Cette période se divise en trois parties : la première comprend l'affranchissement de la Suisse; la seconde s'arrête à la fin du grand schisme, et la troisième nous montre l'élévation de la maison d'Autriche.

1. L'élection de Rodolphe de Habsbourg mit fin à l'interrègne (1273). Une fois élu, ce prince soumet Ottocar de Bohême, qui refusait de lui rendre hommage comme à son suzerain. Il fonda la maison d'Autriche en laissant à ses enfants l'Autriche, la Styrie, la Carniole et la marche de Vienne. A sa mort, les électeurs avaient préféré à son fils Adolphe de Nassau, mais ils reconnurent ensuite l'incapacité de ce prince, et nommèrent à sa place Albert d'Autriche. Le règne de celui-ci ne fut guère plus heureux que celui du

---

(1) SUCCESSION DES EMPEREURS : Henri VII de Luxembourg (1309-1313), Louis V de Bavière (1314-1347) et Frédéric d'Autriche (1314-1330), Charles IV de Luxembourg (1346-1378), Wenceslas (1378-1400), Robert de Bavière (1400-1410), Sigismond (1410-1437), Albert II d'Autriche (1438-1440), Frédéric III (1440-1493), Maximilien (1493-1516).

prince de Nassau, son prédécesseur. Il abandonna au roi de France ses droits sur la Franche-Comté, et à sa mort se forma la confédération des Suisses que reconnut Henri VII de Luxembourg. Dans la lutte qui s'engagea ensuite entre Louis de Bavière et Frédéric d'Autriche, les Suisses prennent parti pour le premier et gagnent sur les princes de la maison d'Habsbourg la bataille de Morgarten (1315). Louis de Bavière reconnaît leur indépendance (1316) et triomphe de son compétiteur à Mühldorf (1352). Ensuite, ayant voulu rendre son pouvoir absolu non-seulement en Allemagne, mais en Italie, il est déposé par Jean XXII; mais il va se faire couronner à Rome et crée un antipape, Pierre de Corbière, sous le nom de Nicolas V (1328).

II. La maison de Luxembourg a ranimé l'ancienne lutte des empereurs contre les souverains pontifes. Louis de Bavière qui a adopté la politique de Henri VII, ne tarde pas à être puni de tous ces actes iniques. Son antipape Nicolas V l'abandonne pour aller solliciter son pardon de Jean XXII, et l'opinion publique se prononce contre lui. Les électeurs l'empêchent de se réconcilier avec Benoît XII, et prenant ombrage des dons continuels qu'il faisait à sa famille pour augmenter ses possessions, ils le déposent et donnent sa couronne au Margrave de Moravie, Charles IV, de la maison de Luxembourg (1347). Ce nouvel empereur met fin au schisme, règle la constitution de l'Empire par la *bulle d'or*, mais il dépouille l'autorité impériale de toutes ses prérogatives et ne paraît s'occuper que de l'accroissement de ses domaines. Au schisme d'Allemagne succède le grand schisme d'Occident. Les souverains pontifes ne jouissent pas à Avignon d'une assez grande indépendance. Grégoire XI reporte le siége pontifical à Rome. A sa mort, les cardinaux lui donnent pour successeur Urbain VI, mais la légitimité de cette élection est contestée, et d'autres cardinaux nomment Clément VII qui doit s'établir à Avignon. A Urbain succèdent Boniface IX, Innocent VII et Grégoire XII (1387-1406), à Clément VII Benoît XIII. La chrétienté est divisée entre ces deux obédiences; un concile s'assemble à Pise (1409); il dépose les deux papes et donne la tiare à Alexandre V, qui eut ensuite pour successeur Jean XXIII (1410). Pendant ce temps, l'Allemagne est en proie à l'anarchie. A Charles IV a succédé son fils Wenceslas, que les seigneurs ont déposé pour nommer Robert de Bavière (1400). Ce prince échoue dans toutes ses entreprises, et après un règne de dix ans il laisse le trône à Sigismond, frère de Wenceslas (1410). Jean XXIII et Sigismond s'entendent pour la convocation d'un concile à Constance. Ce concile met fin au schisme par l'élection de Martin V, et condamne Jean Huss et Jérôme de Prague (1417).

III. La condamnation de ces sectaires n'arrête pas le développement de leurs doctrines. Leurs partisans se donnent des chefs et ravagent une partie de l'Allemagne. Un concile se réunit à Bâle et parvient à réconcilier avec l'Église une partie de ces hérétiques; les plus opiniâtres furent vaincus par Sigismond dans la bataille décisive qu'il leur livra à Bakmischbrod (1434). Ce concile entre en lutte avec le pape qui le dissout et en nomme un autre à Ferrare, puis à Florence. C'est dans ce dernier concile qu'eut lieu la réconciliation de l'Eglise grecque et de l'Eglise latine (1440). Frédéric III use de toute son influence pour ramener à l'unité les pères schismatiques du concile de Bâle et conclut avec le pape Nicolas V le concordat Germanique.

Frédéric est le dernier empereur qui fût couronné à Rome. Sous le règne de ce prince (1422-1493), l'Allemagne fut en proie à la plus déplorable anarchie. Des guerres civiles troublèrent le Palatinat et la Bavière, et Frédéric III vit des séditions éclater dans ses États héréditaires. Il fut même obligé de céder la basse Autriche et Vienne à son frère (1463). Son alliance avec le duc de Bourgogne eut du moins l'avantage d'amener le mariage de son fils Maximilien avec Marie l'héritière du duc (1473). Cet événement n'empêcha pas Frédéric III d'être malheureux pendant les dernières années de sa vie. Mais son fils Maximilien prépara l'élévation de la maison d'Autriche par toutes ses alliances. Il reçut les Pays-Bas de son mariage avec Marie de Bourgogne (1477), une partie de la haute Italie de son mariage avec Blanche-Marie, nièce de Ludovic Sforza (1494). Il reçut en héritage le Tyrol (1496), Goritz (1500) et une partie de la Bavière (1508). Il divisa l'Allemagne en cercles, créa le *conseil aulique*, et prit des mesures administratives qui coupèrent court à beaucoup d'abus. Mais il ne fut pas aussi heureux dans ses relations avec les puissances étrangères. Il se trouva mêlé aux guerres que la France fit alors en Italie, n'en retira ni gloire ni profit. Il mourut en 1516.

CHAPITRE XII.

LES TURCS EN EUROPE. MAHOMET II. PRISE DE CONSTANTINOPLE (1261-1453) (1).

Les différents royaumes musulmans que nous avons vus s'élever successivement en Asie et menacer de leur joug de fer l'empire schismatique d'Orient étaient autant d'avertissements donnés par Dieu à ce peuple coupable pour le ramener de ses errements. Quand il eut comblé la mesure de ses fautes par son opiniâtre endurcissement, la Providence suscita une nouvelle nation pour le détruire et le renverser. Les Turcs Ottomans furent choisis pour accomplir cette mission. La force, la prudence et le courage restèrent parmi eux, jusqu'à ce qu'ils eussent rempli la tâche qui leur avait été assignée. Rien ne put entraver leurs rapides succès. Tamerlan lui-même, qui troubla un instant leur marche conquérante, parut ensuite n'avoir contribué qu'à enflammer leur zèle et embraser leur courage. Mais quand Mahomet II se fut emparé de Constantinople et de tous les pays qui avaient obéi aux successeurs du grand Théodose, ses efforts échouèrent devant Belgrade, et il apprit qu'il ne lui était pas donné d'aller plus loin.

§ I. — *Des Turcs ottomans, depuis leur origine jusqu'à l'invasion de Tamerlan* (1228-1402).

Origine et établissement des Turcs (1228). — Les

---

(1) AUTEURS A CONSULTER : Lebeau *et toutes les Histoires du Bas-Empire*; Hammer, *Histoire des Turcs Ottomans*; Mouradjah d'Ohsson, *Histoire des Mongols*.

Turcs Ottomans sont une de ces tribus caspiennes qui régénérèrent l'empire de l'islamisme, en substituant à des nations usées et abâtardies une population neuve et forte. Leur premier chef, Soliman, quitta le Khorassan au temps de la grande invasion des Mongols, pour chercher à s'établir en Syrie. Il périt avec son cheval dans un des gouffres de l'Euphrate. Sa tribu alors se dispersa; quatre cents familles seulement restèrent attachées à son fils Erthogrul, qui les conduisit vers l'Occident. Arrivées en Asie Mineure, elles trouvèrent un des chefs des Turcs seldjoucides, le courageux Allaeddin luttant contre les derniers restes de l'armée de Gengis-Khan. Erthogrul se rangea de son côté et le fit triompher. Il reçut en récompense, pour lui et sa troupe, la ville d'Ancyre et toutes les contrées voisines. Il s'y fixa donc, et, sans songer à d'autres conquêtes, ces hordes à demi errantes conservèrent là leurs habitudes de vie nomade, habitant les plaines pendant l'hiver, et campant sur la cime des montagnes en été (1288).

Conquêtes des Turcs (1299-1326). — Erthogrul, après avoir passé une nuit entière à lire le Coran, avait eu une vision, et il avait entendu une voix qui lui criait: *Parce que tu as lu ma parole avec respect, Osman, ton fils bien-aimé, ses fils et les fils de ses fils seront honorés de génération en génération.* La prétendue prophétie se réalisa. Le successeur d'Erthogrul, le célèbre Osman, réveilla parmi ses sujets tout ce fanatisme guerrier qui avait valu leurs conquêtes aux premiers disciples de Mahomet. Avec ses derviches, qui l'accompagnaient partout et priaient sans cesse, à la vue de ses mœurs simples et austères, on eût dit un autre Omar. Invoquant comme lui le double dogme de la prédestination et du fatalisme, il poussait ses soldats aux entreprises les plus audacieuses. Le dernier des souverains seldjoucides étant venu à mourir dans l'Asie Mineure, tous les émirs se déclarèrent indépendants. Osman imita leur exemple, mais il ne tarda pas, à force de vigueur et de courage, à les dominer par l'éclat de son génie et de sa puissance; c'est ainsi qu'il passe à juste titre pour être le fondateur de l'empire des Turcs, qui lui empruntèrent le surnom d'*Ottomans*.

Orkhan et les Janissaires (1326-1360). — Orkhan,

le fils d'Osman, avait révélé ses talents militaires, l'année même de la mort de son père, par la conquête de Broussa (Pruse) en Bithynie (1326). Arrivé au souverain pouvoir, il confia l'administration intérieure de ses États à son frère Allaeddin, en le créant son vizir. L'institution qui fit le plus honneur au génie législatif et organisateur du frère du sultan fut celle des *janissaires*. On appelait ainsi une milice composée d'enfants chrétiens qu'on enlevait dès leurs plus tendres années à leurs parents, pour les forcer à embrasser l'islamisme. On détruisait en eux toutes les affections de famille pour les remplacer par un attachement et un dévouement sans bornes à leurs chefs. Endurcis à la fatigue par toutes sortes de privations et de souffrances, ils devinrent des soldats intrépides qui affrontèrent tous les périls pour exécuter les ordres du maître. A cette troupe docile et dévouée, Allaeddin joignit un corps de cavalerie qu'il appela *spahis*, et qui devait être pénétré de la même ardeur pour les combats. C'est au moyen de ces deux corps d'armée permanents que les Ottomans obtinrent tous leurs succès. Orkhan, déjà maître de Pruse, s'empara de Nicomédie et de Nicée, après avoir taillé en pièces l'armée d'Andronic III (1328-1333). Son fils Soliman eut la gloire de faire sortir les Turcs d'Asie, et de les établir en Europe. Il avait vu en songe un vaste ruban argenté qui descendait de la lune et unissait l'Asie à l'Europe. Il prit cette vision pour le symbole de la future grandeur de sa nation, et s'empressa de répondre à un aussi magnifique présage. Dans la première ferveur de ses grands desseins, il se confia donc, avec vingt-neuf de ses compagnons, à un frêle esquif, et vint planter l'étendard du prophète sur le rivage de la Chersonèse de Thrace. Un tremblement de terre lui livra ensuite Gallipoli, la clef de l'Hellespont, et toutes les places fortes de la côte (1359). Soliman mourut peu après ces succès, et son père lui survécut à peine (1360).

Amurath Ier et l'empire grec des Paléologues. — Après le rétablissement des Paléologues sur le trône de Constantinople, cet empire avait été en proie à de cruelles dissensions. Mais il avait trouvé dans Jean Cantacuzène un homme courageux et vigilant : cet habile général remporta sur les Turcs et les Bulgares plusieurs victoires éclatantes, il conquit la principauté d'Épire et ruina la flotte musulmane (1337). Sous Jean IV Paléologue, Cantacuzène partagea le souverain pouvoir avec ce prince, mais fit oublier les services qu'il avait rendus à l'État par les maux qu'il lui causa en alimentant dans son sein la guerre civile. A la fin, las du monde et de sa puissance, Cantacuzène se retira dans un monastère (1355) et laissa Jean IV résister aux Turcs prêts à envahir ses États.

Ce prince dont toutes les possessions se bornaient à la Thrace, à la Macédoine, à l'Épire et à une partie de la Grèce n'était guère capable de résister à d'aussi terribles ennemis. Il envoya son fils Manuel à Rome pour faire connaître au souverain pontife les dangers que couraient les chrétiens d'Orient, mais Innocent VI prêcha inutilement une croisade ; toutes les Puissances de l'Europe absorbées par leurs intérêts privés laissèrent le sultan Amurath I*r, fils d'Orkhan, franchir l'Hellespont (1361). Ce prince commença sa conquête par la prise d'Andrinople, où il fixa sa résidence (1362). Quelques villes de Thrace, Doriscus, Berrhæ et Philippopolis, furent les trophées qui illustrèrent ses armes l'année suivante (1363). A la voix d'Urbain V, une armée était sortie de la Servie, de la Bosnie et de la Valachie, sous les ordres du roi Louis I*r de Hongrie : Amurath l'anéantit sur les bords de la Marizza (1364). Jean Paléologue, désespéré, se rendit lui-même à Rome (1369), pour solliciter des secours de l'Occident ; ses demandes étant restées sans effet, il fut obligé de se reconnaître tributaire d'Amurath (1370). Alors il se mit à la suite du sultan, et le suivit dans ses expéditions en Asie Mineure (1375). La pensée d'Amurath était de détruire toutes les dominations indépendantes qui l'entouraient. Il s'attaqua successivement aux princes musulmans d'Iconium et de Karamanie et les soumit (1386). Ses armées furent également victorieuses en Europe, depuis l'Hellespont jusqu'à l'Hémus. Il ne trouva de résistance qu'en Servie où vingt mille Ottomans furent anéantis. Sans perdre courage, il se mit lui-même à la tête de ses troupes pour relever l'honneur de ses armes et défit ses ennemis à la journée de Kossova. Mais il trouva la mort sous le fer d'un noble servien quelques instants après sa victoire (1389).

Bajazet 1er. Bataille de Nicopolis. — Bajazet I*er* succéda à son père Amurath. Manuel II, qui avait de son côté remplacé son père Jean IV Paléologue sur le trône de Constantinople, nourrissait le téméraire projet de secouer le joug odieux des musulmans. Mais cette entreprise présentait d'insurmontables difficultés, car jamais les Turcs n'avaient eu un chef plus redoutable. Déjà Bajazet avait subjugué toutes les principautés musulmanes de l'Asie Mineure, il avait conquis la Thessalie, la Macédoine, la Thrace, la Bulgarie, et ces rapides conquêtes lui avaient valu le surnom d'*Ilderim* (la Foudre) (1389-1391). Quand il eut appris la résolution de Manuel, il marcha droit à Constantinople. L'empereur effrayé en appela au courage des Occidentaux. Alors la Hongrie, la France et l'Allemagne s'émurent à la prédication d'une croisade, et une armée se mit en marche. Elle était commandée par le comte de Nevers, Jean sans Peur, par le comte palatin Rupert II, et son avant-garde se trouvait sous les ordres du roi de Hongrie, Sigismond, de plus elle était fortifiée par les chevaliers de Saint-Jean et par les chevaliers de l'ordre teutonique. Les croisés rencontrèrent les Turcs près de Nicopolis (26 septembre 1396). La bouillante valeur de Jean sans Peur perdit toute l'armée. Il se laissa cerner par les troupes de Bajazet, et les Français ne purent que déployer une valeur inutile (1). Leur défaite jeta la confusion dans le reste de l'armée, et le sultan s'empara de la Servie et de la Bulgarie. Il força Manuel d'associer au souverain pouvoir Jean, fils d'Andronic, et le contraignit à laisser les Turcs construire une mosquée à Constantinople ; il envoya dans cette ville un *cadi* pour juger les musulmans qui s'y trouvaient (1399). Manuel ayant éludé une partie de ses promesses, Bajazet reprit le blocus de Constantinople. Les Grecs avaient encore les yeux tournés vers l'Occident, lorsqu'il leur vint du fond de l'Asie un secours inespéré : c'était l'armée de Tamerlan (1402).

---

1. Voy. plus haut, page 87.

§ II. — *Invasion de Tamerlan.*

Des Mongols avant Tamerlan. — Les Mongols partis des régions orientales de l'Asie avaient eu pour premier chef Gengis-Khan qui fit la conquête de la Chine (1215), subjugua l'empire des Turcs Kharismiens et mourut au milieu de ses triomphes (1227). Son fils Octaï traversa le Volga, envahit la Russie et la Pologne et fit trembler toute l'Europe, pendant que ses hordes ravageaient la Syrie et glaçaient d'effroi le khalife de Bagdad (1241). Son second successeur Mangou ne fut pas moins redoutable. Il divisa toutes ses forces en deux parties, lança les unes contre l'Asie occidentale sous la conduite de Houlagou, pendant que les autres, dirigées par Kublaï, dévastèrent l'Asie orientale.

Ces vastes États s'étant démembrés, quatre grands empires en sortirent : 1° la monarchie *tartaro-chinoise*, qui dominait sur toute la Chine et la Tartarie; elle fut remplacée par la dynastie indigène des *Ming* qui s'établit en Chine (1368), et par un nouvel empire mongol qui s'étendit dans la haute Asie; 2° la monarchie *persane*, qui descendait d'Houlagou, et qui, après un siècle d'existence (1259-1355), s'affaiblit par des guerres civiles et se courba sous le joug de Tamerlan; 3° l'empire de *Kaptschak*, qui s'étendait depuis la mer Noire et le lac Azan au sud jusqu'à la mer Blanche au nord, et qui était borné par la Pologne à l'ouest, et par les steppes de la haute Asie à l'est: 4° l'empire de *Tchagataï*, qui comprenait la Bucharie et le Turkestan. C'est de là que sortit celui qui devait relever dans toute son étendue le grand empire de Gengis-Khan, l'invincible Tamerlan.

De Tamerlan et de ses conquêtes. (1363-1405). — Timour-Lenc ou Tamerlan n'avait d'abord sous son commandement que la principauté de Samarcande (1364). Ce terrible conquérant, qui se vit un jour réduit à un seul cheval et à un seul chameau, grandit par la seule force de son génie dans les forêts de la haute Asie, et attira autour de lui par l'ascendant de son mérite une puissante armée. S'étant fait donner le nom de souverain de l'Orient et de l'Occident, il ouvrit ses conquêtes par la soumission de toutes les dynasties persanes sorties de l'empire d'Houlagou (1390). Il établit ensuite Toctamisch son allié sur le trône de Kaptschak, l'en précipita (1391), remonta vers l'Oural, fit retentir aux oreilles des Russes consternés les chants des esclaves qui célébraient ses triomphes, se montra près de Moscou, et quitta brusquement l'Europe pour se rabattre sur l'Asie (1396). L'Inde entière jusqu'aux sources du Gange fut bouleversée par ses féroces soldats. De là il envoya une ambassade à Bajazet pour lui commander la justice et la clémence envers les peuples qu'il avait domptés. Le sultan répondit aux ordres du Mongol par une bravade et une insulte (1400). La guerre fut donc allumée entre les deux conquérants. Tamerlan fondit sur l'Asie Mineure le fer et la flamme à la main; l'Anatolie et le Pont furent les premières provinces qu'il ravagea (1400). Descendant ensuite du côté de la Syrie, il remporta de brillantes victoires près d'Alep et de Damas, démolit Bagdad, et éleva sur son emplacement une pyramide de quatre-vingt-dix mille têtes humaines. Après cet horrible présage, l'immortel ravageur de provinces retourna sur ses pas et attaqua Bajazet près d'Ancyre avec ses huit cent mille barbares (1402). La bataille fut terrible. Les Turcs se laissèrent envelopper par les grandes ailes de l'armée des Mongols, et malgré la bravoure des janissaires qui se firent égorger jusqu'au dernier, Bajazet tomba entre les mains de Tamerlan. Celui-ci dédaigna d'abord son captif, mais quand il eut reconnu sa fierté, il l'estima davantage, lui donna des chaînes, et le fit marcher à la suite de son armée comme le plus glorieux de ses trophées.

Des suites de la bataille d'Ancyre. — Tamerlan victorieux dicta des lois à tous les Turcs de l'Asie, et obligea les empereurs grecs à se reconnaître ses tributaires. Il retourna ensuite à Samarcande, son ancienne patrie, emmenant avec lui son illustre captif. Mais Bajazet mourut d'une attaque d'apoplexie pendant le trajet (1403). *Nous sommes à Dieu*, dit Timour en apprenant cette nouvelle, *et nous retournons à lui*. Il ne tarda pas à y retourner lui-même. Ayant rassemblé pour une dernière fois sa famille, il avait fait lire dans une cour plénière à Khanghuil une déclaration de guerre contre la Chine : c'était la seule possession de Gengis-Khan qui lui restait à conquérir. Il se mit aussitôt en marche avec deux cent mille hommes pour exécuter cette gigantesque entreprise. Mais la mort le surprit au milieu de sa route (1405). Son empire, comme celui de tous les grands conquérants, se démembra en une foule de royaumes. Le plus vaste des débris de cette domination fut le grand empire des Mongols de l'Indoustan, qui dura presque jusqu'à nos jours.

§ III. — *Depuis l'invasion de Tamerlan jusqu'à la prise de Constantinople (1402-1453).*

État des Turcs et des Grecs après l'invasion. — Constantinople avait applaudi aux premières victoires de Tamerlan ; cependant loin de gagner aux succès du conquérant, elle s'humilia devant lui, et dut consentir à lui payer tribut. Elle n'avait donc fait que changer de maître. Mais les Turcs avaient été grandement affaiblis par les pertes énormes qu'ils avaient faites. Tamerlan, après les avoir vaincus, s'était plu à semer la discorde en investissant chacun des enfants de Bajazet d'une principauté. La guerre civile éclata en effet parmi eux. Mahomet, qui régnait dans les régions de la haute Asie, vers Amasie, vainquit Isa qui s'était établi à Pruse. Il l'obligea à chercher un refuge dans la Karamanie, et jamais on n'entendit parler de lui. Soliman, qui s'était emparé des provinces de l'Europe, tomba sous le fer de Mousa (1410), qui n'avait eu d'abord aucune part de l'héritage de son père. Mousa et Mahomet souillés l'un et l'autre d'un fratricide, en vinrent ensuite aux mains, le premier fut vaincu et mis à mort (1413). Après cette guerre civile de dix années, qui semblait ne présager qu'un règne de barbarie et de férocité, Mahomet Ier, devenu seul khalife, se montra doux, généreux, humain et allié fidèle. Quant son autorité eut été reconnue dans l'empire, il envoya des paroles de paix à tous les souverains. Ses provinces d'Europe restèrent toujours soumises à ses volontés équitables, mais l'Asie se souleva. Les premiers bruits de la révolte partirent de la Karamanie, et agitèrent toutes les provinces tributaires; trois fois Mahomet soumit le chef des rebelles, et trois fois il lui pardonna. Il usa de la même générosité envers tous ceux qui l'attaquèrent. L'empereur de Constantinople, Manuel, avec qui il était étroitement lié, ayant soutenu le parti d'un aventurier qui se faisait passer pour Mustapha, frère aîné du sultan, et qui, à ce titre, revendiquait le souverain pouvoir, Mahomet lui demanda l'extradition du coupable. Sur son refus, il ne témoigna aucune indignation, et consentit même à payer une pension de 300 000 aspres pour celui qui se disait son frère (1418). Il mourut un an après cet acte de clémence, qui, en d'autres circonstances, pourrait être taxé de lâcheté et de faiblesse (1421).

Amurath II (1421-1451). — Mahomet ne laissa pour lui succéder qu'un enfant encore jeune. Il en déféra la tutelle à Manuel II, et releva ainsi l'honneur des princes de Constantinople, qui paraissaient toujours s'affaiblir de plus en plus. Mais Amurath n'avait pas le caractère pacifique de son père. Il refusa de laisser ses frères sous la protection d'un empereur chrétien. Manuel, offensé, mit en liberté Moustapha et soutint ses intrigues. Le nouveau prétendant eut de grands succès, et pour un instant Amurath crut ses affaires désespérées; mais la mollesse et l'inaction de son rival lui permirent de les rétablir. Il le chassa de Gallipoli et d'Andrinople, l'arrêta sur le mont Togan, et le fit pendre à une tour. Pour se venger de Manuel, il marcha ensuite contre Constantinople, et en forma le siége. Un rude assaut fut livré à la ville. Les femmes, les enfants et les religieux combattirent pour leur honneur, leur religion et leur patrie. Jean Paléologue commandait au nom de son père, qui était sur son lit de mort, et jamais résistance ne fut plus énergique, ni plus courageuse (1422). Une révolte qui éclata en Asie au nom de Moustapha contraignit l'implacable Amurath à lever le siége. Il apaisa cette révolte, et pendit l'imposteur à un figuier. Il marcha de là contre Thessalonique où les Vénitiens avaient placé une garnison, et emporta la place d'assaut (1429). Ses soldats y commirent des excès si effroyables que la ville eût préféré voir fondre sur elle la peste, la famine, ou tout autre fléau. La Servie et la Bosnie tombèrent aussi au pouvoir de ces brigands, mais leurs forces coalisées échouèrent devant Belgrade (1442).

Exploits du Hongrois Hunyade (1442-1444). — Les Hongrois avaient pour général un homme d'un étonnant courage et d'une habileté consommée, le célèbre Hunyade. Il moissonna ses premiers lauriers au pied des murs d'Hermanstad, dans la Transylvanie (1442). Il força les Turcs à lever le siége de cette ville. Amurath envoya contre ce brave guerrier une armée qui fut encore complétement défaite. Ces victoires étendirent la renommée d'Hunyade, qui vit arriver à lui des chevaliers des diverses nations, tenant à honneur de s'illustrer sous son commandement. Le légat du pape, Julien Césarini, et le roi de Hongrie Wladislas, se joignirent à lui avec un grand nombre de croisés qui l'aidèrent à remporter un nouveau triomphe dans les champs de Jalowaz (1443). Cette grande défaite amena le sultan à conclure la paix, après avoir fait aux chrétiens d'immenses concessions de territoire. Elle fut jurée sur l'Évangile par Wladislas, et sur le Coran par Amurath. Dégoûté du monde par ces derniers revers, le sultan résolut de s'ensevelir dans la solitude, pour goûter, loin du tracas des affaires, toutes les jouissances de la vie.

Revers d'Hunyade (1443-1447). — Wladislas, après la retraite d'Amurath, pensa que l'occasion était favorable pour attaquer les infidèles. Il voyait le trône occupé seulement par un enfant, et il croyait qu'il était avantageux de rompre le traité conclu. Mais le ciel punit ce parjure, le succès ne fut plus du côté d'Hunyade. Quand Amurath apprit que le roi de Hongrie avait violé la foi jurée, il sortit de sa retraite, reprit le commandement des armées, et vint dans les plaines de Warna remporter la plus éclatante victoire. Wladislas y perdit la vie (1444). Après avoir délivré l'empire turc du péril qu'il avait couru, Amurath abdiqua une seconde fois, pour se livrer à ses goûts et mener une vie molle et voluptueuse dans ses jardins de Magnésie. Mais les janissaires se révoltèrent contre la jeunesse et l'inexpérience de son fils Mahomet, et le rappelèrent lui-même sur le trône. Amurath se montra au peuple dans cette circonstance difficile, rétablit l'ordre et punit les factieux. Pour occuper la troupe turbulente qui avait causé cette sédition, il porta la guerre dans le Péloponèse et s'empara de cette contrée. Il passa de là en Épire, où il remporta un nouvel avantage sur Hunyade (1447). Mais s'il vainquit le héros hongrois, il trouva dans l'Albanais Scanderberg un soldat intrépide qui sut le faire reculer.

Exploits de Scanderberg (1447-1450). — Le père de Scanderberg, Jean Castriot, seigneur d'Emathie en Épire, l'avait donné en otage avec ses trois autres fils au sultan Mousa, après s'être reconnu son tributaire (1423). Scanderberg fut élevé dans l'islamisme à la cour ottomane, et s'acquit la bienveillance et les faveur d'Amurath par ses talents et son courage. Quand il apprit les exploits d'Hunyade, le remords le saisit, et pour obéir au double sentiment de la religion et de la patrie, il déserta le camp des Turcs et s'enfuit dans les anciennes possessions de son père. Avec six cents hommes il s'empara de Croïa et fit main basse sur la garnison musulmane. Bientôt sa réputation se répandit en Europe, et il eut à sa disposition une armée permanente de quinze mille hommes. Cette faible troupe lui suffit pour résister victorieusement aux quarante mille soldats d'Ali-Pacha, et faire échouer le sultan lui-même au pied de Croïa (1447). Amurath en leva le siége pour aller au-devant des nouveaux périls que lui avait créés Hunyade. Le héros hongrois fut vaincu à Cossova, mais sans profit pour les Turcs (1448), car le sultan victorieux ramena ses troupes devant les murs imprenables de Croïa, et recula encore une fois devant Scanderberg (1450). Il mourut de chagrin à Andrinople (1451).

Avénement de Mahomet II (1451). — Constantinople ne voyait passer sur son trône que de médiocres empereurs. Manuel avait parcouru l'Europe entière, mendiant misérablement des secours près de tous les princes et n'essuyant partout que des refus et des dédains. Le schisme était un obstacle au succès de ses sollicitations. Jean Paléologue son successeur signa la réconciliation des Églises au concile de Florence (1439); mais le clergé schismatique de l'Orient l'empêcha de remplir les conditions stipulées dans le traité, et il ne retira de cette belle démarche aucun avantage. Devenu le jouet des musulmans, il quitta le trône sur la décision d'Amurath et y laissa monter son frère Constantin XII (1448).

La puissance ottomane, au contraire, passait dans des mains toujours de plus en plus redoutables. Depuis Osman jusqu'après Amurath II, le génie des conquêtes semble s'être personnifié dans chaque souverain. Orkan, Amurath Ier, Bajazet, Amurath II, sont autant de noms qui rappellent de glorieux souvenirs militaires. Mahomet II, qui devait achever la ruine de l'Orient, avait reçu peut-être un génie plus vaste et plus puissant que ses prédécesseurs. Très-versé dans les sciences et les lettres, connaissant parfaitement toutes les langues et toutes les littératures de l'Asie, l'étude n'avait point adouci la férocité de son âme. Plein de haine pour les Grecs, à son avénement il jura leur ruine sur le Coran et se hâta d'accomplir son serment.

Prise de Constantinople (1453). — Mahomet commença par s'assurer l'empire de la mer en élevant une forteresse sur la rive du Bosphore, pour fermer ainsi aux vaisseaux étrangers l'entrée libre du détroit. Il ravagea de nouveau le Péloponèse et emporta d'assaut Sélambrie. Ce fut après ces exploits que, le 6 avril 1453, il vint mettre le siége devant Constantinople. Les Génois s'unirent aux Grecs, et les assiégés s'illustrèrent par des exploits merveilleux. A chaque instant ils tentaient des sorties, brisaient à coups de canon les lignes ennemies, et réparaient la nuit les désastres qu'ils avaient subis le jour. Mais Mahomet fut infatigable. A force de travaux, il glissa sa flotte jusqu'au fond du golfe du Bosphore, et Constantinople étonnée frémit d'épouvante à la vue de l'ennemi qui l'avait ainsi envahie à son insu. Le sultan, pour électriser le courage de ses soldats, déclara immédiatement après ce premier succès qu'il leur livrait tous les habitants et toutes les richesses de Constantinople, ne se réservant que les maisons, puis il commanda l'assaut. Deux fois il fut repoussé avec perte, mais enfin Justiniani et les Génois s'étant retirés, les musulmans tentèrent une troisième attaque. *Dieu est Dieu, et Mahomet est son prophète*, fut leur cri de guerre. Les Grecs entonnèrent le chant sacré du *Kyrie eleison*, et les deux nations s'entrechoquèrent avec une égale fureur. Constantin XII parut sur la brèche, animant ses soldats, renversant les ennemis, et tout inondé du sang qui ruisselait de ses propres blessures, il s'écria : *N'y aura-t-il donc pas un chrétien pour me tuer?* A peine avait-il achevé ces paroles qu'il tomba sous le glaive de deux musulmans. Constantinople était prise : Mahomet entra à cheval dans l'église de Sainte-Sophie, pria sur l'autel, et ordonna de changer en une mosquée le temple dédié à la Sagesse éternelle. (29 mai 1453) (1).

Résumé de ce chapitre. — L'empire de Constantinople devait être renversé par les Turcs.

I. Ces barbares sortis des contrées voisines de la mer Caspienne se dirigèrent vers l'Occident et s'établirent à Ancyre sous la conduite d'Erthogrul. Ils reçurent d'Osman, fils d'Erthogrul, leur surnom d'*Ottomans*. Ils firent ensuite la conquête de Pruse en Bithynie (1326), et Alaeddin prépara leurs succès en établissant les janissaires et les spahis. Orkhan, maître de Pruse, s'empara de Nicomédie et de Nicée. Ce fut son fils Soliman qui le premier s'établit en Europe et prépara la lutte de ces terribles guerriers contre les défenseurs de Constantinople. Amurath Ier rendit l'empereur d'Orient, Jean Paléologue, tributaire, et soumit toutes les dominations indépendantes des princes musulmans dans l'Asie Mineure. Son successeur, Bajazet Ier, fait et défait à son gré les empereurs à Constantinople, et quand Manuel essaye de secouer le joug, il marche sur sa capitale. En vain une armée, sous la conduite de Jean sans Peur, arrive d'Occident au secours des Grecs, Bajazet la détruit à Nicopolis et vient ensuite mettre le blocus autour de Constantinople qu'il aurait prise si Tamerlan n'était venu arrêter le cours de ses succès (1402).

II. Gengis-Khan avait été le fondateur de l'empire des Mongols. A sa mort (1227), ses successeurs Octaï et Mangou poursuivirent ses conquêtes. Mais ces vastes Etats se démembrèrent et donnèrent naissance à quatre grands empires. Toutes ces contrées restèrent dans une sorte de confusion qui subsista jusqu'à l'avénement de Tamerlan (1360). Ce terrible conquérant, après s'être emparé de l'Europe septentrionale et de l'Inde jusqu'aux sources du Gange, s'était précipité sur la Syrie, avait démoli Bagdad et était venu offrir la bataille à Bajazet près d'Ancyre (1402). Il le vainquit, et l'emmena prisonnier à Samarcande. Bajazet mourut peu après (1403), et Tamerlan ne lui survécut que de deux années (1405).

III. Tamerlan avait rendu tributaires les empereurs de Constan-

---

(1) Succession des empereurs d'Orient : Michel Paléologue (1261-1282), Andronic II (1282-1328), Andronic III (1328-1341), Jean IV (1341-1391), Manuel Ier (1391-1425), Jean V (1425-1448), Constantin XII (1448-1453).

Succession des empereurs ottomans : Othman ou Ottoman (1299-1326), Orkhan (1326-1360), Amurath Ier (1360-1389), Bajazet Ier (1389-1402), Soliman Ier (1402-1410), Mousa (1410-1413), Mahomet Ier (1413-1421), Amurath II (1421-1451), Mahomet II (1451-1481).

tinople et semé la division parmi les Turcs en donnant une principauté à chacun des enfants de Bajazet. Les guerres civiles qui éclatent alors arrêtent en effet pour quelque temps les progrès des infidèles. Mais Amurath II se montrant avec le même génie militaire que les premiers chefs de sa nation, fait trembler Constantinople (1422) s'empare de la Servie et de la Bosnie, et ne s'arrête que devant l'épée de Hunyade qui le défait à Jalowaz (1443). Il fait même la paix et se retire des affaires. Mais les Hongrois n'ayant pas observé le traité qu'ils avaient conclu, il reparait et les défait à Varna (1444). Son courage trouva une nouvelle résistance héroïque dans Scanderberg, et cet échec le fit mourir de chagrin (1451). Mahomet II, qui lui succéda, ne tarda pas à paraître sous les murs de Constantinople et à se rendre maître de cette ville; ce qui mit fin à l'empire d'Orient (1453).

CHAPITRE XIII.

DE L'ANGLETERRE. RICHARD II. AVÉNEMENT DES LANCASTRE (1).

Cette période embrasse la guerre de cent ans. Avant Richard II règnent les rois Eodouard I*er* (1272-1301) Edouard II (1307-1327) et Édouard III (1327-1377). C'est sous ce dernier que commence cette longue guerre qui fut si funeste à la France. Les premières hostilités éclatèrent en Guyenne en 1337 et la lutte dura jusqu'à la prise de Bordeaux en 1453. Dans la première période la victoire se prononce pour les Anglais (1337-1360); ils furent victorieux à Crécy et à Poitiers. Dans la seconde, l'épée de Duguesclin releva sous Charles V (1360-1380) la fortune de la France. Dans la troisième, Henri V profitant de la démence de Charles VI et des dissensions de la noblesse, s'empare de presque toute la France (1380 1428). Mais dans la quatrième Jeanne d'Arc paraît et la France se relève, sous Charles VII, de tous ses désastres.

§ I*er*. — *De l'Angleterre depuis la mort de Henri III à l'avénement de Richard II (1272-1377).*

Édouard I*er*. Ses projets (1272). Quand Henri III mourut, son fils était en Terre sainte, combattant les infidèles. Le comte de Glocester lui jura néanmoins fidélité,

(1) AUTEURS A CONSULTER : Les *Grandes chroniques* de Mathieu Paris, Lingard, Goldsmith, Mackintosh *Historiens d'Angleterre*, M. Filon *Histoire comparée de la France et de l'Angleterre*. Augustin Thierry *Histoire de la conquête des Normands*.

les nobles l'imitèrent, et toute la nation le proclama roi d'Angleterre, lord d'Irlande et duc d'Aquitaine (1272). A son retour il fit hommage à Philippe le Hardi, successeur de saint Louis, des terres qu'il tenait par le droit de la couronne de France; il apaisa des troubles qui s'étaient élevés dans la Guienne, et se fit couronner en Angleterre sous le nom d'Édouard Ier (1). Ce prince, bien qu'il fût plus éclairé que ses prédécesseurs, n'était pas moins ambitieux. Il n'eut qu'un désir : établir son pouvoir sur toute la Grande-Bretagne et ramener ainsi l'île entière à l'unité de domination.

Conquête du pays de Galles (1277-1283). — Les Gallois, retirés dans leurs montagnes, avaient jusqu'alors méprisé les rois saxons et les rois normands. Édouard, prétextant le refus de Lewellyn (*Leolyn*) à lui rendre l'hommage féodal, assembla en Guienne une armée de mercenaires basques, habitués à combattre au milieu des rochers, et franchit, le premier de tous les rois d'Angleterre, les hautes montagnes de la contrée septentrionale. Il lui fallut lutter pendant cinq années pour vaincre l'opiniâtre résistance de ces montagnards. Leur chef Lewellyn ayant lui-même succombé, ils perdirent courage. David, son frère, essaya encore de recommencer la guerre (1283), mais il fut pris par les soldats anglais qui le pendirent et le coupèrent en quartiers.

Origine du titre de prince de Galles. — Pour détruire parmi les vaincus tout esprit de nationalité et prévenir ainsi toute révolte à l'avenir, Édouard fit exterminer tous les bardes qui par leurs chants exaltaient le courage des Gallois; il fit détruire à l'intérieur du pays les forêts qui servaient de refuge aux insurgés, et bâtit des châteaux forts sur les côtes, pour qu'on pût en tout temps envoyer des troupes par mer. On dit qu'après sa victoire il réunit les Gallois et leur dit qu'il voulait leur donner un chef né dans leur pays et n'ayant jamais prononcé un seul mot de français ni d'anglais. Tous furent en grande joie et applaudirent vivement à son dessein. *Eh bien donc*, reprit-il, *vous aurez pour chef et pour prince mon fils Édouard, qui vient de*

---

(1) Nous disons Édouard Ier, quoiqu'il y ait eu plusieurs rois saxons de ce nom, parce que les Anglais ne comptent leurs dynasties qu'à partir des rois normands.

naître à Caërnavon et que j'appelle Édouard de Caërnavon. De là est venu le titre de prince de Galles qu'on a l'habitude de donner au fils aîné du roi d'Angleterre.

Soumission de l'Écosse. — Maître des Gallois et de leurs montagnes, Édouard aurait voulu ajouter le royaume d'Écosse à ses possessions. Il crut, à la mort d'Alexandre III (1286), que le moment était venu de faire la conquête de ce pays. Ce prince n'avait laissé ni fils ni frères, mais des cousins qui, en très-grand nombre et à divers titres, prétendaient à la couronne. Édouard ayant été choisi pour arbitre, donna la préférence à Jean Baliol, à la condition qu'il se reconnaîtrait vassal du roi d'Angleterre. Le prétendant, qui tenait à s'élever, promit tout ce qu'on voulut, mais les Écossais ne lui permirent pas de remplir ses engagements. Ils se révoltèrent à la seule pensée qu'ils allaient dépendre de l'Angleterre, et Jean Baliol fut forcé de renoncer solennellement à son hommage et à sa foi comme vassal du roi Édouard.

Guerre entre Édouard et Philippe le Bel. (1292-1297). — Pendant ce temps Philippe le Bel, qui avait succédé à Philippe le Hardi sur le trône de France, déclara injustement la guerre à l'Angleterre à propos d'une rixe survenue entre des matelots normands et des matelots anglais. Une trêve avait été conclue en 1293; le roi de France la viola indignement, et déclara le roi d'Angleterre déchu de tous les fiefs qu'il avait sur le continent. Édouard répondit à ces violences par une déclaration de guerre. Il fit alliance avec Guy de Dampierre, comte de Flandre, et le roi de France s'allia de son côté avec l'Écosse. (Voy. plus haut page 23). Le poids de la guerre tomba sur leurs alliés. Pendant que Philippe triomphait des Flamands, Édouard attaqua les Écossais et les vainquit à Dumbar, où il fit prisonnier Jean Baliol, leur roi (1297).

Résistance de Wallace (1297-1305). — Après cette victoire, Édouard pénétra dans les plaines de l'Écosse, et s'empara de la plupart des villes. Les Écossais qui refusèrent de se soumettre à une domination étrangère, s'enfuirent dans les forêts et reconnurent pour chef le célèbre William Wallace, qui combattit jusqu'au dernier soupir pour l'affranchissement de son pays. Il eut d'abord la gloire de mettre en fuite les troupes d'Édouard; mais lorsque celui-ci eut conclu une trêve avec Philippe le Bel, il remporta sur les Écossais la bataille de Falkirk, et le pays entier fut de nouveau soumis à l'oppression du vainqueur (1298). Wallace vaincu se retira dans les forêts pour y préparer de nouveaux moyens de défense. Après plusieurs combats partiels, il fondit sur les Anglais et remporta sur eux une victoire brillante (1303). Ce succès lui aurait rendu son ancienne puissance, si Édouard n'eût, dans le même temps, fait définitivement sa paix avec le roi de France. N'ayant plus aucune inquiétude de ce côté, il dirigea ses efforts contre Wallace et le vainquit une dernière fois (1304). Cet illustre guerrier fut livré par un traître au roi d'Angleterre, qui après l'avoir fait pendre à Londres fit placer sa tête au bout d'une pique sur le sommet de la Tour (1305).

Robert Bruce. — Mais la cause sacrée de l'indépendance de l'Écosse ne périt pas avec Wallace. Tous les partisans de la liberté trouvèrent un chef dans Robert Bruce, le petit-fils du compétiteur de Baliol. Ce guerrier intrépide se fit sacrer roi dans l'abbaye du Nord (1306) et arbora son étendard, bien qu'il n'y eût ni villes, ni comtés qui fussent en son pouvoir. Pendant quelque temps il alla de colline en colline, de lac en lac, vivant de chasse et de pêche sans trouver personne, dit Froissard, qui osât l'héberger en châteaux ni en forteresses. Son courage finit cependant par toucher ceux qui tenaient encore à leur indépendance. Les clans des îles Hébrides et des côtes occidentales, ainsi que les chefs et les barons des Basses-Terres, s'unirent à lui, et les Irlandais lui envoyèrent quelque secours. Édouard se disposait à marcher contre lui lorsque la mort l'en empêcha. Elle le frappa à Burgle sur les frontières mêmes du pays qu'il aurait voulu asservir (1307).

Règne d'Édouard II. Indépendance de l'Écosse (1307-1327). — Edouard II, fils aîné d'Edouard Ier, lui succéda. C'était un prince sans caractère et sans énergie, qui fut constamment l'esclave de ses favoris au dedans et de ses ennemis au dehors. Le fils d'un simple chevalier de Gascogne, Pierre de Gaveston, qui avait été le compagnon de sa jeunesse, fut le premier qui jouit de ses faveurs. Il le fit son chambellan et le créa comte de Cornouailles aussitôt qu'il eut hérité du trône. Gaveston qui s'enorgueillissait de la puissance et des priviléges dont il jouissait, irrita tellement les seigneurs par sa fierté, que ceux-ci se révoltèrent et forcèrent Édouard à éloigner son favori. Pour apaiser les séditieux, Édouard leur livra Gaveston qui fut aussitôt mis à mort (1314). Cette humiliation commença la longue chaîne de revers et de malheurs dont se composa le règne d'Édouard II. Robert Bruce profita de la faiblesse du monarque pour affranchir sa patrie. Ses progrès furent d'abord très-lents parce qu'il tenait à s'assurer le succès, mais lorsqu'il eut réuni toutes ses forces près de Stirling, il se prépara à une action décisive. Les deux armées se rencontrèrent à Bannock-Burn ou ruisseau de Bannock (1314). Le choc fut terrible; à la fin les Écossais l'emportèrent, et les Anglais par suite de cette défaite se virent contraints d'abandonner successivement toutes les forteresses qu'ils occupaient. Robert Bruce reçut de son pays reconnaissant le nom de libérateur.

Guerre en Irlande (1316-1317).—Le frère de Robert, Édouard Bruce, passa en Irlande pour aider les indigènes qui les avaient secourus contre Édouard II à recouvrer leur propre indépendance. Il alla du nord au sud, prit et saccagea plusieurs villes, et arrivé à Dundalk, il se fit élire et couronner roi d'Irlande (1316). Mais il ne garda ce titre que pendant deux ans. Les Anglais envoyèrent contre lui des forces considérables, et il fut tué dans une bataille en 1318. Après sa mort les troupes écossaises furent rappelées dans leur pays, et les Anglo-Normands reprirent leur domination sur les Irlandais.

Les Spencer.—Après avoir perdu Gaveston, Édouard s'était créé d'autres favoris. Les Spencer avaient remplacé Gaveston dans son affection, et comme lui ils avaient provoqué par leur faste superbe l'indignation des seigneurs. Le comte de Lancastre, qui était à la tête des mécontents, avait d'abord obtenu le bannissement de ces ministres audacieux, mais dans une seconde tentative il fut défait et mis à mort. Édouard II retrouva un instant son énergie après ce premier succès. Il rompit avec Robert Bruce et le somma de le reconnaître pour suzerain. Le roi d'Écosse, pour toute réponse, envahit l'Angleterre et faillit s'emparer de la personne même d'Édouard II. Ces revers décidèrent ce malheureux prince à conclure avec les Écossais une trêve de treize années (1323).

Conspiration d'Isabelle. — Charles le Bel venait à cette époque de monter sur le trône de France. Son oncle Charles de Valois s'étant par son ordre emparé de l'Agénois, Isabelle, femme d'Édouard II et sœur de Charles le Bel, demanda à passer en France sous prétexte d'y défendre les droits de son mari contre les usurpations de son frère. Elle y fut suivie par Roger Mortimer, le partisan de Lancastre et l'ennemi des Spencer que le roi Édouard avait fait enfermer à la Tour. Ensuite elle fit venir près d'elle son fils Édouard, âgé de douze ans, et sous prétexte d'attaquer les Spencer, elle leva des troupes en Angleterre, en Guienne, en Irlande, et repassa la Manche pour détrôner son mari. Édouard II quitta Londres comme un fugitif, et les Spencer le suivirent. Ces deux favoris furent arrêtés et pendus sans aucune forme de procès.

Déposition et mort tragique d'Édouard II (1327). — On dressa une espèce d'accusation contre Édouard, et le parlement, après avoir prononcé sa déposition, désigna son fils pour son successeur. Cette sentence dut être pour Édouard un présage de mort. Roger Mortimer craignit que le peuple ne se laissât émouvoir par le malheur d'un prince aussi indignement maltraité. Il chargea les gardiens de son royal captif de le mettre à mort, en évitant, autant que possible, de laisser aucune trace de la violence qu'ils lui auraient faite. Son corps fut enterré sans pompe à Glocester, et on ne fit aucune recherche des auteurs de sa mort. La reine Isabelle, sur qui retomba toute l'atrocité du crime, fut punie par l'exécration publique, et Mortimer n'échappa point à sa punition.

Minorité d'Édouard III (1327). — Quand Édouard III fut proclamé roi d'Angleterre, il n'avait que quinze ans. On lui donna un conseil de régence composé de douze personnes. Mortimer avait eu l'habileté de s'en exclure, mais il n'en fut pas moins la puissance invisible qui dirigeait les affaires et les exécutait. Tout jeune qu'il était, Édouard III comprit parfaitement ce qu'il avait à faire. Robert Bruce étant venu à mourir, il résolut de profiter de la minorité de David son fils, qui lui avait succédé sur le trône d'Écosse, et de travailler en même temps à s'affranchir du ministre qui le dominait. Il réussit contre Mortimer; le parlement le condamna à mort, et il fut pendu à un mille de Londres aux ormes de Tyburn, où son corps resta exposé pendant deux jours (1330). Mais il échoua en Écosse devant les partisans de David qui défendirent leur liberté avec énergie et courage.

Rivalité de la France et de l'Angleterre. — A la mort de Charles le Bel, Édouard prétendit avoir des droits sur la couronne de France du côté de sa mère. Mais on lui opposa la loi salique, et Philippe VI de Valois fut proclamé par toute la nation. Après la victoire de Cassel remportée par Philippe sur les Flamands, Édouard se désista de ses prétentions. Il consentit à venir en personne faire hommage au roi de France pour son duché de Guienne. Cette humiliante cérémonie ne servit qu'à lui mettre le dépit dans le cœur, et il se promit bien d'en tirer un jour vengeance. L'occasion ne tarda pas à se présenter. En Flandre, les cruautés et les exactions du comte Louis II ayant mécontenté tous ses sujets, le brasseur Jacques Arteweld poussa le peuple à la révolte et se mit à la tête des séditieux. Édouard III s'allia avec lui contre le roi de France, et la guerre entre les deux nations éclata. La flotte française fut détruite à la bataille de l'Écluse (1340). Après une trêve d'un an, les hostilités recommencèrent à l'occasion des affaires de Bretagne, et Philippe VI perdit la bataille de Crécy.

Bataille de Nevill's Cross (1346). — Après sa victoire, Édouard III aurait pu marcher sur Paris, mais il jugea plus prudent de se replier vers le Nord et il alla mettre le siége devant Calais. Pour faire diversion, Philippe VI engagea le roi d'Écosse David Bruce à faire invasion en Angleterre et à profiter de l'absence d'Édouard. David, qui devait son trône à la protection du roi de France, se mit à la tête de plus de 30 000 combattants et envahit le Cumberland. Mais la reine d'Angleterre, Philippa de Hainaut, secondée par les lords du comté du nord et par l'archevêque d'York, lui opposa une armée nombreuse et lui présenta la bataille à Nevill's Cross (la croix de Nevill), près de Durham. David II fut vaincu et fait prisonnier (17 octobre 1346). Cette victoire permit à Édouard de continuer le siége de Calais et de s'emparer de cette ville, que les Anglais ont gardée 211 ans (1347-1558).

Victoires du Prince Noir. — Le souverain pontife Clément VI fit conclure à Philippe VI et à Édouard III une trêve d'un an qui se prolongea jusqu'en 1355. Jean II, qui avait succédé à Philippe VI, la rompit, et le fils aîné d'Édouard, le Prince Noir, le vainquit à Poitiers et le fit prisonnier (1356). Le roi d'Angleterre se trouva maître tout à la fois du roi de France et du roi d'Écosse. Il voulut tirer de ses victoires le plus grand parti possible. Il rendit la liberté à David Bruce à condition qu'il observerait une trêve de dix années consécutives, et qu'il lui compterait en vingt payements de six mois en six mois une somme de 100 000 marcs. David II mourut dans l'intervalle (1370). Mais ce traité, qu'on a appelé la *grande trêve*, fut religieusement observé par Robert II son successeur.

Jean II recouvra sa liberté par le traité de Brétigny (1360) si honteux pour la France. Sous Charles V Duguesclin rétablit les affaires de la France.

Pour délivrer le pays des compagnies qui l'infestaient, Duguesclin les avait entraînées au-delà des Pyrénées, en Castille où il avait voulu rétablir sur le trône Henri de Transtamare, à la place de Pierre le Cruel. Le prince Noir profita de l'occasion pour reprendre les hostilités contre la France en attaquant son protégé. En 1367, il parut donc sur les bords de l'Ebre avec les troupes mercenaires que ses rivaux avaient licenciées, et il vainquit Henri de Transtamare à Navarette. Duguesclin fut fait prisonnier et Pierre le Cruel remonta sur le trône.

Le prince Noir rapporta d'Espagne le germe de la maladie qui devait le faire périr. Il était sombre, mélancolique, et, comme il était écrasé de dettes, il levait sur le peuple d'énormes impôts qui rendirent sa domination odieuse. Le clergé et la noblesse avaient aussi de graves griefs contre lui. Quand la guerre recommença il n'eut plus que des revers, et de toutes leurs possessions en France il ne resta aux Anglais que Bordeaux dans le midi et Calais dans le nord.

La trêve de Bruges arrêta les hostilités entre les deux nations (1375), et peu après Édouard III et le prince Noir son fils descendirent au tombeau. Celui-ci mourut le 3 juin 1376 d'une maladie cruelle qui le faisait souffrir depuis six ans. Son père ne lui survécut qu'un an. Il mourut le 11 juin 1377. Son règne avait été longtemps glorieux, mais sa fin fut triste. Abattu par les revers et dégradé par le vice, il s'était laissé gouverner par d'indignes favoris, et il n'était plus qu'un objet de mépris pour le peuple qui l'avait idolâtré.

§ II. — *Richard II (1377-1399).*

Minorité de Richard II. — Richard II, fils du prince Noir, n'avait que onze ans quand il monta sur le trône. Pendant sa minorité, le gouvernement fut livré à ses trois oncles : Jean de Gand, duc de Lancastre; Edmond Mortimer, duc d'York, et Thomas de Wordstock, duc de Glocester. Leur administration ressemble beaucoup à celle des oncles de Charles VI; elle fut dissipatrice et perverse. L'Angleterre était épuisée par les longues guerres qu'elle avait eues à soutenir sous le règne d'Édouard III, et elle avait souffert beaucoup dans son orgueil en voyant les succès de Charles V sur le continent.

Lollards et Wickleffistes. — Ces mécontentements furent exploités par les sectaires. Un docteur de l'Université d'Oxford, Jean Wickleff, curé de Lutterworth dans le diocèse de Lincoln, se mit à dogmatiser vers l'an 1376. Il avait commencé par émettre quelques opinions singulières qui furent condamnées par Urbain V et les évêques d'Angleterre.

Par esprit de vengeance cet hérésiarque attaqua l'ordre ecclésiastique tout entier. Il enseigna publiquement que le pape n'est pas le chef de l'Église; que les évêques ne sont pas supérieurs aux prêtres; que les pouvoirs ecclésiastiques se perdent par le péché mortel; que la confession des péchés est inutile à celui qui est suffisamment contrit. Il attaquait en même temps le dogme de la présence réelle, la messe, les indulgences, la prière pour les morts, les institutions monastiques, la légitimité des biens ecclésiastiques.

Il rejetait la création, la liberté humaine et enseignait le Panthéisme. Ces erreurs avaient déjà été enseignées par Gauthier Lollard, un des principaux chefs des fraticelles d'Allemagne. Ses partisans s'unirent à ceux de Wickleff, de telle sorte que les Lollards et les Wickleffistes ne formèrent en Angleterre qu'une secte dont les principes devaient être répandus par Jean Huss en Bohême.

Insurrection de Wat-Tyler. — Après avoir attaqué l'Église, les sectaires attaquèrent la société elle-même. Ils niaient la légitimité des distinctions sociales et soutenaient dans tous leurs discours l'égalité naturelle de tous les hommes. Ils criaient ironiquement : « Quand Adam bêchait et qu'Ève filait, y avait-il des nobles ? » Ces doctrines subversives firent des progrès effrayants dans les campagnes. Les paysans se soulevèrent au nom de l'égalité et de l'indépendance et se trouvèrent près de deux cent mille ayant pour chef un paysan Wat-Tyler (Gauthier le Ténébreux). Ils marchèrent sur Londres en incendiant sur leur route les châteaux, et se déclarant contre les nobles et les riches. Etant entrés dans la capitale dont la bourgeoisie leur ouvrit les portes, ils mirent à mort les chanceliers et l'archevêque de Cantorbéry. Ils demandèrent l'abolition du servage, la liberté de vendre et d'acheter sur les foires et marchés, la réduction des rentes des fermes qu'ils auraient voulu voir toutes au même taux.

Richard II eut une entrevue avec Wat-Tyler. Ce fanatique ayant brandi son épée au-dessus de la tête du roi, le maire crut qu'il en voulait aux jours du monarque et l'abattit de sa masse d'armes. Richard, sans se déconcerter, dit aux séditieux : « Vous n'avez plus de chef, suivez votre roi ! » Il les contint par la fermeté de son attitude, leur fit des concessions apparentes et sut gagner du temps pour permettre aux milices féodales de le délivrer de ces factieux.

Guerre d'Écosse (1385). — Richard II avait fait preuve d'énergie dans sa conduite envers les sectaires. On put espérer qu'il s'affranchirait de l'ennuyeuse tutelle de ses oncles, les ducs de Lancastre, d'York et de Glocester, mais il n'en fut rien. Tout son règne ne fut qu'une série de fautes et de malheurs, précisément parce qu'il ne sut jamais se rendre libre de ses pensées et de ses actes. La guerre avec la France continuant toujours avec mollesse, il voulut attaquer l'Écosse. Ses premières tentatives furent d'abord heureuses, mais il s'effraya ensuite des difficultés qu'il rencontra, et il laissa Robert II Stuart transmettre paisiblement sa couronne à ses descendants.

Administration de Glocester. — Le duc de Glocester étant parvenu à s'emparer de toute la puissance, son administration mécontenta le peuple qui avait à se plaindre des vexations les plus iniques et les plus brutales. Du mécontentement on passa à la crainte, quand on apprit que le roi de France Charles VI allait tenter une descente en Angleterre, et qu'il avait réuni à cet effet une flotte de près de 1400 vaisseaux entre l'Écluse et Blamkembourg. La destruction de cette flotte immense rassura les Anglais, mais ce succès ne servit qu'à rendre les communes plus menaçantes. Le duc de Glocester leur accorda tout ce qu'elles voulurent, et il eut l'adresse de dépouiller l'autorité royale pour ajouter à sa propre puissance. Toutefois son autorité étant devenue moins menaçante, Richard résolut de le renverser par une action d'éclat. Un jour il demanda à son oncle de lui dire son âge. *Votre Altesse a vingt-deux ans*, répondit le duc. — *Je suis donc assez âgé pour conduire mes affaires*, répliqua Richard, *j'ai été plus longtemps sous le contrôle de tuteurs qu'aucun pupille de mes États. Je vous remercie, mylord, de vos services passés; mais je ne vous en demande aucun désormais* (1389).

Richard règne par lui-même (1389-1396). — Richard, ayant pris les rênes de l'État, s'environna de conseillers éclairés, consulta le parlement et fit revenir près de lui le duc de Lancastre et le comte de Glocester. Son administration était heureuse et paisible quand il perdit sa femme, la *bonne reine Anne*. Pour dissiper son chagrin, il alla visiter l'Irlande et y rétablit sa domination. A son retour en Angleterre, il trouva son royaume agité par les disciples de Wiclef, qui, sous le nom de *lollards*, attaquaient violemment l'Église et poussaient l'extravagance jusqu'à demander la suppression des métiers d'orfèvre et de fourbisseur, comme inutiles et pernicieux sous l'empire de l'Évangile. Il réprima ces sectaires et rétablit ainsi la tranquillité dans ses États. Ce fut alors qu'il sollicita la main d'Isabelle, fille du roi de France Charles VI. Le mariage fut conclu et par suite un traité fut signé, d'après lequel la trêve entre les deux royaumes devait être prolongée de vingt-cinq ans, moyennant la restitution de Brest et de Cherbourg par les Anglais (1396).

Vengeances de Richard. — Richard se laissa aller à la haine qu'il avait conçue contre ses anciens régents. Le duc de Glocester était devenu l'âme de toutes les factions. Il ne cessait de parler contre la pusillanimité de Richard, lui faisait un crime d'avoir épousé la fille du roi de France et parlait même de le déposer. Pour le prévenir, Richard le fit arrêter. On allait statuer sur son sort, lorsqu'on apprit qu'il venait de mourir. Il avait été étouffé entre deux matelas.

Richard exila ensuite le duc de Norfolk à perpétuité, et le duc d'Hereford, fils de Lancastre, pour dix ans. Ce dernier se retira en France, où il fut connu sous le nom de Henri de Bolingbroke. Richard lui avait promis d'abréger le temps de son exil, mais à la mort du duc de Lancastre, Henri ayant pris le titre de son père, le roi d'Angleterre découvrit qu'un proscrit ne pouvait hériter et, sur l'avis de son grand conseil, il s'empara de tous les biens de la maison de Lancastre.

Déposition de Richard (1399). — Cette injustice rendit furieux Henri de Bolingbroke. Il profita d'une expédition que Richard avait faite en Irlande, pour faire lui-même une descente en Angleterre. Il débarqua dans le comté d'York, et ne réclama d'abord que les possessions de la maison de Lancastre. Toutefois il marcha sur Londres, et, chemin faisant, son armée s'étant élevée jusqu'à soixante mille hommes, il s'empara de la capitale. A cette nouvelle, Richard revint d'Irlande; mais le peuple avait tellement souffert sous son règne, qu'il ne vit personne se ranger sous son étendard. Il se constitua le prisonnier du prince qu'il avait exilé, et finit par abdiquer la couronne, avouant humblement qu'il était indigne de la porter. Le lendemain, le parlement prononça sa déposition et proclama roi d'Angleterre Henri de Bolingbroke.

§ III. — *Avénement des Lancastre. Henri IV, Henri V et Henri VI* (1399-1461).

Avénement des Lancastre. Répression des partisans de Richard. — Le premier prince de la maison de Lancastre fut Henri de Bolingbroke, qui prit le nom de Henri IV. Son avénement était une véritable usurpation. Le parlement, docile à ses volontés, rendit tous les arrêts qu'il désira ; mais le peuple ne se soumit pas aussi facilement. Dès les premiers mois de son règne, une conspiration se forma contre lui en faveur de Richard. Il la réprima et fit mettre à mort les chefs des conjurés. Richard, qu'il tenait captif, fut un jour trouvé mort dans sa prison au château de Pontfret. Les uns ont dit qu'on l'avait laissé mourir de faim ; d'autres racontent qu'on envoya neuf assassins pour le mettre à mort et qu'il se défendit contre eux courageusement. Il ne succomba qu'après en avoir abattu quatre à coups de hache. Il n'avait que trente-trois ans.

Insurrection des Gallois. — Ce meurtre fut loin de consolider le trône de Henri IV. Les Gallois, qui regrettaient toujours leur indépendance, se rangèrent sous l'étendard des Kymris, arboré par Owen Glendowr, leur chef, et se mirent en pleine révolte. Ils furent d'abord assez heureux. Henri fut obligé de se retirer devant eux et de laisser entre les mains des insurgés lord Grey de Ruthyn et sir Edmond Mortimer, ses amis. Ce succès encouragea les mécontents qui se trouvaient en Angleterre, et ils se décidèrent à prendre parti pour l'insurrection. Le comte de Northumberland et la famille des Mortimer se mirent à la tête du mouvement, et bientôt le comte de Douglas les rejoignit avec ses Écossais. Leurs forces auraient été formidables, si Henri IV n'eût prévenu leur jonction avec les Gallois. Il rencontra leur armée près de Shrewsbury, et remporta sur eux une éclatante victoire (1403).

Succès et revers des Gallois. — Les Gallois, privés

de leurs alliés, ne perdirent pas courage. Ils pouvaient d'ailleurs compter sur l'appui du roi de France. Charles VI conclut un traité avec leur chef, Owen Glendowr, et fit partir de Brest une flotte qui leur porta un secours de six cents hommes d'armes et de mille huit cents fantassins. Cette faible troupe remporta d'abord quelques avantages. Dix mille insurgés étant venus se joindre à elle, ces braves guerriers allèrent jusqu'à Worcester, attaquant et détruisant les châteaux anglo-normands. Ils rencontrèrent une armée anglaise, mais de part et d'autre on évita le combat. Malheureusement pour les Gallois, les Français les abandonnèrent après cette campagne (1407).

Soumission des Gallois. — Réduits à leurs seules ressources, les insurgés ne purent triompher des armées anglaises. Ils résistèrent encore pendant près de dix années, mais il fallut à la fin se soumettre. Owen Glendowr survécut à la ruine de son parti et mourut dans l'obscurité. Les autres chefs de l'insurrection capitulèrent et sollicitèrent leur pardon. On le leur accorda et on s'efforça de se les attacher en leur donnant des dignités.

Triste fin de Henri IV. — Pendant les dernières années de son règne, Henri IV parut tout préoccupé du soin d'assurer à son fils aîné la succession de la couronne. Il le fit reconnaître son héritier par le parlement et s'efforça de faire ratifier cet acte par le consentement de la nation. Le jeune prince avait de la bravoure et d'heureuses dispositions, mais il était aussi d'une immoralité dégradante. Son père ne laissait pas que d'avoir de graves inquiétudes à son égard. Il ne les dissimulait pas, et souvent ses peines intérieures se compliquaient encore des remords que lui causait son usurpation. On raconte que sur son lit de mort, à la vue de la couronne placée, selon la coutume, sur un coussin à côté du lit, il dit à son fils en poussant un profond soupir : *Hélas! beau fils, quel droit avez-vous à la couronne, quand vous savez que votre père n'en avait point?* — *Mon seigneur-lige,* répondit le jeune Henri, *vous la conquites avec l'épée, et par l'épée je la conserverai.* Un instant après le roi répliqua : *Bien, faites ce que vous jugerez le mieux, j'en laisse l'événement à Dieu, et* *j'espère qu'il fera miséricorde à mon âme.* Il mourut le 20 mars 1413.

Règne de Henri V (1413-1422). — Quand Henri V eut été proclamé, il changea entièrement de conduite. Il quitta les habitudes dissolues de sa jeunesse, s'environna des hommes les plus graves et les plus éclairés de son royaume, et suivit leurs avis. Il s'empressa en même temps de mettre ordre aux affaires de l'État, en réprimant les lollards qui, au nombre de vingt mille, avaient osé prendre les armes et qui faisaient entendre les menaces les plus terribles. Il marcha lui-même contre eux, les dispersa et publia des lois très-sévères contre ces dangereux sectaires.

Aussitôt que la tranquillité fut rétablie à l'intérieur de ses États, il résolut de faire revivre les prétentions d'Édouard III sur la couronne de France, et de marcher sur les traces de son illustre prédécesseur. Le parlement approuva son dessein et la nation y applaudit, parce qu'elle eut alors l'espérance de satisfaire l'esprit de jalousie et de rivalité qui l'avait toujours armée contre la France. Il somma donc Charles VI d'exécuter toutes les conditions du traité de Brétigny, et, sur son refus, il débarqua à l'improviste sur les côtes de Normandie avec une armée de soixante mille hommes.

Le succès dépassa ses espérances. La bataille d'Azincourt fut aussi funeste à la France que l'avaient été les désastres de Crécy et de Poitiers. Les dissensions qui éclatèrent entre les Bourguignons et les Armagnacs lui livrèrent la France et amenèrent le traité de Troyes, d'après lequel Catherine de France, la fille bien aimée d'Isabeau, devait épouser le roi d'Angleterre que l'insensé Charles VI appelait son très-cher fils et désignait comme l'héritier de sa couronne.

Henri V put croire que la France tout entière était à lui. Il serait probablement parvenu à la soumettre si la mort n'était venue arrêter le cours de ses conquêtes. Il ne laissait pour héritier qu'un enfant qui venait de naître, et ses derniers moments furent remplis d'amertume par la crainte que lui donna l'avenir de ce jeune prince. Il le recommanda à son épouse et au duc de Bedford, son frère, qu'il créa régent de France. Il donna au duc de Glocester, son autre frère, la régence d'Angleterre, et nomma le comte de Warwick tuteur de leur jeune neveu. Après avoir fait toutes ces dispositions, il mourut le 31 août 1422.

Ce fut sous Henri VI, son fils et son successeur que la France se releva et qu'elle expulsa définitivement les Anglais de son territoire. (Voy. plus haut, chap. IX).

Résumé de ce chapitre. — Nous avons divisé cette période en trois parties : la première comprend les règnes des trois Édouards; la deuxième le règne de Richard II, et la troisième les règnes des trois premiers Lancastre, Henri IV, Henri V et Henri VI.

I. Édouard Ier essaya d'étendre sa domination sur toute la Grande-Bretagne et d'établir l'unité de domination dans l'île entière (1272). Il fit la conquête du pays de Galles (1283), et entreprit celle de l'Écosse. Ce pays s'allia à la France, et malgré les défaites que les Écossais subirent à Dumbar (1296), le courage de William Wallace qui succomba dans cette lutte héroïque (1305) et le dévouement de Robert Bruce finirent enfin par faire reconnaître l'indépendance de leur patrie. Robert Bruce se fit couronner roi d'Écosse en 1306, et Édouard Ier mourut au moment où il se disposait à franchir les frontières du pays qu'il voulait asservir (1207). Edouard II n'était pas en état de suivre les projets de son père et de les exécuter. Il fut obligé après la bataille de Bannock-Burn (1314) de reconnaître l'indépendance de l'Écosse et il faillit même perdre l'Irlande (1316-1318). Pendant ces deux derniers règnes les libertés publiques ne laissèrent pas de faire d'importants progrès. Édouard Ier confirma toutes les chartes antérieures (1295) et compléta le système représentatif. Édouard II laissa les députés mettre pour condition au vote de l'impôt le redressement des griefs, ce qui limita considérablement l'autorité royale (1309). Édouard II mourut en 1327, l'année qui précéda l'avènement des Valois en France. Édouard III fournit un règne long et glorieux. Il s'illustra par ses victoires de Crécy et de Poitiers où son fils le Prince Noir se couvrit de gloire. Mais ces deux princes eurent tous les deux une triste fin, et le fils du Prince Noir, Richard II se montra bien peu digne de leur renommée.

II. Richard II est le contemporain de Charles VI (1377-1399). Comme lui, il a ses oncles pour régents, et ces princes ne se distinguent que par leurs débauches et leurs rapines. Les Wicklefistes et les Lollards se soulèvent. Il réussit à comprimer leur rebellion. Il retombe sous le joug de ses oncles et ne le secoue que pour se livrer à des vengeances et à des faiblesses. Il tyrannise l'Irlande et se rend odieux à la noblesse. Une révolte s'organise contre lui. Henri de Lancastre est à la tête des factieux et Richard II est dépossédé (1399). Il meurt en prison assassiné.

III. La branche des Lancastre arrive au trône. Le duc de Northumberland se soulève contre Henri IV. Il est soutenu par les Gallois. Ces insurgés sont défaits à Shrewsbury. Henri IV laisse sa couronne à son fils Henri V. Ce règne est un des plus glorieux de la monarchie anglaise. Il défait les Français à Azincourt et fait la conquête de presque tout le royaume. Son fils Henri VI est sacré à Paris, mais la France sort de sa léthargie, Jeanne d'Arc électrise l'armée, et les Anglais sont expulsés du territoire.

CHAPITRE XIV.

DE L'ANGLETERRE ET DE L'ÉCOSSE JUSQU'A L'AVÉNEMENT DE HENRI VIII. GUERRE DES DEUX ROSES (1453-1509) (1).

En France la ruine de la féodalité fut amenée par les désastres que la noblesse éprouva dans les sanglantes batailles de Crécy, de Poitiers et d'Azincourt; par la politique habile de Charles VII, qui sut profiter des circonstances pour concentrer le pouvoir entre les mains de la royauté, et par le génie astucieux de Louis XI. En Angleterre la vieille aristocratie s'éteignit dans les convulsions horribles de la guerre civile. S'étant divisée en deux camps, les Yorkistes et les Lancastriens, elle s'épuisa dans cette lutte affreuse, et la royauté, après avoir traversé les désordres qui signalèrent cette époque de transition, se trouva revêtue d'un pouvoir suprême dans la personne de Henri VII. Les Stuarts sur le trône d'Ecosse s'occupèrent aussi activement de la ruine de leurs vassaux, et tous travaillèrent ainsi à rendre leur autorité absolue.

§ Ier. — *Guerre des deux Roses en Angleterre. Avénement des Tudors* (2).

Cause de la guerre des deux Roses. — La maison de Lancastre, qui était arrivée au trône, sous Henri IV, par une usurpation, s'y était maintenue avec fermeté, tant que la fortune l'avait secondée dans ses guerres contre la France. Mais, lorsque le sceptre fut tombé dans les mains débiles d'Henri VI, de grands mécontentements éclatèrent dans la nation. On attribuait à l'incapacité de ses ministres les revers qu'on venait d'essuyer en France; on avait vu avec peine son mariage avec Marguerite d'Anjou, on reprochait à ses favoris la mort du *bon duc* de Glocester, l'ami du peuple, qu'on avait trouvé étranglé dans son lit; enfin la faiblesse de son

---

(1) AUTEURS A CONSULTER : Outre Lingard et les histoires d'Angleterre consultez encore : Hallam, *Histoire constitutionnelle d'Angleterre*; Robertson, *Histoire d'Écosse*.
(2) SUCCESSION DES ROIS D'ANGLETERRE : *Dynastie des Plantagenets* Henri VI (1422-1461), Edouard IV (1461-1483), Henri VI remonte sur le trône (1470-1471), Edouard V (1483), Richard III (1483-1485). — *Branche des Tudors* : Henri VII (1485-1509).

esprit faisait désirer une autre administration et un autre règne. Richard, duc d'York, qui vivait disgracié dans ses terres, résolut de profiter de cette disposition générale de la nation pour travailler à ressaisir les droits de sa famille. Il échauffa donc encore les esprits, et lorsque les deux premiers ministres, Suffolk et lord Say, eurent payé de leur tête le crédit dont ils avaient joui, il souleva ses partisans, et la lutte de la maison d'York contre celle de Lancastre commença. Cette lutte reçut le nom de guerre des deux Roses, parce que ces deux maisons rivales portaient une rose dans leurs armoiries; les Lancastriens une rose rouge, les Yorkistes une rose blanche.

Bataille de Saint-Albans (1455). — Profitant de l'imbécillité de Henri VI, le duc d'York s'était fait d'abord nommer lieutenant du roi et protecteur du royaume (1454); il avait, par cette mesure, dépouillé l'infortuné monarque de sa puissance et s'était rendu souverain absolu. Dès qu'Henri eut recouvré sa raison, Marguerite l'engagea à ressaisir son autorité, mais Richard s'y opposa et leva une armée pour défendre ses prétendus droits. Ce fut dans les plaines de Saint-Albans qu'il rencontra les troupes du roi. La fortune lui fut favorable, et Henri VI se vit condamné à rester sous sa dépendance (1455). Cependant Marguerite essaya encore de briser les fers de son époux captif et malheureux; elle rassembla une armée considérable; mais le comte de Warwick l'anéantit dans un seul combat à Northampton (1460).

Mort du duc d'York (1460). — Enivré par ce nouveau succès, le duc d'York, Richard crut pouvoir se faire proclamer roi; il se présenta donc devant les lords assemblés et leur parla une main sur le trône, attendant qu'ils l'invitassent à y monter. Le silence de l'assemblée l'indigna; cependant par prudence il se contenta de faire décréter qu'à la mort de Henri VI la couronne passerait dans la maison d'York. Marguerite refusa de ratifier cet arrêt, qui privait de ses droits la postérité de Henri. Elle en appela encore aux chances de la guerre, et la bataille de Wakefield décida cette fois la victoire en sa faveur. Richard périt au sein de sa défaite, et son fils, le jeune comte de Rutland, qui n'avait que douze ans, fut cruellement immolé par lord Clifford, qui lui dit en le poignardant : « *Ton père a tué mon père, il faut que tu meures aussi, toi et les tiens.* » La tête de Richard, ceinte d'un diadème de papier, fut exposée sur les murailles d'York aux insultes d'une populace en furie. Ces atrocités furent le signal des barbaries les plus épouvantables; les deux partis dressèrent des échafauds sur les champs de bataille, et ce fut malheur aux vaincus.

Avénement d'Édouard IV (1461). — Avec Richard tout ne fut pas perdu pour les Yorkistes. Le comte de Warwick se mit à leur tête et conçut le projet de faire couronner à Londres Édouard, fils de Richard. Warwick était riche, puissant, aimé du peuple, et Édouard avait pour lui la jeunesse, la grâce et la beauté. Toute la ville de Londres, le clergé, la noblesse et la bourgeoisie applaudirent à l'élection de ce nouveau roi, et la maison d'York se trouva plus puissante que jamais.

Bataille de Towton (1461). — Toutefois il fallait vaincre Marguerite, qu'aucune difficulté ne décourageait. Warwick s'en chargea, et alla présenter la bataille à cette femme intrépide près du village de Towton. On se battit de part et d'autre avec acharnement : jamais combat ne fut plus sanglant. Il avait été défendu aux Yorkistes de faire aucun quartier, et plus de 36 000 Lancastriens périrent dans ce massacre. Marguerite, après cette horrible défaite, alla vainement solliciter le secours de Louis XI. Elle n'en obtint qu'une somme de 20 000 écus, et les troupes qu'elle réunit en Angleterre furent encore entièrement détruites à la journée d'Exham (1464).

Chute d'Édouard IV (1470). — Après cette nouvelle victoire, Marguerite ayant été contrainte de se retirer en France, le trône d'Édouard IV paraissait parfaitement affermi. Henri VI était devenu son prisonnier, les rois de Danemark, de Pologne, d'Aragon et de Castille avaient conclu avec lui une alliance offensive et défensive, et il n'avait même rien à redouter de Louis XI, qui était trop occupé dans son royaume pour se mêler des affaires de ses voisins. Mais l'éclat de sa fortune l'éblouit. S'étant marié à Élisabeth Wydevile, il réserva toutes ses faveurs pour les parents de sa femme, et chercha même à s'affranchir de l'influence de Warwick, l'auteur de sa fortune. Le comte, indigné, se créa des partisans dans le peuple et la noblesse, et tenta quelques soulèvements. Ces révoltes n'ayant pas réussi, il se jeta ouvertement dans le parti des Lancastriens, s'unit à Marguerite, et vint en France demander du secours à Louis XI. Quand il eut complétement organisé son plan de révolte, il revint en Angleterre faire un appel à ses partisans. Le peuple, qui l'adorait, accourut en foule à sa rencontre, et Édouard, qui avait songé davantage à ses plaisirs qu'à sa défense, se vit obligé de gagner précipitamment la mer, pour aller à la Haye implorer un asile auprès du duc de Bourgogne qui y résidait (1470).

Son rétablissement — (1471). Warwick, victorieux, tira Henri VI de sa prison et le rétablit sur son trône, aux grandes acclamations du peuple, qui l'appelait le *faiseur de rois*. Toutefois son triomphe fut de courte durée. Le frère d'Édouard, le duc de Clarence, qui s'était rallié avec lui, supportait avec peine la vue de cette rose rouge que ses ancêtres avaient haïe et combattue. Une foule de seigneurs témoignèrent les mêmes répugnances et les mêmes regrets. Édouard, l'ayant appris, s'empressa de quitter la terre d'exil pour retourner en Angleterre. D'abord il ne réclamait que son duché d'York ; mais quand il vit son armée en nombre, il fit crier par les siens : *Longue vie au roi Édouard !* Warwick le rencontra dans les plaines de Barnet (1471). Le malheureux comte trouva là son tombeau, et le peuple, inconstant, s'apprêta à rendre ses hommages au nouveau monarque.

Dernière période du règne d'Édouard IV (1471-1483). — Malheureusement les vainqueurs déshonorèrent leur victoire par de révoltants excès. Marguerite ayant été arrêtée à Teukesbury avec son fils quelque temps après, les frères du roi, le duc de Clarence et le duc de Glocester, ne rougirent pas de tremper leurs mains dans le sang de cet enfant. Le jour même où Édouard entrait à Londres, on apprit que Henri VI venait de mourir dans la Tour. Des échafauds furent dressés pour verser le sang que la guerre civile avait épargné. A part son expédition en France, les dernières années d'Édouard n'offrent de mémorable que ses débauches et ses cruautés. Il alla jusqu'à ordonner la mort du duc de Clarence, son frère, qui demanda, pour toute grâce, à périr dans un tonneau de vin de Malvoisie. Il succomba lui-même épuisé de mollesse et de corruption (1483).

Édouard V et Richard III (1483). — Le jeune fils d'Édouard IV fut proclamé à l'unanimité sous le nom d'Édouard V. Son oncle Richard, duc de Glocester, affecta de lui témoigner le plus sincère attachement ; mais, en réalité, il n'avait pas d'autre désir que de lui ravir sa couronne. Dans ce but inique, il se fit d'abord nommer protecteur, jeta la division dans le conseil, et fit assassiner lord Hastings, l'ami dévoué d'Édouard. Il envoya ensuite dans l'asile sacré de Westminster une députation de lords, pour demander à la reine mère, qui s'y était retirée, son autre fils, le jeune Richard. Une fois maître de ces deux princes, il attaqua la légitimité du mariage de son frère avec Élisabeth, alléguant une union clandestine qu'il avait auparavant contractée avec Éléonore, veuve de lord Sudley. Il alla même jusqu'à compromettre l'honneur de sa vertueuse mère, encore vivante, en avançant que le roi Édouard IV et le duc de Clarence avaient été les fruits de l'adultère, et que lui seul était du vrai sang d'York. Le frère du lord-maire, le docteur Shaw, eut le courage de débiter en chaire cette révoltante calomnie. Il termina son discours en criant : *Vive le roi Richard!* mais le peuple, stupéfait à la vue d'un tel scandale, resta muet et consterné. Alors Buckingham, au nom des trois États, présenta une adresse à Richard pour l'engager à monter sur le trône. L'infâme protecteur simula d'abord un refus, et parut enfin se rendre à ce qu'il appelait les instances de la nation. Toute cette comédie fut terminée par une procession, qui le conduisit avec pompe à Saint-Paul, où il fut couronné (26 juin 1483).

Chute et mort de Richard (1485). — Après son élection, Richard fit étouffer ses deux neveux dans la Tour, où ils étaient renfermés, et prodigua ensuite des faveurs à ses nièces et à la reine mère. Pour faire oublier ses crimes, il amnistia tous ceux qui s'étaient opposés à ses injustices, multiplia les pensions et les dignités, et entreprit un voyage dans ses États, durant lequel il distribua généreusement des grâces. Pendant cette promenade politique, le duc de Buckingham, qui avait le plus contribué à sa fortune, tenta contre lui une révolte qui lui coûta la vie. Richard eût voulu aussi faire périr Henri de Richemond, le dernier rejeton de la branche de Lancastre, qui vivait retiré au fond de la Bretagne; mais c'était de là que devait venir sa perte. Appelé par les Gallois, auxquels il se rattachait du côté de son aïeul Owen Tudor, Henri n'eut besoin que de se montrer aux Anglais pour gagner leur confiance et leur affection. Richard parvint cependant à réunir une armée de 60,000 hommes; mais ces soldats sans dévouement l'abandonnèrent à la première rencontre qui eut lieu avec Henri près de Bosworth. Il se jeta alors en désespéré à travers les rangs ennemis et tomba percé de coups en criant : *Trahison! Trahison!* (22 août 1485).

Règne de Henri VII. Avénement des Tudors (1485-1499). — Les dernières convulsions de cette effroyable guerre des deux Roses ébranlèrent encore le trône de Henri VII pendant la première partie de son règne. Voulant mettre un terme à ces divisions il avait confondu ensemble les droits et les espérances des deux maisons en épousant Élisabeth d'York. Néanmoins les Yorkistes n'étaient pas encore satisfaits. Le bruit s'étant répandu que le fils du duc de Clarence, le jeune comte de Warwick, s'était échappé de la Tour, où il était détenu, un prêtre d'Oxford dressa le fils d'un boulanger appelé Lambert Simnel à jouer le rôle de ce prince. Cette imposture eut un plein succès en Irlande, en Angleterre elle fut appuyée par le comte de Lincoln et en France par la duchesse de Bourgogne. Alors le fils du boulanger tenta une invasion; mais ses troupes furent battues à Stoke, et Henri VII l'employa comme marmiton dans ses cuisines (1487).

Plus tard un autre imposteur, le fils d'un juif converti de Tournai, Perkins Warbeck, se fit passer pour Richard, frère d'Édouard V. Comme le précédent il fut accueilli en Irlande et en France; la duchesse de Bourgogne le reconnut après un examen solennel, Charles VIII le traita en roi, et Jacques III, en Écosse, lui donna la main d'une de ses parentes avec une armée pour dot. Perkins fit successivement des tentatives en Irlande, dans le nord de l'Angleterre et dans le comté de Cornouailles. Il fut enfin arrêté et écroué à la Tour avec le véritable comte de Warwick. Peu après il fut décapité pour avoir tenté son évasion et celle du prince (1499). L'apparition d'un nouvel imposteur, qui avait encore usurpé le nom de Warwick, servit de prétexte à Henri VII pour mettre à mort le dernier rejeton de la famille des Plantagenets, et toutes les révoltes furent éteintes dans son sang.

La royauté anglaise sous Henri VII (1499-1509). — Le reste du règne de Henri VII s'écoula dans la paix la plus profonde. La guerre des deux Roses, qui avait coûté la vie à plus de quatre-vingts princes et décimé la noblesse ancienne, contribua directement à l'accroissement de l'autorité royale. Les confiscations ayant ruiné la vieille aristocratie, Henri VII permit aux seigneurs, pour se délivrer de leurs dettes, d'aliéner leurs domaines, et cette loi, qui leur parut une grâce, accéléra rapidement leur ruine. A mesure que leur fortune diminuait, l'autorité qu'ils avaient sur leurs vassaux décroissait, de sorte que bientôt leurs *hommes* devinrent les *hommes* du roi. Henri régularisa l'administration de la justice et décida qu'elle serait rendue gratuitement aux pauvres. Il établit la *chambre étoilée* (1487) qui avait le droit de réviser les décisions des autres tribunaux. Il favorisa l'industrie et le commerce, et envoya dans les mers occidentales les navigateurs Jean et Sébastien Cabot, qui découvrirent Terre-Neuve. On peut le considérer comme le fondateur de la marine anglaise.

Malheureusement les grandes qualités de ce monarque disparaissaient devant son insatiable avarice. Il avait la passion des richesses à un tel point que, dans le seul but de remplir ses coffres d'or, il imaginait chaque jour de nouveaux expédients pour prélever sur son peuple de nouvelles taxes.

Statut de Poynings. — Sous le règne de ce prince, l'Irlande acheva de perdre sa nationalité. Il donna à son second fils Henri le titre de duc d'York avec le gouvernement de cette île. Comme ce prince n'avait que quatre ans, il lui substitua sir Édouard Poynings qui s'est rendu célèbre par le statut qui porte son nom. D'après ce statut, tous les actes du parlement anglais durent avoir force de loi en Irlande, et le parlement anglais ne pouvait s'assembler que sous le bon plaisir du roi d'Angleterre, et après lui avoir soumis les motifs de sa convocation. Ce statut mettait fin aux guerres privées entre les lords, réglait les impôts et renfermait plusieurs dispositions excellentes. Mais dans sa teneur générale, il n'en eut pas moins pour effet de ruiner la vie propre de l'Irlande, en la soumettant à l'Angleterre comme une province.

Mort de Henri VII. — Dans ses dernières années, Henri VII fut tout préoccupé du mariage de ses enfants. Il donna Marguerite sa fille aînée à Jacques IV roi d'Écosse, et c'est à cette alliance que les Stuarts firent remonter leurs droits au trône d'Angleterre. Son autre fille épousa le roi de France, Louis XII, puis quand elle fut devenue veuve de ce monarque, elle s'unit au duc de Suffolk et fut ainsi l'aïeule de l'infortunée Jeanne Gray. Son fils aîné le prince de Galles avait épousé Catherine d'Aragon, quatrième fille de Ferdinand et d'Isabelle, souverains de l'Espagne. Ce prince étant mort quatre mois après son mariage, son frère, qui se trouvait à son tour prince de Galles et qui devait succéder à Henri VII, sous le nom d'Henri VIII, épousa sa veuve, et nous le verrons alléguer cette parenté pour demander son divorce. Henri VII mourut au château de Richemond, à l'âge de cinquante-deux ans, le 22 avril 1509.

§ II. — *Tableau sommaire de la constitution anglaise.*

La grande Charte et les statuts d'Oxford. — Sous le roi Jean la grande charte a été obtenue en 1215 et a établi les droits des citoyens et fait respecter la liberté individuelle. Elle renfermait en germe la plupart des libertés nationales; ce fut une des grandes victoires de l'aristocratie anglaise sur la royauté.

Sous Henri III, les statuts d'Oxford publiés en 1258 établirent la périodicité du parlement qui devint un conseil national, ce qui a donné lieu à la chambre des lords. Ils confirmèrent la grande charte, et en 1264 Simon de Montfort compléta l'organisation du parlement en y appelant les chevaliers et les bourgeois députés des villes, ce qui constitua la charte des communes et jeta les bases du système représentatif en Angleterre.

Développement de la constitution anglaise sous Édouard Ier et Édouard II.—Édouard Ier était fortement convaincu qu'il n'y avait pas d'autre moyen pour assurer la tranquillité du royaume que d'y faire régner une exacte justice. Il s'appliqua donc à l'étude de la jurisprudence, et il y fit de si grands progrès qu'en peu de temps la législation anglaise parvint entre ses mains à une perfection remarquable. Il mérita d'être surnommé par ce motif le Justicier de l'Angleterre.

Un de ses actes mémorables fut le statut intitulé *Confirmation des Chartes*. Ce statut confirma d'une manière expresse la Grande Charte et tous les édits de liberté obtenus jusqu'à cette époque. Il ordonna en outre de les envoyer à tous les shérifs, juges ambulants et autres magistrats pour les publier dans toute l'étendue du royaume, d'en conserver copie dans les églises cathédrales pour les lire publiquement deux fois par an. Indépendamment de cette promulgation authentique, accordée à la Grande Charte, le *Statut de confirmation* renfermait de la part du roi l'engagement de ne prélever aucune espèce d'aides, tâches ou prises, qu'avec le consentement et dans l'intérêt de la nation. La Grande Charte avait garanti la liberté personnelle, le statut de confirmation garantit la liberté des propriétés privées.

Ce qui rend ce règne encore plus mémorable, c'est qu'il ajouta à la chambre des lords spirituels et temporels, c'est-à-dire des évêques et des barons, la représentation de la nation entière composée des députés des comtés, des villes et des bourgs.

Les villes et les bourgs ayant obtenu alors par l'industrie et le commerce une plus grande aisance matérielle, il fallut pour ce motif leur accorder une certaine aisance politique. Leurs députés formèrent avec ceux des comtés la chambre des communes. Ces deux chambres furent toujours distinctes dans ce sens que les députés des deux ordres ne votèrent jamais ensemble. Mais de fait elles ne furent séparées que sous Édouard III, où elles ne tinrent plus leurs séances dans la même salle.

Sous Édouard II les libertés publiques firent encore un nouveau pas. Dans la seconde année de ce faible règne les députés mirent des conditions à leur vote et stipulèrent qu'ils n'accorderaient l'impôt qu'à la condition qu'on ferait droit à leur griefs.

De l'absolutisme des Tudors. — La royauté avait cessé d'être absolue, mais elle le redevint à l'avénement des Tudors. Pendant la démence de Henri VI, il avait été établi que, lorsque le monarque était incapable de régner, c'était à la chambre des pairs à nommer les grands officiers de l'État et les membres du conseil et à gouverner par eux toute la nation. Les communes sous ce règne malheureux, continuèrent à voter les subsides, conservèrent leur droit d'intervention dans la rédaction des statuts et mirent en jugement les ministres dont le peuple était mécontent. Mais leur indépendance s'éteignit dans les horreurs de la guerre civile.

La noblesse avait péri en grande partie dans cette terrible lutte de la rose blanche contre la rose rouge. On compte 80 princes du sang qui succombèrent dans ces combats fratricides, et la noblesse décimée dans les batailles avait été dépouillée par la proscription. La royauté avait profité de toutes ces confiscations et Henri VII se trouvait en possession du cinquième du territoire qui était ainsi tombé aux mains de la royauté. Les parlements se laissant influencer perpétuellement par les partis tour à tour vaincus et victorieux avaient perdu tout leur crédit et n'étaient plus qu'un instrument dont le roi se servait pour faire sanctionner tous ses emprunts et toutes ses exactions arbitraires.

La guerre ayant fait beaucoup de vides dans ces assemblées, Henri VII en profita pour y faire entrer ses créatures les plus dévouées. Il retira à la noblesse le droit de *maintenances* qui permettait aux nobles d'avoir autour d'eux une armée de serviteurs dont ils se servaient pour troubler le pays et satisfaire leurs caprices au détriment de la justice. Il abolit aussi les *substitutions* en permettant à l'aristocratie féodale de vendre ses terres. Enfin il étendit la juridiction de sa *Chambre étoilée* qui en appelant à elle toutes les affaires importantes, rendit le roi maître absolu de toutes les décisions, parce qu'elle n'était composée que de ses agents qui étaient révocables à sa volonté. A la suite de toutes ces mesures, la royauté devint tellement absolue, que nous verrons sous les successeurs de Henri VII, la noblesse et le peuple sanctionner tous les caprices de ses souverains et changer de religion selon leur bon plaisir.

§ III. — *De l'Écosse depuis l'avénement des Stuarts jusqu'à la mort de Jacques IV (1370-1513)* (1).

État de l'Écosse. — Ce pays fut en proie pendant tout le moyen âge à une perpétuelle anarchie. On y distinguait trois sortes d'habitants : ceux des *basses terres* (lowlanders), au milieu desquels le roi résidait; ceux des *montagnes* (highlanders), qui occupaient les *hautes terres*; et ceux des *frontières* (borders), qui étaient limitrophes de l'Angleterre. Les montagnards ou *highlanders* parlaient le vieux gaëlique, la langue des Celtes, et ne reconnaissaient que de nom l'autorité du roi et la souveraineté des habitants des *basses terres*, qu'ils appelaient *Saxons*. Divisés en clans ou tribus, ils étaient tous dévoués à leurs chefs auxquels ils obéissaient aveuglément, soit durant la paix, soit durant la guerre. Chacune de ces tribus avait sa vallée ou son district séparé, qui portait le nom de l'aïeul dont elle se croyait originaire. La guerre civile était l'état le plus ordinaire de ces chefs de clans que le roi ne pouvait soumettre à ses lois. Les *borders* ou habitants des frontières, dont les mœurs étaient presque semblables à celles des highlanders, ne se soumettaient pas davantage à l'autorité royale. Les habitants des *basses terres* étaient plus civilisés, et cependant la puissance du roi était loin d'être libre de toute entrave. L'ancienne famille des Douglas, qui avait disputé le trône aux Stuarts, était restée puissante, et les princes du sang eux-mêmes formaient autour de la royauté un réseau qui gênait considérablement son action. Les Stuarts furent appelés à faire sortir l'ordre et l'unité de ce chaos; mais une succession non interrompue de six minorités (1437-1578) rendit cette œuvre lente et difficile.

(1) Le programme ne parle pas de l'Écosse pendant cette période, mais nous avons cru indispensable de réparer cette omission.

Des premiers Stuarts (1370-1405). — Après l'extinction de la maison de Robert Bruce dans la personne de David II (1370), les Écossais offrirent la couronne à Robert Stuart, son neveu du côté maternel (1). Le nom de Stuart fut conservé au nouveau roi et à ses descendants, parce que ses ancêtres avaient tous occupé la charge de sénéchal (*stewart*), depuis Walter Ier jusqu'à Walter IV, père de Robert II (1093-1370). Guillaume, comte de Douglas, entreprit de revendiquer la couronne en faveur de sa famille; mais la nation se prononça ouvertement pour Robert. Ce prince fut si aimé du peuple, qu'à sa mort on donna son nom à son fils aîné, qui s'appelait Jean (1390), et on le proclama roi sous le nom de Robert III. C'était commencer son règne sous d'heureux auspices. Pourtant Robert III fut dévoré par d'amers chagrins pendant tout le temps qu'il passa sur le trône. Égaré par les conseils perfides du duc d'Albany il fit arrêter le premier de ses fils, et l'enferma dans une prison où il mourut. Cette perte éveilla au fond de son âme des remords qui ne lui laissèrent plus aucun repos. Il résolut d'envoyer Jacques, son second fils, en France, pour prévenir les intrigues du duc d'Albany, qui l'avait si cruellement trompé. Pour surcroît de malheur, le jeune prince tomba entre les mains des Anglais, qui le firent prisonnier. Cette nouvelle jeta Robert dans une si grande douleur, qu'il en mourut (6 avril 1406).

Règne de Jacques Ier (1406-1437). — Jacques Ier resta encore dix-huit ans captif, avant de recueillir l'héritage que son père lui avait laissé. L'Écosse fut pendant tout ce temps plongée dans les horreurs de l'anarchie, qu'alimentait l'ambition des régents. Lorsqu'il eut recouvré sa liberté, il entreprit la tâche immense de corriger les abus qui s'étaient introduits dans le royaume. Faire cesser les brigandages, rétablir la tranquillité publique, relever l'autorité royale presque anéantie, humilier l'orgueil de la noblesse; tels furent ses grands desseins. Il s'y prit avec habileté. D'abord il gagna le peuple, fit agir le parlement, recouvra, au moyen de ses décrets, tous les domaines de la couronne qu'on avait

---

(1) Rois d'Écosse : *Dynastie des Stuarts* : Robert II (1370-1390), Robert III (1390-1406), Jacques Ier (1407-1437), Jacques II (1437-1460), Jacques III (1460-1488), Jacques IV (1488-1513).

aliénés pendant les derniers troubles, fit déclarer illégales les ligues des seigneurs, et ne craignit pas de mettre en jugement les plus puissants d'entre eux, afin de réprimer leurs mesures despotiques et arbitraires. Ces divers coups d'État alarmèrent les nobles, et Jacques Ier périt sous le fer d'un assassin qu'ils soudoyèrent (20 février 1437).

Sévérité de Jacques II (1437-1460). — Toutefois la pensée de Jacques Ier ne s'éteignit pas avec lui. Ceux qui furent désormais chargés des intérêts de la couronne travaillèrent activement à la ruine de la féodalité. Les tuteurs de Jacques II, Alexandre Livingston, et le chancelier du royaume, sir William Crischton, procédèrent par des moyens violents. Les Douglas ayant méconnu l'autorité du roi enfant, furent juridiquement assassinés (1440). Jacques II n'avait pas approuvé cette action infâme, on le vit verser au contraire des larmes sur la mort de ces seigneurs malheureux.

Quand il fut en âge de gouverner par lui-même, il eut pour cette famille les plus grands égards et lui réserva les premières charges. Il avait nommé le chef des Douglas, Guillaume VII, lieutenant général du royaume lorsque l'arrogance de cet homme indépendant et fier le fit repentir de sa générosité. Il le cassa brusquement de sa charge, et cette mesure provoqua une révolte. Avant tout événement, Jacques II attira Guillaume dans son palais, sous prétexte d'avoir avec lui une entrevue, et le poignarda de sa propre main (1453). Les Douglas coururent aux armes et se préparèrent à venger la mort de leur chef. Jacques II fut assez habile pour jeter la division au milieu de leur armée et s'assura ainsi la victoire (1456). La ruine de cette puissante maison lui donna assez d'ascendant sur les autres seigneurs pour accroître immensément son autorité. Il agrandit les domaines de la couronne, étendit la juridiction de ses tribunaux, révoqua toutes les fonctions héréditaires, et il eût consommé la ruine des institutions féodales, si une mort prématurée n'eût abrégé ses jours. Il fut tué au siége du château de Roxbourg par l'éclat d'un canon qui se brisa à côté de lui (3 août 1460). Ce siége était l'ouverture d'une expédition qu'il avait entreprise contre l'Angleterre pour secourir la maison de Lancastre.

Règne honteux de Jacques III (1460-1486). — L'Écosse fut encore obligée de supporter les agitations d'une minorité orageuse. Jacques III, qui gouverna ensuite, n'avait ni capacité ni adresse ; il voulut comme ses prédécesseurs abaisser les nobles ; mais il ne fit que les irriter sans les affaiblir. Il les bannit de sa cour et choisit pour ses conseillers et ses amis un architecte, un maçon, un musicien, un tailleur et un serrurier. Ses deux frères, le duc d'Albany et le comte de Mar, lui ayant fait des remontrances sur son étrange conduite, furent enfermés dans le château d'Édimbourg ; l'un fut étouffé dans un bain, mais l'autre parvint à s'échapper et s'enfuit en France (1479). Ces atrocités provoquèrent l'indignation générale, et les nobles se coalisèrent pour mettre un terme à cette administration désastreuse. Dans le premier mouvement de leur colère, ils mirent à mort les favoris du roi, et firent le roi lui-même prisonnier. Mais Jacques III ayant fait les plus belles promesses, ils le rétablirent sur le trône, à la condition qu'il laisserait l'administration du royaume entre les mains du duc d'Albany. Les liaisons du duc avec Richard de Glocester, qui était devenu roi d'Angleterre, l'ayant ensuite rendu suspect aux Écossais, il fut de nouveau obligé de s'exiler (1483). Alors Jacques III, livré à lui-même, reprit ses méprisables habitudes : il garda la solitude la plus profonde, s'environna d'hommes ignobles et incapables, et provoqua une seconde révolte, dont il fut victime. Ses troupes furent vaincues à Bannockburn, et il périt lui-même assassiné dans un moulin où il s'était réfugié après sa défaite (11 juin 1488).

Beau règne de Jacques IV (1488-1513). — Pour se faire pardonner cet infâme assassinat, la nation entière prodigua le respect et la soumission à son fils Jacques IV. De son côté, le jeune monarque témoigna au peuple la plus grande tendresse, aux nobles le plus sincère attachement. La réconciliation fut complète entre les divers ordres de l'État, et la paix fut universelle. Jacques IV ayant entrepris la guerre contre Henri VIII pour la défense des intérêts de Louis XII, son allié, on vit alors éclater la sincère affection qui l'unissait à ses sujets. S'étant imprudemment engagé dans une bataille décisive au bas de la colline de Flowden, l'armée entière se fit égorger pour lui (5 septembre 1513). Les Anglais trouvèrent étendus à côté de son corps deux évêques, deux abbés mitrés, douze comtes, treize lords, cinq fils aînés de pairs et un très-grand nombre de nobles (1513). Ces pertes énormes affaiblirent tellement la féodalité, qu'elle ne put jamais se relever.

Résumé de ce chapitre. — I. L'origine de la guerre des deux Roses fut la rivalité de la maison de Lancastre et de la maison d'York qui l'une et l'autre portaient une rose dans leurs armes; les Lancastriens une rose rouge, et les Yorkistes une rose blanche. La maison de Lancastre n'était arrivée au trône que par une usurpation Le duc d'York, Richard, voulut profiter de l'imbécillité de Henri VI pour ressaisir ses droits. Il se fit d'abord nommer lieutenant général du royaume (1454), et confirma ses prétentions par la victoire de Saint-Albans (1455). Marguerite d'Anjou se fit battre à Northampton (1460), et Richard fit déclarer que la couronne passerait dans la maison d'York après la mort de Henri VI. Marguerite protesta contre cet arrêt et gagna la bataille de Wakefield où périrent Richard et son jeune fils, le comte de Rutland (1460). Néanmoins le comte de Warwick soutint le parti des Yorkistes et fit couronner Édouard fils de Richard. Il triompha de Marguerite à Towton (1461) et anéantit ses espérances à Exham (1464). Mais Édouard IV ayant indisposé Warwick, son bienfaiteur, celui-ci passa du côté des Lancastriens et rétablit Henri VI, ce qui le fit appeler le faiseur de rois (1471). Mais le malheureux comte trouva la mort à la bataille de Barnet (1471), et Édouard IV victorieux remonta sur le trône et régna encore douze ans (1471-1483). Son fils lui succéda sous le nom d'Édouard V. Mais ce roi enfant ne tarda pas à être supplanté par son oncle le duc de Glocester qui ne conserva le trône que deux ans (1483-1485). Cette terrible guerre des deux Roses eut pour résultat l'anéantissement de la noblesse et des deux maisons rivales qui se disputaient le pouvoir. La couronne passa entre les mains d'une branche nouvelle, la maison Tudor, dont le premier représentant fut Henri VII (1485). Son règne se partagea en deux périodes d'un caractère très-différent; la première fut un temps de troubles pendant lequel il ne put s'occuper que d'affermir son pouvoir; dans la seconde il jouit d'une autorité absolue, et il put en user pour satisfaire son insatiable avarice.

II. Si nous jetons un coup d'œil sur la constitution anglaise, nous voyons qu'elle a été en progrès jusqu'au temps de Henri VI. La grande charte a jeté les fondements des libertés publiques sous le roi Jean. Le parlement a été organisé sous Henri III. Édouard Ier et Édouard II ont mis la dernière main au système représentatif. Les parlements ont eu une grande autorité sous Henri VI. Mais après la guerre des deux Roses avec les Tudors, la royauté devint absolue. Henri VII enlève à l'aristocratie tous ses priviléges et la volonté du roi va faire loi dans tout le royaume, même en matière religieuse.

III. L'Écosse après avoir été livrée à l'anarchie pendant tout le moyen âge arrive enfin sous le règne des Stuarts à un gouvernement régulier. Ici, comme dans les autres États de l'Europe, la royauté marche à l'absolutisme. Jacques Ier (1406-1437) travaille à faire cesser les abus et à rétablir la tranquillité publique, et pour y arriver il sent la nécessité de relever l'autorité royale et d'affaiblir la féodalité. Jacques II son fils (1437-1460) abat la maison des Douglas, agrandit les domaines de la couronne, révoque toutes les fonctions héréditaires et donne à ses tribunaux une juridiction plus étendue. La minorité de Jacques III retarda quelque temps les progrès de la royauté, et quand ce prince gouverna par lui-même il ne fit que des fautes qui compromirent tous ses desseins. Mais il n'en fut pas de même sous Jacques IV (1488-1513). Ce prince, aimé de la nation, entreprit la guerre contre l'Angleterre et toute la noblesse se fit exterminer à la malheureuse bataille de Flowden (1513). Cette défaite fut funeste à la féodalité en Écosse, comme les désastres de Crécy, de Poitiers et d'Azincourt l'avaient été à la France.

CHAPITRE XV.

FORMATION DU ROYAUME D'ESPAGNE. FERDINAND ET ISABELLE. PRISE DE GRENADE (1).

En Espagne et en Portugal, comme dans les autres pays de l'Europe, la féodalité expire et les pouvoirs se centralisent autour du trône. Toute la politique de Ferdinand et d'Isabelle en Espagne eut pour but d'établir dans leurs États l'unité religieuse et monarchique. Ils créèrent de nouvelles institutions au profit de cette double pensée et abolirent celles qui y faisaient obstacle. En Portugal, Jean II tira le peuple de la misère en protégeant le commerce et dépouilla la noblesse de ses privilèges. Pour retirer aux nobles le pouvoir judiciaire, il décida qu'à l'avenir un jugement quelconque ne pourrait être rendu que par ceux qui auraient étudié le droit. Les nobles furent dès lors obligés de déserter les tribunaux, et la justice se rendit partout au nom du roi.

§ Ier. — *Formation du royaume d'Espagne. Ferdinand et Isabelle. Prise de Grenade* (2).

De l'Espagne avant l'avénement de Ferdinand et d'Isabelle. De ses différents royaumes. Sur la fin du

(1) AUTEURS A CONSULTER : Mariana, *Histoire d'Espagne*; Heeren, *Manuel de l'histoire moderne*; Hallam, *l'Europe au moyen âge*, Ragon, *Abrégé de l'histoire générale des temps modernes*; Robertson, *Histoire de Charles-Quint*; Rosseeuw Saint-Hilaire, *Histoire d'Espagne*.
(2) ROIS D'ESPAGNE : Ferdinand II et Isabelle règnent ensemble sur l'Aragon et la Castille (1479-1504); Ferdinand II règne seul sur l'Aragon (1504-1516); il est régent de Castille pendant la minorité de Charles-Quint (1506-1516).

moyen âge, il y avait en Espagne, cinq royaumes ; quatre royaumes chrétiens : la Castille, l'Anjou, la Navarre et le Portugal et un royaume musulman le royaume de Grenade.

Des royaumes chrétiens, le plus faible était le royaume de Navarre. Il avait appartenu à la Maison d'Évreux dont l'un des descendants joua un si triste rôle dans les guerres civiles qui désolèrent la France. Il était ensuite passé à la maison d'Anjou (1425) et de celle-ci aux comtes de Foix. Mais resserré qu'il était entre la Castille et l'Aragon il n'avait jamais acquis d'importance.

Le Portugal, arrivé à ses limites actuelles avait appelé au trône, Jean Ier, le grand-maître de l'ordre d'Avis et se préparait, sous ce prince et ses successeurs Édouard et Alphonse V, aux découvertes maritimes qui devaient exercer une si grande influence sur le monde moderne.

L'Aragon n'avait cessé de s'agrandir. Jacques II avait fait la conquête de la Sardaigne (1323) et Pèdre IV avait ajouté à ses États : Majorque (1344), la Sardaigne et le Roussillon. Alphonse V s'était illustré par la conquête du royaume de Naples (1442) et il avait laissé à son frère, Jean II, qui régnait déjà sur la Navarre, la Sicile, la Sardaigne, les îles Baléares, et toutes ses possessions d'Espagne, et à Ferdinand, son fils naturel, le royaume de Naples. Jean II eut pour successeur, son fils, Ferdinand (1474) qui épousa Isabelle de Castille et devint ainsi maître de toute l'Espagne.

La Castille aurait depuis longtemps chassé de l'Espagne les Musulmans qui ne possédaient plus que le royaume de Grenade, si elle n'avait été perpétuellement en proie aux divisions. La branche bâtarde de Transtamare s'était substituée à la maison de Raymond de Bourgogne (1368). Elle n'avait eu que des rois enfants ou des rois faibles qui étaient le jouet de leurs favoris. Elle ne sort de cette effroyable anarchie que par le mariage d'Isabelle et de Ferdinand d'Aragon (1469), qui rend au pouvoir royal sa force et son unité.

De la population. — L'Espagne avait toujours été très-morcelée, et la nature de son sol avait été un obstacle à l'unité territoriale. Les grandes chaînes de montagnes qui la traversent, la découpent en une foule de petites contrées naturellement isolées, parce qu'elles ne peuvent que difficilement communiquer entre elles. Les invasions avaient encore ajouté à ces causes de division matérielle un principe de dissensions morales, et déposé dans la péninsule des individus de mœurs et de croyances opposées. Ainsi, à la fin du moyen âge, la population espagnole se composait de Maures, de Juifs et de Chrétiens. Les Maures n'habitaient pas seulement le royaume de Grenade, mais ils étaient très-nombreux dans les provinces conquises par les Castillans ou les Aragonais, et, en leur qualité de musulmans, ils avaient conservé pour leurs vainqueurs toute la haine que les disciples de Mahomet professaient pour les chrétiens. Les Juifs se livraient au commerce et à l'industrie, et remplissaient les villes. Les Chrétiens se sentaient, au milieu de ces étrangers, obligés d'avoir toujours la main sur leur épée pour protéger leurs personnes et leurs biens.

Des fueros. — Cet état de guerre ayant été permanent depuis l'invasion de la péninsule par les Arabes, les rois visigoths avaient toujours eu besoin de leurs sujets pour composer des armées prêtes à marcher contre l'ennemi. Ils n'avaient pas pu songer à les priver de leur indépendance. Aussi, bien avant l'affranchissement des communes de France les villes et les bourgs espagnols avaient leurs chartes ou *fueros*. Ces chartes furent d'abord des coutumes non écrites, qui tenaient lieu de code et de constitution aux villes où elles étaient en vigueur. Les premiers *fueros* écrits datent du dixième siècle et eurent pour auteur le roi de Castille, Sanche, que la libéralité de ses concessions a fait appeler le comte des *bons fueros*. Son exemple fut imité par les rois de Léon, de Navarre et d'Aragon, et toutes les villes municipales de l'Espagne se trouvèrent dotées d'une foule de franchises qui sauvegardaient leur indépendance. On se rapprocha dans ces *fueros*, le plus que l'on put du *fuero viejo* de Castille concédé par Sanche, de 995 à 1015, mais, tout en adoptant ce type, il s'introduisit, dans les *fueros* de chaque ville, une foule de prescriptions particulières qui produisirent en Espagne plus de variété que le droit coutumier n'en avait établi en France, avant l'établissement de l'unité de législation.

Des Cortès. — Indépendamment de ces franchises locales qui donnaient une sorte d'autonomie à chaque ville, il y avait encore dans les États chrétiens d'Espagne les *Cortès*. C'étaient des cours ou des assemblées politiques qui partageaient avec le roi le pouvoir législatif. Elles avaient succédé aux conciles de Tolède qui avaient contribué si efficacement à la civilisation des anciens Visigoths. Ces assemblées prirent le nom de *Cortès*, au douzième siècle, lorsque les députés furent appelés à y siéger avec les nobles et le clergé. C'est ce qui arriva en Aragon en 1130, en Castille en 1169, et dans le royaume de Léon en 1188. Ces assemblées étaient annuelles ou biennales, suivant les différentes contrées. Elles votaient l'impôt, faisaient les lois, et ne permettaient pas au roi de rien décider d'important sans leur sanction.

De la royauté. — La royauté n'avait ainsi qu'un pouvoir très-restreint. Les Cortès pouvaient recourir *au privilége d'union* dans les cas où elles n'étaient pas d'accord avec le roi; il en résultait alors une véritable insurrection légale, devant laquelle la royauté était obligée de céder. Ce droit de résistance a créé la fierté castillane, et l'obstination aragonaise qui sont devenues proverbiales. En Aragon, la formule du serment que l'on prêtait au roi avait même quelque chose d'arrogant : « Nous qui, séparément, sommes autant que vous, et qui, réunis, pouvons davantage, nous vous faisons notre roi, à condition que vous garderez nos priviléges, sinon, non. » Il y avait en Aragon un magistrat, la *Justiza*, nommé par les Cortès, qui était chargé de surveiller le roi et ses ministres. Il pouvait évoquer à son tribunal toutes les causes importantes qu'il jugeait en dernier ressort, et c'était à lui qu'il appartenait de prononcer entre le roi et la nation, toutes les fois qu'il s'agissait des libertés publiques. En Castille, indépendamment des Cortès et des fueros, l'autorité royale était restreinte par l'influence des ordres religieux et militaires de Santiago, de Calatrava et d'Alcantara qui avaient des possessions immenses et qui étaient très-populaires. La politique de Ferdinand et d'Isabelle eut pour but d'établir en Espagne l'unité de domination territoriale, et de retirer à la féodalité ses priviléges au profit de l'autorité royale.

Avénement d'Isabelle sur le trône de Castille (1468). — Jean II roi de Castille avait laissé à sa mort deux fils, Henri et Alphonse, et une fille, la célèbre Isabelle (1454). Henri succéda à son père, mais il déshonora son règne par les scandales les plus affreux. Ce prince, dont la faiblesse égalait l'immoralité, ne s'était entouré que d'hommes obscurs, au lieu d'appeler dans son conseil les prélats et les barons du royaume. L'indignation devint générale et une faction s'organisa pour proclamer roi de Castille et de Léon le frère du roi, le jeune Alphonse. Les rebelles se réunirent dans la plaine d'Avila, ils déclarèrent Henri IV déchu de la royauté à cause de ses crimes et proclamèrent à sa place Alphonse XII (1465).

Ce prince étant mort après la bataille indécise qui fut livrée à Médina del Campo, les rebelles élurent sa sœur Isabelle (1468). Mais cette femme de génie, ne voulant point arriver au pouvoir par une usurpation, se contenta de se faire reconnaître par le prince régnant lui-même pour l'héritière présomptive du royaume de Castille. Le faible Henri IV accorda tout ce qu'on voulut. Cependant Isabelle, dont la main était briguée par une foule de partis, s'étant mariée à Ferdinand, roi d'Aragon, Henri IV conçut à la suite de cette alliance des craintes jalouses et annula tout ce qu'il avait fait en faveur de cette princesse (1470). Il fit son héritière Jeanne, sa propre fille, ce qui, après sa mort, excita la guerre civile au sein de ses États (1474). Mais les défenseurs du parti de Jeanne furent vaincus à Toro (1476) et Isabelle fut alors reconnue par la nation entière.

Politique de Ferdinand et d'Isabelle. Réunion de la Castille et de l'Aragon. — Par le mariage de Ferdinand d'Aragon avec Isabelle de Castille, tous les royaumes chrétiens d'Espagne, à l'exception de la Navarre, se trouvèrent réunis sous le même sceptre. Ferdinand et Isabelle, doués l'un et l'autre d'un grand génie, se proposèrent d'arriver dans leurs États à l'unité religieuse et monarchique. Dans ce but, ils créèrent la sainte-hermandad qui devait élever l'autorité royale sur les débris de la féodalité; ils fondèrent l'inquisition, pour empêcher la division dans les croyances; ils confisquèrent à leur profit la puissance des ordres religieux, pour se rendre absolus; enfin ils parvinrent à l'unité territoriale en faisant la conquête du royaume de Grenade et de la Navarre.

De la sainte-hermandad. — On appela de ce nom une corporation que Ferdinand institua en Castille au commencement de son règne, pour mettre un terme aux guerres privées, et qui, bientôt, devint l'effroi des malfaiteurs. Le conseil de Castille la protégea; on lui donna des troupes, et elle poursuivit avec vigueur tous les crimes qui lui furent dénoncés. Comme les seigneurs abusaient souvent de leur autorité, Ferdinand se servit de la sainte-hermandad pour réprimer leurs excès, et malgré les révoltes que cette institution suscita, la volonté du roi l'emporta. On rasa les forteresses de ceux qui infestaient le pays par leurs brigandages, et après quelque temps le peuple se sentit avec bonheur délivré de l'oppression des nobles qui le tyrannisaient.

Suppression des ordres militaires (1488). — A côté de la noblesse s'était encore élevée en Espagne une autre grande puissance, redoutable au trône à cause de son indépendance; c'était celle des ordres militaires. Ils avaient rendu, pendant le moyen âge, de grands services au pays, et ces services avaient été rémunérés par des dons qui les avaient mis en possession de vastes domaines. A la fin du quinzième siècle, les musulmans étant épuisés, on n'avait plus besoin du bras des chevaliers pour les vaincre. Ferdinand désirait donc voir leurs biens rentrer dans les domaines de la couronne. Pour y parvenir, il s'insinua dans l'esprit des chevaliers de Saint-Jacques, et réussit à se faire choisir pour leur grand maître. Ceux de Calatrava et d'Alcantara ayant fait de même, Innocent VIII et Alexandre VI approuvèrent par des brefs cette confiscation des grandes maîtrises au profit de la royauté et la déclarèrent perpétuelle.

De l'Inquisition. — Lorsque Ferdinand et Isabelle eurent ainsi jeté les fondements de l'unité politique, ils comprirent qu'il ne pouvait y avoir de sécurité pour leur trône et de repos pour leurs peuples que dans l'unité de croyance. L'Espagne était dans ce moment sur le point de se diviser en un grand nombre de sectes et de religions. Les juifs, attirés dans la péninsule par les richesses des musulmans, s'étaient fixés dans ce pays et formaient une population de plus d'un million ; les Maures qui étaient aussi très-nombreux, occupaient presque toutes les provinces méridionales ; enfin l'hérésie menaçait de s'introduire parmi les catholiques. Si on eût laissé librement se développer tant de doctrines ennemies, il est certain que la guerre civile n'aurait pas tardé à éclater. Dans cette appréhension, Ferdinand et Isabelle demandèrent à Rome des inquisiteurs pour arrêter le progrès de toutes les doctrines hétérodoxes qui tendaient à faire invasion dans leur royaume. Par une bulle datée de 1478, le pape leur permit de choisir trois inquisiteurs dont les fonctions se bornaient à juger des croyances. Jamais les prêtres et les religieux qui firent partie de ce tribunal n'eurent d'autre mission que de prononcer sur l'orthodoxie des opinions qui leur étaient soumises. Le roi seul détermina les peines qu'encouraient les coupables, et chargea ses ministres de les appliquer, de sorte que la responsabilité de cette institution retombe entièrement sur l'autorité civile qui l'établit, la maintint et la régla. Elle fut en plein exercice en 1481.

Conquête du royaume de Grenade (1482-1492). — L'année suivante (1482), Ferdinand entreprit la soumission définitive des Maures qui ne possédaient plus en Espagne que le royaume de Grenade. Abou-Hacem, qui le gouvernait, en facilita la conquête par les guerres civiles que ses passions allumèrent. Il avait renvoyé Aja, sa femme légitime, pour épouser une chrétienne appelée Zoraya, et il avait manifesté l'intention de priver du trône le jeune Boabdil, son héritier légitime. Les Abencerrages prirent le parti du jeune prince, le menèrent à Guadix, et le proclamèrent sultan sous le nom d'Aboul-Abdallah. Le père et le fils se firent la guerre. Aboul-Hacem fut obligé de quitter Grenade et d'aller chercher un refuge près de Zagal son frère, qui était établi à Malaga. Il ne tarda pas à se brouiller encore avec ce prince, qui tenta de le faire prisonnier, et l'inimitié de ces trois monarques alluma le feu de la guerre civile sur tous les points du royaume de Grenade. Aboul-Hacem mourut de douleur au milieu de ces scènes de carnage (1485).

Ferdinand, profitant de ces troubles pour exécuter ses projets de conquête, mit le siége devant Malaga, s'en rendit maître (1487), et attaqua ensuite Guadix, Alméria et toutes les villes de l'est, afin d'isoler Grenade. Zagal défendit d'abord ces cités avec courage, lorsqu'un de ses parents, Cid Yahia, lui ayant fait entendre que la ruine de son royaume était écrite au ciel, il se rendit aux Espagnols. Ceux-ci, non-seulement lui firent un bienveillant accueil, mais ils le comblèrent de richesses qu'il put librement emporter sous le soleil ardent de l'Afrique.

Abdallah, resté seul dans Grenade, fut forcé par les Maures de se défendre vigoureusement. Ferdinand vint cerner la ville avec une armée de 50 000 hommes. Au lieu d'un siége, il fit un blocus, et son camp se changea en une ville qui porte aujourd'hui le nom de Santa-Fé. Les habitants, effrayés de sa constance et déjà pressés par la famine, se rendirent après plus de six mois de résistance (1492).

Expulsion des Juifs et des Maures (1492-1497). — Cette même année (1492), Ferdinand expulsa de tous ses États les juifs dont les exactions coupables et les rapines continuelles irritaient le peuple. Les Maures, après leur défaite, avaient espéré jouir du libre exercice de leur religion, mais Ferdinand pensant qu'il n'était pas prudent de laisser dans l'intérieur du royaume des hommes dont les principes religieux les portaient à la haine des chrétiens et du roi, prononça le bannissement contre ceux qui refuseraient d'embrasser sincèrement le christianisme. Cet édit sévère servit à établir en Espagne l'unité de religion, mais il affaiblit beaucoup la prospérité matérielle de la nation. L'industrie et les arts étaient très-florissants parmi les musulmans, et quand on les eut bannis le commerce en souffrit.

Mort d'Isabelle. Ferdinand règne seul (1504-1516). — Tout réussissait à Ferdinand et à Isabelle dans l'administration des affaires publiques, mais leur vie privée était remplie d'amertume et de chagrin. Isabelle avait perdu Jean son seul fils, qu'elle avait marié à une princesse d'Autriche, et sa fille aînée Isabelle, mariée à l'infant de Portugal, était restée veuve au bout de quelques mois. Il lui restait trois filles, dont l'une fut la célèbre Catherine d'Aragon qui épousa en secondes noces Henri VIII. La malheureuse reine eut encore la douleur de voir devenir folle son autre fille Jeanne, qui avait été mariée à l'archiduc d'Autriche, Philippe le

Beau, fils de l'empereur Maximilien (1496). Isabelle mourut de douleur, en 1504, après avoir déclaré Jeanne la Folle héritière de ses États de Castille, mais en donnant à Ferdinand la tutelle de ce royaume jusqu'à la majorité de don Carlos, son petit-fils. L'archiduc disputa un instant la régence à son beau-père, mais il mécontenta tellement les Castillans qu'ils se réjouirent de sa mort, qui arriva six mois après son entrée en Castille (1506).

Alors ils appelèrent Ferdinand, et celui-ci gouverna le royaume au nom du fils de Jeanne et de Philippe, don Carlos, qui devait être l'immortel Charles-Quint. Malgré son habileté, le roi d'Aragon eût échoué, si Ximénès ne l'eût aidé de ses conseils. Cet homme extraordinaire, qui s'était élevé de son obscure cellule à la première dignité de l'Espagne, sans autre recommandation que son génie et sa vertu, sut partout maintenir la paix. Il offrit à Ferdinand d'aller combattre les musulmans en Afrique, fit la conquête d'Oran (1509), réduisit Bougie et d'autres places, et força les gouverneurs d'Alger, de Tunis et de Tripoli à se reconnaître vassaux de la Castille (1510). Cette conquête était glorieuse et pure, mais celles qu'entreprit ensuite Ferdinand, de son seul gré, le furent moins. Il s'empara perfidement de la Navarre (1512), et se conduisit avec peu de loyauté dans les guerres d'Italie. Il eût voulu léguer toutes ses couronnes à un de ses enfants, et, dans l'espoir d'avoir un fils, il s'était marié avec Germaine de Foix, nièce de Louis XII; mais le ciel n'exauça pas ses vœux; sur son lit de mort, il fut obligé de céder ses États à son petit-fils Charles-Quint (1516).

§ 2. — *Du Portugal* (1).

Maison d'Avis. Jean Ier. Alphonse V (1385). — Le royaume de Portugal avait été fondé par un prince français issu de la branche capétienne de Bourgogne. Mais cette dynastie fut remplacée par une branche bâtarde,

---

(1) Rois de Portugal : *Maison d'Avis* : Jean Ier (1383-1433), Édouard (1433-1438), Alphonse V (1438-1481), Jean II (1481-1495), Emmanuel le Grand ou le Fortuné (1495-1521).

la maison d'Avis, qui parut avec éclat dans la dernière période du moyen âge. Jean I*er*, qui en fut le premier roi, avait battu dans la glorieuse journée d'Aljuberrotta le roi de Castille son compétiteur (1383), et s'était montré favorable aux libertés publiques. Les grands profitèrent de la minorité de son petit-fils Alphonse V. Mais quand ce prince put régner par lui-même, deux idées principales le préoccupèrent. Il essaya de faire des conquêtes en Afrique, et tenta d'unir la couronne de Castille à celle qu'il portait déjà. Il ouvrit la guerre contre les Maures, en s'emparant d'Alcaçar-Sequer (1458). Son ambition qui était loin d'être satisfaite, le porta ensuite à attaquer l'importante ville de Tanger, qui passait pour une des positions les plus fortes du roi de Fez. La première expédition qu'il fit contre cette ville fut sans succès (1465). Mais il revint quelques années après avec une armée plus puissante, s'en rendit maître ainsi que d'Arzilla, et mérita le glorieux surnom d'Africain (1471).

Ses exploits en Castille (1474-1476). — Ce fut peu de temps après ce brillant succès qu'il convoita la Castille. A la mort de Henri IV, le marquis de Villena et plusieurs seigneurs puissants lui avaient offert cette couronne avec la main de dona Jeanne, qui en était proclamée héritière, au détriment d'Isabelle. Il l'accepta, et après avoir conclu une ligue avec Louis XI, il entreprit de soumettre par les armes son nouveau royaume (1475). Zamora et plusieurs autres villes importantes lui ouvrirent leurs portes. Ayant rencontré Ferdinand, l'époux d'Isabelle, en longeant le Douro, il le contraignit à battre en retraite sur Médina-del-Campo. Alors Isabelle reprocha vivement à son époux sa lâcheté, ranima les Castillans, et les porta à se déclarer en masse contre Alphonse V. Une bataille décisive se livra près de Toro, où ce prince fut complétement défait (1476).

Fautes d'Alphonse V (1476-1481). — Le tort d'Alphonse V fut d'avoir cru alors à la loyauté de Louis XI auquel, après ces revers, il alla demander du secours contre Ferdinand. Louis l'accueillit magnifiquement à Tours, et lui prodigua les plus belles promesses. Alphonse étant allé ensuite solliciter l'appui du duc de Bourgogne, Charles le Téméraire, qui campait sous les murs de Nancy, celui-ci se rit de la simplicité du Portugais qui s'était laissé prendre aux flatteuses paroles de Louis XI, et lui prédit que le roi de France n'en conserverait pas le moindre souvenir. L'événement vérifia cette triste prophétie, Alphonse fut délaissé, et dans son dépit il rêva la fondation d'un royaume à Jérusalem.

Cette idée chevaleresque le fit renoncer à sa couronne en faveur de Jean son fils. Mais il ne tarda pas à reconnaître ses illusions. Il revint en Portugal (1478), n'étant plus que le sujet de son fils et mendiant sa protection. Plein de grandeur d'âme, Jean remit le sceptre entre les mains de son père et refusa de régner tant que celui-ci vivrait. Les dernières années d'Alphonse ne servirent qu'à le rendre méprisable. Il conclut un traité avec la Castille par lequel il sacrifia indignement tous les intérêts de son pays (1479), et ses sujets, qui avaient été si heureux sous l'administration de Jean II son fils, détestèrent son gouvernement faible, maladroit et souvent injuste. Il mourut en 1481, trois ans après son retour de France en Portugal.

Glorieux règne de Jean II (1481-1495). — Les grands, auxquels Alphonse V avait fait d'immenses concessions, pleurèrent la mort de ce monarque, mais le peuple, qui avait eu beaucoup à souffrir de ses exactions, ne put contenir sa joie. Il s'attacha à Jean II et le surnomma *le Parfait* à cause de son irréprochable équité, mais les nobles lui furent beaucoup moins dévoués. Ce prince se montra en effet, dès le commencement de son règne, l'ennemi des priviléges, et ce fut lui qui porta en Portugal le dernier coup à la féodalité. Ses talents pour l'administration avaient brillé dans les années où son père lui avait laissé la régence, pendant qu'il s'occupait de la guerre en Castille et de ses négociations en France. Il avait remarqué avec plaisir que l'industrie et le commerce avaient répandu une sorte d'opulence dans certaines classes du peuple. Il résolut de se faire un appui de ces riches propriétaires contre la noblesse, qui ne cessait d'entraver l'action de la royauté. Dans la diète de Montemayor (1482), il prit des mesures plus hardies que prudentes, en retirant aux grands les concessions que leur avait faites son prédécesseur et en s'emparant de l'autorité judiciaire, par un décret qui donna aux juges royaux le droit d'exercer la justice dans les États des seigneurs, et qui déclara incapable des fonctions judiciaires quiconque n'aurait pas fait ses études de droit.

Révolte de la noblesse. — Ces lois mécontentèrent les nobles. Le duc de Bragance, beau-frère de la reine, s'étant mis à la tête des mécontents, Jean II le fit arrêter, et le tribunal d'Évora le condamna à la peine capitale (1483). Cette sévérité du monarque excita un nouveau complot. L'intention des conspirateurs était d'ôter la vie au roi et de mettre sur le trône, son cousin germain, Jacques, duc de Viseu. Mais Jean II l'ayant appris le poignarda de sa propre main, et intimida toute la noblesse, qui se soumit à ses ordres. C'est après avoir ainsi fondé son autorité qu'il agrandit son royaume en favorisant les entreprises de ses navigateurs, qui doublèrent le cap de Bonne-Espérance et s'établirent dans les Indes. Le regret d'avoir repoussé Colomb et le dépit que lui causèrent les succès de l'Espagne empoisonnèrent toutes les jouissances de son âme ambitieuse. Une mort prématurée l'enleva dans sa quarantième année, le 25 octobre 1495.

Emmanuel (1495-1527). — Jean II avait eu le désir de laisser sa couronne à Georges, son fils naturel, mais la crainte d'allumer la guerre civile lui fit désigner pour son successeur son cousin Emmanuel, frère du duc de Viseu qu'il avait assassiné. Le règne d'Emmanuel fut l'âge d'or du Portugal. Habile administrateur, il fit respecter les lois et maintint la noblesse dans le devoir ; ami de la religion et des lettres, il s'occupa de propager le christianisme et les lumières de la vraie civilisation en Afrique et dans les Indes, et essaya de détourner l'électeur de Saxe des erreurs de Luther. On ne lui reproche que l'excessive sévérité dont s'arma son zèle contre les juifs qui refusaient de se convertir. Jamais il ne parut à la tête de ses armées, mais il eut le bonheur de voir son règne illustré par les brillantes découvertes de ses sujets et par leurs conquêtes dans les Indes.

RÉSUMÉ DE CE CHAPITRE. — L'Espagne avait toujours été divisée. Il y avait encore sur la fin du moyen âge cinq États dans la péninsule, quatre royaumes chrétiens, la Castille, la Navarre, l'Aragon et le Portugal, et un royaume musulman, celui de Grenade. Les fueros et les Cortès avaient restreint considérablement le pouvoir royal et multiplié à l'intérieur ces villes et ces provinces indépendantes qui résistaient à l'unité politique et territoriale.

I. Ferdinand et Isabelle furent les deux grands monarques qui formèrent l'Espagne en substituant à ses divisions l'unité religieuse et politique. Isabelle fut appelée à régner sur la Castille (1468). Elle s'unit à Ferdinand roi d'Aragon, et ces deux royaumes se trouvèrent sous la même puissance. Pour rendre leur autorité absolue, ils attaquèrent la féodalité par la création de la Ste-hermandad et la suppression des ordres militaires, et maintinrent l'unité religieuse comme garantie de l'unité politique au moyen de l'inquisition. Ils firent ensuite la conquête de Grenade (1492) et expulsèrent de leurs États les juifs et les Maures. Isabelle étant morte (1504), Ferdinand gouverna la Castille au nom de Charles-Quint qui était encore enfant. Le génie de Ximénès lui fit faire de magnifiques conquêtes en Afrique. Les gouverneurs d'Alger, de Tunis et de Tripoli se reconnurent ses vassaux (1510), il s'empara perfidement de la Navarre (1512) et prit une grande part aux guerres d'Italie qui le rendirent maître du royaume de Naples et d'une partie de la Lombardie.

II. Dans le Portugal, la maison d'Avis avait remplacé la maison de Bourgogne. Alphonse V, qui règne dans ce pays au commencement de l'âge moderne (1438-1481), s'illustre par ses conquêtes sur les Maures qui lui valent le surnom d'Africain (1471). Il essaya même de s'emparer de la Castille, mais une défaite qu'il essuya près de Toro l'obligea d'abandonner son projet (1476). Il eut ensuite la faiblesse de renoncer à sa couronne en faveur de son fils et de regretter son abdication, ce qui lui fit jouer un triste rôle dans les dernières années de sa vie. Son fils Jean II (1481-1495) fut très-aimé du peuple, et s'appuya sur sa popularité pour attaquer la noblesse et lui enlever ses priviléges. C'est sous ce règne que commencent les magnifiques découvertes des Portugais. Il eut pour successeur son cousin Emmanuel dont le règne (1495-1521) est considéré avec raison comme l'âge d'or du Portugal.

CHAPITRE XVI.

DÉCOUVERTES DES ESPAGNOLS ET DES PORTUGAIS (1).

Les découvertes des Espagnols et des Portugais eurent sur le monde moderne une influence immense. En trouvant une nouvelle route pour arriver aux Indes, les Portugais changèrent absolument la nature des relations commerciales. Ils rendirent le négoce plus actif, et les richesses qu'ils amassèrent, excitèrent la cupidité des

---

(1) AUTEURS A CONSULTER : Robertson, *Histoire d'Amérique*; de Humboldt, *Vues des Cordillières et monumens des peuples indigènes de l'Amérique*; Th. Burette, *Cah. d'histoire moderne*; Chardin, *Histoire des établissements européens aux Indes occidentales*; Bouchot, *Histoire du Portugal*.

autres nations, qui se jetèrent avec ardeur dans la même voie. Les mines de l'Amérique versèrent l'or avec tant de profusion dans l'ancien continent, qu'elles influèrent beaucoup sur le caractère de l'âge moderne, en faisant de l'argent le mobile de toutes les entreprises, la mesure de tous les dévouements et l'objet de toutes les pensées. La monarchie espagnole dut aux richesses qui lui venaient de ses colonies la prépondérance qu'elle exerça politiquement en Europe pendant toute cette époque.

§ Ier. — *De l'empire colonial des Espagnols. Christophe Colomb.*

Christophe Colomb (1441-1492). — Le règne de Ferdinand et d'Isabelle, déjà si remarquable par les grands événements qui l'illustrèrent à l'intérieur de l'Espagne, ne le fut pas moins par les découvertes qui leur donnèrent des possessions immenses dans un monde inconnu. En 1441 naquit à Gênes l'enfant qui devait révéler à l'Europe ce nouveau monde. Il s'appela Christophe Colomb. Dès sa plus tendre jeunesse, il s'élança avec ardeur dans la carrière qui devait l'immortaliser. Il quitta sa patrie pour se fixer à Lisbonne, sous le règne brillant de Jean II. Ses rares dispositions pour la marine lui méritèrent la main de la fille de Barthélemy Perestrello, l'un des navigateurs les plus célèbres. En travaillant sur les plans et les dessins de son père, il soupçonna que la terre n'était pas entièrement connue. Il se disait que ce qu'on en connaissait ne comprenait qu'un hémisphère du globe, et qu'il n'était pas possible que l'autre fût uniquement couvert d'eau. Ces conjectures et d'autres données encore l'amenèrent à conclure la possibilité d'une route qui se dirigerait par l'ouest jusqu'aux Indes. Il espérait que cette route serait plus courte et plus facile que celle qui préoccupait les Portugais, et ce fut en se mettant à la poursuite de cette chimère qu'il rencontra l'Amérique. Il fit d'abord à sa patrie communication de son projet, et lui offrit de l'exploiter à son profit. Les Génois le traitèrent de visionnaire. Il ne fut pas mieux reçu en Portugal, en France et en Angleterre. Enfin un religieux, le P. Juan Perez, intéressa Isabelle à son entreprise.

Voyage de Colomb. Découverte de l'Amérique (1492-1493). — Ferdinand et Isabelle se trouvaient encore au milieu des réjouissances et des fêtes qui furent données à l'occasion de la prise de Grenade, lorsqu'ils accordèrent à Colomb une flottille ; ils lui conférèrent le titre de grand amiral dans toutes les mers, îles et continents qu'il allait découvrir, et s'engagèrent à rendre cette dignité héréditaire dans sa famille s'il réussissait. Le courageux Génois n'avait que trois petits vaisseaux montés par un équipage de 90 à 120 hommes. Il mit sous la protection du ciel son expédition pleine de périls et de hasards, communia avec toute sa suite des mains du P. Perez, et s'embarqua le 3 août 1492 à Palos dans l'Andalousie. L'équipage ne tarda pas à ressentir de grandes craintes. Quand on fut arrivé à la hauteur des vents alizés, les matelots, voyant leurs vaisseaux emportés vers l'ouest avec la rapidité d'une flèche, désespérèrent de rentrer dans leur patrie ; ils murmuraient et manifestaient même des intentions de révolte. Colomb sut les maintenir par la fermeté de ses discours et l'énergie de son courage. Il tirait parti de tout ce qui se présentait pour ranimer l'espérance de ses compagnons. L'équipage tressaillit un jour à la vue de quelques oiseaux ; malheureusement on reconnut bientôt qu'ils étaient de ceux qui s'éloignent de terre à de grandes distances. On trouva ensuite des herbages qui firent croire à la proximité de quelques terres ; plus loin le vent apporta un parfum de fleurs qui semblait annoncer une île peu éloignée. Néanmoins les compagnons de Colomb menaçaient de le jeter à la mer, et sollicitaient à grands cris le retour. Il leur demanda encore trois jours, s'offrant à se livrer entre leurs mains, si dans ce délai aucune terre n'avait été découverte. Enfin, le 11 octobre, un cri *Terre ! terre !* s'élevant du vaisseau qui était le plus en avant, combla de joie l'équipage entier. Tous fondaient en larmes en s'embrassant ; on accabla Colomb d'éloges, et on se félicita d'avoir su persévérer. Le 12 on débarqua sur le rivage qu'on avait aperçu. C'était une île que les indigènes appelaient *Guanahani*, et que Colomb appela San-Salvador (*Saint-Sauveur*), pour perpétuer le souvenir de son glorieux triomphe. Les habitants des îles voisines se nommaient Lucayes, et on laissa ce nom à tout ce groupe d'îles. Colomb découvrit encore Haïti ou Saint-Domingue, et s'en retourna ensuite annoncer à l'Espagne ses grandes découvertes.

Retour glorieux de Colomb (1493-1495). — Un des navigateurs qui s'étaient associés à Colomb, le perfide Pinzon, avait entrepris de lui dérober la gloire de ce grand succès, en essayant de l'annoncer le premier à l'Europe. Mais Colomb l'atteignit, lui pardonna sa faute et poursuivit sa route. On avait fait plus de 500 lieues de navigation très-heureuse, quand le 15 janvier une horrible tempête s'éleva. Colomb, effrayé, crut pour un moment n'avoir pas le bonheur de jouir de sa gloire, en annonçant aux Européens sa découverte. Dans cette extrémité, il écrivit une relation de son voyage sur un parchemin, qu'il enveloppa de toile cirée et renferma dans une tonne. Il confia le tout aux flots, dans l'espoir que les vagues pousseraient peut-être sur quelques rives habitées ce précieux message. Mais le calme se fit sur le soir, et le 15 mars 1493 il abordait à l'embouchure du Tage. Il alla visiter le roi de Portugal, lui fit part de ses succès, et partout il fut reçu avec enthousiasme. Dix jours après, son vaisseau rentrait dans le port de Palos. Il y débarqua, traversa toute l'Espagne dans l'ivresse du triomphe, et se présenta devant Ferdinand et Isabelle qui le comblèrent d'honneurs. On lui donna alors 17 vaisseaux, pour qu'il pût étendre ses découvertes et affermir ses conquêtes.

Malheurs de Colomb (1495-1498). — Dans son second voyage, il se dirigea plus au sud que la première fois, aborda aux îles Caraïbes ou Petites-Antilles. Il descendit ensuite sur Haïti pour visiter les Espagnols qu'il avait laissés et examiner leurs travaux. Il trouva tout dans le plus complet désordre. Ces malheureux avaient abusé des indigènes, et ceux-ci s'étaient révoltés. Colomb entreprit de remédier aux abus, et mécontenta quelques-uns de ses concitoyens. Il y en eut qui furent assez lâches pour aller en Espagne l'accuser près de Ferdinand et Isabelle. Quand le brave Génois connut les soupçons qui planaient sur lui, il revint pour se justifier lui-même. Sa seule présence frappa tellement les esprits de la grandeur de son nom, qu'on rougit d'avoir ajouté foi aux délations de ses ennemis.

Dans un troisième voyage, il aborda à l'embouchure de l'Orénoque, longea les côtes, et acquit la certitude de l'existence d'un nouveau continent. François de Bovadilla envoyé à Saint-Domingue par le gouverneur Espagnol pour examiner la conduite de Colomb, le fit charger de chaînes, s'empara de sa dignité et le renvoya en Europe. Toute l'Espagne se souleva contre une pareille injustice, et les chaînes de Colomb tombèrent devant le cri de la conscience publique. Il fit un quatrième voyage dans lequel il découvrit encore la Martinique et la Jamaïque (1503). De retour en Espagne, le 9 novembre 1504, il trouva la reine Isabelle sur son lit de mort. Ferdinand refusa toujours de lui accorder ce qu'il lui avait promis, et ce grand homme mourut de chagrin et de misère à Valladolid le 20 mai 1506. Son tombeau fut placé dans la cathédrale de Séville.

Misère des Indiens. — Tant qu'Isabelle vécut, elle s'efforça de maintenir les Espagnols dans les limites de leurs devoirs, en leur faisant respecter, au nom de la nature et de l'humanité, tous les droits des indigènes. Mais après sa mort les aventuriers qui ne s'étaient livrés au hasard des mers que pour faire fortune, n'écoutèrent plus que la soif insatiable qu'ils avaient des richesses. Ils se partagèrent les pays découverts, s'en distribuèrent les habitants, sous le nom de *repartimientos*, et les condamnèrent au travail comme des esclaves. Ils les employaient surtout à l'exploitation des mines d'or qui excitaient leur cupidité. Ces cruautés touchèrent le cœur de tous les hommes vertueux qui en furent témoins. Les disciples de saint Dominique, qui avaient pénétré dans ces obscures contrées pour y répandre la lumière de la foi, prirent courageusement la défense de ces malheureux. Rome, instruite de ces révoltantes atrocités, blâma les Espagnols, et leur rappela, dans un avertissement plein de tendresse, que les Indiens avaient tous été rachetés par le sang de Jésus-Christ, et qu'ils méritaient à ce titre les mêmes égards et les mêmes respects que les autres hommes. Mais ces paroles touchantes du chef des fidèles, jointes aux protestations des missionnaires catholiques, ne purent rien sur ces hommes avides et sanguinaires qui ne connaissaient que la passion de l'or. Barthélemy las Casas s'immortalisa noblement en défendant la cause de l'humanité outragée par les traitements barbares qu'on infligeait aux Indiens. Il eut le courage de venir lui-même en Espagne réclamer de Ferdinand et de Charles-Quint leur liberté. Comme on lui objectait qu'il était impossible de les civiliser, il se mit à l'œuvre pour répondre par des faits à cette opinion extravagante. Mais la mauvaise foi fit échouer toutes ses entreprises, et, après avoir éprouvé une longue suite de désastres et de revers, il s'enferma dans un monastère de dominicains, à Saint-Domingue, pour y prendre l'habit de cet ordre (1517), et travailler ensuite comme missionnaire à la conversion de ceux qu'il avait si énergiquement protégés.

Conquête du Mexique (1518-1521). — Après la mort de Christophe Colomb, les Espagnols continuèrent leurs découvertes. Juan Diaz de Solis découvrit la province d'Yucatan et Sébastien de Ocampo tourna Cuba (1508), Juan Ponce de Léon aborda dans la Floride (1512) et Balboa découvrit la mer du Sud qui devait conduire les Espagnols au Pérou (1513). Fernand Cortès entreprit ensuite la conquête du Mexique. C'était une expédition audacieuse. Les premiers Espagnols qui abordèrent cette contrée, sous la conduite de Grijalva leur chef, y avaient trouvé une civilisation avancée et des hommes capables de défendre leur liberté. N'osant attaquer une telle nation, ils s'en étaient retournés à Cuba, instruire Vélasquez, qui en était gouverneur, de tout ce qu'ils avaient vu. La passion de l'or ferma les yeux sur les difficultés de l'entreprise, et on se hâta d'en faire les préparatifs. Vélasquez choisit pour commander cette expédition, Fernand Cortès, qui s'était distingué, en maintes circonstances, par son courage et son habileté. Il ne tarda pas à s'en repentir. Il essaya même de lui retirer sa commission quelque temps après la lui avoir envoyée, mais Cortès fut assez adroit pour déconcerter tous ses desseins. Il partit de Cuba seulement avec onze vaisseaux, montés par six cent dix-sept hommes, y compris les matelots et les soldats (1519). Quand il eut pris terre dans l'empire du Mexique, à la vue des difficultés graves qui se présentèrent, les secrets partisans de Vélasquez se soulevèrent pour l'obliger à s'en retourner. Dans cet instant pénible, qui allait être décisif, Cortès parut être de leur avis, et donna aussitôt des ordres pour la retraite. A cette nouvelle, un bon nombre des aventuriers qui l'avaient suivi pour faire fortune à tout prix, réclamèrent contre une pareille mesure. Cortès les échauffa encore au moyen de ses émissaires, et quand tous furent unanimes pour demander la continuation de l'entreprise, il applaudit à leur dessein, fit renouveler ses pouvoirs, et poursuivit son but avec une activité nouvelle.

Il avait appris que le pays était divisé, et que toutes les populations étaient ouvertement ennemies du grand empereur du Mexique, Montézuma. En politique habile, il profita de ces dissensions pour renverser l'empire lui-même. D'abord il mit dans son alliance les Zempoallans, gagna l'amitié des Tlascalans et s'attacha les uns et les autres, en leur promettant de servir leurs ressentiments contre Montézuma, qu'ils appelaient leur tyran. Il traversa encore quelque peuplades, et arriva enfin à Mexico. Montézuma et tout son peuple, qui voyaient dans les Espagnols autant de divinités, n'osèrent même pas songer à une résistance. Ce monarque vint à leur rencontre avec plus d'un millier d'Indiens des premières familles, parés de plumes et vêtus d'étoffes de coton très-belles. Il reconnut Cortès pour son maître, en touchant la terre avec sa main pour la baiser ensuite, selon l'usage du pays, et fit ensuite réserver aux Espagnols un quartier tout entier dans sa grande cité.

Cependant, malgré tant de démonstrations flatteuses d'amitié, Cortès n'était pas tranquille, il craignait qu'on ne le fît prisonnier avec toute sa suite. Pour se mettre à l'abri de ce danger, il conçut le plus hardi des projets, ce fut de faire Montézuma lui-même captif et de gouverner l'empire en son nom. En présence de la multitude, en plein jour, il exécuta ce barbare attentat, et les Indiens en furent si effrayés qu'aucun d'eux n'osa prendre la défense de son souverain. Alors Cortès se trouva maître de toutes les provinces. Il les fit parcourir par ses soldats et s'assura de leur fertilité, ainsi que des mines d'or qu'elles renfermaient.

Un instant la jalousie de Vélasquez faillit compromettre sa brillante conquête. Redoutant la gloire de Cortès, cet homme envieux et bas avait envoyé contre lui une flotte sous les ordres de Narvaës (1520). Quand Cortès apprit cette fâcheuse nouvelle, il délibéra quelque temps sur le parti qu'il avait à prendre. Enfin il résolut de corrompre les soldats de Narvaës, et, quand il put compter sur une trahison, il attaqua son rival. De cette manière la victoire ne put rester longtemps incertaine. Narvaës fut défait, et ceux de ses guerriers qui survécurent à sa ruine grossirent les forces de Cortès (1520).

Il avait bien besoin de ce secours, car, les Mexicains s'étant révoltés, il fut obligé de quitter Mexico et de battre en retraite. Les rebelles étaient si furieux qu'ils tuèrent de leurs propres mains Montézuma qui les exhortait à la paix. Privé de cet appui, Fernand Cortès était perdu, s'il n'eût reçu en ce moment des renforts qui lui permirent de reprendre l'offensive. Il marcha de nouveau contre Mexico, en forma le siège et s'en empara (1521). Alors toutes les provinces se soumirent.

Malheurs de Cortès (1525-1547). — Cortès, malgré les réclamations de Vélasquez et de tous ses ennemis, fut nommé capitaine général et gouverneur de cette Nouvelle-Espagne qu'il venait de conquérir (1522). Pour prévenir une nouvelle révolte, il fit peser sur les Mexicains un joug qui leur ravissait toute liberté. Fixé à Mexico, il fit reconstruire la ville d'après la forme des cités espagnoles, et entreprit de soumettre le pays à un système nouveau d'administration, mais il fut bientôt accusé près de Charles-Quint (1525). Comme Colomb, il alla en Espagne se justifier lui-même, et, comme lui, il fit taire ses accusateurs par sa seule présence. Cependant il ne rapporta à Mexico qu'une autorité affaiblie, qui le mit en butte aux nombreuses tracasseries que lui suscitèrent ses ennemis. Il essaya de se distraire de ses dégoûts et de ses ennuis en se jetant dans de nouvelles entreprises. Il découvrit la Californie, et revint en Espagne pour y tenter de nouveau sa justification. Charles-Quint n'ayant pas même daigné lui accorder audience, un jour il fendit la presse qui entourait le coche de l'empereur, et monta sur l'étrier de la portière. Charles demanda quel était cet homme : « C'est, répondit Cortès, celui qui vous a donné plus d'États que vos pères ne vous ont laissé de villes. » Le cœur rempli d'un violent chagrin et d'une profonde amertume, Cortès se retira dans les environs de Séville, et acheva misérablement sa vie dans une solitude profonde (1547).

9.

Découverte du Pérou (1524-1527). — Quelque temps après la découverte du Mexique, un pâtre des colonies, François Pizarre, et un soldat de fortune, Diégo d'Almagro, qui ne savait ni lire ni écrire, s'unirent à Fernand de Lucques, prêtre espagnol, qui avait été maître d'école à Panama, et tentèrent la découverte du Pérou. Ils mirent sous la protection du ciel leur entreprise; Lucques célébra la messe, et partagea l'hostie consacrée avec ses deux compagnons. Pizarre n'avait que trois vaisseaux et cent douze hommes, quand il se lança en pleine mer à la découverte du nouvel empire dont Balboa avait soupçonné l'existence (1524). Pendant trois ans, son entreprise fut traversée par les obstacles les plus décourageants. Le gouverneur de Panama rappela même Pizarre et ses troupes, et lui refusa des secours. Mais l'intrépide aventurier s'obstina, et après des souffrances inouïes, il eut le bonheur de toucher à Tumbès et d'observer la richesse et l'opulence de ce grand empire. De retour à Panama, il enflamma tous les ambitieux en racontant ce qu'il avait vu. Néanmoins le gouverneur ne voulut pas entreprendre avec quelques hommes la conquête d'un aussi vaste pays. Sûr de sa découverte, Pizarre convint avec ses compagnons qu'il irait demander des secours au roi d'Espagne, et qu'il solliciterait pour lui le titre de gouverneur, pour Almagro celui de lieutenant-gouverneur, et pour Fernand de Lucques la dignité d'évêque dans les riches contrées qu'ils se proposaient de conquérir.

Première expédition (1530-1532). — Pizarre revint de sa patrie comblé d'honneurs par Charles-Quint et revêtu de tous les titres les plus brillants. Il fit donc à la hâte ses préparatifs et partit avec Almagro et Fernand. Après de grandes fatigues, ils débarquèrent à Quito par delà l'équateur. L'empire du Pérou était alors déchiré par les dissensions les plus violentes. Les Incas qui y régnaient, et dont les ancêtres s'étaient dits les fils du soleil, se trouvaient divisés en deux partis. Atahualpa avait fait mourir son frère Huascar, et celui-ci comptait de nombreux partisans. Pizarre, tout en profitant de cette division, usa de la dissimulation la plus profonde; il envoya offrir à l'Inca l'amitié de Charles-Quint, et lui demanda une entrevue. Atahualpa, assis sur un trône orné de plumes de diverses couleurs et couvert de plaques d'or et d'argent, se présenta devant l'officier espagnol. Le P. Vincent Valverde le harangua et lui dit en lui montrant la Bible, qu'il devait croire tout ce que disait ce livre. L'Inca, l'ayant approché de son oreille, le jeta à terre en s'écriant qu'il ne disait rien. Alors on cria au sacrilége et le combat s'engagea.

Captivité d'Atahualpa (1532). — Les Péruviens, effrayés par le bruit des canons et des mousquets, tombèrent à terre. Pizarre se saisit d'Atahualpa et le fit prisonnier. Le monarque détrôné offrit pour sa rançon de remplir d'or la chambre où il était enfermé jusqu'à la hauteur de sa main qu'il éleva en l'air par-dessus sa tête. Ces immenses richesses furent distribuées aux conquérants, sauf ce qui fut mis en réserve pour Charles-Quint. Mais l'Inca n'échappa pas pour cela à la mort (1533). Son supplice jeta le trouble parmi les Péruviens, et Pizarre saisit ce moment de stupéfaction et de détresse pour s'emparer de Cusco et de la plus grande partie du pays.

Guerres civiles (1534). — Cependant les Espagnols n'eurent pas partout le même bonheur. Almagro s'en était allé au Chili pour conquérir cette province, dont Charles-Quint l'avait établi gouverneur (1535). Pendant qu'il était occupé à cette expédition nouvelle, une révolte générale éclata parmi les Péruviens. Pizarre se vit assiégé à Cusco (1536), et il allait succomber quand Almagro arriva fort à propos pour dissiper les rebelles. Après son triomphe, Almagro s'attaqua ensuite aux troupes de Pizarre, qui avaient la prétention de lui refuser l'entrée de la capitale du Pérou qu'il venait de délivrer (1536). Il remporta d'abord de grands avantages ; mais ayant écouté les inclinations de son cœur qui le portait à la clémence, il voulut épargner les vaincus. Pizarre profita perfidement de cette indulgence déplacée, pour le renverser lui-même et ordonner impitoyablement sa mort (1538). Cette exécution infâme souleva d'indignation tous les cœurs honnêtes. Une vaste conspiration s'organisa pour venger ce forfait, et Pizarre fut à son tour assassiné dans son palais à Lima (1541). Les conjurés avaient mis à leur tête le jeune Almagro, et, après avoir trempé leurs mains dans le sang des meurtriers de son père, ils le saluèrent gouverneur.

Organisation du gouvernement espagnol en Amérique. — Ces révoltes engagèrent Charles-Quint à s'emparer de tous les pays que l'on avait conquis et découverts pour les soumettre à une organisation régulière. Il nomma donc deux vice-rois, l'un pour le Pérou et l'autre pour le Mexique ou la Nouvelle-Espagne.

La vice-royauté du Pérou comprenait dans sa juridiction l'Amérique méridionale, et la vice-royauté du Mexique, les possessions espagnoles dans l'Amérique septentrionale. Les vice-rois avaient une autorité souveraine; ils pouvaient présider à tous les tribunaux, et s'environnaient d'une cour formée sur le modèle de celle de Madrid. L'administration de la justice était dévolue à des tribunaux qui portaient le nom d'*audiences*; celles-ci avaient droit de remontrance près du vice-roi, et à sa mort c'était l'audience résidente dans la capitale qui exerçait les fonctions royales. Il y avait ensuite une *chambre de commerce* pour régler les affaires commerciales. Le monopole régnait sur tous les objets de négoce, et il était défendu aux colonies de communiquer avec l'étranger. Il y avait même des ports privilégiés. C'était, en Amérique, la Vera-Cruz, Carthagène, Porto-Bello; et en Europe, Séville et plus tard Cadix. Les villes avaient leur administration municipale, mais cette administration ne s'occupait que de la police et du commerce intérieur. La volonté du souverain faisait seule loi pour tout ce qui concerne les intérêts généraux. Elle avait son expression la plus haute dans le *conseil des Indes*. Ce conseil nommait aux dignités réservées au roi; il avait toute la puissance législative, et il exerçait un droit de contrôle sur les affaires ecclésiastiques et civiles. Les vice-rois, les archevêques, les évêques et tous les magistrats relevaient de son tribunal suprême.

§ II. — *De l'empire colonial des Portugais. Vasco de Gama.*

Découvertes des Portugais avant l'avènement de Jean II (1432-1431). — Ce fut sous Jean Ier, le fondateur de la dynastie d'Avis, que commencèrent les découvertes qui devaient ouvrir aux Portugais la route des Indes. Des navigateurs ayant reconnu en Afrique des îles habitées, là où ils croyaient auparavant ne pouvoir aborder, l'infant don Henri résolut de pousser ses investigations vers le midi. Une vieille tradition rapportait que les Phéniciens avaient autrefois fait le tour de l'Afrique ; il voulut vérifier l'exactitude de ce récit. Il écrivit au pape Martin V pour lui demander de ratifier à l'avance la possession des terres qu'il découvrirait, et il reçut du souverain pontife une bulle qui l'investissait du droit de conquête dans toutes ces contrées (1431). L'année suivante, Gilianez, sous la conduite de l'infant, doubla le cap Bojador (1432), et ensuite Gonzalez et Tristan poussèrent jusqu'au cap Blanc (1440). Ces succès enflammèrent le courage de Henri, qui redoubla d'efforts pour étendre la gloire de sa patrie. Ses navigateurs pénétrèrent dans la rivière du Sénégal, touchèrent aux Açores et aux îles du Cap-Vert (1450). Mais sa mort, arrivée en 1463, refroidit un peu le zèle de la nation. Néanmoins il y eut toujours des hommes entreprenants et audacieux qui tinrent la mer. Fernando-Po aborda dans l'île qui porte son nom, et on franchit l'équateur, en dépit du préjugé qui faisait croire que ces contrées étaient brûlées par le soleil.

Découvertes sous Jean II (1481-1495). — Jean II en montant sur le trône, ayant rempli de courage tous ceux qui l'entouraient, les expéditions lointaines furent reprises avec une nouvelle ardeur. Des navigateurs s'étant hasardés à des distances énormes au delà de la ligne, ils s'encouragèrent en remarquant que l'Afrique allait en se resserrant vers l'est, à mesure qu'on avançait davantage. Ce phénomène leur donna l'espérance de pouvoir tourner cette partie du monde et d'arriver ainsi dans l'Inde. Celui qui toucha le premier à la pointe du continent fut Barthélemy Diaz (1486). Mais arrivé près du Cap, une si effroyable tempête s'éleva qu'il fut obligé de retourner. En exposant à Jean II une relation de son voyage, il lui dit qu'il était parvenu à la pointe de l'Afrique, mais qu'il avait trouvé ce cap battu par tant d'orages, qu'il l'avait appelé *le cap des Tempêtes. Hé bien, moi,* dit le roi en tressaillant d'allégresse, *je le nomme le cap de Bonne-Espérance.* Ces succès portèrent au comble l'exaltation des Portugais. La nouvelle de la découverte du nouveau monde par Christophe Colomb redoubla leur émulation, mais Jean II n'eut pas le bonheur de recueillir les fruits de ces nouveaux efforts.

Vasco de Gama (1497-1498). — Son successeur, le grand Emmanuel, donna bientôt le commandement d'une flotte à Vasco de Gama, qui devait doubler le cap de Bonne-Espérance (1497). Comme tous les navigateurs célèbres de cette époque, avant son départ, Gama passa la nuit en prières dans une chapelle de la sainte Vierge, et alla s'asseoir à la table sainte. Alors, fort de la protection du Tout-Puissant, il brava tous les périls, doubla le formidable cap des Tempêtes qui avait épouvanté Diaz, et remonta le long des côtes de l'Afrique dans les royaumes de Sofala, de Mozambique et de Mélinde. Le roi de cette dernière contrée lui donna un guide, et à travers un golfe de 2800 kilom., il arriva enfin à Calicut dans le Malabar (1498). Là il ne put d'abord fonder aucun établissement. Les musulmans l'empêchèrent de s'entendre avec les petits rois de l'Inde, et il retourna dans sa patrie annoncer l'heureux résultat de sa glorieuse entreprise (1499). On le reçut avec enthousiasme, et Emmanuel s'empressa de tirer profit de cette belle découverte.

Expédition de Cabral (1500-1503). — Alvarès de Cabral fut mis à la tête de la nouvelle expédition qu'on entreprit contre Calicut. Une tempête l'ayant égaré, ses vaisseaux furent poussés sur les côtes du Brésil. Quelque temps auparavant, l'usurpateur de la renommée de Colomb, Améric Vespuce, avait visité ce pays. Cabral fit alliance avec le souverain de cette contrée, et jeta ainsi les fondements de la puissance portugaise en Amérique. De là il se remit sur les traces de Gama et aborda enfin à Calicut. Le zamorin, redoutant la puissance de ces étrangers, fit massacrer quelques Portugais. Pour s'en venger, Cabral aida les souverains de Cochin et de Cananor à secouer le joug, et regagna l'Europe, chargé des plus riches productions de l'Inde. Sur son chemin il rencontra Jean de la Nueva qui partait pour Calicut avec une flotte nouvelle (1501), et l'année suivante il revint lui-même avec des forces plus considérables (1502).

Nouveaux succès des Portugais (1503-1508). — Les Indiens souffrirent beaucoup de tous ces divers armements; mais les guerriers qui devaient fonder parmi ceux les établissements des Portugais furent les Albuquerque, François et Alphonse, qui avaient reçu d'Emmanuel chacun une petite flotte. A leur arrivée dans les Indes, ils humilièrent encore le zamorin de Calicut, et élevèrent, près de la ville de Cochin, leur alliée, un petit fort en bois. François Pachéco, un des hommes les plus courageux que le Portugal ait produits, s'offrit pour le défendre, et seul avec trois vaisseaux et 150 hommes, il résista, sur la côte de Malabar à 50 000 Indiens. Enfin, Lopez Saurez, envoyé par Emmanuel, vint à son secours (1504). L'artillerie de Saurez foudroya Calicut; et le nom portugais devint la terreur des Indiens. Emmanuel envoya dans ses nouvelles possessions François d'Almeyda avec le titre de vice-roi (1505). Ce prince fit de grandes conquêtes, et son fils Laurent s'illustra par de brillantes victoires. Ce fut lui qui découvrit l'île de Ceylan et s'en empara (1506). Malheureusement ils traitèrent avec trop de dureté les vaincus, et s'arrogèrent une puissance tyrannique qui porta ceux-ci à se liguer avec les Vénitiens et les Égyptiens, pour travailler à recouvrer leur liberté (1508). Laurent mourut au sein de ses triomphes, après la prise d'Ormuz, une des plus belles villes de l'Asie.

Alphonse Albuquerque (1508-1515). La mort de Laurent d'Almeyda fut une grande perte pour les Portugais : mais l'arrivée d'Alphonse Albuquerque la leur fit promptement oublier. Ce hardi général, frappé de l'avantageuse position de Goa, s'en empara et en fit le siége de son gouvernement (1510). Il prit ensuite Malacca dans la Chersonèse d'Or, qui était le centre du commerce de la Chine, du Japon et des Moluques (1511). Cette conquête lui valut d'immenses richesses, et elle effraya tellement les princes de l'Hindoustan qu'ils sollicitèrent son alliance. Il fit ensuite explorer les Moluques, et avec cinq vaisseaux il détruisit les forces navales de l'Arabie et de la Perse, et entra dans Ormuz, pour dominer de là tous les parages qui l'entouraient. Dès lors l'ancien commerce fut détruit. Pour punir les Égyptiens de leur révolte, Albuquerque avait proposé au roi d'Abyssinie d'arrêter le Nil dans son cours et de l'envoyer à la mer. Il voulait aussi combler le port de Suez, et parlait d'humilier les Arabes par la ruine de la Mecque. Mais ce grand homme ne put réaliser ses desseins gigantesques. Il se vit attaqué dans le cours de sa glorieuse carrière par les calomnies les plus infâmes, et il mourut à Goa dans l'amertume et le chagrin d'une disgrâce le 16 septembre 1515.

État de l'empire portugais à la mort d'Albuquerque (1515). — Quand le *Mars portugais*, le grand Albuquerque eut rendu le dernier soupir, l'empire portugais se trouvait à l'apogée de sa puissance. Les Maroquins, les barbares d'Afrique, les Mameluks, les Arabes, tout l'Orient depuis l'île d'Ormuz jusqu'à la Chine se pliait sous sa domination. La Chine, frappée de la puissance de ce gigantesque empire, avait d'elle-même recherché son alliance, quand Simon d'Andréade se mit tout à coup à élever un fort dans l'île de Tamaras et à exercer sur les Chinois les mêmes brigandages et les mêmes violences qu'il se permettait envers les Indiens. Le Céleste Empire frémit d'épouvante, et chassa de son sein ces étrangers, qui paraissaient en vouloir à son indépendance. Plus tard les Portugais obtinrent pourtant du Divin Empereur le droit de rentrer dans ses États, et se fixèrent même sous ses auspices dans l'île de Macao.

C'est de là qu'ils firent le commerce avec le Japon. En 1542, un de leurs vaisseaux ayant été jeté dans ces îles fameuses, on les y reçut à bras ouverts. Les missionnaires se répandirent dans ces nouvelles contrées, et chaque année les Portugais retirèrent une valeur de 14 à 15 000 000 des mines d'or, de cuivre et d'argent qu'ils y trouvèrent.

Décadence de l'empire portugais. — Cette prospérité étonnante devint la cause de la décadence de l'empire fondé par ces heureux conquérants. L'excès des richesses amena le luxe, et le luxe engendra la mollesse et la corruption. Les officiers ne marchèrent plus à l'ennemi qu'en palanquin, et les généraux ne s'assirent plus à table qu'avec des bayadères à leur côté. Tous les courages s'énervèrent, et l'affreuse tyrannie que les vainqueurs exerçaient sur les vaincus habitua les Européens au mépris de toute humanité et de toute justice. Nulle loi n'était observée : c'était à qui pillerait avec le plus d'ardeur les productions de ces opulentes contrées. Le trésor public n'en tirait, proportion gardée, que de faibles revenus ; tout s'abîmait et se perdait sous la main rapace des concussionnaires avides.

Juan de Castro (1545-1548). — Juan de Castro, après avoir soumis le roi de Cambaye et conquis le royaume de Diu, essaya de ranimer le génie belliqueux des Portugais, en accordant à ses soldats victorieux les honneurs du triomphe. Il ressuscita donc la pompe et la magnificence des anciens romains, et entra à Goa sur un char orné de feuilles de palmier et décoré de tous les insignes de la victoire (1547). Cet homme qui triomphait en païen, avait auparavant combattu en héros chrétien. Plein de désintéressement, il avait emprunté en son nom de l'argent pour la guerre, et après la prise de Diu, dans l'exaltation de son patriotisme, il s'était fait complimenter sur la mort de son fils tué devant la place. Ses vertus extraordinaires lui auraient donné assez d'ascendant pour opérer d'utiles réformes ; mais il mourut entre les bras de saint François Xavier, au moment où il apprit que le gouvernement, en récompense de ses services, venait de proroger sa puissance pour trois ans (1548).

Louis d'Ataïde (1569). — Après la mort de Juan de Castro, la vice-royauté des Indes changea neuf fois de maître en vingt ans (1548-1568). Les désordres et la licence, favorisés par ces nombreux changements, allèrent toujours croissant, et toutes les grandes Puissances de l'Inde, irritées par l'orgueil et l'injustice des Portugais, se coalisèrent pour ruiner leur empire despotique. Le zamorin de Calicut, les rois de Cambaye, d'Achem et de Ternate, se mirent à la tête de la rébellion. Le roi de Portugal, le jeune Sébastien, averti du danger, envoya pour conjurer l'orage un homme d'un génie puissant et d'un caractère indomptable ; c'était Louis d'Ataïde. Quand il arriva à Goa, ses officiers lui proposaient d'abandonner les possessions éloignées, pour ne défendre que la capitale : « Je veux tout conserver, répliqua-t-il, et tant que je vivrai, les ennemis ne gagneront pas un pouce de terrain. » En effet, il envoya des vaisseaux partout où la révolte s'était montrée, battit et tua lui-même Idalcan, le chef des séditieux, et, après cette victoire, il s'élança de Goa sur toutes les provinces qui refusaient de se soumettre et les subjugua l'une après l'autre (1573). Mais Ataïde fut le dernier des héros portugais.

Chute de l'empire des Portugais. — Après sa mort l'empire portugais ne fit plus que décliner. Il était fortement ébranlé quand la conquête du Portugal par Philippe II (1580) en acheva la ruine. Les Hollandais s'emparèrent alors de ces immenses contrées. Plus tard le Portugal, redevenu indépendant, essaya vainement de reconquérir quelques-uns des débris de ses anciennes possessions. Il ne lui restait plus que Goa sur la côte de l'Inde. Encore la ville qui porte actuellement ce nom n'est pas Goa *la dorée*, l'ancienne Goa qui vit Gama et qui entendit chanter le divin Camoëns; c'est une ville nouvelle à laquelle l'orgueil portugais a donné le nom de l'ancienne, mais qui est triste et pauvre. Il ne reste plus de la fameuse Goa que le palais désert des anciens gouverneurs et quelques églises desservies par des religieux.

RÉSUMÉ DE CE CHAPITRE. — Les grandes découvertes maritimes du seizième siècle furent faites par les Espagnols et les Portugais.
I. Christophe Colomb qui découvrit l'Amérique naquit à Gênes en 1441. Après avoir sollicité vainement la protection du Portugal, de la France et de l'Angleterre, il obtint de la reine de Castille, Isabelle, quelques vaisseaux et partit le 3 août 1492. Il aborda le 12 octobre à *San-Salvador* dans les îles Lucayes. Il alla ensuite annoncer cette heureuse nouvelle en Espagne. A son retour d'Europe dans son second voyage, il se dirigea plus au sud et rencontra les *Caraïbes* ou *Petites-Antilles* et descendit ensuite sur *Haïti* pour aller rejoindre ses compatriotes. Ayant été perfidement accusé près de Ferdinand et d'Isabelle, il retourna en Espagne pour se justifier lui-même. Ce fut dans son troisième voyage qu'ayant abordé à l'embouchure de l'Orénoque il n'eut plus de doute sur l'existence d'un nouveau continent. Ses ennemis étant parvenus à le faire charger de fers, il parvint facilement à les confondre, mais, à partir de ce moment, il méprisa la cour qui méconnaissait ses services. Ayant découvert la Martinique et la Jamaïque, il alla mourir de chagrin et de misère à Valladolid (1508). Juan Diaz de Solis découvrit ensuite la presqu'île de Yucatan pendant que Sébastien de Ocampo tourna Cuba (1408). Juan Ponce de Léon aborda dans la Floride (1512), et Balboa découvrit la vaste mer du Sud qui devait conduire les Espagnols au Pérou (1513). Fernand Cortès fit quelque temps après la conquête du Mexique (1518-1521) où régnait Montézuma. Il ne fut pas plus heureux que Colomb, car la jalousie de ses ennemis le perdit dans l'esprit de Charles-Quint, et il mourut misérablement dans les environs de Séville (1549). Après la conquête du Mexique arriva celle du Pérou que fit François Pizarre (1524-1527). Ce soldat de fortune, après avoir détrôné le roi des Incas Atahualpa, périt

assassiné dans son palais à Lima (1541). Ce fut alors que Charles-Quint intervint pour régler tout ce qui regardait l'empire immense que les Espagnols possédaient en Amérique. Il divisa toutes ces possessions en deux vice-royautés : celle du Pérou dont la juridiction s'étendit sur toutes les possessions espagnoles de l'Amérique méridionale, et celle du Mexique qui s'étendait sur leurs possessions de l'Amérique septentrionale. Il établit un *conseil des Indes* pour gouverner tous ces pays en son nom, créa des *audiences* et une *chambre du commerce* pour rendre la justice et régler les affaires commerciales.

II. Les découvertes des Portugais commencèrent sous Jean Ier, le fondateur de la dynastie d'Avis. L'infant don Henri arriva au Sénégal et toucha aux *Açores* et aux îles du *Cap-Vert* (1450). Sous Jean II, Barthélemy Diaz arriva près du cap des Tempêtes que le roi surnomma le *cap de Bonne-Espérance* (1486) Ce cap fut doublé sous le règne d'Emmanuel par Vasco de Gama (1497). Alvarès de Cabral rencontra par hasard le Brésil qui fut le lot des Portugais dans le partage du nouveau monde (1500) Alvarez se dirigea sur Calicut, et François d'Almeyda vint s'établir dans l'Inde avec le titre de vice-roi (1505). Son fils Laurent s'illustra par de brillantes conquêtes. Alphonse d'Albuquerque qui lui succéda, s'empara de Malacca qui était le centre du commerce de la Chine, du Japon et des Moluques (1511), et éleva l'empire des Portugais dans l'Inde à son apogée. Mais à la mort de ce grand homme, la décadence commença (1515). En vain Juan de Castro (1545-1546) et Louis d'Ataïde (1548-1568) firent-ils des efforts prodigieux pour en retarder la ruine, la conquête du Portugal par Philippe II, (1580) vint lui porter le dernier coup. Les Hollandais se substituèrent partout aux Portugais, et l'opulence de Goa *la dorée* ne fut plus qu'un souvenir.

CHAPITRE XVII.

LOUIS XI ET CHARLES LE TÉMÉRAIRE. AGRANDISSEMENT DU DOMAINE ROYAL. GOUVERNEMENT DE LOUIS XI (1461-1463) (1).

Charles VII avait ébranlé la puissance des seigneurs par ses diverses institutions. En formant une armée permanente et en établissant une taille perpétuelle pour son entretien, il avait mis à la disposition de la royauté une force matérielle entièrement indépendante de la volonté du peuple et des princes. Il avait en même temps préparé la concentration du pouvoir judiciaire dans la main

(1) AUTEURS A CONSULTER : *Mémoires* de Comines, d'Olivier de la Marche, de Jacques du Clercq et de Jean de Troyes ; *Chroniques des ducs de Bourgogne* par Chastellain et Mollinet; De Barante, *Histoire des ducs de Bourgogne*; Duclos, *Histoire de Louis XI*, et toutes les histoires générales de la France.

des rois par plusieurs édits qu'il publia en matière de législation et de procédure. Louis XI son successeur eut le génie de la ruse et de l'habileté. Son astucieuse politique n'eut qu'un but, la ruine de la féodalité. Il l'atteignit presque complétement. Car après sa mort, de toutes les anciennes maisons féodales qui avaient été auparavant si puissantes, il ne restait plus que la Bretagne que nous verrons annexée à la couronne sous son fils Charles VIII, par le mariage de ce prince avec l'unique héritière de cette province.

§ Ier. — *Louis XI et Charles le Téméraire (1461-1477).*

Puissance des maisons féodales à l'avénement de Louis XI (1461). — Quand Louis XI monta sur le trône, il y avait en France trois maisons puissantes, bien capables de lui porter ombrage ; c'étaient les maisons d'Anjou, de Bretagne et de Bourgogne. La maison d'Anjou possédait la Provence, l'Anjou, le Maine et la Lorraine ; mais ses domaines étaient trop disséminés pour qu'elle pût réunir ses forces et agir avec ensemble. Le duc de Bretagne avait des sujets plus dévoués et plus unis ; mais il était pauvre. Le duc de Bourgogne était sans contredit le plus redoutable : indépendamment de la Franche-Comté et de la Bourgogne, il était encore maître de l'Auxerrois, du Boulonnais, des villes de la Somme, de la Flandre et de tous les Pays-Bas. On voit qu'à lui seul il eût été plus riche et plus puissant que le roi de France, si ses Etats avaient été homogènes, mais les habitants de la Flandre ne sympathisaient pas avec les habitants de la Bourgogne, et cette diversité de mœurs et de caractères rendait impossible l'union de ces différentes provinces.

La royauté aurait donc pu encore maintenir ces princes dans le devoir, si ceux-ci n'avaient trouvé de nombreux appuis dans la noblesse et s'ils n'avaient été soutenus par de petits seigneurs qui leur étaient dévoués. Ainsi le comte de Saint-Pol s'était attaché au duc de Bourgogne, le duc d'Alençon au duc de Bretagne, et le duc de Bourbon aux villes du Midi, qui autrefois espagnoles et anglaises, regrettaient leurs anciens maîtres. Les célèbres maisons de Foix, d'Albret et d'Armagnac, qui auraient voulu se rendre indépendantes, favorisaient les dispositions fatales de ces villes, et le roi d'Aragon, qui possédait le Roussillon, exerçait encore quelque influence dans ces contrées; de toutes parts la royauté était donc environnée d'obstacles.

Forces du roi. — Pour résister à tant d'ennemis, le roi avait à la vérité de grandes ressources. Ses domaines étaient compactes; il pouvait compter sur la fidélité de ses troupes et avoir confiance dans le peuple, qui était las des exactions des seigneurs. Les alliances qu'il avait contractées au dehors étaient de nature à le rassurer contre les révoltes qui le menaçaient. Ainsi l'Écosse et le Danemark étaient prêts à le servir contre l'Angleterre; la Castille, Gênes et Florence ne demandaient qu'à humilier l'Aragon, qui s'enorgueillissait d'avoir un pied au delà des Pyrénées; les Liégeois, les Suisses et la maison d'Autriche se préparaient à fondre, au premier signal, sur la Bourgogne, et les ducs de Milan et de Savoie lui offraient de l'argent et des troupes.

Des mécontentements que Louis XI provoqua dans la noblesse. — Les nobles furent loin de se douter de la guerre qu'allait leur faire le nouveau roi. Ils l'avaient vu constamment à leur tête pour faire de l'opposition à Charles VII, et ils crurent que celui qui avait provoqué la *Praguerie* et qui s'était ensuite retiré comme mécontent dans la cour du duc de Bourgogne, leur accorderait tout ce qu'ils demanderaient. En apprenant la mort de Charles VII, Dunois avait dit : *Nous avons perdu notre maître; que chacun songe à se pourvoir.* Tous les nobles y songèrent en effet, et ils s'empressèrent de monter à cheval pour accompagner le nouveau roi qui allait se faire sacrer à Reims. Le duc de Bourgogne se faisait fort de l'y conduire avec cent mille hommes. Ce déploiement de forces était inutile, mais il voulut du moins pour faire honneur à son hôte l'accompagner avec tout ce qu'il avait de plus somptueux et de plus magnifique. Il parut au sacre du roi, entouré de pages et de valets, ayant, selon l'expression de la chronique, la mine d'un empereur.

Louis XI était au contraire pauvrement vêtu et n'était suivi que de quelques serviteurs qui l'avaient accompagné en Brabant dans son exil. Il se plaisait à rehausser l'éclat de Philippe le Bon, qui l'avait accueilli dans le malheur, et il ne cessait de le combler d'éloges et de caresses. Il lui accorda en apparence les plus grandes faveurs, mais une fois que le duc se fut retiré dans ses domaines il trouva moyen d'éluder toutes ces belles promesses. Une fois qu'il se sentit bien établi, il commença à s'occuper de toutes les réformes qui ont rendu son règne si célèbre dans notre histoire.

Dès le début de son administration, il fut aisé de concevoir qu'il n'avait d'autre dessein que la ruine de la féodalité. Immédiatement après la cérémonie de son sacre, le duc de Bourgogne, Philippe le Bon, s'était jeté à ses genoux pour le conjurer, au nom de Jésus-Christ, de pardonner à tous ceux qui lui avaient fait du mal quand il n'était que dauphin. Il promit à tout le monde sa grâce, mais il en excepta sept personnes qu'il ne voulut point nommer Cette réserve indiquait assez qu'il pousserait loin sa vengeance. Aussi s'empressa-t-il de tout bouleverser dans l'administration du royaume. Il renvoya les conseillers de son père, et s'entoura de gens de basse extraction, en haine de la noblesse. Le médecin Fumée, un marmiton, Pierre des Habiletés, Olivier le Daim, son barbier, tels furent les hommes qu'il combla de ses faveurs.

Toutefois, pendant les deux premières années de son règne, il fut assez habile dans ses négociations, pour étendre et rassurer ses frontières, au midi par l'acquisition du Roussillon, que lui céda le roi d'Aragon, et au nord par le rachat des villes de la Somme, qu'il paya au duc de Bourgogne 400,000 écus d'or (1461-1463). Mais il eut ensuite la maladresse d'indisposer les nobles et ses grands vassaux par des mesures faussement calculées. Il irrita le duc de Bretagne en essayant de lui retirer ses droits de régale, mécontenta le duc de Bourgogne en voulant établir la gabelle dans ses provinces, souleva le comte de Charolais, fils de ce dernier, en cherchant à lui retirer le gouvernement de la Normandie, enfin il porta tous les nobles à la révolte en violant leurs droits de chasse, qu'ils regardaient comme le premier de leurs priviléges.

Ligue du bien public (1464-1465). — Le comte de Charolais, qui devait être plus tard si célèbre sous le nom de Charles le Téméraire, était profondément irrité de ce que Louis XI avait abusé de la faiblesse de son vieux père pour en obtenir les villes de la Somme. Il engagea la noblesse à former avec lui contre le nouveau roi une conspiration redoutable, et parvint à y faire entrer le duc de Bourbon, le duc de Nemours, le comte d'Armagnac, le sire d'Albret et tous les seigneurs les plus puissants. Le duc de Berry, frère de Louis XI, fut le chef nominal de cette conspiration appelée *ligue du bien public*, « pour ce qu'elle s'entreprenait, dit Comines, sous couleur de dire que c'était pour le bien du royaume. » Le duc de Berry disait en effet dans ses proclamations que ses vassaux devaient prendre les armes dans l'intérêt du bon ordre et de la justice, et il invitait tous ses partisans à pourvoir au soulagement du pauvre peuple, et au bien de la chose publique.

Louis XI, qui eut toujours la plus grande foi dans les négociations, crut qu'il pourrait parvenir à détourner l'orage. Il convoqua donc une assemblée des notables à Tours (18 décembre 1464), et parla de tout ce qu'il avait fait dans l'intérêt du royaume depuis qu'il était monté sur le trône. Il y avait rétabli l'ordre et la sécurité, il en avait agrandi le territoire par l'adjonction du Roussillon et de la Cerdagne au midi, des villes de la Somme au nord; il rappela ce qu'il avait fait pour la noblesse, lorsqu'il n'était que dauphin, les persécutions qu'il avait souffertes, les peines de son exil, et attendrit tellement les seigneurs qu'ils se disaient entre eux que « oncques n'avait-on vu homme parler en français plus honnêtement; » et ils jurèrent d'être au roi corps et biens.

Mais cette bonne impression fut très-passagère. A peine l'assemblée fut-elle dissoute que la conspiration éclata et que Louis XI se vit environné d'une multitude d'ennemis. Il était menacé au nord par le duc de Bourgogne, à l'ouest par le duc de Bretagne François II, au midi par le duc de Bourbon et les seigneurs de cette contrée. En politique habile, Louis résolut de s'appuyer sur les villes de son royaume pour faire résistance à cette coalition terrible. Il s'attacha surtout la capitale, visita les bourgeois, les admit à sa table et s'assit à la leur. Pour gagner le peuple il abolit presque toutes les aides, et provoqua dans les différents quartiers des réjouissances enthousiastes. Cette tactique sauva en effet sa couronne.

Il attaqua d'abord le duc de Bourbon et les seigneurs du midi, et après les avoir défaits il marcha contre le duc de Bretagne et le duc de Bourgogne. Il livra à ce dernier, près de Montlhéry, une bataille dont l'issue est restée douteuse (16 juillet 1465). Mais Louis XI en vanta beaucoup les résultats, et fut assez habile pour en attribuer l'honneur aux Parisiens, quoiqu'en réalité ils ne se fussent présentés qu'après le combat pour jouir du butin. Il leur disait qu'il ne voulait pas désormais d'autres défenseurs, qu'il prendrait ses soldats parmi le peuple, ses conseillers parmi l'université, le parlement et la bourgeoisie, et qu'ainsi Paris suffirait à tout.

Il fit néanmoins venir de Normandie des troupes nouvelles; mais quoiqu'il fût brave sur le champ de bataille il savait ce qu'il en avait coûté à ses prédécesseurs pour avoir soumis leur fortune aux chances d'un combat. Il se rappelait les désastres de Crécy, de Poitiers et d'Azincourt, et il aimait mieux recourir aux négociations que d'en venir aux mains. Quand les seigneurs se furent réunis autour du duc de Bourgogne et eurent porté son armée à près de cinquante mille hommes, il s'étudia à profiter de la diversité de leurs intérêts pour les mettre en opposition et troubler la bonne harmonie nécessaire au succès de leurs opérations. Il pourparla avec chacun d'eux, tenta leur fidélité par les plus belles promesses, et lorsqu'il en eut gagné un certain nombre, il se rendit auprès du comte de Charolais pour traiter avec lui.

Traités de Conflans et de Saint-Maur (1465). — Alors les rebelles prêtèrent l'oreille aux propositions de Louis XI. La paix fut conclue avec le comte de Charolais à Conflans (5 oct.), et quelques jours après à Saint-Maur (29 oct.), avec les autres princes. Louis XI accorda aux séditieux tout ce qu'ils voulurent. Le duc de Berry avait demandé la Normandie et il fut décidé qu'il l'aurait; le duc de Bourgogne réclamait les villes de la Somme que son père avait cédées, et on convint qu'on les lui rendrait avec quelques autres places encore, et qu'on accorderait l'épée de connétable au comte de Saint-Pol, son principal agent; le duc de Bretagne désirait l'exemption de l'hommage, le droit de nommer aux évêchés de Bretagne, et on lui promit qu'il serait aussi indépendant et aussi absolu dans sa province qu'il pouvait le désirer; il fallait au duc de Bourbon plusieurs seigneuries et une grosse somme d'argent; au duc de Nemours le gouvernement de l'Ile-de-France et de Paris; au duc de Lorraine la Marche de Champagne, Sainte-Menehould, Neufchâteau, sans obligation de rendre hommage; les comtes d'Armagnac et de Dunois exigeaient des restitutions importantes; le sire d'Albret revendiquait plusieurs seigneuries; enfin une foule d'autres sollicitaient de magnifiques domaines et des pensions considérables. Le peuple comprit par là que cette fameuse ligue du *bien public* n'avait été nullement formée pour son avantage, et quand il vit que tous les chefs ne songeaient qu'à leurs propres intérêts, il l'appela plus justement la ligue du *mal public*.

Entrevue de Péronne (1468). — Ces concessions avaient le double inconvénient de livrer les domaines du roi aux attaques de ses ennemis en découvrant ses frontières, et de ruiner son trésor en augmentant prodigieusement le chiffre des pensions. Il ne pouvait donc se faire que Louis XI les prît au sérieux. Aussi il n'y avait pas trois semaines qu'il avait signé tous ces arrangements, quand il reprit les armes pour enlever la Normandie à son frère. L'assemblée des notables, convoquée à Tours (6 avril 1468), approuva sa détermination, et déclara « que pour une faveur, une affection fraternelle, une obligation de promesse, une opportunité de donation et de possession, ou pour une menace de guerre, un regard à nul temporel danger, le roy ne devait acquiescer en la séparation de la duché de Normandie. » Louis XI triomphait, sa politique ayant ainsi reçu pour sanction l'approbation de la nation par l'organe des états généraux. Il s'était d'ailleurs attaché la maison de Bourbon en faisant gouverner au duc Jean le Berry, l'Orléanais, le Limousin, le Périgord, le Quercy, le Rouergue et le Languedoc; il avait gagné le comte de Saint-Pol en lui remettant l'épée de connétable, et s'était assuré de la maison d'Orléans en contentant l'ambition du comte de Dunois; de plus, il avait désarmé la maison d'Anjou en donnant cent vingt mille livres à Jean de Calabre, fils de René. Il n'avait donc plus à fléchir que le comte de Charolais, qui avait hérité de la Bourgogne et qui allait devenir le terrible Charles le Téméraire.

Louis XI connaissait l'humeur inquiète et belliqueuse du nouveau duc de Bourgogne ; il ne désespéra pas cependant d'en venir à bout par les négociations. Toutefois, pour y réussir, il fallait qu'il allât lui-même le trouver. Ses courtisans l'en dissuadaient dans la crainte d'une trahison, mais Louis XI ne put croire le noble duc capable d'une pareille bassesse. Après lui avoir envoyé une partie de l'argent convenu pour les frais de la guerre, il lui demanda un sauf-conduit que le prince lui accorda volontiers.

Le roi se fia sur la loyauté du duc et se rendit presque seul près de lui à Péronne. A peine fut-il entré dans cette ville, qu'il y vit arriver le prince de Savoie, Philippe de Bresse, le sire de Neufchâtel, Ponce de la Rivière, le sire de Châteauneuf, en un mot, tous ses plus grands ennemis. Il commença à concevoir de grandes inquiétudes. Tous conseillaient au Téméraire de s'emparer de la personne de Louis XI, mais le caractère chevaleresque du duc se refusait à cet attentat.

Sur ces entrefaites, on lui apprit que les Liégeois venaient de se soulever, et que Louis XI avait été l'instigateur de cette révolte. On grossit outre mesure l'importance de cette sédition, et on exagéra la culpabilité du roi. Alors le duc se crut, par cette perfidie, dégagé de toutes les promesses qu'il avait faites. Il fit enfermer Louis XI dans cette même tour qui avait autrefois servi de prison à Charles le Simple, et pendant trois jours il le laissa en proie à des inquiétudes mortelles, ne sachant lui-même à quel parti s'arrêter. Enfin le duc se décida à traiter de nouveau avec le monarque déloyal et à le renvoyer, après l'avoir contraint à assister en personne au châtiment de ses alliés.

Transgression de ce traité. — Louis XI avait juré le traité de Péronne sur la croix de Saint-Laud (1) ; mais il l'avait fait en frémissant, parce qu'il sentait, au moment même où il prononçait son serment, la pensée du parjure descendre au fond de son âme. Quand il fut rentré en France, il ne songea plus qu'au moyen de manquer avantageusement à sa parole. Charles le Téméraire avait

(1) Cette croix qu'avait portée Charlemagne était appelée croix de saint Laud parce que longtemps elle avait été gardée en l'église Saint-Laud, d'Angers.

demandé pour le duc de Berry la Champagne, mais en quittant Louis XI il lui avait dit qu'il ne désirait qu'une chose c'était que son frère fût content.

Au lieu de la Champagne, qui aurait relié les unes aux autres les vastes provinces du duc de Bourgogne, Louis XI offrit à son frère la Guyenne, qui était beaucoup plus riche, et lui donna Bordeaux pour résidence. Il le sépara de cette manière du Téméraire et le brouilla avec les Anglais, qui avaient toujours convoité cette province. Il l'isola ensuite du reste de la noblesse en obligeant le comte d'Armagnac à fuir hors du royaume, et le duc de Nemours à faire sa soumission.

Louis XI s'unit avec les Suisses, qui étaient en état d'inquiéter le duc de Bourgogne, et il renouvela son alliance avec le roi d'Écosse et le duc de Milan, qui devaient lui fournir des troupes; puis il s'entendit en Angleterre avec le comte de Warwick, *le faiseur et le défaiseur de rois*, qu'il aida à replacer Henri VI sur le trône. En même temps, il gagna le peuple par ses libéralités, flatta la bourgeoisie en créant pour elle des dignités et des honneurs, favorisa le commerce, et, quand il crut tout le monde bien disposé en sa faveur, il convoqua de nouveau les états généraux, et leur fit annuler tout ce qu'il avait fait à Péronne (1470).

Mort du frère du roi (24 mai 1472). — Cette décision était une déclaration de guerre ouvertement signifiée au duc de Bourgogne. Le Téméraire ne fut pas lâche pour y répondre, et il parut aussitôt à la tête de son armée. Cependant les premières attaques furent assez languissantes. Louis XI avait compté sur l'alliance du connétable de Saint-Pol et sur la fidélité de son frère, qu'il s'était attaché en lui donnant pour apanage le duché de Guyenne. Mais ces deux alliés, après quelques faits d'armes peu remarquables, ne s'étaient appliqués qu'à entretenir la discorde entre le duc et le roi, pour travailler plus efficacement à la prospérité de leurs affaires. Charles et Louis s'en aperçurent, et pour n'être pas plus longtemps les jouets de l'ambition du connétable, ils conclurent ensemble une trêve.

Cette trêve ne dura que trois mois, mais elle suffit pour organiser contre Louis XI une ligue formidable. Le roi d'Angleterre Édouard IV, Charles le Téméraire, le duc de Lorraine Nicolas, le duc de Bretagne et le duc de Guyenne en faisaient partie. L'intention des confédérés était formelle. Ils ne prétendaient à rien moins qu'au partage de la France. « J'aime tant le bien du royaume, disait le duc de Bourgogne, qu'au lieu d'un roi qu'il y a, j'en voudrais six. » Cette coalition était bien plus redoutable que celle du *bien public*, et Louis XI n'avait pas à sa disposition les mêmes ressources. Le peuple était las de la guerre, et les villes gémissaient sous le poids des impôts. Il était impossible de compter une seconde fois sur leur dévouement et leur fidélité.

Heureusement pour Louis XI, la mort inopinée de son frère le duc de Guyenne déconcerta les confédérés et le délivra d'un de ses plus grands ennemis. Elle arriva si fort à propos, que le duc de Bourgogne fut cru quand il accusa le roi d'en avoir été cause « par poisons, maléfices, sortiléges et inventions diaboliques. » L'histoire n'a pas ratifié toutes ces insolentes déclamations, mais elles servirent du moins dans ce temps à justifier les excès du Téméraire.

Jeanne Hachette. Descente des Anglais. — Quoique la trêve que le duc de Bourgogne avait conclue avec Louis XI ne fût pas expirée, il passa la Somme et se jeta avec fureur sur la petite ville de Nesle. Au mépris d'une capitulation, il en fit égorger tous les habitants, hommes, femmes, enfants, et quand il entra dans l'église où s'était retirée cette malheureuse population, il y trouva des flots de sang et s'écria en se signant « qu'il voyoit moult belles choses, et qu'il avoit avec luy de moult bons bouchers. » A partir de ce jour Charles le Téméraire ne fut plus appelé que Charles le Terrible.

La nouvelle du massacre de Nesle s'étant répandue, toutes les villes résolurent de se défendre avec intrépidité. L'armée bourguignonne étant arrivée sous les murs de Beauvais, le 27 juin 1472, les bourgeois soutinrent un assaut qui dura onze heures. Ce fut dans cette circonstance que Jeanne Hachette (1) déploya un courage

---

(1) Aucun historien contemporain ne donne à cette femme le nom de Jeanne Hachette. Comines l'appelle Jeanne Fourquet; P. Matthieu la désigne sous le nom de Jeanne Fouquet. Les auteurs de l'*Art de vérifier les dates* et Antoine Loisel, *Mémoires du Beauvoisis*, l'appellent Jeanne Lainé. Son surnom de Hachette lui est venu de l'arme qu'elle portait au siége où elle s'est signalée.

extraordinaire qui l'a rendue célèbre. On la vit sur la muraille, arracher l'étendard des mains d'un soldat bourguignon, et repousser l'ennemi avec la hache dont elle était armée. D'autres femmes de la ville firent aussi preuve, pendant ce siége, de la plus grande énergie. L'étendard pris par Jeanne Hachette fut porté triomphalement à l'église des jacobins où il fut conservé, et Louis XI accorda aux femmes de Beauvais, par lettres patentes datées d'Amboise 1473, le droit de précéder les hommes à la procession et à l'offrande, le jour de la fête de sainte Angadresme, dont les reliques avaient été apportées sur le rempart pendant l'assaut.

Pendant que les habitants de Beauvais résistaient ainsi avec une étonnante valeur, le maréchal de Rouault entra dans la ville avec une forte garnison, et le duc de Bourgogne, après avoir tenté un dernier assaut, fut obligé de se retirer. Il se dédommagea de ce revers par la ruine du pays de Caux, des villes d'Eu et de Saint-Valéry, et il se retira ensuite à Abbeville, où il accepta une trêve que Louis XI lui offrit.

Durant cette trêve, les deux rivaux travaillèrent à l'agrandissement de leurs domaines. Louis XI fit respecter à l'intérieur son autorité, en punissant sévèrement le duc d'Alençon et le comte d'Armagnac déclarés coupables de haute trahison. Il reprit sur le roi d'Aragon, Jean II, le Roussillon et la Cerdagne (1473), qu'il avait perdus pendant ses guerres avec le duc de Bourgogne. De son côté, Charles le Téméraire appela le roi d'Angleterre en France. Edouard IV, trompé par ses éblouissantes promesses, traversa le détroit et vint débarquer à Calais. Les soldats qui le suivaient croyaient qu'après trois jours ils trouveraient l'ennemi, et qu'il suffirait d'une bonne bataille pour être maîtres de tout le royaume. Mais Louis suivit une tactique absolument opposée. Il laissa faire les Anglais, et lorsque l'ennui, le dégoût et la lassitude les eurent découragés, il acheta leur retraite et les congédia moyennant une faible somme d'argent.

Batailles de Granson, de Morat et de Nancy (1476-1477). — La paix avait été conclue avec les Anglais à Picquigny, le 29 août 1475, et le 13 septembre le duc de Bourgogne signait avec Louis XI la trêve de Soleure. Le duc de Bourgogne était alors préoccupé d'une vaste entreprise. Ses États, composés de la Bourgogne et de la Franche-Comté, de l'Artois, de la Flandre, du Hainaut, du Brabant, de la Hollande et du duché de Luxembourg, n'étaient pas unis entre eux. Pour établir une communication entre la partie du midi et celle du nord, il lui aurait fallu la Champagne, ou la Lorraine, ou l'Alsace. Il avait cherché à avoir la Champagne en la faisant donner au frère de Louis XI, mais la fourberie du monarque l'avait déçu dans ses espérances. Maintenant ses regards étaient arrêtés sur les deux autres provinces. S'il réussissait à s'en rendre maître, il se proposait de rétablir l'ancien royaume de Lorraine, et de lui donner pour limites le Rhône la Saône, la Meuse et l'Escaut à l'ouest, les Alpes et le Rhin à l'est, la Méditerranée au sud, et la mer du Nord à l'extrémité. Ce royaume eût été composé d'une foule de peuples, de langues, de mœurs et d'habitudes bien différentes, mais le Téméraire se préoccupa d'abord de réunir les provinces renfermées dans ces limites, sauf à songer plus tard au moyen de donner quelque unité à ce royaume si hétérogène.

Il obtint d'abord le duché de Gueldre et le comté de Zutphen (1473), qui le rendirent maître du cours inférieur du Rhin, et il se fit céder par René de Vaudemont, successeur du duc de Lorraine, quatre places fortes et le libre passage à travers ses terres. L'archiduc Sigismond lui céda aussi le landgraviat de l'Alsace, qui lui offrait un passage entre la Franche-Comté et le Luxembourg. Alors il pensa sérieusement à remplacer son titre de duc par celui de roi. Il eut à cet effet une entrevue à Trèves avec Frédéric III, empereur d'Allemagne. Il fut convenu que le Téméraire aurait le titre de roi et de vicaire général de l'empire, et qu'il accorderait en retour la main de sa fille Marie au fils de Frédéric, l'archiduc Maximilien. Mais quand il s'agit d'exécuter ce qui avait été convenu, aucun des deux ne voulut s'engager le premier et ils se séparèrent mécontents l'un de l'autre Louis XI ayant eu l'habileté d'inspirer à l'empereur une profonde défiance à l'égard du duc, il s'éloigna tout à coup de Trèves en disant qu'il examinerait plus tard ces affaires dans des circonstances plus opportunes.

Pendant ce temps les villes libres de l'Alsace, les cantons suisses, le roi de France et l'archiduc Sigismond se liguèrent contre le duc de Bourgogne. L'archiduc lui rendit l'argent qu'il en avait reçu et racheta ainsi le landgraviat de l'Alsace. Louis XI n'envoya pas de troupes contre lui, mais il soutint les villes du Rhin et les Suisses, en leur envoyant secrètement de l'argent. Charles le Téméraire voulut se dédommager de ces pertes en s'emparant de l'archevêché de Cologne, mais il échoua devant la petite ville de Nauss, qui soutint jusqu'à neuf assauts dans un jour et sans succomber.

Mais il fut plus heureux en Lorraine. Il enleva cette province à René de Vaudemont et fit son entrée à Nancy, le 30 novembre 1475. Pendant qu'il faisait cette conquête, les Suisses s'étaient répandus dans la Franche-Comté où ils brûlaient et pillaient les villes et les campagnes. Le Téméraire, qui avait besoin de l'Helvétie pour l'exécution de ses plans gigantesques, profita de cette circonstance pour aller entreprendre la conquête de ce pays. Quand les Suisses connurent le péril qui les menaçait, ils firent au duc les propositions les plus avantageuses et lui représentèrent humblement « qu'il y avait plus d'or et d'argent dans les éperons de ses chevaliers et dans les brides de leurs chevaux qu'il n'en trouverait dans toute la Suisse, » et que la possession de leurs montagnes ne devait pas le tenter.

Les amis et les conseillers du Téméraire le dissuadaient aussi de cette entreprise, mais rien ne put l'arrêter. Ayant réuni une armée de près de quarante mille hommes et une formidable artillerie, il commença l'attaque en plein hiver. Le 18 février il se présenta devant la petite ville de Granson, qui lui résista pendant dix jours. Il promit à ses défenseurs la vie sauve pour les engager à se rendre, mais quand il fut maître de la ville, il oublia ses engagements et les fit tous passer au fil de l'épée. Cette barbarie souleva d'indignation tous les cantons suisses, et les vainqueurs de Morgarten et de Zempach s'avancèrent pour tirer vengeance de cet attentat. Ils rencontrèrent l'armée bourguignonne près de Granson, entassée dans une plaine étroite où l'artillerie et la cavalerie ne pouvaient se développer (2 mars 1476). Avant d'engager le combat, ces simples et pieux montagnards s'étaient jetés à genoux pour se recommander à

Dieu : « Ils demandent merci, s'écria le duc de Bourgogne, voyez ces vilains qui nous veulent faire la guerre, ils n'osent pas même la commencer. » Il ne tarda pas à s'apercevoir de la valeur de ces hommes qui passaient, avec raison, pour les premiers soldats du monde, et en quelques instants toute son armée fut mise en déroute. Il ne perdit pas beaucoup de soldats, mais il laissa entre les mains des vainqueurs quatre cents canons, sa tente, son trésor, ses diamants, son épée, son collier de la Toison d'or, les ornements de sa chapelle, une foule de baudriers, d'étendards et de pennons que les Suisses employèrent à orner leurs églises.

Cette défaite abattit la fierté du duc et le jeta dans une noire mélancolie qui altéra son esprit et sa santé. Il réunit une nouvelle armée composée d'Italiens, d'Anglais, de Savoyards, de Francs-Comtois, de Bourguignons, formant en tout trente-six mille hommes. Il partit de Lausanne, le 27 mai 1476, en disant : « *Je déjeunerai à Morat, je dînerai à Fribourg, je souperai à Berne.* » Le 22 juin il était encore devant Morat. C'est là que vinrent l'attaquer les Suisses, soutenus par les forces que leur envoyèrent René de Lorraine et Sigismond d'Autriche. Il ne prit aucune précaution pour recevoir leur attaque. Comme à Granson, sa cavalerie et son artillerie ne purent agir. Mais cette fois son armée se trouvant prise entre les ennemis, le lac et la ville de Morat, il ne fut pas possible de fuir. Plus de dix mille hommes restèrent sur le champ de bataille.

Mort de Charles le Téméraire (1477). — Le grand-duc d'Occident convoqua les états de Franche-Comté, de Bourgogne et de Flandre, pour aviser aux moyens de réparer un pareil désastre, mais partout il ne reçut que des refus humiliants, et chacun parut se plaire à insulter à son malheur. René de Vaudemont rentra en Lorraine. A cette nouvelle le Téméraire s'empressa de marcher sur Nancy, mais il arriva trop tard. Lorsqu'il fut sous les murs de cette ville, il y avait déjà trois jours qu'elle était retombée entre les mains de son adversaire. Quoiqu'il n'eût avec lui que quatre mille hommes, il voulut en faire le siége. René accourut au secours de sa capitale avec des forces cinq fois plus considérables que celles du Téméraire qui, néanmoins, en vint aux mains

(5 janvier 1477). Les ailes de l'armée bourguignonne ayant été enfoncées et dispersées, le corps de bataille commandé par le duc fut attaqué de front et sur les flancs. Charles s'arma aussitôt de son casque, et, voyant tomber à ses pieds un lion d'argent doré qui lui servait de cimier, il dit avec étonnement : *Hoc est signum Dei* (ceci est un présage de Dieu). Ayant été mis en déroute et entraîné par les fuyards, il tomba de cheval dans un fossé où il fut tué d'un coup de lance. Son corps, couvert de sang et de boue, la tête prise dans les glaçons, ne fut retrouvé que deux jours après la bataille, et tellement défiguré qu'il resta quelque temps sans être reconnu. La longueur de sa barbe et la cicatrice d'un coup d'épée qu'il avait reçu à la bataille de Montlhéry aidèrent seules à le découvrir. *Beau cousin*, dit René en lui prenant la main, *Dieu ait votre âme; vous nous avez fait moult de maux et de douleurs.*

§ II — *Agrandissement du domaine royal. Gouvernement de Louis XI.*

Louis recueille l'héritage du duc de Bourgogne. — La mort du duc de Bourgogne délivra Louis XI d'un terrible ennemi, mais elle ne mit pas fin à la guerre. Charles le Téméraire n'avait laissé pour lui succéder que sa fille Marie, qui était âgée de vingt ans. Louis XI prétendit qu'une partie des États du duc étaient des fiefs masculins et qu'ils devaient faire retour à la couronne. Il chercha ensuite à s'assurer la possession des autres parties en tentant le mariage de son fils, le dauphin Charles, avec la duchesse, dont la main était recherchée en même temps par l'archiduc d'Autriche Maximilien, le duc de Gueldre, le duc de Clarence et lord Rivers, qui étaient frère et beau-frère du roi d'Angleterre Édouard IV. Pendant que la princesse hésitait entre ces divers partis, Louis XI s'empara successivement des villes de la Picardie, du duché de Bourgogne, de la Franche-Comté, de l'Artois et d'une partie des Pays-Bas. Les Flamands avaient conservé au milieu d'eux la jeune duchesse, et prétendaient se dédommager du joug que Charles le Téméraire leur avait imposé en la dirigeant à leur gré. Mais Louis XI leur ayant inspiré de la défiance contre cette princesse, et les ayant engagés à se révolter contre elle, cette fausse politique l'éloigna de la France et lui fit épouser Maximilien d'Autriche, fils de l'empereur Frédéric III (18 août 1477). Tous les plans de Louis XI furent déconcertés par cette alliance, qui l'obligea à soutenir la guerre contre la maison d'Autriche. Maximilien remporta sur l'armée française la victoire de Guinegate (7 août 1479), mais il ne put en tirer aucun avantage. Ayant été obligé de repasser en Flandre, il vit ses États en proie aux factions, et il épuisa toutes ses ressources pour sortir des difficultés qu'elles lui suscitèrent.

Sur ces entrefaites, sa femme, Marie de Bourgogne, mourut (25 mars 1482), laissant deux enfants, Philippe et Marie, qui héritèrent de la Flandre, suivant les coutumes de cette province. Le conseil de régence céda à la France, par le traité d'Arras, la Picardie, la Bourgogne, l'Artois et la Franche-Comté (23 décembre 1482), ce qui anéantit cette célèbre maison de Bourgogne, dont la puissance avait failli être si funeste à la France.

Abaissement des grands. — Pendant tout son règne, Louis XI ne négligea rien pour abaisser toutes les autres maisons qui pouvaient porter ombrage à la couronne. Il commença par anéantir la maison d'Armagnac, qui était une des familles du midi les plus orgueilleuses et les plus puissantes. Jean V, qui en était le chef, se vantait de descendre des Mérovingiens, et n'avait cessé, comme tous ses ancêtres, d'être l'ennemi de la maison régnante. Charles VII avait été obligé de le faire condamner pour les crimes atroces dont il se souillait ; mais Louis XI, qui s'était plu au commencement de son règne à défaire ce que son père avait fait, s'était empressé de réhabiliter ce seigneur et de lui restituer ses domaines. Il en reçut la récompense qu'il pouvait en attendre ; aussitôt que Jean se vit rétabli dans ses biens, il se fit l'allié du duc de Bourgogne, du duc de Guyenne, du roi d'Angleterre, et devint un des ennemis les plus ardents de son bienfaiteur. Louis XI le punit de sa félonie en 1473 ; il le fit assiéger dans la ville de Lectoure, et ordonna sa mort au mépris de la capitulation qui lui avait été accordée. Tous ses États furent confisqués au profit de la couronne.

Le duc d'Alençon avait de même été condamné sous Charles VII; Louis XI lui avait rendu la liberté, et l'avait rétabli dans ses possessions. Mais à peine ce prince avait-il été tiré de prison, qu'il avait fabriqué de la fausse monnaie; qu'il était entré dans la ligue du *bien public* et avait fait partie de tous les complots formés contre le roi. Il était allé jusqu'à vendre son comté du Perche et son duché d'Alençon au duc de Bourgogne. Louis XI le fit arrêter en 1473, et condamner à mort, mais l'arrêt fut commué en une prison perpétuelle; il mourut deux ans après.

Le connétable de Saint-Pol, qui devait également tout à Louis XI, fut décapité en place de Grève l'année suivante. Le roi lui avait confié la capitainerie de Tours, le gouvernement de Normandie et l'épée de la France en le nommant connétable. Mais il ne se servit de son habileté et de ses talents que pour tromper les princes dont il approcha. Il servit successivement le roi de France, le roi d'Angleterre et le duc de Bourgogne, et ils purent, en se communiquant leurs lettres, se convaincre qu'il les avait tous trahis et trompés. Le duc de Bourgogne le livra à Louis XI, qui le fit enfermer à la Bastille et exécuter, après l'avoir convaincu de tous ses forfaits (1475).

Deux ans après, Jacques d'Armagnac, duc de Nemours, chef de la branche cadette des Armagnacs, fut arrêté et mis en jugement. Ce prince s'était rendu coupable envers Louis XI de la plus monstrueuse ingratitude. Il en avait reçu son duché de Nemours, des biens immenses dans les diocèses de Meaux, de Châlons, de Sens, de Langres; il avait épousé la fille du comte du Maine, cousine du roi, et néanmoins il n'avait cessé de le trahir. Un des premiers il était entré dans la ligue du bien public, et il avait obtenu sa grâce après le traité de Conflans. Plus tard il s'était ligué avec le comte d'Armagnac, il avait pris le parti du duc de Guyenne et s'était entendu avec tous les ennemis de Louis XI. Le roi cependant s'était encore montré accessible à la pitié. Enfin, en 1475, au lieu de servir la cause de son bienfaiteur, il s'était préparé à se joindre au duc de Bourgogne et au roi d'Angleterre. Il n'est pas étonnant dès lors que le roi ait été sourd à sa prière et que sa condamnation ait été prononcée. Il fut exécuté sur la place des halles, mais il n'est pas vrai, ainsi qu'on l'a prétendu, que ses enfants aient été placés sous l'échafaud pour être arrosés du sang de leur père.

Toutes ces condamnations eurent pour effet de détruire les maisons d'Armagnac, d'Alençon, de Saint-Pol et de Nemours, en faisant périr leurs chefs. Louis XI s'attacha en même temps la maison de Bourbon, en mariant sa fille Anne, qui fut chargée de la régence pendant la minorité de Charles VIII, avec le second fils cadet de cette famille, le prince de Beaujeu, et il gagna la maison d'Orléans, en donnant pour femme au duc Louis qui régna après Charles VIII, sous le nom de Louis XII, sa seconde fille Jeanne. Il dépouilla la maison d'Anjou en obtenant du vieux René et de son neveu Charles un testament qui le constituait leur héritier. Le premier étant mort le 10 juillet 1480 et le second le 12 décembre 1481, il se trouva ainsi en possession du Maine, de l'Anjou et de la Provence.

Mort de Louis XI (30 août 1483). — Tous ces succès ne purent guérir Louis XI de la sombre tristesse et de la noire mélancolie que lui inspirait le pressentiment de sa mort prochaine. Pour dissimuler à ses sujets sa faiblesse, il déploya d'abord dans ses dernières années la plus grande activité en visitant lui-même toutes ses provinces, puis il s'enferma dans son château de Montils-lez-Tours, auquel les fortifications dont il l'entourait avaient valu le nom de Plessis (*plexitium*, parc, lieu fermé). De cette forteresse inaccessible il bouleversait sans cesse le royaume, pour témoigner de sa vigueur et de sa puissance, et il multipliait chaque jour ses singularités pour fixer sur lui les regards de tous ses sujets. Il se livrait à toutes les bizarreries que lui suggérait la superstition, dans l'espoir de prolonger ses jours, et la crainte de la mort le rendait l'esclave et la dupe de son médecin. Connaissant les vertus de saint François de Paule, il le fit venir d'Italie pour retarder sa dernière heure. Mais le serviteur de Dieu lui apprit qu'il lui importait moins de vivre que de bien mourir; et par suite de ses exhortations paternelles, Louis XI mourut avec résignation le 30 août 1483 en prononçant ces paroles :

Notre-Dame d'Embrun, ma bonne maîtresse, aidez-moi.

Acquisitions faites sous son règne. — Pendant son règne Louis XI réunit au domaine de la couronne presque toutes les possessions des grandes maisons féodales. Par le traité d'Arras, il retira de l'héritage du duc de Bourgogne quatre magnifiques provinces, la *Picardie*, l'*Artois*, le duché de *Bourgogne* et la *Franche-Comté*. La maison d'Anjou lui légua l'*Anjou*, le *Maine* et la *Provence*; mais cette dernière province ne fut qu'annexée à la couronne. Elle conserva ses lois et ses droits particuliers, et les rois de France ne portèrent que le titre de *comtes de Provence*, qu'ils gardèrent jusqu'en 1789. Il confisqua le duché d'Alençon et le Perche par suite de la condamnation du duc d'Alençon. Par la mort de son frère il acquit la Guyenne. La condamnation du comte d'Armagnac, du duc de Nemours et du connétable de Saint-Pol, valurent à la couronne les fiefs du comte de Saint-Pol, les domaines du duc de Nemours et le comté d'Armagnac avec toutes ses dépendances. Dans ses relations avec l'Aragon, Louis XI avait obtenu en outre la Cerdagne et le Roussillon. Il n'y avait plus en France qu'une seule grande maison féodale, celle de Bretagne, dont il s'était rapproché le plus qu'il lui avait été possible par le Mans, Angers et Alençon, et qu'il avait constamment surveillée; mais le duc de Bretagne avait su lui-même se tenir sur ses gardes pour ne pas donner occasion à son dangereux voisin de se jeter sur ses terres.

En France, les Anglais possédaient encore Calais. « Nous avions songé aussi, disait le roi Louis XI mourant, à les chasser du dernier nid qu'ils ont dans le royaume. » Mais il ne put exécuter ce projet. Sa pensée unique avait été de fonder l'unité territoriale de la France au profit de la royauté. S'il ne put complétement y parvenir, il avança du moins considérablement la réalisation de ce grand dessein.

Nouveaux parlements. — Indépendamment de ces acquisitions qui contribuèrent à fonder l'unité territoriale, le règne de Louis XI fut encore un des plus remarquables de la monarchie française par les réformes et les institutions dont il gratifia le pays. Il sentit toute l'importance de l'administration de la justice et il y apporta de nombreuses et profondes améliorations. Il créa trois nouveaux parlements : celui de *Grenoble* (1453), qui remplaça l'ancien conseil *dauphinois*, dont la juridiction s'étendait dans le Dauphiné; celui de *Bordeaux* (1462), celui de *Dijon* (1477), et il introduisit plusieurs réformes importantes dans celui de Paris.

Il renouvela l'ordonnance de Charles VII relativement à la rédaction d'un *grand coustumier*. *Il désiroit fort qu'en son royaume on usast d'une coustume, et que toutes les coustumes fussent mises en françois en un beau livre, pour éviter le contrôle et les pilleries des advocats.* Ce désir ne put être réalisé, mais la seule pensée de cette unité était déjà un grand progrès qu'il est utile de constater.

Il établit en principe l'inamovibilité des juges, ce qui fut une excellente garantie en faveur de leur impartialité. Il déclara qu'ils ne pourraient être privés de leurs charges que pour *forfaiture jugée et déclarée judiciairement par juge compétent.*

Il acheva de détruire la féodalité en permettant aux bourgeois de réclamer le droit qu'avaient les nobles de commander le guet et la garde. Il créa un Code municipal complet pour les villes dans le but de les rattacher toujours de plus en plus au pouvoir central. Il fit de nouveaux règlements pour les corporations des arts et métiers dont il se déclara le chef.

Postes. Encouragements au commerce, à l'imprimerie et aux lettres. — Pour faciliter les communications, Louis XI établit le service des postes. A la vérité cette institution ne servit d'abord que pour le roi et pour le pape personnellement, mais on en étendit ensuite l'usage aux particuliers en 1481.

Ce prince, dont l'activité prodigieuse suffisait à tout, s'appliqua en même temps au développement du commerce et de l'industrie. Il créa une foule de foires et de marchés et chercha à établir l'unité de poids et de mesures.

Il favorisa l'industrie en faisant venir de Venise, de Gênes, de Florence des ouvriers habiles, et en créant à Tours des fabriques d'étoffes de soie, d'or et d'argent. Il encouragea en même temps l'éducation des vers à soie et l'exploitation des mines, qui était une des plus anciennes industries de la France.

L'imprimerie ayant été découverte à Mayence par Jean de Guttemberg en 1436, les docteurs de Sorbonne firent venir à Paris, en 1469, trois ouvriers imprimeurs qui avaient travaillé chez Furst, l'associé de Guttemberg, et les établirent dans un des logements du collège. Le peuple, surpris de leur art merveilleux, les accusa de sorcellerie, mais Louis XI les protégea contre l'aveuglement de la superstition et favorisa si efficacement leur industrie qu'en peu d'années ils multiplièrent les œuvres des littérateurs et des savants.

Il s'était lui-même beaucoup appliqué à l'étude, et d'après Comines, son historien, *il avait reçu en lettres une nourriture que les rois n'ont accoutumé d'en avoir.* Il composa quelques ouvrages parmi lesquels on remarque le *Rosier des guerres*, qu'il destinait à l'éducation de son fils. Il fonda plusieurs écoles de droit et de médecine, et sous son règne, ainsi que sous celui de son père, le nombre des universités s'accrut considérablement. Ainsi, les académies de Dôle (1422), de Poitiers (1431), de Bordeaux (1441), de Caen (1431), de Valence en Dauphiné (1452), de Nantes (1460), de Bourges (1463) datent de cette époque.

Résumé de ce chapitre. — Le règne de Louis XI est un des plus remarquables de la monarchie française. Il ouvrit l'âge moderne en abaissant la féodalité et en travaillant au développement des institutions nouvelles.

I. Les maisons d'Anjou, de Bretagne et de Bourgogne étaient les plus importantes à l'avénement de Louis XI, et elles comptaient de nombreux appuis dans la noblesse. La royauté avait l'avantage de posséder des domaines plus compactes et d'être soutenue par l'alliance des Puissances étrangères. Louis XI se donna pour mission pendant son règne d'abaisser la féodalité. Il s'y prit d'abord maladroitement et ses premières fautes excitèrent contre lui une coalition connue sous le nom de ligue du bien public (1464). Pour dissiper les nobles, le roi s'appuya sur la bourgeoisie, et après la douteuse bataille de Montlhéry (1465) il conclut les traités de Conflans et de Saint-Maur qui mirent fin à cette sorte de guerre civile. Il accorda tout ce qu'on voulut, sauf à faire ensuite désavouer ses promesses par une assemblée de notables qu'il convoqua à Tours (1468). Il alla trouver à Péronne Charles le Téméraire, mais celui-ci ayant appris que les Liégeois venaient de se révolter d'après ses instigations, le retint prisonnier, et ne lui rendit la liberté qu'après l'avoir forcé à assister au châtiment de ses alliés. Louis XI transgressa le traité de Péronne comme tous les autres et le fit annuler par les états généraux (1470). Cette conduite renouvela les hostilités avec le duc de Bourgogne, qui forma une ligue contre la France avec le duc de Lorraine, le duc de Bretagne, le duc de Guyenne frère du roi. Mais le duc de Guyenne mourut sur ces entrefaites (1472), le duc de Bourgogne fut repoussé devant Beauvais par le dévouement de Jeanne Hachette (1437), et Louis XI eut l'habileté de laisser les Anglais s'épuiser d'eux-mêmes par leurs propres efforts. Le duc de Bourgogne essaya ensuite de se faire conférer le diadème royal par l'Empereur d'Allemagne Frédéric III, et tourna ensuite ses armes contre la Lorraine qu'il conquit et contre les Suisses qui le vainquirent à Granson (1496) et à Morat. René de Vaudemont étant rentré en Lorraine à la suite de ces désastres, Charles le Téméraire voulut marcher contre lui et mourut sous les murs de Nancy (1477).

II. Charles le Téméraire n'ayant laissé qu'une fille pour héritière, la princesse Marie qui épousa Maximilien d'Autriche, Louis XI s'empara d'une partie de ses possessions. La Picardie, la Bourgogne, l'Artois et la Franche-Comté lui restèrent d'après le traité d'Arras (1482). Il travailla en même temps à l'abaissement des autres Puissances féodales. Il confisqua les terres des Armagnacs, fit même arrêter le duc d'Alençon, décapiter le connétable de Saint Pol et exécuter le duc de Nemours. Il enleva à la maison d'Anjou, le Maine, l'Anjou et la Provence qui lui vinrent par héritage. Le domaine de la couronne ayant été ainsi enrichi de possessions importantes, il créa les parlements de Grenoble, de Bordeaux et de Dijon dans l'intérêt de la justice. C'est dans le même esprit qu'il établit en principe l'inamovibilité des juges. Il fonda le service des Postes, encouragea le commerce, favorisa l'industrie, et multiplia les universités pour propager les sciences et les lettres. On doit reconnaître que le but qu'il se proposa pendant son règne était louable, mais il crut malheureusement que la fin justifiait tous les moyens, et c'est ce qui explique le défaut de sincérité et de bonne foi qu'on peut à juste titre reprocher à sa politique.

CHAPITRE XVIII.

CHARLES VIII ET ANNE DE BEAUJEU. LES ÉTATS GÉNÉRAUX EN 1484. ÉTAT DE L'ITALIE A LA FIN DU XVe SIÈCLE. GUERRES D'ITALIE SOUS CHARLES VIII (1).

Charles VIII n'eut pas l'intelligence et le génie de son père, mais Anne de Beaujeu suppléa à ce qui manquait à son frère, du moins

(1) AUTEURS A CONSULTER : Léo, *Histoire d'Italie*; Guichardin, *Histoire d'Italie*; la Gournezie, *Rome chrétienne*; Henrion et Beaufort, *Histoire des papes*; Machiavel, *Histoire de Florence*; Carle, *Histoire de fra Hieronimo Saronarola*; Perrens, *Saronarole*; Daru, *Histoire de Venise*; Sismondi, *Histoire des républiques italiennes*; *Mémoires de la Trémouille*.

pendant la première partie de son règne. La noblesse qui avait été si profondément abaissée par Louis XI essaya de relever la tête, mais le génie astucieux de ce prince se retrouva dans sa fille qui, tout en paraissant se soumettre à tout le monde, arriva néanmoins à ses fins. La réaction aristocratique fut étouffée et l'acquisition de la Bretagne par le mariage de Charles VIII avec l'héritière de cette grande province porta le dernier coup à la féodalité. Malheureusement aussitôt que la royauté fut dégagée de ces Puissances secondaires qui entravaient son action, elle se précipita dans les guerres d'Italie qui, pendant près d'un demi-siècle, vont enlever inutilement à la France un nombre considérable d'hommes et d'immenses sommes d'argent.

§ Ier — *Anne de Beaujeu et Charles VIII (1483-1494).*

Anne de Beaujeu. — Pour soutenir l'œuvre de Louis XI, il eût fallu un homme d'un génie égal au sien. Charles VIII n'était qu'un enfant de quatorze ans, d'une santé débile, qu'on avait toujours tenu éloigné des affaires dans la crainte de faire violence à sa nature délicate et frêle par une application trop soutenue. Louis XI avait désigné pour régente sa fille aînée Anne de Beaujeu qui était une femme de courage et d'intelligence, et dont l'esprit était astucieux et pénétrant. « Fine et déliée, s'il en fut oncques, dit Brantôme, et vraye image en tout de son père. » Les seigneurs voyaient avec peine qu'ils auraient à obéir à une femme, et ils sentaient d'ailleurs que la royauté était faiblement représentée. Ils crurent donc l'occasion favorable pour essayer de rentrer dans leurs priviléges et pour réagir contre tout ce qui s'était fait sous le règne précédent.

États généraux (1484). — Anne de Beaujeu leur fit quelques concessions en laissant la haine publique sévir contre les favoris de Louis XI. Olivier le Daim fut condamné par le Parlement à être pendu, et on obligea tous les hommes de condition obscure dont le monarque s'était entouré, à restituer les richesses qu'ils avaient amassées. Les États ayant été convoqués à Tours, la noblesse fit entendre ses plaintes. Elle réclamait contre le service auquel on l'avait soumise, elle rappelait son droit de chasse qu'on lui avait ravi, elle accusait les nouveaux gouverneurs des villes et des châteaux de ne pas veiller à la sécurité du pays, enfin elle renouvelait tous les griefs personnels qu'elle avait contre Louis XI. Le tiers état fit aussi ses doléances sur l'administration, sur la justice et sur la pauvreté du royaume. Il demandait la suppression des impôts, la répression des exactions des gens de guerre, la diminution de l'armée. Tous les ordres voulaient l'unité des lois ou coutumes, le libre échange des marchandises à l'intérieur, la suppression des obstacles qui l'entravaient, l'inamovibilité des juges et la convocation des états généraux tous les deux ans. Anne de Beaujeu eut l'adresse de calmer les esprits en faisant les plus magnifiques promesses ; elle se fit donner tout pouvoir pendant la minorité de son frère, et congédia ensuite les États sans trop s'inquiéter des vœux qu'ils lui avaient manifestés.

Intrigues du duc d'Orléans. — Néanmoins, bien des ambitions n'étant pas satisfaites, on comptait dans le royaume un grand nombre de mécontents, parmi lesquels se faisait remarquer le duc d'Orléans. Ce prince se mit de toutes parts à attiser le feu de la sédition et s'unit au duc de Bretagne, le dernier des grands vassaux qui survécût à Louis XI. Charles VIII les cita comme félons à la cour des pairs et les fit condamner. Mais cette sentence ayant besoin d'être appuyée par la force, Louis de la Trémoille reçut l'ordre d'entrer en Bretagne avec une puissante armée, il rasa Châteaubriand et Ancenis, s'empara de Saint-Aubin et répandit partout l'effroi. Les Bretons vinrent l'attaquer sous les murs de cette dernière ville, mais ils furent vaincus, et le duc d'Orléans fut fait prisonnier. La captivité de ce prince arrêta la rébellion et le royaume recouvra sa tranquillité intérieure (1488).

Mariage de Charles VIII avec Anne de Bretagne. Acquisition de cette province (1491). — Dès lors le caractère bouillant de Charles VIII commença à se révéler. Le vieux duc de Bretagne étant mort, sa fille Anne, héritière de cette province, avait accordé sa main à Maximilien, empereur d'Allemagne, et le mariage avait même été conclu par procureur. Charles VIII comprenant tout ce que cette alliance avait de dangereux pour sa couronne, sollicita ouvertement pour lui la main de la princesse ; mais Anne de Bretagne n'avait que de l'éloignement pour le monarque. L'intérêt la portait vers Maximilien, mais ses goûts personnels lui auraient fait préférer Louis d'Orléans. Charles VIII eut l'heureuse idée de briser les fers de ce prince et de se servir de lui comme médiateur pour arriver à son but. Tout lui réussit. Le duc d'Orléans, enchaîné par la reconnaissance, servit les intérêts de son bienfaiteur avec le plus grand zèle et parvint à conclure ce mariage, qui achevait la ruine des grands vassaux au profit de l'unité du royaume et de l'indépendance de la couronne.

Les nations étrangères furent jalouses du bonheur de Charles VIII. Le roi d'Angleterre Henri VII passa le détroit et vint mettre le siège devant Boulogne : l'empereur Maximilien, furieux de l'affront qu'il avait reçu, s'empara d'Arras, et Ferdinand, roi d'Espagne, revendiqua le Roussillon et la Cerdagne. La guerre éclatait sur toutes les frontières. Charles VIII eût pu facilement détruire les prétentions de ses ennemis, mais le récit des actions des anciens chevaliers lui avait enflammé l'imagination, et il ne pouvait s'arrêter à aucune pensée pratique. Il rêvait des chimères, et son esprit aventureux lui faisait concevoir les plus grandes espérances des droits qui lui avaient été transmis sur le royaume de Naples par la maison d'Anjou. Ce fut ce qui le décida à entreprendre la conquête de l'Italie (1494).

§ II. — *État de l'Italie vers la fin du xv° siècle (1453-1494).*

État anarchique de l'Italie. Durant la dernière période du xv° siècle, l'Italie est en proie à la plus profonde anarchie. Pendant que les autres États de l'Europe arrivent à l'unité par la centralisation, cette péninsule se morcelle au contraire de plus en plus. Seulement la plupart des villes qui se sont constituées en républiques pendant le moyen âge sont maintenant soumises à des seigneurs dont l'autorité est absolue. Les plus remarquables de ces petits États sont, au sud le royaume de Naples, au centre les États de l'Église et Florence, au nord la république de Venise et le duché de Milan.

Du royaume de Naples (1443-1492). — Le royaume de Naples est toujours agité par la rivalité des Angevins et des Aragonais. Alphonse d'Aragon avait, il est vrai, triomphé de René d'Anjou, son compétiteur, mais il eut ensuite l'imprudence d'affaiblir singulièrement l'autorité royale en augmentant les priviléges des barons, dans l'espoir de s'assurer leur appui. Son fils, Ferdinand 1er, qui lui succéda (1458), vit renaître les difficultés que son père avait eues à surmonter au commencement de son règne. Le fils de René, Jean d'Anjou, lui disputa ses droits à la couronne, et la guerre recommença avec le même acharnement qu'auparavant. Il triompha de son rival à la bataille de Troja (1462) avec l'aide du duc de Milan et de l'Albanais Scanderberg, mais une fois qu'il n'eut plus rien à craindre des ennemis extérieurs, il traita si durement ses vassaux, que ceux-ci se rattachèrent au parti angevin et appelèrent parmi eux Charles VIII, pour y revendiquer les droits de la maison d'Anjou, dont il était l'héritier (1492).

Rome et les souverains pontifes (1449-1492). — Pendant cette époque difficile, les papes se montrèrent tous dignes de leur auguste mission. Par leur douce et salutaire influence, ils travaillèrent à maintenir la paix au sein de l'Italie. L'Europe ayant été menacée d'une invasion après la prise de Constantinople par les Turcs, ils furent les seuls qui s'opposèrent au progrès des ennemis du nom chrétien; et ils contribuèrent en même temps avec autant de zèle que d'intelligence au développement des sciences et des lettres, préparant ainsi le beau siècle de Léon X.

Nicolas V pacifia l'Italie au congrès de Lodi (1454), et prêcha la croisade contre les Turcs en présence des princes assemblés. Son successeur, Calixte III, fit un nouvel appel au courage des chrétiens et réussit à mettre sur pied une armée de plus de soixante mille hommes qu'il envoya en Hongrie sous les ordres de Jean Capitran, son légat (1456). Mais Pie II fut le pontife qui déploya le courage le plus héroïque. Pour stimuler les princes par son exemple, il voulut se mettre lui-même à la tête des croisés; mais il expira en vue des galères vénitiennes qui devaient le porter sur la terre étrangère (1464).

La pensée de repousser les Turcs n'abandonna point ses successeurs; mais la mollesse et l'indifférence des États chrétiens les obligèrent à concentrer leur action sur l'Italie. Ils ornèrent la ville de Rome des plus somptueux monuments. Sixte IV fonda la bibliothèque royale et la chapelle Sixtine ; Innocent VIII éleva le fameux Belvédère. Toutefois ces deux pontifes eurent le tort de se trop préoccuper des intérêts de leur famille. Leur népotisme amena l'élection d'Alexandre VI, dont les fautes provoquèrent l'invasion française qui le cerna dans le château Saint-Ange deux ans après son couronnement.

Florence et les Médicis. — La république de Florence obéissait alors aux Médicis. Cosme le Grand avait élevé sa famille à la plus haute puissance. Son successeur, Pierre de Médicis, avait légué son autorité parfaitement affermie à ses deux fils, Laurent et Julien (1469). Une révolution ayant fait périr ce dernier, le pouvoir de Laurent, loin d'en être ébranlé n'en fut que plus fort, l'amour du peuple lui servait d'appui plutôt que la force des armes ou la nature des institutions. Il ne profita en effet de sa puissance que pour faire le bonheur de ses concitoyens, et travailler à la gloire de sa patrie. Il favorisa tellement les sciences et les arts qu'il a mérité d'être surnommé le *Père des Muses*. Sa cour était remplie des hommes les plus distingués, parmi lesquels on voyait briller Ange Politien, le précepteur de ses enfants, le savant Pic de la Mirandole, le philosophe Marsile Ficin et Jean Lascaris, ce travailleur infatigable, qui cherchait dans les vieux manuscrits les trésors ignorés des littératures anciennes. Laurent mourut à la fleur de l'âge (1492); sa mort fut le commencement des malheurs qui vont affliger si cruellement et pendant tant d'années les Médicis.

Venise et Gênes (1453-1495). — La prise de Constantinople par les Turcs fut un coup mortel pour la république de Venise. Elle comprit que son commerce allait être anéanti dans la Méditerranée. Aussi s'empressa-t-elle de prendre les armes contre les Turcs et d'intéresser à sa cause tous les autres États de l'Italie. Elle alla ravager le Péloponèse et l'Attique, et porta la désolation jusque sur les côtes de l'Asie Mineure, tandis que Mahomet II s'avançait par terre contre la ville de Scutari. Cette cité résista aux forces ottomanes, mais Venise fut obligée de conclure une paix humiliante qui fut le commencement de sa décadence (1479).

Elle entreprit vainement de se dédommager de ces revers, en attaquant la maison d'Este (1482-1484). Les Florentins, le roi de Naples, le duc de Milan et le pape exigèrent qu'elle rendît toutes ses conquêtes. Son gouvernement d'ailleurs, en resserrant chaque jour l'unité du pouvoir, était parvenu au despotisme le plus brutal. A la tyrannie des dix avaient été ajoutés trois inquisiteurs d'État, qui étaient choisis dans le sein de ce conseil et auxquels était accordée une puissance qui fait frémir. Ces inquisiteurs pouvaient, de leur propre autorité, infliger la peine de mort à un citoyen, et n'étaient pas tenus de rendre compte de leur conduite. Le but de cette politique était de conserver à Venise le monopole du commerce et des arts ; dans ce but, dit Daru, on faisait poignarder l'ouvrier qui transportait ailleurs une industrie utile à la république. Mais toutes ces mesures violentes et sanguinaires ne parvenaient point à conserver dans le sein de la république le commerce et l'opulence. La nouvelle route découverte par les Portugais devait ruiner ses établissements commerciaux, et l'invasion étrangère qui va éclater devait lui enlever ses arts, son industrie et sa puissance.

Gênes ne survécut pas comme puissance indépendante à la ruine de Constantinople. Fatiguée par les divisions intestines qui la déchiraient depuis si longtemps, elle se livra d'abord au roi de France, qui la donna ensuite à François Sforza (1458). Elle passa ensuite entre les mains de Jean d'Anjou, le rival du roi de Naples, puis elle retomba sous la domination de Milan (1464). Pendant ce temps, les Turcs lui ravirent successivement ses possessions d'Orient, et elle ne conserva ainsi aucun reste de son antique splendeur.

Milan. — A Milan, les Visconti s'étaient emparés de l'autorité. Le dernier duc de ce nom ayant marié sa fille à François Sforza, un des chefs les plus remarquables des *condottieri*, celui-ci se fit reconnaître pour son successeur et son héritier (1447), malgré les prétentions du duc d'Orléans, de l'empereur d'Allemagne et du roi de Naples. Son génie lui fit pardonner son usurpation, mais son fils Galéaz Marie (1468) n'eut ni son habileté, ni ses vertus. Ses scandales et ses crimes l'ayant fait poignarder dans une église (1476), les Milanais ne songèrent pas pour cela à recouvrer leur liberté. Ils reconnurent pour duc son fils Jean Galéaz, qui n'avait que huit ans, et confièrent la régence à Bonne de Savoie, sa mère. Celle-ci choisit pour son principal ministre François Simonetta, et écarta les frères du dernier duc qui auraient voulu prendre part au gouvernement. Mais l'un d'eux, Ludovic le More, l'obligea à lui céder la régence (1480), et il songeait à se défaire de son neveu pour s'emparer lui-même du souverain pouvoir, lorsque de violents murmures éclatèrent contre lui et il comprit qu'une révolution était imminente. Dans ces circonstances extrêmes, il crut qu'il ne pouvait se sauver que par le bouleversement de toute l'Italie, et ce fut cette pensée qui l'engagea à appeler les Français dans la Péninsule (1494).

§ III. — *Expédition de Charles VIII en Italie.*

Préparatifs de cette expédition. — L'Italie méritait bien par tous ses crimes un sévère châtiment. Le roi de Naples venait d'user lâchement de perfidie pour tromper ses barons et les dépouiller; Rome déplorait l'élection d'Alexandre VI et le crédit des Borgia; Florence asservie par les Médicis, s'enfonçait dans la corruption en se dévouant aux arts et à la littérature du paganisme; Venise se souillait par les cruautés arbitraires de ses tyranniques inquisiteurs; enfin Milan, depuis si longtemps déchirée par les luttes des factieux et des usurpateurs, s'était encore rendue complice des crimes de Ludovic le More. A la vue de tant de désordres, le grand prédicateur de Florence, le courageux Savonarole, avait publiquement annoncé qu'un prince, à l'exemple de Cyrus, passerait les monts, dévasterait l'Italie et s'en rendrait maître en peu de jours, sans qu'il lui fût nécessaire de livrer une bataille. Ce conquérant fut Charles VIII. Déjà il se croyait maître de l'Italie et songeait à rétablir l'empire d'Orient en allant se faire couronner à Constantinople. Aussi les sacrifices ne lui coûtèrent-ils rien pour assurer le repos de la France pendant son absence. Au roi d'Angleterre Henri VII il donna de grandes sommes d'argent, à l'empereur Maximilien il céda l'Artois et la Franche-Comté, et à Ferdinand le Catholique il rendit le Roussillon.

Succès de Charles VIII (1494-1495). — Rien ne fut épargné pour les frais de cette grande expédition. Charles VIII acheta des soldats chez toutes les nations les plus braves de l'Europe : Français, Basques, Bretons, Suisses, Allemands et Écossais, tous se rangèrent sous ses drapeaux. Les canons, perfectionnés et devenus faciles à manier, firent la force de son armée et l'effroi des Italiens, qui n'étaient pas habitués à voir d'aussi lourdes machines manœuvrer avec tant de prestesse. On traversa les Alpes et le Piémont sans difficulté. Ludovic le More accourut à la rencontre de ses alliés, et Venise qui avait voulu garder la neutralité, se déclara tout à coup pour Charles VIII. Florence, obstinément attachée à Ferdinand d'Aragon, fut rudement châtiée. Elle bannit Pierre de Médicis pour avoir livré aux Français ses meilleures places, et la démocratie s'organisa dans son sein, sous la main de Savonarole, qui avait reçu Charles VIII comme le fléau de Dieu; Pise bénit les Français, qui la délivraient du joug des Florentins, et se réjouit de leur protection. Fier de tous ces hommages, le roi de France descendit sur Naples. Le pape Alexandre VI, sachant que le cardinal de Saint-Pierre-ès-liens exhortait Charles VIII à le déposer pour cause de simonie, s'était caché derrière les murailles épaisses du château Saint-Ange, et attendait en tremblant le dénouement de ce drame terrible. Mais le roi fut plus modéré, et le pontife sortit de sa retraite pour s'allier avec lui. Alors le roi de Naples, Alphonse II, qui venait de succéder à son père Ferdinand Ier, effrayé du succès des armées françaises, n'essaya pas même de leur résister. Il s'enfuit en Sicile, après avoir abdiqué en faveur de Ferdinand son fils, et en quelques jours tout son royaume fut envahi par les Français. Charles VIII fit son entrée à Naples le 21 février 1495, et s'y fit accorder, comme à Florence et à Rome, les honneurs du triomphe. Sous prétexte qu'il avait acheté d'un neveu de Paléologue ses droits sur l'empire grec, il se revêtit des ornements impériaux et prit le titre d'empereur d'Orient. La conquête de l'Italie se trouva ainsi achevée en moins de quatre mois, et la soumission de toute la Péninsule avait offert si peu de résistance qu'Alexandre VI disait que, « les Français n'avaient eu d'autre peine que d'envoyer leurs fourriers, la craie à la main, pour y marquer leurs logements. »

Victoire de Fornoue. — Charles VIII fut persuadé qu'il allait réaliser ses magnifiques projets. Déjà Bajazet voyait la plupart de ses populations se soulever contre lui, et il s'attendait à être contraint de quitter l'Europe pour se retirer en Asie. Le roi de France, après sa brillante conquête, s'assimilait aux meilleurs capitaines de l'antiquité et excitait dans la noblesse qui l'entourait le goût des entreprises chevaleresques, en multipliant les tournois et les fêtes.

Mais ce qui avait été cause de la rapidité de ses triomphes fut aussi cause de la promptitude de ses revers. Ludovic le More, qui avait appelé les Français en Italie, fut inquiet de leurs succès et craignit qu'ils ne bornassent pas leur ambition à la conquête du royaume de Naples. Il communiqua ses appréhensions aux Vénitiens, s'unit aux Aragonais dépossédés, fit entrer dans son alliance Alexandre VI et le duc de Ferrare, et organisa ainsi une ligue qui devait fermer à Charles VIII le retour dans ses États. Quand on apprit en France ce perfide soulèvement, on fut saisi d'une grande crainte. Charles VIII de son côté battit promptement en retraite pour n'être point enveloppé. S'il ne se fût pas arrêté à Pise pour terminer les différends qui existaient entre cette ville et les Florentins, il aurait pu rentrer en France avant que ses ennemis lui eussent fermé la route. Mais ce retard leur permit de lever une armée, et les 8000 Français qui l'accompagnaient rencontrèrent, en Lombardie, 40,000 Italiens disposés à leur disputer le passage. Ce fut à la descente des Apennins, dans le Parmesan, près de Fornoue, que se livra la bataille. En une heure la valeur des Français triompha du nombre des confédérés, et il ne leur en coûta que 900 hommes pour se faire jour à travers les rangs ennemis (5 juillet 1495). Charles VIII aurait pu alors marcher sur Milan et punir sévèrement les Milanais de la perfidie de leur défection, mais il s'empressa de rentrer en France pour y raconter ses brillants exploits.

Perte du royaume de Naples. — Charles VIII avait laissé à Naples le duc de Montpensier avec le titre de vice-roi ; mais il ne lui avait donné que quatre mille hommes pour défendre sa conquête. Ferdinand d'Aragon sortit aussitôt de l'île d'Ischia où il s'était retiré, et vint, avec l'aide de Gonsalve de Cordoue, surprendre Naples en l'absence du vice-roi. Le peuple inconstant, qui avait accueilli les Français avec enthousiasme, montra la même joie au retour de ce roi qu'il avait abandonné et trahi quatre mois auparavant. Le duc de Montpensier, bloqué dans Atella, fut obligé de capituler après un mois, et c'est à peine si le brave d'Aubigny put ramener en France deux mille lances avec les honneurs de la guerre. Le reste périt sur les champs de bataille, ou fut enlevé par les maladies pestilentielles. C'est ainsi que les brillants résultats de cette expédition s'évanouirent comme un songe.

Cependant Charles VIII en méditait une nouvelle, à laquelle toute la jeune noblesse voulait prendre part. Le duc d'Orléans avait été choisi pour la diriger, et les justes prétentions qu'il avait sur le duché de Milan excitaient son zèle à en presser les préparatifs ; mais ses conseillers intimes lui firent sentir de quelle importance il était pour lui de ne pas s'éloigner, la santé du roi s'affaiblissant chaque jour, et les trois fils qu'il avait eus d'Anne de Bretagne étant morts successivement. Dès que le duc d'Orléans eut trouvé des prétextes pour se dispenser d'aller lui-même en Italie, le parti qui était opposé à cette guerre prévalut dans le conseil, et les projets du roi furent indéfiniment ajournés. Ce prince mourut sur ces entrefaites, le 7 avril 1498, au château d'Amboise, des suites d'un coup qu'il s'était donné à la tête en visitant ce château, qu'il faisait reconstruire dans le goût italien. Tous ses enfants étant morts en bas âge, avec lui s'éteignit la première branche des Valois, qui avait donné sept rois à la France et duré cent soixante-dix ans (1328-1498).

Pendant les dernières années de sa vie, ce monarque s'occupa très-sérieusement des intérêts du peuple. Averti par les plaintes de ses sujets, il appliquait « son imagination, dit Comines, à vouloir vivre selon les commandements de Dieu, à mettre la justice en bon ordre et à ranger les finances. » Il diminua les impôts d'un sixième, malgré les charges occasionnées par la guerre d'Italie, et il avait le projet de les supprimer complètement et de s'en tenir aux revenus de son domaine, ce qui aurait été possible. Il se plaisait à rendre lui-même la justice, et il réforma dans l'ordre judiciaire un certain nombre d'abus. Ainsi il proscrivit la vente des offices de judicature (1493), et fit commencer la rédaction des *coutumes* par une commission composée de commissaires royaux et d'hommes compétents nommés dans chaque pays par les trois ordres. Il compléta le *grand conseil* qui était chargé de juger les causes les plus importantes.

Résumé de ce chapitre. — I. Ce règne comprend les événements qui se passèrent à l'intérieur de la France pendant la minorité de Charles VIII et l'expédition que fit ensuite ce prince en Italie. Avant de raconter cette expédition, nous ferons connaître l'état de l'Italie; c'est le seul moyen de se rendre compte de la facilité des secours qu'obtint d'abord Charles VIII.

I. A son avénement, Charles VIII n'était qu'un enfant incapable de soutenir l'œuvre de Louis XI, mais sa sœur Anne de Beaujeu avait tout le génie de son père. Elle convoqua les états généraux (1484) et eut l'habileté de se faire reconnaître pour régente. Le duc d'Orléans, qui devait succéder à Charles VIII sous le nom de Louis XII, s'étant uni aux seigneurs pour tenter une révolte, fut vaincu à Saint-Aubin où il fut fait prisonnier (1488). Charles VIII eut ensuite l'heureuse idée de rendre ce prince à la liberté pour qu'il usât de son influence près d'Anne de Bretagne qu'il décida à épouser le roi de France (1491), ce qui amena la réunion de cette importante province à la couronne. Ce fut après ce grand événement que Charles VIII songea à la conquête de l'Italie.

II. Ce pays était presque entièrement livré à l'anarchie. Les principales Puissances étaient au nord le duché de Milan et la république de Venise; au centre Florence et Rome, et au midi le royaume de Naples. — A Naples la situation n'a pas changé; c'est toujours la lutte des Angevins et des Aragonais. Ces derniers sont maîtres du pays, et c'est pour ce motif que les Angevins appellent les Français à leur secours. — A Rome Nicolas V, Calixte III et Pie II prêchent la croisade contre les Turcs, Sixte IV et Innocent VIII protégent les arts, mais les scandales d'Alexandre VI expliquent l'humiliation et les souffrances dont la ville éternelle va être frappée. — Laurent de Médicis fit la gloire et le bonheur des Florentins, mais sa mort ouvrit pour cette république une ère de décadence. — La prise de Constantinople a frappé d'un coup mortel Gênes et Venise; cette dernière, humiliée dans la guerre qu'elle a eu à soutenir contre les Turcs, modifie sa constitution et la rend tyrannique. — A Milan les Sforza se divisèrent, et Louis le More, après avoir voulu supplanter son neveu, appela les Français en Italie pour soutenir son usurpation.

III. L'expédition de Charles VIII en Italie était suffisamment motivée par tous les désordres qui affligeaient cette contrée. Ce prince ayant considéré cette entreprise avec son imagination chevaleresque, fit toutes les concessions imaginables pour pouvoir la faire, et se laissa éblouir par la facilité de ses succès. Milan, Florence, Rome et Naples lui ouvrirent leurs portes; ce fut un triomphe plutôt qu'une conquête (1494-1496). Il concevait les projets les plus gigantesques lorsqu'il vit tous les pays qu'il croyait conquis se soulever derrière lui. Pour rentrer en France il fut obligé, à la bataille de Fornoue, de s'ouvrir une route à travers les rangs ennemis. Il y réussit (5 juillet 1495); mais à peine avait-il traversé les Alpes que le royaume de Naples lui échappa. Il méditait une expédition nouvelle, lorsqu'il mourut d'un coup qu'il se donna à la tête en visitant son château d'Amboise (7 avril 1498).

CHAPITRE XIX.

LOUIS XII. CONQUÊTE DU MILANAIS. EXPÉDITION DE NAPLES. JULES II. LA LIGUE DE CAMBRAI. LA SAINTE LIGUE. BATAILLE DE RAVENNE (1).

Les guerres d'Italie eurent une grande influence sur le développement de la civilisation française. A la vue des républiques italiennes et du jeu libre et varié de leurs institutions, le soldat sentit son cœur tressaillir aux idées d'affranchissement et d'indépendance, et les chefs de l'armée commencèrent à nourrir des espérances qui flattaient leur amour-propre et leur ambition. Tous ces soldats courageux, fatigués de leurs revers, rentrèrent en France sans y rapporter le même culte pour la royauté. Louis XII aggrava encore ce danger par ses luttes ouvertes contre l'autorité pontificale, que tous ses prédécesseurs avaient respectée. Par toutes ces imprudences, les grands principes qui servaient de base à l'antique monarchie furent tous ébranlés. L'Église et la royauté cessèrent d'être aux yeux des peuples des choses inviolables et sacrées, et on put dès lors pressentir tous les désastres que nous aurons à déplorer dans l'époque suivante.

§ Ier. — *Depuis l'avénement de Louis XII jusqu'à la ligue de Cambrai (1498-1508).*

De la France et de l'Italie à l'avénement de Louis XII (1498-1515). — Après le départ de Charles VIII, l'Italie

(1) AUTEURS A CONSULTER : Outre les auteurs indiqués au chapitre précédent consultez encore : Jean d'Auton, *Chroniques de Louis XII*; Jean de Saint-Gelais, *Histoire de Louis XII*; Seyssel *Histoire du bon roy de France Louis XII*, *Histoire de Bayard*, Rœderer, Tailhé, etc....

se crut délivrée et on accusa Savonarole d'avoir fait de fausses prédictions. Un grand parti se forma contre lui dans Florence, et il fut interdit par Alexandre VI, qu'il avait violemment attaqué sans respect pour sa dignité. Il eut le tort de ne pas se soumettre, et ses ennemis le firent condamner par l'inquisition au supplice réservé à ceux qui se montraient rebelles à la voix de l'Église. L'illustre fils de Saint Dominique apprit sa condamnation sans émotion, et monta sur le bûcher avec une résignation qui l'a fait honorer comme un martyr. Ses prédictions ne tardèrent pourtant pas à se réaliser. La branche des Valois, qui régnait en France, s'étant éteinte dans la personne de Charles VIII, Louis XII, qui monta sur le trône, avait des droits sur le Milanais, du côté de son aïeule, Valentine Visconti. Il ne tarda pas à les faire valoir, et contracta une alliance à cet effet avec le souverain pontife et Venise, l'ennemie irréconciliable des ducs de Milan.

Expéditions de Louis XII contre le Milanais (1499-1501). — Le maréchal de Trivulce, qui était le rival des Sforza, fut mis à la tête de l'expédition. Il n'eut pas besoin de s'exposer aux chances toujours incertaines d'une bataille. Ludovic le More, abandonné de tous les siens, fut obligé de s'enfuir en Allemagne, et Louis XII était encore à Lyon quand les Français entraient déjà dans Milan. Il se hâta d'aller prendre possession en triomphe de la capitale de la Lombardie et de toutes ses nouvelles conquêtes. Trivulce fut chargé du gouvernement du pays; mais sa dureté ayant irrité les Milanais, une révolte éclata, et cinq mois après sa chute, Ludovic le More rentrait dans la ville qui l'avait proscrit. Alors une seconde armée, dont Louis XII donna le commandement à la Trémoille, fut envoyée au delà des Alpes. Le Sforza s'était reposé en toute confiance sur le secours des Suisses; mais ils le trahirent à Novare et le livrèrent aux Français. Il fut envoyé en France et enfermé dans la tour de Loches, où il mourut après dix ans de captivité. Depuis ce moment, Milan n'a plus cessé d'appartenir à des princes étrangers (1501).

Expéditions de Louis XII contre le royaume de Naples (1501-1503). — Maître de Milan, Louis XII ne négligea pas les droits qu'il avait sur le royaume de Naples. Il s'unit à cet effet avec Ferdinand le Catholique, dont la fourberie parut en ces circonstances, avec le plus grand éclat. D'après un traité secret, ces deux princes étaient convenus de partager entre eux le royaume, au préjudice des Aragonais, qui avaient alors pour chef le jeune Frédéric, neveu de Ferdinand II. Gonsalve de Cordoue, accueilli par Frédéric comme un allié, mit ses troupes dans toutes les grandes places du royaume, et en notifia au roi trompé et dépouillé l'odieux partage (1501). Frédéric irrité de cette trahison céda tous ses droits au roi de France, et en obtint en retour le comté du Maine. Alors Ferdinand et Louis XII eurent des intérêts rivaux, et la guerre s'alluma quand il s'agit de fixer les bornes de leurs possessions respectives. Gonsalve battit d'Aubigny à Seminare, le duc de Nemours à Cerignolles (1503), et dépouilla les Français pendant que le roi d'Espagne, son maître, trompait la folle confiance de Louis XII à Lyon. La vaillance de Louis d'Ars et le courage de Bayard, qui défendit seul le pont du Garigliano contre deux cents Espagnols, n'empêchèrent pas que le royaume de Naples ne fût à jamais perdu pour la France (1503).

Mort d'Alexandre VI (1503). — Sur ces entrefaites mourut Alexandre VI. Son fils César Borgia exerçait une influence profonde sur toute l'Italie centrale, et son dévouement à la cause française rendait encore Louis XII très-puissant dans la Péninsule. Mais la politique de cet homme dégradé était encore plus inique que celle de Ferdinand le Catholique. Il avait fait du crime son unique moyen de succès, et Machiavel, qui vivait alors à Florence, l'étudiait avec prédilection, comme son héros le plus accompli. Son génie prévoyant avait tout disposé pour qu'il héritât de la tiare à la mort de son père; mais la Providence permit qu'il fût lui-même dangereusement malade dans ces circonstances graves, et les suffrages tombèrent sur le cardinal de la Rovère, qui prit le nom de Jules II (1503-1513). Ce pontife dépouilla Borgia de toutes les places qu'il possédait et s'annonça comme le défenseur de la liberté de Rome et de l'Italie.

Traités de Blois. — Louis XII ne se douta pas du changement que les idées de Jules II allaient introduire dans les affaires d'Italie. Il reprit ses négociations avec Ferdinand, et de part et d'autre on eut recours à la diplomatie pour satisfaire les intérêts des deux nations. Louis XII accorda d'abord au roi d'Espagne une trêve de trois ans, qui était nécessaire à ce dernier pour affermir sa domination sur le royaume de Naples. Il signa ensuite à Blois (22 sept. 1504) un traité avec l'empereur Maximilien et son fils l'archiduc Philippe d'Autriche, d'après lequel ils concluaient ensemble une ligue contre Venise ; de plus l'investiture du Milanais était accordée à Louis XII, et la possession du royaume de Naples était assurée à Charles d'Autriche, petit-fils de Maximilien, qui devait être plus tard si célèbre sous le nom de Charles-Quint. On y avait mis pour condition qu'il épouserait Claude de France, qui devait lui apporter en dot la Bourgogne et la Bretagne.

Ce traité était désastreux. Il donnait au fils de Philippe le Beau, à Charles d'Autriche, deux provinces françaises, quoiqu'il dût déjà hériter de l'Autriche et de l'Espagne du côté de Maximilien et de Ferdinand, et il lui assurait l'empire sur toute l'Italie ; c'était lui ouvrir les voies à la domination universelle. Il n'y eut qu'un cri dans toute la France pour réclamer contre ce traité, et Louis XII ne chercha plus que l'occasion de se tirer des difficultés dans lesquelles il s'était engagé. Elle ne tarda pas à se présenter. Ferdinand le Catholique étant irrité contre son gendre, songea à le déshériter en contractant un second mariage. Louis XII entra dans ces vues et conclut avec lui un nouveau traité encore à Blois (octobre 1505), d'après lequel il lui accorda la main de Germaine de Foix sa nièce. Il fut stipulé que les deux rois se dessaisiraient de leurs droits sur le royaume de Naples, en faveur des enfants qui naîtraient de ce mariage, et que s'il n'y avait pas d'enfants, le partage qu'on avait fait auparavant du royaume de Naples serait maintenu. Ferdinand s'engageait aussi à aider Gaston de Foix, le frère de sa nouvelle épouse, à conquérir le royaume de Navarre, injustement enlevé, disait-on, et retenu par Catherine de Foix et Jean d'Albret son mari. Louis XII était vivement flatté de toutes ces concessions, parce qu'il avait pour Gaston et pour sa sœur l'amour le plus tendre.

Ce traité qui rompait toutes les combinaisons précédentes excita d'abord un très-grand étonnement. La guerre civile semblait imminente en Espagne; mais la souplesse et l'habileté de Ferdinand surent concilier tous les différends. Il se fit reconnaître comme roi de Naples, et obligea les seigneurs napolitains à lui faire hommage ainsi qu'à sa nouvelle épouse. En Espagne, il se contenta de l'Aragon et laissa de bonne grâce la Castille à l'archiduc Philippe. Mais en France, on regrettait toujours de plus en plus les derniers traités qui avaient été si favorables à la maison d'Autriche. On disait avec raison que la fille de Louis XII et d'Anne de Bretagne, la princesse Claude, ne devait pas épouser d'autre prince que François d'Angoulême, neveu du roi et héritier présomptif de la couronne. La Bretagne et la Bourgogne, qui se trouvaient engagées dans ces traités, réclamaient en faveur de leur inaliénabilité.

Soumission des Génois. — Peu de temps après, la révolte éclata en Italie. A Gênes la faction populaire avait profité de l'absence du gouverneur français, Ravenstein, et s'était précipitée dans les maisons des riches et dans les palais des grands pour tout détruire et piller. Elle avait ensuite établi huit tribuns et proclamé doge de la ville un teinturier, Paul Nuove. Louis XII envoya d'abord le docteur Ricci pour apaiser les rebelles; mais ils méprisèrent son autorité et s'emparèrent de quelques places le long de la mer. Alors toute la chevalerie de France prit les armes, et Louis XII, à la tête de cinquante mille hommes, marcha lui-même contre la ville coupable. Les Génois ne purent lui résister. Ils se jetèrent à ses genoux et lui crièrent: Merci! miséricorde! (29 avril 1507). Pendant dix jours le roi tint ses pensées secrètes. Toutes les églises se remplissaient d'hommes, de femmes, d'enfants qui versaient des torrents de larmes. Le dixième jour on dressa un échafaud et on environna le trône du roi de tout l'appareil d'une justice inexorable. Quand il parut, il déclara les Génois coupables du crime de lèse-majesté et prononça la ruine de leur cité. A cette parole tout le monde poussa de grands cris et fit entendre de profonds gémissements. C'en était assez pour le cœur de Louis XII; il s'empressa de faire faire silence et d'accorder aux Génois leur pardon. Les chefs de la sédition furent seuls condamnés. Des députés de Florence et de Venise vinrent féliciter le roi de sa clémence, et le pape lui envoya une ambassade pour l'en remercier au nom de la chrétienté.

§ II. — *Depuis la ligue de Cambrai jusqu'à la mort de Louis XII (1508-1515).*

Ligue de Cambrai (1508). — La soumission de Gênes avait fait honneur au caractère de Louis XII; ce prince ajouta encore à sa gloire en prenant les armes contre Venise. Cette république commerçante avait profité des dernières guerres pour agrandir son territoire. Elle avait gagné à la chute de Louis le More, aux dernières défaites des Français à Naples et à la disgrâce de César Borgia. Toutes les Puissances avaient à se plaindre de ses usurpations. L'empereur Maximilien réclamait Vérone, Tréviso, Padoue et Vicence, et, comme chef de la maison d'Autriche, le Frioul. La France, comme maîtresse de Milan, redemandait le duché de Brescia, Bergame et Crémone; Ferdinand prétendait rentrer dans les ports occupés par les Vénitiens dans son royaume de Naples, et le pape Jules II revendiquait pour son compte, Ravenne, Faenza, Imola et ses autres villes de la Romagne. Le duc de Ferrare et le marquis de Mantoue entrèrent aussi dans la coalition pour recouvrer quelques petits territoires que Venise leur avait enlevés. La ligue fut signée à Cambrai (10 décembre 1508). Louis XII envoya un héraut d'armes au doge pour lui déclarer la guerre. A cette nouvelle, la république s'émut et fit ses préparatifs pour résister.

Victoire d'Agnadel. — Louis XII franchit les Alpes (avril 1509) et entra dans son duché de Milan avec une armée de près de quarante mille hommes, où se trouvait l'élite de la chevalerie française. On y remarquait Bayard, le chevalier sans peur et sans reproche, les la Trémoille, les Talmont, les Brézé, les Richemont, les Bonnivet. Chaumont et Trivulce commandaient l'avantgarde, le roi était au centre avec la fleur de la noblesse, et le duc de Longueville était à la tête de l'arrière-garde. Les Vénitiens avaient pour chefs Alviano et le comte de Pitigliano. Les deux armées se rencontrèrent près du village d'Agnadel (14 mai). Elles combattirent d'abord à outrance; le roi se distingua par sa bravoure, et répondit aux courtisans qui le blâmaient d'exposer sa personne: *Quiconque a peur se mette derrière moi.* La noblesse l'imita et décida la victoire en se précipitant sur l'infanterie vénitienne. Près de quinze mille hommes restèrent sur le champ de bataille, et les Français n'en perdirent que deux cents. La victoire était complète; Louis XII tomba à genoux au milieu de tout ce carnage, et rendit grâces à Dieu. Il ordonna ensuite qu'une chapelle en l'honneur de sainte Marie de la Victoire fût érigée en ces lieux mêmes.

Sainte Ligue. — Louis XII, au comble de la gloire, aida Maximilien à prendre Pavie et menaça Venise d'une entière destruction. Alors le pape Jules II, qui était entré dans la ligue de Cambrai pour obliger les Vénitiens à rendre ce qu'ils avaient usurpé, mais non pour détruire un État qui était l'unique barrière que l'Italie pût opposer aux Turcs, ne vit plus dans les Français que des ambitieux qui cherchaient à dominer sur la péninsule entière. Dans l'intérêt de la liberté de Rome et de toute l'Italie, il résolut donc de former une nouvelle ligue pour empêcher Louis XII d'exécuter ses desseins. Il gagna d'abord les Suisses, s'attacha Ferdinand en lui accordant la remise de 400,000 écus qu'il lui devait pour son royaume de Naples, envoya en Angleterre solliciter l'alliance de Henri VIII, et détacha Maximilien de l'alliance qu'il avait faite avec Louis XII. Cette seconde coalition fut appelée la sainte ligue, parce que le pape en fut l'auteur. Jules II déploya la plus grande activité. Il poussa l'oubli de sa dignité jusqu'à se mettre lui-même à la tête de ses troupes. On le vit, revêtu d'une cuirasse, diriger le siége de la Mirandole et s'emparer lui-même de la place. Il s'en retourna ensuite à Bologne, puis à Ravenne, faible et exténué, mais méditant toujours la ruine du duc de Ferrare.

Le maréchal de Chaumont étant mort après une maladie de quinze jours à Correggio, Trivulce prit le commandement de l'armée française. Jules II fit aussitôt investir une petite place appelée Bastide. Bayard fut mis à la tête d'une troupe d'élite pour la délivrer. Le combat fut terrible; près de cinq mille hommes périrent du côté de l'armée du pape. « Je ne scay, dit la chronique de Bayard, comment les chroniqueurs et historiens n'ont autrement parlé de cette belle bataille de la Bastide, mais cent ans devant n'en avoient point esté de mieulx combattue, ni à plus grand hasart. »

Ce qu'il y eut de regrettable dans ces démêlés avec le pape, c'est que le roi de France ne se contenta pas d'attaquer dans Jules II les droits du souverain, mais il blessa encore son autorité comme successeur de saint Pierre et chef de l'Église universelle. Dans ces temps d'anarchie on aurait dû aller au-devant de toutes les révoltes dans l'intérêt du pouvoir. Louis XI l'avait pressenti, et il s'était opposé à la pragmatique sanction de Charles VII, parce qu'il avait vu des périls pour le trône dans ces attentats contre la puissance pontificale. Louis XII, moins clairvoyant, favorisa cet esprit d'insubordination et fit tenir à Orléans et à Tours des conciliabules où l'on sanctionnait sa conduite et où l'on interdisait aux fidèles toute relation avec Rome (septembre 1510). Après ces entreprises schismatiques, il se crut le pouvoir de convoquer lui-même un concile général. On choisit la ville de Pise pour lieu de réunion, et on déposa Jules II.

De son côté le souverain pontife tint un véritable concile à Rome. Il anathématisa tout ce qui s'était fait à Pise, et jeta sur la France un interdit qui la remplit de deuil (octobre 1511). Louis XII s'obstina. Son intention n'était pas douteuse, il voulait la ruine de Rome elle-même. Il avait fait frapper des médailles avec cette inscription : *Je détruirai Babylone jusque dans ses fondements.*

Victoire et mort de Gaston de Foix à Ravenne. — Louis XII se trouvait privé de tous ses anciens alliés. Les Vénitiens, les Suisses, Ferdinand le Catholique et le roi d'Angleterre s'étaient déclarés pour Jules II. Il n'y avait plus que l'empereur Maximilien qui restât avec la France, et il était sur le point de l'abandonner. Le peuple lui-même voyait avec effroi cette lutte contre Rome, qui a toujours été funeste à tous les princes, et les esprits les plus fermes ne pouvaient s'empêcher de manifester leurs appréhensions. Gaston de Foix, neveu de Louis XII, âgé seulement de vingt-trois ans, avait reçu le commandement général du duché de Milan ; il résista d'abord avec gloire à l'armée espagnole, qui s'était avancée dans le Milanais. Il remporta une première victoire devant Bologne (7 février 1511) et marcha ensuite sur Brescia, qui avait été enlevée le même jour par les Vénitiens. Le château fut attaqué avec une violence effroyable. Bayard fut blessé à la cuisse d'une lance qui y resta enfoncée; on le crut mort. « Hé! messeigneurs mes amys, criait Gaston, ne vengerons-nous point sur ces vilains la mort du plus accompli chevalier qui fust au monde. » Ces paroles électrisèrent toutes les troupes et la ville fut emportée d'assaut (19 février).

De Brescia, Gaston alla mettre le siége devant Ravenne qui appartenait à Jules II. Les Espagnols et les confédérés s'étant approchés de la place, la bataille fut livrée le 11 avril 1512, le jour de Pâques. Gaston se conduisit en véritable héros. On se battit pendant huit heures avant que la victoire se décidât entre les deux partis. L'avantage ayant commencé à se déclarer pour les Français, le vice-roi espagnol, Raymond de Cordoue, fut le premier à prendre la fuite. Le brave Pierre de Navarre, qui commandait son infanterie, soutint encore la lutte, mais il fut obligé de céder devant l'impétuosité de Gaston. La bataille était gagnée, lorsque Gaston voulant compléter sa victoire, se mit à la poursuite d'un gros d'infanterie espagnole qui se retirait en bon ordre. « Oncques Roland ne fist à Roncevaulx tant d'armes qu'il ne fist là. » Mais bientôt il fut atteint d'un coup mortel dans le flanc. Lautrec, son cousin, était à ses côtés; il reçut vingt blessures, en essayant de le sauver. « Ne le tuez pas, crioit-il, c'est nostre visroy, le frère de vostre roy! Quoy que ce fust, ce pauvre seigneur y demoura, après avoir eu plusieurs playes; car depuis le menton jusques au front, en avoit quatorze ou quinze, et par là montroit bien le gentil prince qu'il n'avoit pas tourné le dos. » Ainsi s'éteignit ce héros qui faisait trembler l'Italie, et qu'on avait surnommé le *foudre de guerre*.

Le bruit de cette bataille se répandit en Europe et jeta la consternation parmi tous les ennemis de Louis XII. Mais ce prince ne put s'empêcher de verser des larmes, en apprenant la mort de Gaston qu'il aimait si tendrement. « Je voudrois, disait-il, n'avoir pas un pouce de terrain en Italie, et pouvoir à ce prix faire revivre mon neveu

Gaston de Foix, et tous les braves hommes qui ont péri avec lui ; Dieu nous garde de remporter jamais de telles victoires. »

Revers et fautes de Louis XII (1512-1515). — Depuis ce moment, Louis XII ne compta plus que des revers et ne commit que des fautes. Après la mort de Gaston de Foix, ni la Palisse, ni Trivulce, ni la Trémoille ne purent tenir tête à l'ennemi. Les Suisses rétablirent à Milan Maximilien Sforza, Florence rappela les Médicis, et la France, après avoir perdu ses conquêtes en Italie, se vit elle-même envahie de toutes parts. Henri VIII et Maximilien l'attaquèrent au nord en assiégeant Térouane, les Suisses la pressèrent à l'est en menaçant Dijon, et Ferdinand le Catholique était sur le point de pénétrer dans le Midi. Pour triompher de cette crise, Louis XII fut obligé de faire de grands sacrifices. Il abandonna la Navarre à Ferdinand, qui venait de l'usurper, reconnut pour duc de Milan Maximilien Sforza, trompa les Suisses et obtint d'Henri VIII la paix, en acceptant la main de sa sœur (1514). Les réjouissances et les fêtes qu'il donna à l'occasion de ce mariage lui causèrent tant de fatigues, qu'il en mourut le 1er janvier 1515.

Administration bienfaisante du Père du peuple. — Louis XII a été surnommé le *Père du peuple*, et toute sa vie prouve que ce surnom fut bien mérité. Il avait dès le commencement de son règne diminué les impôts, il évita de les rétablir. Son avénement au trône avait valu au domaine royal le duché d'Orléans, les comtés de Valois et de Blois, et il s'efforça de suffire à toutes les dépenses de sa personne et de sa maison par les revenus de ses domaines. Il diminua les tailles d'un tiers et voulut que le produit en fût scrupuleusement affecté à la solde des gens de guerre, à des constructions d'utilité publique ou dans l'intérêt de l'industrie et des arts. « J'aime mieux, disait-il, voir les courtisans rire de mon avarice, que le peuple pleurer de mes dépenses. »

Sous son règne, le royaume ne cessa d'être tranquille à l'intérieur et n'eut point à souffrir des revers de la guerre. L'agriculture fut encouragée et le commerce prospéra. « La tierce partie du royaume, dit un contemporain, fut défrichée en douze ans, et pour un gros marchand qu'on trouvait à Paris, à Lyon ou à Rouen, on en trouva cinquante sous Louis XII, et qui faisaient moins de difficulté d'aller à Rome, à Naples ou à Londres, qu'autrefois à Lyon ou à Genève. »

Il mit un soin extrême à faire disparaître d'anciens abus qui déshonoraient la justice. Il fit rédiger, comme l'avaient déjà entrepris Louis XI et Charles VIII, les coutumes des provinces, c'est-à-dire les usages qui avaient force de lois dans chaque pays. Par une ordonnance de 1510 il décida que tous les procès et enquêtes criminels seraient faits « en vulgaire langage du pays » au lieu d'être faits en latin, pour que l'accusé entendît les dépositions faites contre lui et qu'il pût suivre sa cause. Par une autre ordonnance savamment méditée il constitua la magistrature et la rendit indépendante.

Toutes ces réformes importantes valurent au roi l'affection de ses sujets. Une année, étant allé visiter la Bourgogne et la Champagne, il reçut des populations les témoignages les plus tendres d'attachement. « C'est la vérité, dit Saint-Gelais, que par tous les lieux où le roy passoit, les gens, et hommes et femmes, s'assembloient de toutes parts, et couroyant après luy trois ou quatre lieues ; et quand ils pouvoient atteindre à toucher à sa mule ou à sa robe, ou à quelque chose du sien, ils baisoient leurs mains et s'en frottoient le visage, d'aussi grande dévotion qu'ils eussent faict d'aucun reliquaire. Il y a trois cents ans, disoit-on, qu'il ne courut en France d'aussi bon temps qu'il faict à présent. »

Ces sentiments populaires se manifestèrent avec plus d'éclat à la mort de ce prince. Dès que les vingt-quatre crieurs de la ville de Paris s'en allèrent par les rues, *disant en telle manière honorable :* « Priez Dieu pour l'âme du très chrestien père du peuple magnanime Louys par la grâce de Dieu roi de France, » à cette nouvelle la ville retentit de cris de douleurs. Grands et petits, riches et pauvres, guerriers et marchands vinrent confondre leur deuil autour de son cercueil, qui était exposé en son palois de Tournelles. « Et en portant son corps des dictes Tournelles à Notre-Dame, dit un autre chroniqueur, avoit gens avecques des campanes, lesquelles sonnoient et crioient : *Le bon roy Louis, père du peuple est mort.* »

Résumé de ce chapitre. — I. Après le départ de Charles VIII l'Italie se crut délivrée. Mais Louis XII, qui succéda à ce prince sur le trône de France, ne tarda pas à faire valoir les droits que lui avait donnés sur le Milanais son aïeule Valentine Visconti. Il envoya le maréchal de Trivulce faire la conquête de ce duché; mais la dureté du maréchal excita une révolte contre lui, et Louis XII envoya la Trémoille qui fit prisonnier Louis le More et soumit les Milanais (1501). Louis XII s'entendit ensuite avec Ferdinand d'Espagne pour enlever le royaume de Naples aux Aragonais et le partager entre eux. Mais il fut victime de l'astucieuse politique du roi d'Espagne, et malgré la vaillance de Louis d'Ars et le courage de Bayard, les Français vaincus à Séminaro et à Cérignolles furent exclus de l'Italie méridionale (1502). Sur ces entrefaites mourut Alexandre VI, qui eut pour successeur Jules II dont la seule pensée fut de délivrer l'Italie de l'étranger. Louis XII ne comprit pas les modifications que les idées de ce nouveau pontife allaient introduire dans les affaires de l'Italie. Il conclut avec Ferdinand d'Espagne deux traités à Blois (1504-1505) qui inspirèrent aux hommes clairvoyants les plus graves craintes pour l'avenir. Peu de temps après, les Génois s'étant révoltés, Louis XII les soumit et s'honora par la générosité avec laquelle il les traita.

II. La république de Venise ayant tiré profit de tous les événements qui s'étaient passés depuis la chute des ducs de Milan, chaque État avait quelque chose à lui réclamer. Une ligue se forma donc contre elle, et Louis XII se mit à la tête de cette ligue. Il alla attaquer en personne les Vénitiens et les vainquit à Agnadel (1509). Mais quand Jules II s'aperçut qu'il songeait à détruire cette république, il s'éleva contre ces prétentions dans l'intérêt de la liberté des petits États d'Italie. Il forma donc contre la France une nouvelle ligue appelée la sainte ligue. Louis XII eut le tort de ne pas distinguer dans cette circonstance le pape souverain temporel et de pousser la France à un schisme en défendant toute communication avec le saint-siége. Gaston de Foix se distingua à la tête de l'armée française, mais il périt enseveli dans sa victoire à Ravenne. A partir de ce moment, Louis XII ne compta plus que des revers. Non-seulement il perdit ses conquêtes en Italie, mais il vit la France envahie de tous les côtés par l'étranger. Il épousa la sœur de Henri VIII pour resserrer la paix qu'il fit avec ce monarque (1514) et mourut à la suite des fêtes qu'il donna à cette occasion. La sagesse de son administration, le zèle qu'il montrait pour la justice, l'amour qu'il portait à ses sujets lui ont mérité à juste titre le glorieux surnom de *Père du Peuple*.

CHAPITRE XX.

FRANÇOIS Ier. BATAILLE DE MARIGNAN. CHARLES-QUINT. RIVALITÉ DE LA FRANCE ET DE LA MAISON D'AUTRICHE. BATAILLE DE PAVIE. TRAITÉS DE MADRID ET DE CAMBRAI (1).

La rivalité de François Ier et de Charles-Quint est un des grands faits des temps modernes. A la vérité aucune pensée profonde ne semble avoir animé ces deux illustres rivaux, ils ne paraissent poussés l'un et l'autre que par un sentiment de vaine gloire, et ils semblent avoir moins obéi à une politique éclairée qu'aux passions et aux circonstances. François Ier ne se décida même jamais que d'après de très-faibles motifs; et la domination de l'Italie fut le but de toutes ses entreprises. Mais d'après la marche providentielle de l'humanité et par rapport au développement de la civilisation européenne, son influence fut d'une tout autre importance. Car ce sont ces guerres qui sauvèrent l'indépendance de l'Europe, en empêchant Charles-Quint d'exercer sur tous les États une suprématie générale comme l'étendue de sa puissance le lui permettait.

§ Ier. — *Depuis l'avénement de François Ier jusqu'à la défaite de Pavie* (1515-1525) (2).

État de la France à l'avénement de François Ier. — Dans les siècles précédents, les rois de France avaient eu à lutter contre la puissance des seigneurs qui les entouraient, et tous leurs efforts avaient dû se diriger contre cette multitude de petits souverains que le régime féodal avait établis au détriment de la sécurité du royaume. Mais depuis Louis XI cette tâche était terminée; aucun seigneur ne pouvait se considérer comme le rival du roi, et pendant que la noblesse avait été ainsi abaissée on avait vu les classes inférieures du peuple

---

(1) AUTEURS A CONSULTER : Outre les histoires générales de la France et de l'Espagne, consultez encore : Robertson, *Histoire générale de Charles-Quint*; Gaillard, *Histoire de François Ier*; Heeren, *Manuel historique du système politique des États de l'Europe et de leurs colonies depuis la découverte des deux Indes*; Ragon, *Histoire moderne*; de Hammer, *Histoire des Turcs-Ottomans*.

(2) Voyez dans notre atlas la carte de *l'Europe sous Charles-Quint*.

s'élever et se ranger naturellement autour du pouvoir royal, qui leur offrait seul une protection assurée. Les communes avaient renoncé à leurs priviléges pour devenir les villes du roi, et les serfs qui avaient été affranchis au moment même où la bourgeoisie avait pris place dans les grands corps de l'État, s'étaient attachés d'affection à la royauté, qui avait contribué à leur délivrance. Tous ces divers progrès, en rapprochant les unes des autres les diverses classes de la société, avaient produit l'unité et la force de la nation.

Au lieu d'un pays morcelé et divisé en petites souverainetés indépendantes, il y avait alors une France qui s'étendait de l'Océan aux Pyrénées et dont les limites se trouvaient parfaitement dessinées au nord, à l'ouest et au midi. Pour compléter la défense de ses frontières et en fermer l'accès à l'étranger, il ne restait plus qu'à reprendre au midi le Roussillon que Charles VIII avait mal à propos rendu au roi d'Espagne, et à fortifier la barrière du nord-est en s'emparant de la Franche-Comté et de l'Artois qui découvraient le royaume de ce côté; ce qui sera plus tard l'objet des guerres de Louis XIV.

En attendant, la France moderne est déjà formée. Chaque province conserve encore ses coutumes, ses usages et ses lois particulières; mais insensiblement ces diversités, qui sont les conséquences inévitables de leurs divisions antérieures, s'effaceront, et l'on ne verra plus, des Pyrénées à la mer du Nord, des Alpes à l'Océan, qu'une seule nation soumise à une même puissance; les serfs, les vassaux et les suzerains seront remplacés par le roi et le peuple, et leur union fera la gloire du pays.

Bataille de Marignan (1515). — C'est cette union qui fit la force de François Ier et qui lui permit de soutenir avec honneur la lutte contre Charles-Quint, qui se trouvait maître de possessions si nombreuses. On avait cru la France épuisée par ses derniers malheurs; mais la sage administration de Louis XII avait créé à l'intérieur de grandes ressources. Quand, au lieu d'un roi faible et vieilli, la nation eut à sa tête un prince ardent et courageux, elle reprit subitement toute son énergie et tout son éclat. François Ier voulut inaugurer son règne par une conquête. N'ayant point d'argent, il vendit des charges, et se trouva bientôt prêt à envahir le Milanais avec une armée composée de 2500 lances, 20 000 Basques et 22 000 lansquenets.

Ferdinand, l'Empereur, les Suisses et le duc de Milan avaient ensemble formé une ligue contre le jeune prince. Mais les Vénitiens, qui s'étaient alliés à François Ier, retinrent les Espagnols dans leur royaume de Naples; l'empereur Maximilien se trouva dans l'impuissance d'agir, de sorte que les Suisses se trouvèrent seuls pour défendre le duc de Milan, Maximilien Sforza. Ils s'étaient emparés de tous les défilés dans les Alpes; mais les Français se glissèrent par une vallée que leur découvrit un paysan et s'avancèrent jusqu'à Marignan. Là les Suisses les attaquèrent sans artillerie, sans cavalerie, avec leurs seules piques et leurs seuls espadons. Ce combat terrible dura jusqu'au milieu de la nuit, et lorsque les ténèbres empêchèrent les combattants de se presser et de se poursuivre, chacun conserva la position qu'il occupait. François Ier dormit sur l'affût d'un canon. Le lendemain le combat recommença non moins acharné que la veille. L'artillerie française dévorait les bataillons ennemis. Enfin l'armée helvétique commençait à plier lorsque le cri de *Saint-Marc!* annonça l'approche de l'avant-garde vénitienne. Alors les Suisses sentant l'impossibilité de disputer plus longtemps le champ de bataille, lâchèrent pied et la déroute fut complète (13 septembre 1515). Le Milanais fut entièrement reconquis, et Maximilien Sforza reçut une pension annuelle de 30 000 écus, en dédommagement de ses possessions. Le maréchal de Trivulce, qui avait assisté à dix-huit batailles, dit que celle de Marignan avait été *un combat de géants et les autres des jeux d'enfants*. François Ier venait de gagner noblement ses éperons, il voulut être armé chevalier des mains de Bayard immédiatement après la bataille.

Paix perpétuelle avec les Suisses. — François Ier, se voyant maître du Milanais, ne songea point à faire revivre les prétentions de ses prédécesseurs sur le royaume de Naples. Il eut la sagesse de se borner à s'assurer le nord de l'Italie et à s'affermir dans sa conquête plutôt que d'en entreprendre de nouvelles. Il voulut s'attacher les Suisses et il conclut avec eux le traité de Genève, qu'on a appelé la *paix perpétuelle*, parce qu'il a subsisté jusqu'à nos jours. D'après ce traité, François Ier s'engagea à leur payer une pension annuelle de sept cent mille écus, à condition qu'il aurait le droit de lever chez eux autant de gens de guerre qu'il en aurait besoin. Cette clause attacha la Suisse à la France, et leurs soldats jouèrent un rôle très-important dans toutes les guerres que la France eut ensuite à soutenir.

Concordat avec Léon X (1516). — François Ier eut après sa victoire une entrevue à Bologne avec Léon X, et ils conclurent ensemble un traité (8 décembre 1515) par lequel ils s'engagèrent à la défense réciproque de leurs domaines. Le roi de France garantit aux Médicis la possession de Florence en se déclarant leur protecteur, et le pape rendit Parme et Plaisance dont Jules II s'était emparé après la bataille de Ravenne. La *pragmatique sanction* de Charles VII, qui avait été publiée sans le concours de la puissance spirituelle et qui avait été d'ailleurs condamnée par le concile général de Latran, fut abandonnée par François Ier. Le jeune roi conclut avec le pape, sous le nom de *concordat* (18 août 1516), un traité qui garantissait aux deux Puissances l'intégrité de leurs droits et de leur indépendance. Il y eut de vives réclamations et de la part du parlement, qui tendait à soumettre l'Église à l'État, et de la part du clergé, qui se passionnait pour ce qu'il appelait les libertés gallicanes. Mais François Ier imposa silence à tous ceux qui lui adressèrent des remontrances. « *Je vous enverrai à Rome discuter avec le pape,* » dit-il au cardinal de Boissy, qui portait la parole au nom du clergé. Aux représentations qui lui furent faites par le parlement, il répondit : « *Je suis roi de France, et je ne prétends pas qu'il y ait un sénat comme à Venise. Que le parlement rende la justice et me laisse donner la paix à mon royaume.* » Le pouvoir royal se montrait absolu, mais cette énergie d'autorité était nécessaire au moment où Luther commençait à prêcher la révolte contre l'Église. Si François Ier eût toujours compris la nécessité qu'il y avait de maintenir l'unité dans son royaume, et si sa politique extérieure n'eût point été souvent en contradiction avec sa politique intérieure, il eût épargné bien des maux à la France.

François Ier brigue la couronne impériale. — La paix que faisaient espérer ces diverses négociations ne devait malheureusement pas être de longue durée. Ferdinand le Catholique étant mort (23 janvier 1516), Charles d'Autriche, déjà roi de Castille, souverain des Pays-Bas et des Indes occidentales, se trouva ajouter à ses possessions l'Aragon, la Navarre, Naples, la Sicile et la Sardaigne. Il savait les nombreuses difficultés qu'il devait rencontrer dans l'administration de ces États, qui tous étaient jaloux de leurs libertés et de leurs priviléges. Il crut qu'il était de son intérêt de se ménager, du moins pour le moment, l'appui du roi de France, et il fit avec lui le traité de Noyon (13 août 1516.) Ce traité stipulait une alliance offensive et défensive entre les deux rois, il accordait à Charles V la main de Louise, fille de François Ier, qui lui cédait, pour dot, tous les droits qu'il prétendait avoir sur le royaume de Naples, et qui, en retour, exigeait de lui la restitution de la Navarre à la maison d'Albret. Mais aucune de ces conditions ne fut observée. Charles-Quint se contenta de prodiguer à François Ier des témoignages d'estime et d'amitié, en l'appelant son *beau-père*, mais il garda la Navarre et signa avec le roi d'Angleterre Henri VIII et l'empereur Maximilien le traité de Londres (29 oct. 1516), qui tendait à renouveler les anciennes ligues contre la France.

Pendant plus de deux ans aucun événement n'éclata. François Ier s'occupait d'un projet de croisade contre les Turcs quand la mort de l'empereur d'Allemagne, Maximilien, vint tout à coup changer la face des affaires en Europe (11 janv. 1519). La couronne impériale se trouvant vacante, François Ier jeta les yeux de ce côté dans l'espoir de relever l'empire de Charlemagne, et se mit sur les rangs pour disputer à Charles-Quint les suffrages des électeurs. Charles-Quint, qui, par un immense héritage, venait d'ajouter à ses possessions des Pays-Bas tous les domaines de Ferdinand et d'Isabelle, ne s'était encore illustré, il est vrai, par aucun fait d'armes ; mais l'étendue de ses États le faisait regarder comme le prince le plus capable de défendre l'Allemagne contre les Turcs. François Ier, pour captiver les suffrages, détournait l'esprit des électeurs de cette considération, en répétant sans cesse que la dignité impériale était élective, qu'on devait la faire sortir de la maison d'Autriche, et que d'ailleurs l'Empire avait besoin d'un chef vigoureux, expérimenté, plein d'ardeur et de courage pour tenir tête à Soliman.

Élection de Charles V (1519). — Au reste, sans trop compter sur les motifs qu'ils alléguaient, les deux rivaux jetaient à pleines mains l'or et l'argent pour se faire des créatures. Les électeurs, effrayés d'une telle concurrence, songèrent d'abord à les écarter l'un et l'autre, en investissant de l'autorité suprême Frédéric de Saxe; mais ce prince mérita le surnom de Sage que la postérité lui a conservé, en renvoyant à Charles-Quint l'honneur qu'on lui décernait (28 juin 1519). Avant l'élection, François Ier avait écrit d'une manière très-chevaleresque à Charles-Quint que, bien qu'ils poursuivissent tous deux le même but, il désirait qu'ils n'en restassent pas moins amis, quel que fût le résultat de l'élection. Mais une fois qu'il se vit déçu dans ses espérances, il changea de sentiment et résolut de disputer à l'empereur élu la prépondérance dans le système européen.

Forces respectives des deux rivaux. — La puissance de Charles-Quint était en effet de nature à inquiéter François Ier et à faire craindre même pour la liberté de l'Europe. Maître de l'Espagne, du royaume de Naples, des Pays-Bas, de l'Autriche et d'une partie du nouveau monde, l'empereur, qui disait avec raison que le soleil ne se couchait pas sur ses États, put songer à la domination universelle. Mais pour réaliser un tel projet, ses États étaient trop divisés et offraient des éléments trop hétérogènes. Les Flamands, les Allemands et les Espagnols ne se trouvaient pas à l'aise sous le même drapeau, et leurs caractères étaient trop antipathiques pour qu'ils consentissent à obéir, sans se plaindre, au même maître. Aussi les Flamands murmurèrent-ils contre Charles-Quint quand il alla recueillir l'héritage de Ferdinand, et les Espagnols s'insurgèrent quand ils le virent dépenser leur or pour briguer la couronne impériale.

François Ier avait des domaines moins étendus, mais la France était unie et forte. Ses armées, qui avaient été témoins de sa valeur à Marignan, lui étaient dévouées jusqu'à la mort. Il avait autour de lui les Lautrec, les Bonnivet, les Novarre et les Bayard, qui l'assuraient du succès sur le champ de bataille. Son malheur fut d'avoir, dans les négociations, beaucoup moins de ruse et d'habileté que son rival, et de se laisser ainsi enlever toutes les alliances avantageuses. Il ne sut qu'éblouir le roi Henri VIII dans l'entrevue qu'il eut avec lui au *camp du Drap d'or* (7 juin 1520) entre Guines et Ardres, tandis que Charles-Quint en fit son allié à Gravelines, par les soins du cardinal Wolsey, son premier ministre. L'empereur réussit encore à s'attacher Léon X, qui hésita quelque temps entre les deux rivaux.

Bataille de la Bicoque (1522). — La guerre éclata à propos d'un différend qui s'éleva entre le seigneur d'Aimerie et le prince de Chimay de la maison de Croy, au sujet de la petite ville d'Hierge, dans les Ardennes. L'empereur prit parti pour le seigneur d'Aimerie, et le prince de Chimay fut soutenu par François Ier. La France se couvrit de troupes et une armée fut envoyée en Espagne pour obliger Charles V à rendre la Navarre à la maison d'Albret et soutenir les Espagnols qui venaient de se révolter. Mais Ximénès écrasa les rebelles, et les Français, après avoir été vaincus à Squiros, furent obligés d'abandonner la Navarre.

La guerre ne fut pas plus heureuse dans le Nord. Les Impériaux ayant envahi la Champagne s'étaient emparés de Mouzon et étaient venus mettre le siége devant Mézières.

En Italie, Lautrec, qui s'était fait détester par la rudesse de son gouvernement tyrannique, ayant vu les Espagnols, les Florentins et le duc de Mantoue se liguer contre lui, et n'ayant point de troupes à leur opposer, fut obligé de quitter Milan et le Milanais, et de renoncer ainsi à la conquête qui avait été le fruit de la bataille de Marignan. Léon X mourut sur ces entrefaites, heureux de voir l'Italie délivrée (1er décembre 1521). Après la mort de ce pontife, Charles-Quint disposa de la tiare en faveur de son précepteur Adrien d'Utrecht et son parti jouit ainsi d'un appui immense.

Cependant François Ier ne perdit point courage ; il leva une nouvelle armée en Suisse et renvoya ce renfort à Lautrec, qui s'était retiré sur le territoire vénitien. Cet habile général reprit aussitôt l'offensive ; mais les Suisses ne tardèrent pas à se fatiguer d'une guerre où il n'y avait ni argent à recevoir, ni coups d'épée à donner. Ils crièrent *argent, congé ou bataille*, et obligèrent Lautrec à attaquer malgré lui Prosper Colonne qui s'était retranché dans une position imprenable à la Bicoque (29 avril 1522). « Ladite Bicoque, dit Martin du Bellay, estoit la maison d'un gentilhomme, circuite de grands fossés, et le circuit si grand, qu'il estoit suffisant pour mettre vingt mille hommes en bataille. » La lutte fut violente et acharnée ; les Suisses firent des prodiges de valeur, mais du haut de ses murs Colonne les foudroya et se rit de leur valeur inutile. Vingt-deux capitaines suisses restèrent sur le champ de bataille, plusieurs gentilshommes français y périrent avec eux, et Lautrec fut obligé d'évacuer le Milanais. Venise fatiguée de supporter à elle seule le poids de la guerre abandonna aussi le parti français, et l'Italie fut ainsi complétement perdue.

Trahison de Bourbon. — Au moment où la France voyait ses alliés l'abandonner au dehors, ceux qui la gouvernaient lui créaient par leurs mauvaises passions de redoutables ennemis au dedans. Dans la guerre des Pays-Bas, François Ier avait fait affront au connétable de Bourbon, en donnant le commandement de l'avant-garde au comte d'Alençon. Il l'irrita encore par une injustice en le privant du Bourbonnais, de l'Auvergne, de la Marche, du Forez et du Beaujolais que sa femme lui avait légués par testament. Pour se venger, le duc ne craignit pas de se révolter et de proposer à l'étranger le partage de la France. On devait agrandir ses domaines de la Provence et du Dauphiné, et le reste eût été partagé entre Henri VIII et Charles-Quint.

Bourbon, en passant à l'ennemi, n'y trouva pas tous les honneurs dont il s'était flatté. Charles-Quint en fit un simple général qu'il plaça sous les ordres de Lannoy dans les armées d'Italie. Néanmoins le traître ne put que s'applaudir de sa trahison pendant quelque temps. Les Français commandés par Bonnivet furent défaits à la Biagrasse (24 avril 1524). Bonnivet ayant été grièvement blessé, Bayard prit le commandement et protégea la retraite. Mais l'illustre chevalier ne tarda pas lui-même à succomber en chargeant les Impériaux. Blessé d'un coup d'arquebuse, il se fit appuyer contre un arbre, le visage tourné vers l'ennemi. « Ses pauvres serviteurs domestiques, dit le chroniqueur, estoient tous transsiz, entre lesquels estoit son pauvre maistre d'hostel, qui ne l'abandonna jamais, et se confessa le bon chevalier à luy, par faulte de prestre. Le pauvre gentilhomme fondoit en larmes voyant son bon maistre si mortellement navré, que nul remède en sa vie n'y avoit ; mais tout doulcement le reconfortoit iceluy bon chevalier, en luy disant : « Jacques, mon amy, laisse ton deuil, c'est le vouloir de Dieu de m'oster de ce monde ; je y ai la sienne grâce longuement demeuré, et y ai reçu des biens et des honneurs plus que à moy n'appartient ; tout le regret que j'ay à mourir, c'est que je n'ay pas si bien fait mon devoir que je devoys ; je supplie mon Créateur avoir pitié par son infinie miséricorde de ma pauvre âme ; et j'ay espérance qu'il le fera. » Et un prêtre s'étant ensuite présenté, il reçut les secours de la religion avec une admirable effusion de piété. Le connétable de Bourbon vint à passer auprès de l'arbre où agonisait le bon chevalier et lui ayant dit : « Ah ! monsieur de Bayard, que j'ai grand pitié de vous voir en cet estat, pour avoir esté si vertueux chevalier ! — Monsieur, répliqua le mourant, il n'y a point de pitié en moy, car je meurs en homme de bien : mais j'ay pitié de vous, de vous veoir servir contre vostre prince, vostre patrie et vostre serment. » Peu après avoir prononcé ces admirables paroles le bon chevalier rendit son âme à Dieu (30 avril 1525).

Bataille de Pavie (1525). — Après la bataille de la Biagrasse le duc de Bourbon engagea les Impériaux à pénétrer en France. Ils débutèrent par le siége de Marseille. « Trois coups de canon, avait dit le connétable, amèneront ces timides bourgeois à vos pieds, les clefs à la main et la corde au cou. » Cette prophétie fut loin de se réaliser. La ville résista généreusement (juillet 1524), et il fallut reculer devant François Ier qui s'avançait avec une puissante armée. Le roi de France voyant ses ennemis fuir à son approche, ne put s'empêcher de pénétrer à leur suite en Italie pour se venger des désastres qu'il avait essuyés. Il s'avança jusqu'aux portes de Pavie et en fit le siége. Alors il eut l'imprudence de détacher de ses troupes un corps d'armée pour l'envoyer à la conquête du royaume de Naples. Quand il eut ainsi affaibli ses forces, les Impériaux, auxquels le connétable de Bourbon venait d'amener 12 000 lansquenets, lui offrirent la bataille (24 fév. 1525). François Ier crut son honneur engagé, et ne voulut pas reculer. Le combat ne fut pas moins furieux d'une part que de l'autre, mais les Suisses ayant lâché pied, les Français furent vaincus. François Ier tomba entre les mains de Lannoy, vice-roi de Naples, qui l'emmena prisonnier. Ce fut du camp impérial que le monarque écrivit à sa mère une lettre dans laquelle on trouve le passage suivant : « De toutes choses ne m'est demeuré que l'honneur et la vie qui est sauve. » La tradition en altérant cette lettre lui a donné cette forme d'un laconisme sublime : « Madame, tout est perdu, fors l'honneur ! »

§ II. — *Depuis la captivité de François Ier jusqu'au traité de Cambrai (1525-1529).*

Captivité de François Ier. (1525-1526). — Quand Charles-Quint apprit que son rival était son prisonnier, il affecta une grande modération, mais en même temps il résolut de profiter de cet événement selon ses vues ambitieuses. En politique astucieux et rusé, il affecta envers le monarque malheureux beaucoup de fierté, refusa de le voir, espérant par ses rudesses le disposer à tout prix à racheter sa liberté. François Ier en tomba malade de chagrin. Alors Charles-Quint alla le visiter et le combla de caresses dans la crainte qu'il ne lui échappât par la mort. Mais lorsqu'il le vit rétabli, il l'outragea de nouveau par son arrogance et sa hauteur. Le roi de France désespéré avait enfin abdiqué en faveur de son fils, quand on parvint à lui persuader qu'il pouvait sacrifier, pour le bien de son royaume, sa loyauté envers un pareil adversaire, et signer en dissimulant le traité qu'il lui dicterait.

Traité de Madrid (1526). — Par ce traité, qui fut conclu à Madrid, François Ier renonçait à toutes ses prétentions sur l'Italie, s'engageait de satisfaire le duc de Bourbon, abandonnait tout droit de suzeraineté sur la Bourgogne, la Flandre et l'Artois, et promettait de payer au roi d'Angleterre 500 000 écus que l'empereur lui devait. Pour garantie de ces engagements il laissait en otage ses deux fils, François et Henri.

Reprise des hostilités (1526). — François Ier n'avait signé ce traité qu'en protestant contre la violence qui lui était faite. Arrivé sur la terre de France, il s'écria dans le transport de la plus vive allégresse : « Je suis encore roi! » Il demanda ensuite aux Bourguignons s'ils voulaient lui obéir ou passer sous la domination d'un étranger; les États de cette province répondirent par des acclamations unanimes qu'ils étaient Français par le cœur, et que le roi n'avait pu les livrer à l'étranger sans leur consentement. Charles-Quint déçu ne s'occupa plus que de reprendre la guerre. Le pape Clément VII, le roi d'Angleterre, les Suisses, les Vénitiens, les Florentins se déclarèrent pour François Ier. Malheureusement cette formidable ligue n'agit pas avec assez de concert. Bourbon, qui était en Italie, fondit avec la rapidité de l'aigle sur le Milanais, et poussa ensuite ses bandes indisciplinées sur Rome.

Prise de Rome (6 mai 1527). — Ces bandes n'étaient qu'un ramas d'hommes de toute nation, où l'on distinguait une foule de luthériens fanatiques et furieux. A la vue des tours du Vatican, ces brigands poussèrent un cri de haine et montèrent à l'assaut comme des forcenés. Bourbon, qui les commandait, tomba mortellement blessé d'un coup d'arquebuse, mais ils ne remarquèrent pas la perte de leur chef, tant la colère les aveuglait. Pendant deux mois ils saccagèrent la ville éternelle, et commirent des horreurs plus épouvantables que les Visigoths et les Vandales. Clément VII se constitua leur prisonnier, et ils lui imposèrent pour sa rançon des sommes immenses.

Conduite équivoque de Charles-Quint. — Toute l'Europe apprit avec indignation ces excès révoltants. Charles-Quint s'en réjouit; mais, pour ne pas froisser l'opinion générale, il affecta extérieurement une grande douleur. Il fit prendre le deuil à toute sa cour, malgré la naissance de Philippe son fils, et ordonna des prières publiques pour la délivrance du souverain pontife, tandis qu'un seul mot de sa bouche eût suffi pour rompre ses fers. Mais personne ne fut trompé par ses hypocrites démonstrations.

Lautrec et Doria (1528). — François Iᵉʳ et Henri VIII déclarèrent la guerre à l'empereur, et l'armée française sous les ordres de Lautrec rentra en Italie. Alexandrie, Pavie et la plupart des villes du Milanais se soumirent. On marcha sur Rome, et Lautrec songea même à la conquête du royaume de Naples. Il en assiégeait la capitale, quand le Génois André Doria, mécontent de François Iᵉʳ qui l'avait abreuvé d'injustices et d'affronts, se mit en mer avec ses galères pour soutenir les Napolitains. Il leur fit parvenir des vivres, et jeta la peste dans le camp des assiégeants. Lautrec en mourut (1528), et ce revers décida François Iᵉʳ à faire la paix.

Traité de Cambrai (1529). — Charles-Quint la désirait également, parce que les Turcs et les protestants l'inquiétaient en Allemagne. Elle fut signée à Cambrai. François Iᵉʳ y renouvelait toutes les conditions qu'il avait faites à Madrid; seulement il conservait la Bourgogne, et il devait payer 200 000 écus d'or pour la rançon de ses fils. Ce traité fut appelé la *Paix des Dames*, parce qu'il fut l'œuvre de Marguerite d'Autriche, qui négociait au nom de l'empereur, et de Louise de Savoie, qui représentait le roi de France.

Résumé de ce chapitre. — I. A l'avénement de François Iᵉʳ la féodalité était vaincue et la France du moyen âge avait fait place à la France moderne. Ce prince inaugura son règne par la brillante victoire de Marignan qu'il remporta sur les Suisses (1515) et qui lui valut la conquête du Milanais. Bayard l'arma chevalier sur ce glorieux champ de bataille. François Iᵉʳ eut la sagesse de s'en tenir à la possession du Milanais et d'attacher les Suisses à la France par une des clauses de la paix perpétuelle qu'il conclut avec eux. Il eut ensuite une entrevue avec le pape Léon X à Bologne, et il conclut avec lui un *concordat* qui mit fin aux divisions que nous avons vues éclater entre les deux Puissances sous le règne de Louis XII (1526). Ferdinand d'Espagne étant mort (23 janvier 1516), Charles-Quint qui lui succéda ajouta l'Aragon, la Navarre, Naples, la Sicile et la Sardaigne aux possessions qu'il avait déjà et qui comprenaient la Castille, les Pays-Bas et les Indes occidentales. François Iᵉʳ fit avec lui le traité de Noyon qui consolida la paix (13 août 1516), mais à la mort de Maximilien (1519) la couronne impériale d'Allemagne tenta l'ambition de ces deux rivaux. Charles-Quint fut élu, et la guerre ne tarda pas à éclater entre ces deux souverains. François Iᵉʳ avait des États moins étendus, mais ils étaient plus unis. Les premiers événements ne furent pas heureux pour la France. Ses armées essuyèrent partout des échecs, en Espagne, dans le nord de la France et en Italie. Après la bataille de la Bicoque le Milanais fut entièrement perdu. Le connétable de Bourbon ayant à se plaindre de

François Iᵉʳ, profita du moment où la France était abandonnée de tous ses alliés pour passer à l'ennemi. Son but était de diviser son pays en plusieurs parties et de s'en approprier un lambeau. Les Français ayant été défaits à Biagrasse (1524), le connétable engagea les Impériaux à pénétrer en France. Mais ils durent se retirer devant une armée conduite par François Iᵉʳ. Ce prince les poursuivit en Italie et se laissa battre à Pavie où il fut fait prisonnier (1525).

II. François Iᵉʳ fut conduit à Madrid où après un an de captivité il signa toutes les conditions que son rival voulut lui imposer. Mais aussitôt qu'il fut rendu à la liberté il se mit à la tête d'une ligue composée du roi d'Angleterre, des Suisses, des Vénitiens et des Florentins, et reprit les hostilités. Le connétable de Bourbon se précipita aussitôt sur l'Italie, et alla faire le sac de Rome où il mourut (1527). Charles-Quint eut l'air de déplorer ces excès qu'en secret il avait approuvés. Lautrec pénétra en Italie, obtint de grands succès dans le Milanais et tenta la conquête du royaume de Naples qu'il aurait faite infailliblement, s'il n'en avait été empêché par le Génois André Doria. La paix fut signée à Cambrai à la suite de ces divers événements et on l'appela la *Paix des dames*, parce qu'elle fut l'œuvre de Marguerite d'Autriche et de Louise de Savoie (1529).

CHAPITRE XXI.

SOLIMAN, HENRI VIII, TRAITÉS DE CRÉPY ET D'ARDRES.

Pendant que François Iᵉʳ et Charles-Quint se disputent en Europe la prééminence, l'islamisme arrive à l'apogée de la puissance. Il a pour chef l'invincible Soliman, et cet homme d'un génie vaste et profond se voit entouré de lieutenants habiles capables de le seconder dans toutes ses entreprises. Ce qu'il y a de plus déplorable c'est qu'au lieu de combattre cette Puissance ennemie de la croix, le roi de France s'unit à elle, et on voit pour la première fois les Ottomans entrer dans la politique européenne. Cependant, malgré ces circonstances fâcheuses, le temps donnera gain de cause au catholicisme, qui n'a en ce moment d'autre appui que les promesses de son fondateur, tandis que l'islamisme datera sa décadence ignominieuse et rapide de la mort de Soliman, son chef le plus redoutable.

§ Iᵉʳ. — *Soliman II. Siège de Vienne.*

Des Turcs depuis la prise de Constantinople jusqu'à l'avénement de Soliman (1453-1520). — Après la prise de Constantinople, Mahomet avait poussé ses armées victorieuses contre les peuples de l'Europe, mais il ne tarda pas à s'apercevoir qu'il n'avait plus affaire à des soldats énervés et sans énergie comme les Grecs ou les Asiatiques. Il fut vaincu par le vayvode de Transylvanie (1479), et il fut repoussé avec perte par les chevaliers de Saint-Jean devant l'île de Rhodes (1480). Il se préparait à se venger de cet échec quand la mort le surprit à Nicomédie (1481).

Il eut pour successeur Bajazet II qui avait le caractère très-pacifique, mais qu'une révolte des Mamelucks en Égypte obligea à prendre les armes. Ayant été deux fois vaincu par ces barbares, il se dédommagea de ce double échec par la conquête de la Macédoine, de la Bosnie et de la Croatie, et par la prise de Lépante sur les Vénitiens (1481-1512).

Son fils Sélim impatient de régner le fit emprisonner et ordonna ensuite le massacre de tous ses frères. Il attaqua le schah de Perse et remporta sur lui une grande victoire sous les murs de Tauris. Il marcha ensuite contre les Mamelucks et fit la conquête de toute l'Égypte. De retour à Constantinople il avait ordonné de construire et d'équiper une flotte de 150 navires. Son dessein était sans doute de l'envoyer contre Rhodes; mais il fut atteint d'une maladie contagieuse dans le village même où neuf ans auparavant il s'était révolté contre son père et il y succomba (1520).

Premières campagnes de Soliman. Siége et prise de Rhodes (1520-1522). — Il eut pour successeur Soliman, le plus grand monarque qui ait paru sur le trône de Constantinople. A peine ce sultan eut-il ceint le sabre d'Osman (1520), que dans son ardeur belliqueuse il chercha autour de lui un ennemi digne de son courage et de sa force. Ayant appris que la Hongrie s'était soulevée et qu'après avoir refusé le tribut qu'elle lui devait, elle avait insulté ses ambassadeurs, il marcha aussitôt contre Belgrade, en brisa les remparts avec sa redoutable artillerie, et entra dans la citadelle après vingt assauts.

Cette brillante conquête ouvrait aux musulmans la Hongrie et leur livrait un des plus puissants boulevards de la chrétienté. Pour s'assurer la domination sur l'Orient par la Méditerranée, Soliman équipa une flotte de trois cents voiles, et vint lui-même avec trois cent mille hommes attaquer l'île de Rhodes. Les chevaliers de Saint-Jean, qui la défendaient, avaient déjà vu échouer sous leurs remparts Mahomet II, le conquérant de Constantinople. Villiers de l'Ile-Adam, leur grand maître, se prépara encore à briser l'orgueil de Soliman. L'armée turque avait à ses ordres plus de cent bouches à feu; elle eut recours aux bombes pour la première fois, et, malgré ces efforts inouïs, ce ne fut qu'après onze assauts et six mois de siège que la place se rendit. Quand la ville n'offrit plus qu'un monceau de ruines, l'Ile-Adam, touché par les prières des assiégés, consentit à capituler (1522). Il se retira ensuite avec ses braves sur le rocher de Malte, qu'ils devaient immortaliser par d'autres exploits. En voyant l'Ile-Adam partir, Soliman dit à un de ses généraux : *Ce n'est pas sans quelque peine que j'oblige ce brave chrétien à son âge à sortir de sa maison.*

Travaux législatifs de Soliman (1523-1526). — Après ces deux grandes expéditions, qui rendaient le croissant aussi redoutable sur terre que sur mer, Soliman laissa un instant respirer ses troupes, pour s'occuper de l'organisation intérieure de son vaste empire. Habile à discerner le talent, il choisit pour son premier ministre le fils d'un matelot de Parga, le célèbre Ibrahim, et lui donna sa sœur en mariage (1524). Ce fut d'après ses conseils qu'il réforma la législation musulmane, punit tous les *cadis* prévaricateurs, et établit des lois contre le vol, le meurtre, la calomnie, l'usure, etc. Ce code, tout imparfait qu'il était lui mérita le surnom de législateur. Il fit aussi des innovations dans l'armée, multiplia les grades parmi les spahis et les Janissaires, affaiblit l'autorité des chefs pour rendre leurs rébellions moins fréquentes, et confia la garde du sérail à un nouveau corps qu'il créa lui-même, et qui reçut le nom de *bostangis* ou jardiniers, parce qu'il devait avoir soin des jardins du sultan.

Deuxième campagne de Soliman contre la Hongrie (1526). Pendant que Soliman s'occupait de réformes, ses généraux continuaient la guerre en Hongrie. Les succès en étaient toujours incertains, quand il résolut d'achever lui-même la conquête de ce pays. Le 23 avril

1526, il sortit de Constantinople à la tête d'une armée de cent mille hommes et traînant à sa suite trois cents bouches à feu. Il débuta par la prise de Péterwardin, reçut la soumission d'Illok et arriva enfin dans les plaines de Mohacz. Louis II n'avait que trente mille hommes à opposer à cette nuée d'infidèles. Les Hongrois enfoncèrent pourtant les premiers rangs de l'armée ennemie; mais ils ne purent ébranler le corps des Janissaires. L'artillerie turque les foudroya, et Louis II périt au milieu de ses fidèles sujets. Pendant la bataille, Soliman, revêtu d'une cuirasse étincelante d'or et de pierreries, s'était tenu sur un trône qu'on lui avait dressé sur le sommet d'une colline. Après la victoire il donna un roi à la Hongrie, dans la personne de Jean Zapolya, et regagna Constantinople, chargé de butin et emmenant avec lui plus de cent mille esclaves.

Divisions dans la Hongrie (1526-1529). — Jean Zapolya était Hongrois d'origine et auparavant palatin de Transylvanie. La nation le reconnut unanimement le jour de son couronnement à Albe-Royale. Mais aussitôt Ferdinand d'Autriche, qui avait épousé la sœur de Louis II (1521), rappela les anciens traités qui lui assuraient la couronne de Hongrie à l'extinction de la famille de Ladislas. Ce rival était puissant, il régnait sur l'Autriche, la Styrie, la Carinthie, la Carniole et le Tyrol, et il pouvait compter sur l'appui de son frère Charles-Quint. Il eut bientôt des partisans en Hongrie, et il fut proclamé roi dans une diète à Presbourg. Zapolya voulut lui résister et décider son sort par la voie des armes; mais il fut vaincu dans les plaines de Tokai (1527). — Après sa défaite il se retira en Pologne et implora le secours de Soliman, son formidable suzerain (1528).

Siége de Vienne par Soliman (1527). — Le sultan repassa le Danube au moment même où Zapolya, secouru par les Polonais, remportait sur les Hongrois la victoire de Cassova. Il s'empressa de rendre hommage à Soliman, se mit à la suite de son armée et ravagea la Hongrie avec lui, en attendant qu'il pût y régner. Le sultan le rétablit sur son trône, au milieu de ses sujets ruinés et massacrés, et alla mettre le siége devant Vienne. Le 27 septembre, sa tente était dressée sous les murs de cette grande ville, et ses soldats couvraient tout le pays d'alentour. Le brave comte de Salm, qui s'était enfermé dans la place avec vingt mille hommes, lui résista si vigoureusement, qu'après trois assauts il fut obligé de se retirer plein de dépit et de colère.

Seconde chute de Zapolya (1530). — En se retirant, Soliman avait mis le feu à tous les bourgs et à tous les châteaux qu'il avait rencontrés, et les paysans s'étaient vengés en massacrant ceux de ses soldats qui s'écartaient du gros de l'armée. Il se consola de ses revers en recevant la soumission du prince de Moldavie, qui attendait son retour pour se reconnaître son tributaire. L'année suivante les Autrichiens ayant une seconde fois renversé de son trône Zapolya son vassal, il jura de les punir de cette nouvelle insulte.

Nouvelle invasion de Soliman (1530-1532). — Il couvrit donc une quatrième fois les rives du Danube de ses hordes innombrables. La petite ville de Guntz, sur les frontières de la Styrie, l'arrêta elle seule vingt-huit jours, et ce retard permit à Ferdinand et à Charles-Quint de réunir leurs armées. Cependant l'Europe était tremblante ; depuis la Vistule jusqu'au Rhin et depuis l'Océan jusqu'aux Alpes, les nations s'émurent et de toutes parts une foule de volontaires accoururent sous les drapeaux de Charles-Quint. Soliman appelait depuis longtemps de tous ses vœux le jour où il lui serait donné de voir en face l'empereur et son armée. Mais, quand il aperçut ses bataillons nombreux, il se défia de sa fortune ; et comme Charles-Quint n'avait pas non plus intérêt à courir les chances d'un combat, ces deux grands monarques se retirèrent sans en être venus aux mains.

Paix avec l'Autriche (1533). — Soliman expédia des lettres de victoire à tous ses alliés, et l'on put croire, en effet, qu'il avait vaincu, à la manière dont il dicta la paix à Ferdinand d'Autriche. Il le contraignit à le reconnaître pour *père*, à appeler Ibrahim *son frère et son protecteur*, et à lui faire amende honorable pour avoir attaqué la Hongrie, que le sultan avait prise sous sa sauvegarde.

§ II. — *Expédition de Charles-Quint contre Tunis et Alger.*

Expédition de Charles-Quint contre Tunis. — Soliman s'était uni à Khaïr-Eddin Barberousse, qui s'était rendu maître de toutes les côtes de la Méditerranée, où il exerçait ses redoutables pirateries. Cet aventurier avait eu pour père un potier de l'île de Métélin (Lesbos). Il s'était associé à son frère Horuc pour faire le métier de pirate et ils étaient parvenus à s'emparer d'Alger. Horuc ayant péri à Tlemcem, Barberousse avait hérité de ses Etats et étendu ses conquêtes dans le centre de l'Afrique. Soliman, qui avait deviné son génie, lui offrit le commandement de ses flottes, dans le but de l'opposer aux plus habiles marins de l'Europe. Barberousse, fier de cette dignité, montra qu'il en était digne en attaquant le roi de Tunis Muley-Assan. Ce prince barbare avait fait périr son père et tous ses frères, à l'exception d'Al-Raschid qui lui avait échappé. Barberousse feignant de prendre la défense de celui-ci, l'enferma dans le sérail de Soliman et s'empara de Tunis au nom de son maître.

C'est alors que Charles-Quint, inquiet des succès de ce pirate, fit une descente en Afrique avec une armée aguerrie qu'il commandait lui-même. Barberousse marcha à sa rencontre ; mais ses soldats ne purent tenir contre les vieilles troupes espagnoles. Les musulmans furent vaincus : vingt mille esclaves enfermés dans la citadelle de Tunis rompirent leurs fers et furent ramenés en Europe par Charles-Quint, au milieu des bénédictions et des applaudissements de toute la chrétienté. Muley-Assan fut rétabli sur son trône et se reconnut vassal du roi d'Espagne (1535)

Guerre contre Venise (1539-1540). — Soliman, irrité contre Charles-Quint, fit alliance avec François Ier, et mit en mer une flotte puissante qui devait ravager l'Italie et l'Espagne. Il exhorta ensuite les Vénitiens à se déclarer pour lui contre l'empereur ; mais la République ayant toujours voulu conserver une entière neutralité, le sultan résolut de la punir de son excessive circonspection, et Barberousse fut chargé de cette expédition. Il commença par dévaster le littoral de la Pouille, et se replia de là sur Corfou, qui lui résista. Il entra ensuite dans les îles de l'Archipel, conquit Scyros, Pathmos, Paros, Egine et Naxos, ravagea Candie et couronna ses exploits par une grande victoire qu'il remporta sur les flottes combinées des Vénitiens et des Espagnols en vue du promontoire d'Actium. Les Vénitiens demandèrent la paix. Barberousse la leur accorda ; mais ils durent renoncer à tout ce qu'ils avaient perdu dans l'Archipel et payer encore 300 000 ducats pour les frais de la guerre (1540).

Expédition de Charles-Quint contre Alger (1541). — Charles-Quint conçut alors le projet de se venger de ce corsaire en allant l'attaquer dans ses propres États. Il se mit à la tête d'une flotte considérable commandée par André Doria, et marcha contre Alger. Mais cette expédition n'eut pas le succès de la première. A peine fut-il débarqué qu'une tempête violente dispersa ses vaisseaux, et qu'il se vit tout à coup privé de munitions et de vivres. Charles-Quint fit de vains efforts pour soutenir le courage de ses soldats, il ne put empêcher le désordre de s'introduire dans son armée à la suite des privations et des souffrances de toute espèce. Les infidèles, profitant de l'abattement et de la consternation des chrétiens, se précipitèrent sur eux et les exterminèrent. Charles-Quint se vit alors contraint de repasser en Espagne sans flotte et sans armée.

Nouveaux succès de Soliman en Hongrie et en Autriche. — Soliman profita dans ces circonstances des divisions qui s'élevèrent en Hongrie à la mort de Jean Zapolya. Après le règne de ce prince la Hongrie devait appartenir à Ferdinand d'Autriche. Mais les Hongrois, en haine de la domination allemande, proclamèrent roi Étienne, fils de Jean Zapolya, qui était au berceau, et ne craignirent pas d'appeler à leur secours Soliman. Le sultan parut embrasser leurs intérêts, et il envahit la Hongrie pour combattre Ferdinand. Mais après avoir mis en fuite les Allemands, il fit venir Isabelle et son enfant dans sa tente, pour lui signifier que désormais la Hongrie serait une des provinces de son vaste empire. Il assigna pour royaume au roi enfant la Transylvanie et l'y envoya régner avec sa mère.

Ferdinand ne fut pas traité avec plus d'égards. Chaque jour les infidèles, maîtres de la basse Hongrie, lui enlevaient quelques-unes des places qui lui restaient dans ces contrées. Charles-Quint, occupé en France et affligé par ses revers en Afrique, ne pouvait le secourir. Il fut donc encore obligé de demander la paix, et il ne l'obtint qu'en se reconnaissant le feudataire de Soliman, et en s'engageant à lui payer un tribut annuel de 30 000 ducats (1545).

§ III. — *Invasion de la Provence. Trêve de Nice. Bataille de Cérisoles.*

Invasion de la Provence. — Pendant que Charles-Quint s'illustrait aux yeux de toute la chrétienté par sa brillante expédition contre Tunis, François Ier indisposait au contraire tout le monde par le caractère équivoque de ses négociations. Il recherchait l'alliance des protestants d'Allemagne, tout en persécutant ceux qu'il découvrait en France; s'unissait à Soliman lorsque toute la chrétienté tremblait au seul nom de ce sultan, et essayait de s'attacher le souverain pontife, pendant qu'il flattait Henri VIII qui venait de se précipiter dans le schisme. Cette conduite contradictoire ne servit qu'à le discréditer, et il ne tira nul secours de toutes ses alliances, parce que les forces qu'il voulait unir étaient trop hétérogènes pour jamais agir de concert.

Ce fut pourtant dans ces circonstances que les hostilités recommencèrent. Charles-Quint était si sûr de la victoire, qu'à Rome, devant le pape, les cardinaux et les ambassadeurs des différentes Puissances de l'Europe, il ne craignit pas de dire : « Si j'étais à la place du roi de France, j'irais tout à l'heure, les mains liées, la corde au cou, implorer la miséricorde de mon ennemi. » Après ces paroles de vaine jactance, malgré les instances du pape Paul III, il entreprit la conquête de la France avec une armée qu'il avait réunie dans le Milanais. Rien n'avait été oublié pour rendre la campagne mémorable. Charles-Quint avait même recommandé à l'historien Paul Jove de faire provision d'encre et de plumes pour écrire ses exploits. Mais quand il eut mis le pied sur le sol français, il ne tarda pas à « cognoistre ce que c'estoit d'avoir à faire aux François en leur patrie, deffendant leurs femmes, enfants, maisons et églises. » Il trouva toute la Provence changée en un désert. La famine et la peste se mirent dans son armée, et il n'avait pas encore vu l'ennemi que déjà il avait perdu plus de 25 000 hommes. Il fut obligé de se retirer honteusement.

Trêve de Nice (1538). — Se voyant en même temps attaqué par les Français dans les Pays-Bas et en Italie, par les Turcs et leurs alliés en Allemagne, il consentit à accepter la médiation du pape. Paul III détermina les deux princes à une trêve de dix ans, qui fut conclue à Nice le 18 juin 1538. D'après cette trêve, le roi de France conserva ses conquêtes dans le Piémont et l'empereur la prépondérance en Italie.

Mutuelle amitié des deux princes (1538-1540). — Un mois après la trêve de Nice, Charles-Quint et François Ier eurent une entrevue à Aigues-Mortes, où ils se prodiguèrent réciproquement les plus beaux témoignages d'estime et d'affection; mais, il faut le dire, tous deux avaient besoin de la paix. François Ier la désirait pour s'occuper de l'administration intérieure de la France et fermer les plaies que la guerre avait faites à la nation. Charles-Quint la souhaitait pour remplir ses trésors épuisés et pacifier ses États qui étaient sur le point de se révolter. Malgré toutes ses précautions, l'insurrection ayant éclaté à Gand, François Ier poussa la générosité jusqu'à le laisser passer librement par la France pour aller châtier les rebelles (1540). Charles-Quint s'était engagé par reconnaissance à donner l'investiture du Milanais au duc d'Orléans. Mais quand il eut passé la frontière, « ce grand trompeur ôta le masque de la dissimulation » et dit n'avoir rien promis.

Bataille de Cérisoles. Henri VIII (1543-1544). — Cette perfidie nouvelle et l'assassinat des deux ambassadeurs français qui passaient par l'Italie pour se rendre près de Soliman (1541), portèrent François Ier à recommencer la guerre (1543). La France paraissait épuisée, mais les perfidies de l'empereur l'ayant blessée dans son honneur, elle retrouva toute sa vigueur et cinq armées furent mises sur pied pour la défense des frontières. Charles-Quint de son côté déploya la plus grande activité. Il fit entrer dans son parti Henri VIII (1543) et dirigea toutes ses forces sur les Pays-Bas. François Ier se ligua avec Soliman, et le croissant se montra sous les murs de Nice pour les bombarder. En vain les Français gagnèrent la célèbre bataille de Cérisoles (1544), la France n'en fut pas moins envahie par les Anglais et les Impériaux. Henri VIII débarqua en Picardie, assiégea et prit Boulogne. Charles-Quint pénétra par la Champagne et marcha sur Paris. Déjà il était maître d'Épernay et de Saint-Dizier, et il ne lui restait plus à parcourir qu'une faible distance pour être aux portes de la capitale, quand la maladie se mit dans son armée et l'obligea encore à la retraite.

Paix de Crépy et d'Ardres (1544). — Il fit la paix avec François Ier à Crépy en Laonnois (sept. 1544). D'après ce traité le roi de France renonçait à ses prétentions sur le royaume de Naples et à ses droits de suzeraineté sur la Flandre et l'Artois, tandis que l'empereur renonçait à ses prétentions sur la Bourgogne. Il avait été stipulé que le duché de Milan appartiendrait au second fils de François Ier, au duc d'Orléans, et qu'il épouserait Marie d'Autriche, fille de l'empereur. Ce prince étant mort quelque temps après, Charles-Quint se trouva dégagé de sa promesse.

Henri VIII n'accéda pas immédiatement à cette paix. Il continua les hostilités et s'empara de la ville de Boulogne. François Ier, qui n'avait pas d'autre ennemi à combattre, fit des préparatifs considérables et couvrit la mer de ses vaisseaux. Après plusieurs combats partiels qui furent sans importance, les deux souverains firent la paix à Ardres (7 juin 1546). Il fut convenu que Boulogne serait rendue à la France moyennant deux millions d'écus soleil (environ cinq millions de livres) payables en huit ans.

Mort de François Ier (1547). — Henri VIII alla ensuite terminer dans son royaume un règne qui avait été souillé de tous les crimes. Il rendit l'âme le 29 janvier 1547. François Ier fut frappé de cet événement, qui était bien de nature à le faire réfléchir sur ses propres désordres et sur les scandales de sa vie. L'idée de sa fin le saisit, et pour se distraire de cette terreur, il se mit à chasser dans les forêts royales, errant de château en château sans trouver de repos ni de soulagement. Il fut enfin obligé de s'aliter à Rambouillet, où il eut le temps de demander à Dieu pardon de toutes ses fautes. Il mourut le 31 mars 1547, dans sa cinquante-troisième année.

Dernières années de Soliman (1546-1566). — Soliman était alors à l'apogée de sa puissance. Il entreprit une nouvelle expédition contre les Perses, mais il ne put atteindre ces infatigables ennemis qui ne se défendaient qu'en fuyant (1548-1552). Toutefois cette guerre fut pour lui l'occasion de chagrins domestiques bien amers. Il se laissa dominer par les artifices de Roxelane, l'une de ses femmes, princesse dévorée d'ambition, et qui voulait à tout prix faire régner l'un de ses enfants. Elle inventa contre Mustapha, l'aîné des fils de Soliman, les plus atroces calomnies, et réussit à le perdre dans l'esprit de son père qui ordonna sa mort. Depuis ce moment sa cour fut remplie de meurtres et de violences (1553). Zéangir, un des fils de Roxelane, fut si indigné de la mort de Mustapha, qu'il se poignarda de désespoir. Mais Roxelane poussa la barbarie jusqu'à éteindre la postérité de ce prince. Elle pensa même à faire périr Sélim, un de ses propres enfants, et Soliman lui-même, pour assurer la couronne à Bajazet, son fils bien-aimé. Malgré tous ces crimes, elle mourut regrettée par son époux qu'elle abusait. Bajazet se mit en pleine révolte après sa mort, mais Soliman le vainquit près d'Iconium, et le fit étrangler avec ses quatre enfants (1559).

Siège et défense héroïque de Malte. (1565). — Soliman fit une nouvelle invasion en Hongrie pour soutenir les droits du descendant de Jean Zapolya. Après une guerre de trois années (1559-1562), il fit une trêve de huit ans avec l'Autriche. Ferdinand s'engagea encore à payer de nouveaux tributs au sultan, mais deux ans après cet humiliant traité, il laissa le trône à Maximilien II, son fils aîné (1564).

Les années et les chagrins domestiques avaient considérablement affaibli les forces et le courage de Soliman. Néanmoins, il voulut encore s'illustrer par un exploit mémorable, en portant un dernier coup aux chevaliers de Saint-Jean qui s'étaient retirés à Malte après la prise de Rhodes. Ces braves guerriers avaient reçu de Charles-Quint cette île et la ville de Tripoli. Dragut, le successeur de Barberousse et son égal par la réputation et le talent, était gouverneur de cette ville quand les chevaliers se concertèrent avec Philippe II pour reprendre cette place importante. Dès que Soliman eut connaissance de l'armement qui se préparait, il confia quatre-vingt-cinq galères à Piali-Pacha, et ce grand capitaine alla détruire la flotte des chrétiens. Les musulmans, poursuivant ensuite leurs succès, vinrent attaquer les chevaliers à Malte dans leur dernier asile. Lavalette, leur grand maître, se montra le digne successeur de l'Ile-Adam, et les contraignit à se retirer après cinq mois d'héroïque résistance.

Mort de Soliman (1566). — Pour effacer ce revers, Soliman marcha de nouveau sur la Hongrie, où Maximilien II, le successeur de Ferdinand, cherchait à dépouiller le roi Étienne de toutes ses possessions, contrairement aux traités. Cette campagne fut appelée la *guerre de Zigeth*, parce qu'elle n'eut pas d'autre résultat que la prise de cette place. Soliman mourut dans sa tente sous les murs de cette ville, et l'incendie d'un fort illumina ses funérailles. Son règne fut l'apogée de la puissance ottomane. Ce prince ne brilla pas seulement sur le champ de bataille, mais il travailla à la grandeur de sa nation par ses réformes administratives et judiciaires, et par la protection qu'il accorda aux sciences et aux lettres. D'un autre côté il prépara aussi la décadence de la Turquie, en tenant les princes éloignés des armées, parce qu'ils prirent des habitudes molles et efféminées, qui les rendirent lâches et fainéants sur le trône.

RÉSUMÉ DE CE CHAPITRE. — Trois grands princes figurent dans cette dernière partie de la rivalité de la France et de l'Empire. Soliman, François Ier et Charles-Quint.

I. Sous Soliman, les Turcs, depuis la prise de Constantinople, n'avaient cessé d'ajouter à leurs conquêtes. Mahomet II n'avait pas eu en Europe les succès qu'il avait espérés, mais Bajazet II (1481-1512) s'était emparé de la Macédoine, de la Bosnie, de la Croatie et de la ville de Lépante. Son fils Sélim vainquit le schah de Perse et fit la conquête de l'Égypte (1512-1520). Mais ce fut sous Soliman que l'empire des Turcs parvint à son apogée. Cet illustre conquérant s'empara de l'île de Rhodes (1522) et fit d'utiles réformes dans la législation musulmane. Il se signala ensuite en Hongrie où il détrôna le roi Louis II pour mettre à sa place Jean Zapolya, ce qui amena des divisions dans ce pays, parce que Ferdinand d'Autriche, à l'extinction des Ladislas, voulut faire valoir ses droits sur cette contrée. Soliman marcha contre les Autrichiens et alla mettre le siège devant Vienne (1527), mais le comte de Salm le repoussa. Jean Zapolya qu'il avait rétabli ayant été de nouveau renversé, Soliman repassa le Danube, et se trouva cette fois en face de Charles-Quint qui était venu au secours de son frère Ferdinand d'Autriche. Ces deux grands hommes aimèrent mieux faire la paix que de s'exposer aux chances d'une bataille (1533).

II. Charles-Quint se couvrit de gloire en allant combattre sur les côtes d'Afrique les pirates qui les infestaient. Il vainquit Barberousse qui régnait à Tunis au nom de Soliman et brisa les fers de 20 000 chrétiens qui étaient esclaves (1535). Soliman fit ensuite alliance avec François Ier, et Barberousse reçut l'ordre d'enlever aux Vénitiens tout ce qu'ils possédaient dans l'Archipel. Charles-Quint entreprit une expédition contre Alger pour se venger de ce corsaire, mais il ne fut pas aussi heureux cette fois que la première. Il fut obligé de repasser en Espagne, et il laissa son frère Ferdinand écrasé en Hongrie et en Autriche par les armées victorieuses de Soliman qui lui imposa un humiliant traité (1545).

III. François Ier n'avait pas craint de s'unir aux Turcs et aux protestants d'Allemagne contre Charles-Quint. Les hostilités ayant recommencé, l'empereur se croyait déjà maître de la France, mais il fut vigoureusement repoussé. Le pape Paul III fit conclure aux deux rivaux le traité de Nice (1538). Peu de temps après, Charles-Quint ayant eu besoin de passer par la France pour aller châtier la ville de Gand qui s'était révoltée, François Ier le reçut avec la plus grande courtoisie. Charles-Quint avait fait les plus belles promesses au roi, mais il n'en tint aucune; c'est ce qui amena la dernière guerre. En vain les Français gagnèrent la bataille de Cérisoles, la France fut envahie par Charles-Quint et Henri VIII. Les traités de Crépy (1544) et d'Ardres (1546) terminèrent tous ces événements. Henri VIII mourut peu de temps après (1547) et François Ier ne lui survécut que deux mois. Soliman régna encore près de vingt années (1547-1566). Il fit une expédition contre le schah de Perse qui fut sans résultat, et les dernières années de sa vie furent troublées par les intrigues de Roxelane son épouse, qui lui fit verser le sang de presque tous ses enfants. Il attaqua l'île de Malte où s'étaient retirés les chevaliers de Saint-Jean depuis la prise de Rhodes et échoua dans cette entreprise. Après avoir tant de fois ravagé la Hongrie, il y pénétra de nouveau pour l'arracher à la domination de l'Autriche. Ayant mis le siége devant la ville de Zigeth il mourut dans sa tente sous les murs de cette ville (1566).

CHAPITRE XXII.

**HENRI II. ACQUISITION DES TROIS ÉVÊCHÉS.
ABDICATION DE CHARLES-QUINT.
PHILIPPE II. BATAILLE DE SAINT-QUENTIN. PRISE DE CALAIS.
PAIX DE CATEAU-CAMBRÉSIS.**

Le règne de Henri II fut désastreux pour la France. Ce prince suivit la même politique que François Ier, mais comme il n'avait pas les mêmes talents que son père, son règne eut pour la monarchie et l'État les plus tristes conséquences. Il céda toutes les conquêtes que la France avait faites et laissa s'introduire dans l'État des rivalités qui amenèrent ensuite la guerre civile. D'un autre côté, les prétentions de la maison d'Autriche commencèrent à s'évanouir. Charles-Quint, qui avait rêvé la domination universelle, se retira dans le monastère de Saint-Just, rebuté et fatigué de toutes les déceptions qu'il avait eues. Son fils Philippe II reprit ses ambitieux projets, mais nous le verrons échouer misérablement.

Avénement de Henri II (1547). — Henri II suivit en tout la politique de son père, comme nous venons de le dire, mais il n'avait ni son courage ni son habileté. Il se laissa gouverner par Diane de Poitiers et par le vieux connétable de Montmorency. Il fit d'abord la guerre contre l'Angleterre et en obtint la restitution de Boulogne (1650), puis la main de Marie Stuart pour son fils aîné, qui devait lui succéder sous le nom de François II.

Le protestantisme ayant fait de grands progrès en France et excité des séditions dans l'Agénois, le Périgord, la Saintonge, la Gascogne et le Limousin, Henri II pressentit tout ce que le trône aurait à craindre de ces nouveautés téméraires, et il rendit contre les sectaires son édit de Châteaubriand (1551).

Mais sa fausse politique devait frapper cette mesure d'impuissance. Au moment même où il portait des lois sévères contre les réformés en France, il s'unissait, à l'exemple de François Ier son père, aux réformés d'Allemagne. Il allait même plus loin ; pendant la tenue du concile de Trente, il se brouillait avec le souverain pontife, qui le menaçait de ses anathèmes, parce qu'il avait défendu aux évêques de France de se rendre au concile, et que d'ailleurs il prétendait qu'on ne devait point avoir recours à Rome pour les bénéfices. C'était renouveler de vieilles oppositions qui avaient déjà été trop désastreuses, et s'obstiner dans une voie qui devait mener tôt ou tard à la perte de la monarchie et de l'État.

Guerres contre Charles-Quint. Conquête des trois évêchés, Metz, Toul et Verdun (1551-1555). — Les hostilités contre Charles-Quint furent reprises avec vigueur. Les armées françaises s'emparèrent des trois évêchés, Toul, Metz et Verdun, et menacèrent l'Alsace (1552). L'empereur se hâta de conclure la paix en Allemagne avec Maurice de Saxe pour voler au secours de ses provinces démembrées. Ses troupes se portèrent sur Metz. Le duc de Guise s'y était jeté avec l'élite des gentilshommes de France. Cet illustre guerrier révéla son génie et son courage dans la défense de cette place. Pendant trois mois que dura le siége (du 21 oct. 1552 au 2 janvier 1553), il fit perdre à Charles-Quint plus de trente mille hommes. L'orgueil de l'empereur ne put tenir contre tant de désastres ; il se retira, laissant dans son camp une multitude de malades et de blessés. A Paris, le peuple se railla de l'humiliation du fier monarque, et tout le royaume applaudit au succès de son vainqueur.

Charles-Quint se vengea de cet échec, il est vrai, par la ruine de Térouane et de Hesdin (juin 1553), mais il essuya encore, près de Renti (13 août 1554), sur les confins de l'Artois et du Boulonnais, une défaite qu'il ne put racheter par aucune action mémorable.

Abdication de Charles-Quint (1556). — Alors rebuté du monde et ennuyé des affaires, il résolut de se délivrer de ses couronnes, pour se préparer dans le silence de la solitude à une bonne mort. Le 25 octobre 1555, il fit venir à Bruxelles son fils Philippe, et lui remit la souveraineté des Pays-Bas, après une touchante allocution où il rappela tout ce qu'il avait fait pour la gloire et la prospérité de ses peuples. Le 16 janvier de l'année suivante, il lui céda encore ses royaumes d'Espagne et de Naples, et le 7 septembre il abdiqua l'empire en faveur de son frère Ferdinand (1556). Alors libre de tout souci, il se fit accompagner de ses deux sœurs jusque sur le chemin de Valladolid, et les ayant quittées il s'enferma dans une cellule du monastère de Saint-Just, au milieu de la délicieuse contrée de l'Estramadure. Il partageait son temps entre la prière et le travail des mains, et s'occupait surtout d'horlogerie. Un jour il lui vint en pensée de faire célébrer par les moines ses obsèques avant sa mort. Il demanda un cercueil, s'y enferma, et répondit à leurs prières, tout en méditant sur le jugement de Dieu qui l'attendait. Cette cérémonie l'impressionna si vivement, qu'on attribue sa mort à l'émotion qu'il en ressentit. Elle arriva le 21 septembre 1558 : il avait cinquante-six ans.

Guerres contre Philippe II. Bataille de Saint-Quentin (1557). — Quand Charles-Quint se fut enseveli dans son monastère de Saint-Just, le pape Paul IV, qui était Français de cœur, excita Henri II à rompre la trêve de Vaucelles, qui d'ailleurs avait été mal observée. Les Espagnols avaient fait des tentatives sur Metz et sur Bordeaux, et s'étaient conduits avec barbarie envers le maréchal de Lamarck leur prisonnier. Toute l'Europe se trouva en armes contre la France. Philippe II venait d'épouser la reine d'Angleterre, Marie, et il en avait reçu un corps de huit mille hommes. Son armée se trouvait bien supérieure en nombre à celle des Français. Néanmoins le connétable de Montmorency eut l'imprudence d'engager la bataille près de Saint-Quentin. Il fut vaincu et fait prisonnier avec la plus grande partie de ses soldats. Le désastre de cette journée rappela les grandes défaites de Crécy, de Poitiers et d'Azincourt (10 août 1557).

Toute la France était dans la consternation. Quand on apprit cette victoire au vieux Charles-Quint dans son couvent de Saint-Just, il s'écria : « Le roi est-il à Paris? » Philippe II aurait pu en effet se rendre maître de la capitale, s'il ne s'était pas arrêté à prendre Saint-Quentin, Ham, Noyon et le Châtelet.

Gloire du duc de Guise. Prise de Calais. — Pendant ce temps la France eut le loisir de revenir de son effroi et d'en appeler à l'épée du duc de Guise. Au seul nom de ce grand capitaine, tous les hommes de guerre coururent aux armes, et la nation entière reprit confiance et courage. Henri II lui avait donné le titre de lieutenant général du royaume, et, dans son enthousiasme, il avait même songé à lui conférer celui de viceroi. Guise répondit à ces témoignages d'affection et d'honneur par de brillants exploits. Il s'avança tout à coup vers Calais, et en un instant cette ville se vit bloquée au grand étonnement de la France et de l'Angleterre. Le siége en fut conduit avec vigueur, et, après une vive résistance, la garnison fut obligée de capituler (1er janv. 1558).

La prise de cette ville, réputée imprenable, était une glorieuse réparation de la défaite de Saint-Quentin. Dans toute l'Europe on ne s'occupait que de cet événement, et partout on célébrait le duc de Guise comme un héros suscité de Dieu pour relever la monarchie française. Le mariage de la jeune reine d'Écosse, Marie Stuart, avec le dauphin de France, vint encore ajouter à la splendeur déjà si éclatante de la maison des Guises. Le duc devenait par là l'oncle du dauphin, et tout se réunissait pour accumuler sur lui seul toute la popularité.

Traité de Câteau-Cambrésis (1559). — Une si grande gloire devait nécessairement exciter des jalousies profondes. Toute la France applaudissait aux triomphes du duc de Guise, mais la cour était divisée. Le connétable de Montmorency, retenu prisonnier dans les Pays-Bas depuis le désastre de Saint-Quentin, avait son parti. L'amiral de Coligny, qui avait été fait prisonnier avec lui, méditait des complots contre la couronne, et déjà il s'était montré dans ce dessein favorable aux sectaires. D'Andelot, son frère, faisait ouvertement de la propagande en faveur de l'hérésie, et un jour il avait osé dire devant le roi même que la messe était une impiété.

Henri II était profondément attaché à la foi catholique, mais il n'avait pas un esprit assez pénétrant pour démêler toutes les intrigues qui l'environnaient, et sa volonté n'était pas assez forte pour suivre invariablement l'exécution d'un même dessein. Sans se défier assez de ceux qui portaient envie au duc de Guise, il prit lui-même ombrage de la fortune de cette maison, et pour l'abaisser il ne craignit pas d'humilier la France elle-même. C'est ainsi, qu'après la défaite du maréchal de Thermes, à Gravelines (13 juill. 1558), le connétable ayant été remis en liberté (oct.) engagea le roi à faire la paix. Elle fut conclue à Câteau-Cambrésis à des conditions déshonorantes (25 av. 1559). La France rendit à l'Espagne *Thionville, Mariembourg, Damvilles, Montmédy*, et lui laissa le *comté de Charolais*, à la condition qu'elle lui en ferait hommage comme d'un fief. Elle en reçut *Ham*, le *Câtelet* et *Saint Quentin*, conserva l'importante conquête des trois évêchés, *Metz, Toul* et *Verdun*, mais elle sacrifia toutes ses possessions en Italie, à l'exception de *Turin, Pignerol, Quiers, Clèves* et *Villeneuve-d'Asti*, qu'elle ne garda que provisoirement, jusqu'à ce que les droits de Louise de Savoie, mère de François Ier, fussent réglés. Le duc de Savoie recouvra ainsi dans ses États, des deux côtés des Alpes, la Bresse et le Bugey, la Savoie et le Piémont. La France céda de la sorte en Italie et dans les Pays-Bas cent quatre-vingt-neuf villes ou châteaux, ce qui fit dire au duc de Guise : « Sire, vous donnez en un jour ce qu'on ne vous ôterait point par trente ans de revers. »

Mort du roi par accident (1559). — On entendit s'élever de tous les points de la France un long murmure. La nation comprit qu'on avait sacrifié ses intérêts à ceux du connétable et de son parti, et cette lâcheté redoubla son amour pour les Guises, dont on avait voulu méconnaître les services et la gloire. En dédommagement des concessions qu'il avait faites, Henri II avait stipulé des alliances. Il avait donné sa sœur Marguerite au duc de Savoie, et sa fille Élisabeth à Philippe II qui venait de perdre la reine d'Angleterre Marie, sa première femme. Ces mariages furent célébrés avec une grande pompe. Le roi se jeta dans les fêtes comme s'il eût voulu chercher au milieu des réjouissances une distraction à ses remords.

Il avait fait publier un tournoi dans lequel il devait être tenant avec le duc de Guise, le duc de Nemours et le prince de Ferrare. La lice était dans le quartier Saint-Antoine. Le roi soutint de nobles assauts d'armes les deux premiers jours. Le troisième, qui devait être le dernier, il rentra dans l'arène pour rompre une lance avec le comte de Montgommery, capitaine des gardes écossais. La reine ayant eu des pressentiments sinistres voulut s'opposer à cette nouvelle lutte, mais le roi persista, et parut dans la lice tout brillant de ses beaux faits d'armes des deux jours précédents. L'ardeur de

Montgommery l'entraîna peut-être. Les lances des deux combattants se rompirent, et celle du comte ayant pénétré par la visière du roi, frappa l'œil et perça jusqu'au cerveau. Le sang jaillit à flots. On se précipita vers le roi qui disait : « Ce n'est rien, je pardonne à Montgommery. » Il mourut onze jours après (10 juillet 1559), à l'âge de quarante et un ans.

Résumé de ce chapitre. — Le règne de Henri II fait pressentir de grands événements qui seront féconds en désastres. Le protestantisme continue à faire de très-grands progrès. Le roi le combat à l'intérieur de ses États, mais sa politique extérieure paralyse toute l'influence qu'il pourrait avoir sur les sectaires, puisqu'il s'allie à leurs coreligionnaires en Allemagne. La lutte de l'Empire contre la France continue. Les armées françaises font la conquête des trois évêchés, Metz, Toul et Verdun (1552), et Charles-Quint s'efforce inutilement de reprendre Metz. Il se venge de cet échec par la ruine de Térouane et de Hesdin (1553), mais il est défait près de Renti (1554). Ces derniers revers le dégoûtent du monde, et il abdique en faveur de son fils Philippe et de son frère Ferdinand, et il se retire dans le monastère de Saint-Just (1556). Philippe II reprend ses projets et la guerre avec la France continue. Il gagne la célèbre bataille de Saint-Quentin (1557) et il a le tort de ne pas marcher sur Paris. Le duc de Guise est mis à la tête des armées françaises et il répare la défaite de Saint-Quentin par la prise de Calais. Malheureusement Henri II a la faiblesse de craindre la fortune des Guises, et pour la diminuer, il abaisse la France elle-même en consentant au traité de Câteau-Cambrésis (1559). Henri II mourut quelques mois après, victime d'un accident dans un tournoi (1559).

CHAPITRE XXIII.

DÉCOUVERTE ET INFLUENCE DE L'IMPRIMERIE. LA RENAISSANCE EN ITALIE ET EN FRANCE.

La découverte de la poudre à canon a transformé l'art militaire, et l'invention de la boussole a fait découvrir un nouveau monde. A ces grandes découvertes, qui ont eu tant d'influence sur la civilisation, il faut ajouter la découverte de l'imprimerie qui a multiplié les moyens d'instruction, et facilité le développement des idées. L'Italie ayant recueilli les Grecs après la prise de Constantinople, s'est trouvée placée à la tête du mouvement littéraire et artistique qui a caractérisé le seizième siècle. Ce mouvement a reçu le nom de *renaissance*, parce qu'il a fait revivre l'antiquité grecque et romaine que l'on avait trop négligée dans les siècles précédents. Les guerres d'Italie ont fait passer ce mouvement d'Italie en France. C'est pourquoi si ces expéditions ont été sans résultat dans l'ordre politique, elles ont eu du moins l'avantage de ranimer parmi nous les études classiques et de préparer le grand siècle de notre littérature qui fut le dix-septième siècle, le siècle de Louis XIV.

§ Ier. — *Découverte et influence de l'imprimerie.*

Découverte de l'imprimerie et du papier. — Les inventions qui contribuèrent le plus à changer les institutions du moyen âge furent celles de la poudre à canon, de la boussole et de l'imprimerie.

La découverte de la poudre à canon amena de grands changements dans l'art militaire, en substituant l'intelligence avec ses ressources à la force corporelle. La boussole agrandit en quelque sorte le monde que nous habitons, en permettant aux navigateurs de s'élancer au milieu des mers et d'arriver ainsi à des contrées qui étaient restées jusqu'alors inconnues.

L'imprimerie contribua dans le même temps au développement des études en facilitant les moyens d'instruction. Elle fut découverte par Jean Guttemberg, de Mayence, en 1436. Il commença par sculpter en relief sur des planches en bois des caractères qui, au moyen d'une encre noire et épaisse, se reproduisaient à un grand nombre d'exemplaires sur des feuilles qu'on y appliquait successivement. Il imagina ensuite de substituer à ces sculptures des caractères séparés et mobiles qu'il plaça les uns à côté des autres, et l'imprimerie fut dès lors découverte.

Guttemberg avait fait ses premiers essais à Strasbourg où il était établi. Ayant épuisé toutes ses ressources, il revint à Mayence où il s'associa avec Jean Fûst, frère d'un orfèvre, qui lui fournit les fonds dont il avait besoin. Ils s'avisèrent ensemble de remplacer les lettres de bois, qui s'usaient trop vite, par des lettres sculptées en métal. Un de leurs ouvriers, Schœffer de Gernsheim, compléta leur découverte en trouvant la *fonte* (1442), c'est-à-dire le moyen de produire par milliers les caractères qu'il fallait auparavant sculpter un à un. Le premier ouvrage qui sortit de leurs presses fut une édition de la *Vulgate* (1450-1455). Ils éditèrent le Psautier en

1457, et dès lors la plus grande révolution littéraire fut consommée.

Le développement de l'imprimerie fut favorisé par une autre découverte, celle du *papier de linge*, qui remonte au treizième siècle, mais l'usage n'en devint général qu'au quatorzième. Le plus ancien titre que l'on possède écrit sur du papier est une lettre de Joinville à saint Louis.

Influence de cette découverte. — L'imprimerie, en multipliant les livres, facilita la communication des idées et contribua beaucoup au développement de l'esprit humain. Aussitôt que cette découverte fut connue, les docteurs de Sorbonne firent venir à Paris, en 1469, trois imprimeurs qui avaient travaillé chez Fūst, l'associé de Guttemberg. Ils les établirent dans un des logements du collége et les protégèrent contre la superstition du peuple, qui accusait ces ouvriers de sorcellerie. Louis XI favorisa lui-même les progrès de cette industrie, et en peu d'années on la vit répandre avec profusion les œuvres de tous les littérateurs et de tous les savants.

Cette découverte coïncida fort heureusement avec le mouvement de la renaissance et en augmenta beaucoup l'activité. L'arrivée des Grecs en Italie avait favorisé dans cette contrée l'impulsion que Pétrarque avait déjà donnée aux esprits, et partout on s'était appliqué à reproduire et à multiplier les ouvrages des Grecs et des Latins. Louis XII rapporta une grande quantité de livres de son expédition en Italie, et s'attacha Paul-Émile, Alexandre et Jean Lascaris, l'ornement de la cour des Médicis. Ces savants s'occupaient tout particulièrement de la recherche et de la correction des manuscrits. C'était le temps où les savantes familles des Badius et des Estienne, si célèbres dans l'histoire de la typographie, établissaient leurs presses à Paris et s'illustraient par la correction et la richesse de leurs éditions.

Ce que les Estienne furent en France, les Aldes le furent en Italie. Alde-Manuce s'établit à Venise, et donna des éditions *princeps* de Musée et d'Aristote, et il eut l'idée de fondre un caractère imité, dit-on, de l'écriture de Pétrarque, et qu'il employa la première fois pour l'impression de son Virgile qui parut en 1501. Ce caractère, connu pendant longtemps sous le nom d'*aldine*, est aujourd'hui désigné sous celui d'*italique*.

Dès le seizième siècle l'imprimerie fut très-florissante. On imprimait à vingt-quatre mille exemplaires les *Colloques* d'Érasme, et François Ier fondait l'imprimerie royale.

§ II. — *La renaissance en Italie. Des lettres, des arts et des sciences.*

De la littérature italienne au quinzième siècle. — Au quinzième siècle, c'est l'Italie qui est à la tête du mouvement intellectuel en Europe. Les Grecs exilés se retirèrent dans son sein, après la prise de Constantinople, et l'enrichirent des nombreux manuscrits qu'avaient laissés leurs poëtes et leurs historiens célèbres. Ces chefs-d'œuvre de l'antiquité furent accueillis avec enthousiasme, et l'on se passionna pour tout ce qui était grec ou latin. Les souverains pontifes encouragèrent par leur protection ce retour aux littératures anciennes, et l'on vit Nicolas V et Pie II occuper eux-mêmes une place très-distinguée parmi les savants. Tous les souverains d'Italie imitèrent ce bel exemple. Les Visconti et les Sforza dans Milan, tout guerriers qu'ils étaient, offraient aux hommes de lettres les plus riches récompenses pour les fixer à côté d'eux. Les Gonzague à Mantoue et les Este à Ferrare voulaient faire oublier la faiblesse de leur influence politique par l'éclat que les sciences et les arts répandaient sur leur cour. A Florence, les Médicis ménageaient dans leur splendide palais un asile aux poëtes et aux littérateurs distingués, transformaient leur jardin en une académie, et employaient tous les comptoirs qu'ils possédaient d'un bout de l'Europe à l'autre, autant pour acheter des manuscrits que pour vendre des marchandises. Enfin Alphonse V à Naples ne choisissait que des écrivains de mérite pour amis, pour secrétaires et pour conseillers. Son plaisir était de lutter avec eux sous le rapport de la grâce et de la finesse de l'esprit.

Ce goût de l'antiquité, ainsi favorisé par les princes, devint véritablement la passion de la foule. On parcourait l'Europe dans tous les sens, on pénétrait dans les monastères, pour déterrer quelques nouveaux manuscrits. Et quand un auteur grec ou latin, jusqu'alors inédit, était découvert, on en multipliait les exemplaires au moyen de l'imprimerie, et l'on se hâtait d'en faire la traduction avec commentaires. Si l'on possédait différentes copies du même ouvrage, on collationnait entre eux ces manuscrits avec un soin infini. Pour faire la réputation et la fortune d'un auteur, il suffisait d'une édition renommée d'un auteur classique. Les professeurs se bornaient à expliquer et à commenter les textes; leurs leçons n'étaient ordinairement qu'une lecture suivie du *mot à mot*, mais ce *mot à mot* était accueilli avec enthousiasme, et on les voyait, pleins d'ardeur pour l'auteur qu'ils avaient épousé, se produire en public jusqu'à cinq fois par jour, et quelquefois dans des villes différentes.

L'élève du vieux Pétrarque, Jean de Ravenne, et le Grec Emmanuel Chrysoloras sont les deux philologues qui acquirent le plus de célébrité dans ce siècle d'érudition. Ils formèrent école, et eurent des disciples qui les égalèrent. Nous ne citerons entre mille autres que Léonard Bruno d'Arezzo, plus connu sous le nom de Léonard Arétin (1369-1444), qui fut secrétaire apostolique de quatre papes, chancelier de la république florentine, l'homme le plus aimable et le plus gracieux de son siècle, dont le principal ouvrage est une histoire de Florence jusqu'en 1404, et Poggio Bracciolini, autrement le Poggo, le continuateur d'Arétin et comme lui honoré de toutes les dignités les plus élevées.

Tant d'émulation devait nécessairement exciter des rivalités très-vives et engendrer des disputes très-ardentes. Souvent les professeurs se portaient des défis, et la foule accourait à ces tournois littéraires, comme autrefois aux jeux du cirque. Plus souvent encore on s'attaquait dans des dissertations critiques avec une chaleur qui dégénérait presque toujours en injures. François Filelfo et Laurent Valla sont restés célèbres par l'ardeur avec laquelle ils se précipitèrent dans ces luttes.

Cette fureur d'érudition arrêta pour un temps, il est vrai, l'essor de la langue italienne et de la littérature nationale; mais, en dernier résultat, elle fut utile à l'une et à l'autre. Ces travaux philologiques et de pure discussion répandirent dans la nation une somme de connaissances qui la nourrit et lui servit à donner plus tard à ses conceptions une force et une puissance que jamais elles n'auraient eues sans le concours de cet heureux auxiliaire. Dante et Pétrarque s'étaient élevés à cette richesse d'idées nécessaire à l'écrivain par la force de leur génie, mais l'ensemble de la nation avait besoin d'un secours étranger pour parvenir à cette hauteur.

C'est pourquoi quand la poésie italienne, sous les auspices de Laurent de Médicis (1448-1492), tenta de se ranimer, on remarqua dans ses premiers essais quelque chose qui faisait pressentir ses futurs succès. Laurent de Médicis eût voulu la reprendre lui-même où Pétrarque l'avait laissée ; mais, comme elle se reposait depuis plus d'un siècle, malgré la flexibilité de son talent, il la trouva moins douce, moins tendre, moins harmonieuse que dans les soupirs passionnés qu'en avait tirés le chantre de Laure. Politien que Laurent logeait dans son palais, et qui faisait à treize ans et à dix-sept des épigrammes latines et grecques au grand étonnement de ses maîtres, l'enrichit d'images ravissantes et variées, et la plia au genre épique et au genre dramatique dans le poëme où il célèbre la gloire des Médicis et dans sa tragédie d'Orphée. Alors l'imagination réveillée se prit à conter les romanesques aventures de la chevalerie, et l'on vit dans Pulci et Boiardo les précurseurs de l'Arioste, qui devait être une des grandes gloires du siècle de Léon X.

La littérature italienne au XVIᵉ siècle. — Le seizième siècle, le siècle de Léon X, fut l'âge d'or de la littérature en Italie. L'antiquité, étudiée et approfondie avec un véritable enthousiasme dans le siècle précédent, fut alors imitée et ressuscitée, pour ainsi dire, par des poètes et des prosateurs latins qui rappelaient les beaux temps d'Auguste. Pierre Bembo, le secrétaire de Léon X, ne parlait qu'avec les mots et les phrases de Cicéron ; Sadolet s'était fait dans ses odes l'écho d'Horace ; Vida, après avoir tracé en vers gracieux et émaillés des fleurs les plus pures les devoirs du poëte et les règles de la poésie, parsemait sa *Christiade* de beautés de premier ordre qui le faisaient comparer à Virgile ; Paul Jove écrivait l'histoire de son temps dans le style de Tite-Live, sans avoir toutefois la pureté et l'élégance de son modèle ; César Baronius étalait dans ses *Annales ecclésiastiques* les trésors de sa vaste science pour répondre aux centuriateurs de Magdebourg ; et Bellarmin composait avec une remarquable clarté de style ses *controverses*, où il pulvérisait toutes les minutieuses *ergoteries* du protestantisme. Mais ce ne sont là que les monuments qui décorèrent alors la littérature latine, qu'on appelait la littérature savante, parce qu'elle n'était qu'à la portée des gens de lettres.

La langue italienne, enrichie et fortifiée par cette étude profonde de toutes les merveilles de Rome et d'Athènes, se mit en même temps à doter la littérature nationale des chefs-d'œuvre les plus admirables et dans tous les genres. L'épopée romanesque, dont nous avons signalé les premiers essais au xv⁰ siècle, atteignit tout à coup son plus haut degré de perfection sous la plume d'Arioste, dans son *Orlando furioso* (Roland furieux). L'épopée héroïque, que le Trissin avait ressuscitée des anciens dans son *Italie délivrée des Goths*, se plaça à la hauteur des plus riches épopées antiques dans la *Jérusalem délivrée* de Torquato Tasso. Le poëme didactique fut écrit avec élégance et fraîcheur par les Rucellaï, les Muzio et les Alamanni. On ne pourrait compter tous les poëtes célèbres qui tirèrent de la lyre de ravissants accords. La tragédie se développa, et l'on vit paraître des pièces régulières dans le goût de celles des anciens. La comédie revêtit un caractère plus original que la tragédie, et la satire prit, avec un égal bonheur, tantôt le ton burlesque et léger, tantôt le ton grave et mordant, pour fustiger avec vigueur tous les travers de la société.

Enfin la prose italienne se perfectionna en racontant l'histoire ou en s'amusant à broder des romans et des nouvelles. Machiavel, dont la politique est devenue tristement proverbiale, contribua le plus puissamment à former la langue de son pays. Dans son livre *Du prince* il révéla tous ses principes politiques avec une éloquence de feu ; puis il fit l'histoire de Florence, sa patrie, avec une imagination passionnée, mais riche et brillante, qui donna à son style une chaleur narrative dont le secret n'avait point encore été soupçonné.

Mais autant toutes ces œuvres réjouissent l'intelligence

par leur forme brillante et harmonieuse, autant, pour la plupart, elles attristent le cœur par le sensualisme abject qui les dégrade. L'Italie sentait qu'elle devait son indépendance et sa liberté aux souverains pontifes, et elle comprenait surtout qu'elle ne pouvait conserver l'une et l'autre que par leur protection. A part quelques exceptions de médiocre importance, elle n'eut donc qu'une voix pour repousser la réforme et défendre Rome contre ses attaques.

Cependant, tout en combattant l'erreur, elle ne laissa pas que d'en prendre l'esprit et les inclinations sensuelles. Tous les auteurs italiens qui s'occupèrent alors de philosophie firent suspecter la sincérité de leur foi. Pomponace vit son *Traité sur l'immortalité de l'âme* brûlé à Venise, et, en dépit de ses défenses et de ses apologies, il mérita d'être accusé tout à la fois de matérialisme et d'athéisme. Telezio, dont les livres furent mis à l'*index* aussitôt qu'ils furent publiés, devint le père de la doctrine sensualiste exploitée par les philosophes du xviii° siècle. Jérôme Cardan afficha encore plus d'indépendance et de témérité, et Jordano Bruno se fit brûler vif en 1600 pour avoir enseigné avec opiniâtreté le panthéisme et toutes les erreurs qui font cortége à ce détestable système.

Toutes les compositions littéraires que nous avons admirées comme œuvres d'art étaient généralement irréligieuses ou immorales. La satire était enjouée et spirituelle, mais elle ne répandait guère le sel de ses plaisanteries que sur les choses saintes : Molza chantait le bonheur des excommuniés; l'Arioste et Machiavel se livraient dans leurs comédies effrontées à tout le dévergondage de leur imagination impure, et de là on descendait avec l'Arétin dans la fange la plus immonde.

Des arts. — Les arts brillèrent en même temps du plus vif éclat. Bramante, né en 1444 à Monte-Astroaldo à quatre milles d'Urbin, étudia l'architecture ancienne, et fut le créateur de ce genre nouveau qui a conservé le nom de Renaissance. Il construisit l'édifice somptueux qui unit le Belvédère au Vatican, et donna les plans de l'immense basilique de Saint-Pierre dont il fit jeter les fondements en 1512.

Léonard de Vinci, né au château de Vinci, près de

Florence en 1452, fut un génie en quelque sorte universel. Il fut tout à la fois peintre et sculpteur, architecte, musicien et poëte. Mais c'est surtout comme peintre qu'il est resté célèbre. Son chef-d'œuvre est la *sainte Cène*, qu'il peignit à fresque sur les murs d'un couvent des dominicains à *Santa Maria della Grazia* de Milan.

Ces temps si féconds en grands hommes virent encore paraître Raphaël et Michel Ange. Raphaël, né à Urbin en 1483, est considéré à juste titre comme le premier des peintres modernes. On admire au Vatican les galeries qui portent maintenant le nom des Chambres et Loges de Raphaël. Il produisit en outre une foule de tableaux de la *Vierge* et de la *Sainte famille*, où l'on trouve une beauté tout idéale qui n'est point dans la nature, mais que son génie avait créée.

Michel-Ange Buonarotti, né au château de Caprèze, dans le territoire d'Arezzo le 6 mars 1474, fut peintre, sculpteur et architecte. Comme peintre, son chef-d'œuvre est la fresque du *Jugement dernier* qui décore la grande voûte de la chapelle Sixtine: comme sculpteur on cite parmi ses meilleurs ouvrages son *Moïse* qu'on voit à Rome, et les statues du *Pensiero*, de l'*Aurore* et du *Jour* qui sont à Florence ; comme architecte il s'immortalisa en élevant dans les airs la magnifique coupole de Saint-Pierre.

Sous ces grands artistes s'ouvriront différentes écoles célèbres en Italie et dans les autres contrées de l'Europe. Nous citerons l'école romaine, qui eut pour chef Jules Romain, le disciple chéri de Raphaël; l'école florentine, qui se glorifia après Michel-Ange d'André del Sarto; l'école bolonaise, qui eut pour chefs le Parmesan et les trois Carrache, Louis, Augustin et Annibal; l'école vénitienne, qui compta, après le Titien, le Tintoret et Paul Véronèse parmi ses meilleurs artistes; l'école flamande, qui eut à sa tête le fameux Rubens et Van Dyck.

Des sciences. — Pendant que l'on étudiait avec ardeur l'antiquité et que les littérateurs et les artistes faisaient la gloire de ce siècle par leurs productions, les sciences commençaient à faire de grands progrès. Copernic, né à Thorn en Prusse, le 19 février 1473, produisit une révolution complète dans les idées qu'on s'était faites jusqu'à ce moment sur le système du monde. Dans son livre *De* *orbium cœlestium revolutionibus*, qu'il acheva en 1530, il attaque le système de Ptolémée et avance que ce n'est pas le soleil qui tourne autour de la terre, mais la terre qui tourne autour du soleil.

L'Italien Galilée (1564-1642), qui fut l'inventeur du télescope, soutint ce nouveau système avec ardeur et contribua beaucoup à le faire prévaloir. Tycho-Brahé (1546-1601) reprit ensuite les observations de Copernic et imagina de son côté un système particulier qui n'a pas obtenu l'assentiment des savants. Mais ses travaux eurent du moins l'avantage de conduire son disciple Képler (1571-1631) à la découverte des lois des mouvements célestes.

§ III. — *De la renaissance en France.*

De la renaissance des arts. — Les guerres d'Italie, en mettant les Français en contact avec la civilisation italienne, eurent pour résultat de ranimer le goût des sciences et des arts. Charles VIII ramena de Naples des peintres et des architectes, qui lui bâtirent un magnifique château à Amboise. Louis XII favorisa aussi le développement de ce mouvement artistique et littéraire, et une des gloires de François Ier fut d'accorder aux lettres et aux arts une protection éclairée, qui lui valut l'honneur de donner son nom à son siècle comme Léon X. Il fonda le collége de France et attira près de lui les savants les plus distingués.

Parmi les artistes italiens que ce prince avait fait venir à sa cour, on remarque Léonard de Vinci, le Primatice, Benvenuto Cellini, Salviati, qui ornèrent de leurs sculptures et de leurs peintures les demeures royales. L'architecture ogivale disparut pour faire place à l'architecture de la *renaissance*, qui, dans son admiration pour le système grec et romain, cherche à les fondre ensemble. Vignole, Bellarmati, le Primatice, furent les hommes de génie qui contribuèrent le plus à ce changement.

Fontainebleau, Saint-Germain, Chambord, Chenonceaux. — Après avoir vu les somptueux palais et les élégantes demeures qui ornent l'Italie, la noblesse française ne put plus se contenter de ses donjons et de ses tourelles gothiques, où l'on s'était beaucoup plus occupé de se prémunir contre les attaques du dehors que de rendre son habitation commode et agréable. Le temps de ces guerres intérieures était passé, et à la société féodale toujours en armes avait succédé la société brillante et enjouée de François Ier. Les dames, les poètes, les artistes et les savants avaient remplacé les guerriers, et il leur fallait des demeures moins sombres et plus gracieuses.

Le monarque donna lui-même l'exemple. A *Fontainebleau*, où Louis VII, Philippe Auguste et saint Louis avaient un manoir, il fit élever un magnifique château. Les travaux commencèrent en 1528 et furent continués au delà de son règne. Henri II agrandit ce château et l'embellit de chefs-d'œuvre de tous genres. Dans la forêt voisine, François Ier avait encore fait construire, pour servir de rendez-vous de chasse, un petit édifice d'un goût très-pur qui est un vrai chef-d'œuvre d'élégance et de délicatesse. On l'a transporté pierre à pierre aux Champs-Élysées, où il est aujourd'hui connu sous le nom de *maison de François Ier*.

Le même prince fit élever sur une colline au bord de la Seine le magnifique *château de Saint-Germain*, d'où l'on jouit du spectacle le plus riche et le plus varié. Mais le chef-d'œuvre de son règne, ce fut le *château de Chambord*, qui s'élève dans la Sologne, dans cette molle et délicieuse vallée de la Loire que les Valois ont toujours particulièrement affectionnée. Les plans et les dessins en furent donnés par le Primatice et ils furent exécutés par un architecte de Blois, Pierre Nepveu. C'est de toutes les constructions de cette époque celle qui offre le plus d'unité et qui frappe le plus d'étonnement par son élégante majesté.

On remarque aussi dans cette même vallée le *château de Chenonceaux* près d'Amboise, qui fut plus tard la résidence habituelle de Catherine de Médicis, et celui d'*Azay-le-Rideau*, qui s'élève entre Tours et Chinon, dans une île de l'Indre.

Les grands imitèrent l'exemple du monarque et remplacèrent leurs donjons par des châteaux modernes. Ainsi Montmorency bâtit *Écouen* et *Chantilly*; Duprat éleva son habitation fastueuse de *Nantouillet*, Samblançay construisit le château du même nom près de Troyes, etc.

Le Louvre et les Tuileries. — Le premier architecte français de cette époque fut Pierre Lescot, né à Paris en 1510; François Ier le chargea de la reconstruction du Louvre. Il fit élever la façade intérieure de la cour, appelée la *façade de l'Horloge*, qui est un véritable chef-d'œuvre; elle réunit à la pureté de l'architecture, à la perfection des profils les ornements du meilleur goût et de la plus grande richesse. Cet édifice fut continué sous tous les règnes suivants jusqu'à nos jours; mais il n'y a aucune autre partie qui se soit soutenue à la hauteur du dessin primitif.

Philibert Delorme, né à Lyon au commencement du seizième siècle, fut l'architecte des Tuileries. Il fut chargé de la construction de ce palais par Catherine de Médicis, après la mort de Henri II. C'est dans cet édifice qu'il a déployé toutes les ressources de son génie. Le gros pavillon du milieu, les deux corps de logis antiques et les pavillons qui les terminent sont son ouvrage. Louis XIV y ajouta les pavillons de Flore et de Marsan, et entreprit de joindre les Tuileries au Louvre, ce qui vient seulement d'être achevé.

Les sculpteurs les plus célèbres de cette époque furent Jean Goujon, l'auteur de la *salle des Cariatides* au Louvre, et Germain Pilon, dont les chefs-d'œuvre sont le tombeau de Henri II qu'on voit à Saint-Denis, et un *groupe des Trois Grâces*.

De la renaissance des lettres. — Avant la renaissance, la langue française avait déjà fait de remarquables progrès. Comines, en écrivant dans ses *Mémoires* l'histoire de Louis XI, avait introduit dans l'histoire, avec son style inimitable, un caractère tout nouveau. Il ne s'était pas borné, comme Froissard, à conter avec un art merveilleux les scènes dont il avait été témoin, mais il s'était attaché tout particulièrement aux négociations, aux intrigues diplomatiques et aux intentions des personnages. On sent en le lisant que la politique moderne est née.

Après la découverte de l'imprimerie et la dispersion des Grecs en Occident, tous les esprits s'étant pris de la passion la plus vive pour les chefs-d'œuvre de l'antiquité, et s'étant mis à les étudier et à les commenter avec une incroyable ardeur, ce travail profita à notre langue nationale. Elle y gagna en précision et en clarté, et dès l'an 1539 elle put être substituée au latin dans les actes publics.

Ce qu'il y a de remarquable, c'est que malgré l'engouement universel pour l'antiquité, la poésie française parut tout d'abord vouloir se suffire à elle-même et résister à l'imitation. Le premier des poëtes de cette époque, Clément Marot, ne se donna jamais la peine d'étudier beaucoup. J'ai lu, nous dit-il quelque part avec ingénuité :

> J'ai lu des saints la légende dorée,
> J'ai lu Alain, le très-noble orateur,
> Et Lancelot, le très-plaisant menteur,
> J'ai lu aussi le Romant de la Rose,
> Maistre en amours, et Valère et Orose,
> Contant les faits des antiques Romains.

Si l'on ajoute à ces auteurs, Virgile, Ovide, Catulle, Martial, Pétrarque et Villon, on possédera à peu près le catalogue complet de tous les ouvrages qu'il a connus.

Il traduisit en vers les Psaumes, et sa traduction obtint les plus grands succès. François Iᵉʳ chantait lui-même ses Psaumes, les seigneurs et les dames de la cour les apprenaient par cœur et les adaptaient à des airs de vaudeville, et tous les soirs, pendant un été, il fut de mode d'aller au *Pré-aux-Clercs* pour les chanter en chœur. Littérairement, ils ne méritaient pas tant d'honneur; car, comme on l'a parfaitement dit, ce n'était pas au flageolet de Marot à reproduire les sons si nobles et majestueux de la harpe inspirée du roi prophète. Au point de vue théologique, la Sorbonne y vit des erreurs, et Marot fut persécuté précisément à cause de ces poésies pour lesquelles il avait été tant applaudi. Il dut quitter la France, et alla se réfugier à Genève. Ses mœurs licencieuses l'ayant fait bannir de cette ville, il fixa sa demeure à Turin, où il mourut dans l'indigence en 1544.

Marot fit école. Ses disciples les plus illustres sont Marguerite de Navarre et Mellin de Saint-Gelais. Marguerite de Navarre a composé des vers que son valet de chambre a recueillis sous ce titre : *Les marguerites de la marguerite des princesses*. Mellin de Saint-Gelais, aumônier du dauphin qui devint Henri II, n'a fait que des rondeaux ou des épigrammes fort courtes, qui eurent le mérite de divertir ses contemporains, mais qu'il ne prit pas même la peine de recueillir.

Jusqu'au seizième siècle, les contes, les romans et les fabliaux n'avaient été écrits qu'en vers; Marguerite de Navarre, la sœur de François I*er*, écrivit des contes en prose qu'elle intitula les *Nouvelles de la reine de Navarre*. Elle les composa dans sa litière, en allant par le pays, et eut le mérite de raconter avec une grâce et une naïveté que la Fontaine a mises plus d'une fois à contribution. Mais si son livre est sous le rapport du style un monument curieux, on ne peut trop déplorer la licence qu'il respire. Elle prit malheureusement pour modèle le *Décaméron* de Boccace, et n'appliqua son imagination qu'à des peintures immorales et obscènes.

Dans le même temps, Rabelais, né à Chinon en 1483, publiait dans sa *Chronique gargantuaire* une critique très-mordante de toutes les classes de la société. Il attaquait tout à la fois la royauté, la magistrature, le clergé, les cloîtres, l'université et le parlement. Il mêle à ses peintures le cynisme le plus révoltant, et on ne trouve au fond de tous ses ouvrages que le scepticisme et la corruption (1).

Ainsi le caractère de la plupart des écrivains qui parurent à cette époque, montre que si la renaissance perfectionna l'esprit sous le rapport de la forme littéraire, elle eut les conséquences les plus désastreuses sous le rapport moral. En se passionnant pour les auteurs de l'antiquité, le plus grand nombre des esprits conserva l'empreinte du déréglement de leurs idées et de leurs mœurs. La philosophie devint incrédule et sceptique; les poëtes et les littérateurs s'abandonnèrent à une corruption sans bornes, et cet oubli de toute règle et de tout principe ne contribua pas peu aux succès de la réforme.

RÉSUMÉ DE CE CHAPITRE. — Le seizième siècle est une époque de transition. Les institutions du moyen âge s'effacent et l'âge moderne commence. Il se fait un changement profond dans les idées, et les esprits cherchent à s'ouvrir dans la littérature, dans les arts et les sciences une route nouvelle.

(1) Pour les détails voyez mon *Histoire de la littérature française*.

I. Ce qui facilite ce développement intellectuel, c'est la découverte de l'imprimerie. L'auteur de cette découverte est un Allemand, Jean Guttemberg (1436). Son invention est perfectionnée par Schæffer de Gernsheim qui trouve la *fonte* des caractères (1442), ou l'art de les multiplier avec rapidité. Le papier de linge qui a été découvert quelque temps auparavant complète ces inventions merveilleuses, et l'on peut dès lors facilement étendre les moyens d'instruction en augmentant le nombre des livres. On recherche avec ardeur les manuscrits anciens pour les livrer à l'impression et bientôt les simples particuliers ont des bibliothèques, qui ne pouvaient être auparavant réunies à grands frais que par des souverains.

II. Cette découverte coïncide avec la prise de Constantinople qui oblige les Grecs à quitter leur patrie et à venir chercher un refuge en Europe. Ils apportent avec eux leurs chefs-d'œuvre et raniment particulièrement en Italie le goût de l'antiquité. Grâce à l'action immédiate des souverains pontifes, c'est l'Italie qui est alors à la tête du mouvement intellectuel. Le quinzième siècle est pour elle un temps d'étude et d'érudition philologique ; c'est alors que sa langue nationale se forme sous l'influence du Dante, de Pétrarque et des Médicis. Au seizième siècle sa littérature arrive à son plus haut degré de perfection. C'est le siècle de Léon X qui voit cultiver avec éclat tous les genres littéraires en prose et en vers. Le Tasse, l'Arioste, Machiavel sont les grands génies de cette époque. Dans les arts on voit Bramante créer en quelque sorte un genre nouveau ; Léonard de Vinci, Raphaël, Michel-Ange font la gloire de la sculpture, de l'architecture et de la peinture modernes, et de célèbres écoles se forment sous l'influence de ces grands artistes. Les sciences sont renouvelées par le génie de Copernic, de Galilée, de Tycho-Brahé et de Képler. Peut-être n'y eut-il aucune époque aussi féconde en grands hommes. Malheureusement, tout en applaudissant aux progrès qui font honneur à l'esprit humain, on ne peut s'empêcher de regretter que ce contact avec l'antiquité païenne n'ait été trop souvent funeste à la foi, et que le paganisme ne soit lui-même entré dans les mœurs ; ce qui prépara par les désordres les plus monstrueux les succès du protestantisme.

III. Ces idées passèrent de l'Italie en France avec ce qu'elles avaient de bon et de fâcheux. Louis XII et François Iᵉʳ favorisèrent la renaissance en appelant près d'eux les artistes italiens les plus distingués. Les donjons et les tourelles gothiques furent alors remplacés par de somptueux palais conçus dans le style ancien. Fontainebleau, Saint-Germain, Chambord, Chenonceaux sont les principaux édifices que les rois firent construire à cette époque. Pierre Lescot fut chargé par François Iᵉʳ de la construction du Louvre, et quelque temps après Catherine de Médicis fit faire les Tuileries par Philibert Delorme. Les lettres étaient cultivées en même temps avec beaucoup d'ardeur. Clément Marot, Marguerite de Navarre, Rabelais sont les premiers écrivains de cette époque. Ce que nous avons dit de la littérature italienne s'applique à la littérature française. Le sensualisme le plus abject la dégrade ; toutes les productions les plus importantes de ce siècle sont hérétiques ou immorales. La foi s'est éteinte dans les âmes ; les mœurs se sont profondément altérées, et il n'y a pas lieu de s'étonner si dans une société travaillée tout à la fois par l'irréligion et l'immoralité les novateurs font si facilement accepter leur nouveau symbole, qui délivre l'homme de tout joug et qui lui permet de se livrer de la manière la plus effrénée à ses mauvaises passions.

CHAPITRE XXIV.

LA RÉFORME EN SUISSE ET EN ALLEMAGNE. ZUINGLE ET LUTHER. BATAILLE DE MUHLBERG. PAIX D'AUGSBOURG (1).

Le protestantisme est le grand événement des temps modernes. De grands abus s'étaient introduits dans l'Église, et il y avait plusieurs siècles, dit Bossuet, qu'on désirait la réforme dans la discipline ecclésiastique. Les meilleurs esprits avaient prévu que si on ne réformait promptement le clergé, surtout en Allemagne, de graves désordres éclateraient. Un moine saxon, Luther, fut le novateur qui excita ce terrible incendie. Ses doctrines divisèrent l'Allemagne en deux camps, et la plupart des États de la partie septentrionale se détachèrent de l'Église romaine. De l'Allemagne le protestantisme passa dans les pays du nord, où, comme dans le lieu de sa naissance, il dut tous ses progrès à la protection des princes. Frédéric Ier et Christian III l'introduisirent violemment dans le Danemark et la Norwège; Gustave Wasa abusa du titre de libérateur que lui décerna la Suède reconnaissante pour le propager dans son royaume; la Prusse et la Livonie virent leur foi sacrifiée aux intérêts et à l'ambition des grands-maîtres qui les gouvernaient. Mais en Suède les novateurs profitèrent de la division de ce pays, et ce fut à l'aide de la licence effrénée du peuple qu'ils obtinrent leurs succès.

§ Ier. — *De la réforme en Suisse. Zuingle.*

État de la Suisse avant la réforme. — Au commencement du seizième siècle, la Suisse n'était plus cette nation forte et unie qui avait conquis sa liberté sur l'Allemagne à la pointe de l'épée. Divisée en plusieurs cantons qui n'étaient rattachés entre eux par aucun lien, elle voyait une grande partie de ses enfants vendre in-

---

(1) AUTEURS A CONSULTER : Bossuet, *Histoire des variations*; Audin, *Histoire de Luther et Histoire de Léon X*; Luther, *Mémoires et Œuvres*; Muller, *Histoire universelle*; Sleidan, *De statu religionis et reip germanæ*; Sponde, *Annales*; Th. Moore, *Voyage d'un gentilhomme irlandais à la recherche de la vérité*; et toutes les histoires générales de l'Église.

différemment leur sang à la France, à l'Autriche et à l'Italie, et perdre leurs mœurs dans la licence des camps. Tout était devenu vénal dans son sein, et le peuple abruti par le vice et l'ignorance, ne connaissait plus que la débauche et l'argent.

Prédication de Zuingle. (1516-1519). — Un moine franciscain, Bernardin Samson, ayant été chargé de prêcher les indulgences à ces populations corrompues, Ulrich Zuingle, né à Wildshausen, en 1484, dans le Toggembourg, et curé de Glaris, s'éleva contre le prédicateur et sa doctrine (1516). Ce fougueux novateur déclamait depuis longtemps contre les scolastiques, vantant Platon et les génies de Rome et d'Athènes, au détriment des écrivains ecclésiastiques. Il proposa même avant Luther l'Écriture sainte comme l'unique règle de foi que les chrétiens avaient à suivre. Ses succès ayant encouragé son audace, il s'éleva ensuite contre les cérémonies extérieures du culte, nia l'efficacité des sacrements et la présence réelle, rejeta le purgatoire, le célibat des prêtres et la vénération des saints. De Glaris, il alla répandre à l'Ermitage les premières semences de ses erreurs, et se rendit ensuite à Zurich où il fut appelé. Il y prêcha publiquement son nouveau symbole, le 1er janvier 1519, et les Zurichois se laissèrent entraîner par sa parole. Sa religion eut bientôt dans plusieurs autres villes d'ardents apôtres. Berne, Bâle, Coire, Bienne, Genève et Neufchâtel eurent leurs nouveaux prédicateurs. Œcolampade se fit un nom à Bâle, et Farel se distingua dans le pays de Genève, mais tous obtinrent de grands succès.

Divisions produites par ces prédications (1521-1529). — Toutes ces prédications ne servirent qu'à jeter le trouble et la confusion au sein de ces populations abusées. Les sectaires se faisaient un jeu de détruire les croix, de profaner les images, et de réduire en poudre tous les chefs-d'œuvre de l'art chrétien. Les cantons de Lucerne, d'Uri, de Schwytz et d'Unterwalden, restés catholiques, frémirent de ces horreurs. A Soleure et à Fribourg, tout prêche fut interdit. Quelques cantons, comme ceux de Glaris et d'Appenzel, se divisèrent, et il y eut à peu près autant de protestants que de catholiques. On vit des villages retourner à la foi de leurs pères, après avoir été trompés par les fallacieuses promesses des novateurs; dans d'autres, les réformés usaient de violence pour établir leur doctrine. C'était la plus effroyable des anarchies. Pour surcroît de malheur, les anabaptistes, s'autorisant des principes des réformateurs, vinrent encore ajouter à tant d'excès leurs crimes et leurs fureurs.

Première guerre de religion en Suisse. (1529-1531). — Les zuingliens désapprouvèrent ces fanatiques qui se permettaient le meurtre et l'adultère, et donnèrent l'exemple de l'intolérance en les massacrant sans pitié. Mais, tout en persécutant ces misérables anabaptistes, ils ne se relâchaient en rien de leurs fureurs contre les catholiques. Leurs agressions multipliées produisirent de dures représailles, et les esprits s'échauffèrent tellement qu'il ne fut plus possible d'éviter une rupture à main armée. Les Zurichois furent les premiers à demander la guerre; les habitants de Berne auraient mieux aimé la paix, mais, entraînés par les autres réformés, ils se préparèrent au combat. Les cinq cantons catholiques, Lucerne, Uri, Schwytz, Unterwalden et Zug, voyant leurs droits méprisés, en appelèrent aussi à leur épée. Les protestants, plus nombreux, mais moins unis, furent vaincus, et l'on trouva parmi les morts Zuingle et vingt-six membres du grand conseil de Zurich. Dans la première chaleur du combat, les catholiques souillèrent leur triomphe par de coupables excès; mais ensuite ils se montrèrent humains, et accordèrent une paix généreuse aux vaincus.

§ II. — *Luther et la réforme en Allemagne.*

Naissance et premières années de Luther (1483-1517). — Le 10 novembre 1483, dans un petit village de la haute Saxe, à Eisleben, naquit d'un pauvre paysan appelé Hans et d'une pauvre servante nommée Marguerite, un enfant qu'on nomma Martin, et qui devint l'orgueilleux Luther. Lorsqu'il fut en âge de gagner sa vie, il quitta sa famille le havre-sac sur le dos, le bâton de voyageur à la main, et se rendit à Magdebourg. De là il prit le chemin d'Eisenach en Thuringe, chantant sous les fenêtres des riches pour attirer dans sa main une légère aumône. Une femme charitable le recueillit dans cette dernière cité, et lui procura les moyens de s'instruire; plus tard il alla dans l'université d'Erfurt achever ses études. Un coup de tonnerre qui foudroya près de lui un de ses condisciples le décida subitement à préférer au monde un couvent d'augustins. La réputation du nouveau frère se répandit bientôt dans toute la Saxe, et l'université de Wittemberg lui offrit une chaire de philosophie. Il y avait longtemps qu'il déclamait contre Aristote et ses partisans; néanmoins il accepta cette position avec bonheur, et se jeta dans les discussions les plus brûlantes avec assez d'impétuosité pour manifester en tout les tendances réformatrices de son esprit inquiet et turbulent.

Prédication des indulgences (1516). — Sur ces entrefaites, Léon X publia des indulgences universelles, se proposant d'employer les aumônes qu'elles produiraient à l'achèvement de l'église Saint-Pierre. Les dominicains ayant été choisis pour les prêcher en Allemagne, les augustins leur envièrent cet honneur, et Luther furieux se déchaîna contre Jean Tetzel, leur chef, qu'en toutes circonstances il poursuivit de ses sarcasmes. Il prêtait à ses adversaires des absurdités inouïes, enflammait l'imagination de ses disciples par de faux récits, et s'estimait heureux de s'entendre saluer avec gloire dans les rues de Wittemberg, tandis que Tetzel était généralement honni.

Rupture avec Rome (1517). — Luther, dans le commencement, respecta le dogme des indulgences, et se déclara soumis et dévoué à Rome et à l'Église. Il protestait encore en public de son attachement au souverain pontife, quand déjà il disait en secret à ses confidents que pour lui les indulgences n'étaient qu'une jonglerie. Léon X, qui n'avait connu Luther que par des antécédents honorables, parut d'abord ne pas faire grande attention à l'orage qui grondait. Cependant, quand il eut lui-même reconnu dans les écrits du moine saxon les erreurs dont on l'accusait, il envoya en Allemagne le cardinal Cajétan, théologien très-célèbre, pour l'amener à une rétractation. Cajétan s'acquitta de sa mission avec dignité et grandeur, mais sans rien obtenir. Comme on imputait ce non-succès à la rigidité austère du cardinal, Léon X confia ce ministère de conciliation à Charles de Miltitz, dont le caractère était doux, insinuant et flexible. Un instant le nouveau légat crut triompher, mais tout à coup il s'aperçut qu'il avait été malheureusement dupe des fourberies du sectaire.

Progrès du luthéranisme (1519-1520). — Après s'être ainsi joué des deux légats que le saint-siége lui avait envoyés, Luther ne songea qu'à donner de l'éclat à ses nouveautés, et entra en lutte avec un docteur catholique d'Ingolstadt, le célèbre Eckius. Leipzig fut le théâtre de ce tournoi théologique, et tout ce qu'il y avait de plus distingué en Allemagne s'y rendit. Après de longs débats où chacun épuisa ses forces, les deux champions se retirèrent en se vantant l'un et l'autre du triomphe. Mais la gloire que Luther tira de cette prétendue victoire ne tarda pas à s'éclipser sous les condamnations multipliées que ses doctrines subirent dans toutes les grandes universités. Dans sa fureur, il écrivit à Léon X une lettre insultante qu'il accompagna d'un livre intitulé : *De libertate christiana*, et dans lequel il niait le libre arbitre, attaquait la justification, et détruisait le mérite ainsi que la nécessité des bonnes œuvres.

Condamnation de Luther (1520). — Le souverain pontife ouvrit l'Évangile, y lut les anathèmes portés contre ces déplorables erreurs, et foudroya du haut du Vatican celui qui en était l'auteur. La bulle partit de Rome le 15 juin 1520, et vint tomber en Saxe au milieu des sectaires épouvantés. Luther ne se déconcerta pas. Il répondit aux foudres du saint-père par la risée et le sarcasme, exaspéra ses disciples et ses partisans, et alla brûler avec eux la bulle de Léon X et les Décrétales des papes, près de la porte orientale de Wittemberg (10 octobre 1520). La foule applaudit à cette insolente démarche, et on dansa autour du bûcher en criant : « Vive Luther ! »

Diète de Worms (1521). — L'électeur de Saxe, qui remplissait les fonctions de vicaire impérial durant l'interrègne, laissait un libre cours à ces excès ; mais quand Charles-Quint fut élevé à l'empire, il voulut calmer les esprits et cita l'hérésiarque à Worms. Luther se hâta de mettre la dernière main au pamphlet qu'il voulait jeter à la noblesse pour l'agiter, et se disposa à obéir à l'empereur. Son ami Georges Spolatin cherchant à le détourner de ce projet lui rappela le sort de Jean Huss, mais l'audacieux moine repartit : « J'irai à Worms, quand il y aurait autant de diables que de tuiles sur les toits de Wittemberg. » C'était en effet la démarche la plus avantageuse qu'il pût faire pour sa cause, parce qu'elle le tirait de son obscurité et le transformait subitement en une puissance digne d'occuper les rois et les empereurs. Il parut donc devant cette auguste assemblée, réunie pour lui seul, lui résista, et put se croire, en la quittant, plus grande qu'elle, après l'avoir vaincue par son obstination. Charles-Quint le mit au ban de l'empire; mais l'électeur de Saxe et plusieurs autres princes allemands le défendirent, et il se trouva dès lors soutenu par un puissant parti politique.

Captivité de Wartbourg (1521-1522). — Après son retour de Worms, l'hérésiarque fut arrêté par ordre de Frédéric son protecteur, dans la crainte qu'il ne se laissât emporter par son enthousiasme fanatique à de trop grands excès. On l'enferma dans le château de Wartbourg, et du sein de sa prison, qu'il appelait son île de Pathmos, il inonda l'Allemagne de ses pamphlets incendiaires et de ses grossières injures. A l'entendre, le pape était l'Antechrist, l'université de Paris la grande prostituée de l'Apocalypse, ses docteurs des théologastres, des ânes, des papistes. Henri VIII ayant réfuté son livre *De la captivité de Babylone*, le novateur lui répondit par un libelle où il l'appelait fou, insensé, le plus sale des pourceaux, le plus âne des ânes. Ces railleries faisaient fureur parmi le peuple grossier de l'Allemagne. Aux intelligences nobles et élevées, Luther tenait un langage plus grave et plus sérieux. Mais, à mesure que la discussion s'animait, il niait un plus grand nombre de dogmes catholiques. Abolition de la confession, de la messe, de la prière pour les morts, du culte des saints, du sacrement de l'ordre, des vœux monastiques, du jeûne, de l'abstinence, de l'extrême-onction; négation des bonnes œuvres et du libre arbitre; telles étaient les erreurs que Luther enseignait à cette époque contrairement à la foi de ses pères. Il avait remplacé toutes ces salutaires doctrines par l'impeccabilité de l'homme, ou la foi justifiant sans les œuvres, le mariage des prêtres, le divorce et la liberté des croyances.

Division des réformateurs (1522-1524). — Cette liberté de croire et de penser enfanta rapidement l'anarchie. Quand Luther eut dit à tout fidèle qu'il était libre d'interpréter l'Écriture à sa fantaisie, bientôt on vit paraître une foule de symboles opposés. Carlostadt, que Luther appelait son maître en théologie, se sépara de lui pour briser les statues, déchirer les tableaux, abattre les images et nier la présence réelle. Müncer et ses disciples crurent que tout le monde avait besoin d'être rebaptisé, et se mirent à prêcher un second baptême : Osiandre et ses partisans prétendirent que Dieu n'a prédestiné que ses élus ; enfin tous défendirent leur doctrine particulière, et tous se déclarèrent mutuellement hors du salut. Luther damna Carlostadt, Carlostadt damna Müncer, et Müncer damna Osiandre.

Diète de Nuremberg (1524). — Au milieu de ces divisions, la réforme ne cessait pourtant pas de faire des progrès. De la haute Saxe elle avait gagné les provinces septentrionales et s'était établie dans les duchés de Lunebourg, de Brunswick et de Mecklembourg. La Poméranie, Magdebourg, Brême, Hambourg, Wismar, Rostock et plusieurs grandes cités l'avaient accueillie avec ardeur. Adrien VI avait été témoin de la protection publique qu'elle obtint dans la première diète de Nuremberg (1522); et il était mort de douleur après avoir lu le long mémoire qu'on y avait dressé contre l'Église romaine. Clément VII avait chargé son légat Campegge de tirer le saint-siége de cette difficulté. C'était un homme habile; mais, malgré son habileté, il ne put rien obtenir (1524) : seulement les princes catholiques, dans l'intérêt de leur foi et de leur couronne, firent une ligue à Ratisbonne pour leur défense commune.

Révolte des paysans (1525). — Immédiatement après la dernière session de cette diète, les semences de révolte que Luther avait jetées dans le cœur des peuples commencèrent à porter leurs fruits. Les chefs des anabaptistes, Thomas Müncer et Nicolas Storck, exploitèrent ces idées de liberté et d'indépendance au profit de la classe indigente. Müncer était descendu dans les mines de Mansfeld pour prêcher la révolte à tous les malheureux qui travaillaient enfermés dans ces obscurs souterrains, et ces hommes ignorants s'étaient armés de leurs outils pour répondre à ses discours incendiaires. L'insurrection commença en Souabe, et se répandit dans la Franconie, la Thuringe, l'Alsace, la Lorraine et le Palatinat. Ces bandes indisciplinées réclamaient la faculté de choisir elles-mêmes leurs pasteurs, le libre usage des forêts, la diminution des impôts, le droit de chasse et de pêche, sous prétexte qu'ils avaient reçu, dans la personne d'Adam, l'empire sur les poissons de la mer et les oiseaux du ciel. Luther leur conseilla la modération, et comme ils refusèrent de l'écouter, il cria aux princes de les exterminer. Sa parole fut entendue, car ces fanatiques sectaires, abusés par Müncer, qui leur promettait que le ciel combattrait pour eux, se laissèrent surprendre et égorger près de Frankhausen par les troupes du duc de Saxe et du landgrave de Hesse. Müncer fut pris et décapité, et les paysans qui avaient survécu à cet horrible massacre se dispersèrent.

Mariage de Luther; ses controverses (1525-1527). — Pendant que cette révolte des paysans effrayait l'Allemagne, Luther ne rougit pas de mettre le comble à tous ses scandales en épousant une religieuse, Catherine Bora, qu'il avait fait sortir de son couvent. Mélanchton, son disciple fidèle, en fut alarmé; les réformés le blâmèrent et il perdit beaucoup de son autorité; mais il n'en poursuivit pas avec moins d'ardeur sa dispute contre les sacramentaires. A l'ignorant Carlostadt avaient succédé Zuingle et Æcolampade. Il établit contre eux, par des arguments puissants et irréfutables, le dogme de la présence réelle; mais il s'égara en refusant d'admettre avec les catholiques la transsubstantiation.

Conduite des princes protestants et des princes catholiques avant la diète d'Augsbourg (1525-1530). — Au milieu de toutes ces divisions, les princes consultaient leurs avantages politiques pour savoir quel parti ils devaient embrasser. Luther avait gagné bien des seigneurs à sa cause en leur livrant les dépouilles des monastères, et plusieurs princes n'avaient vu dans la nouvelle doctrine qu'un moyen de se rendre absolus en s'emparant du pouvoir religieux aussi bien que du pouvoir civil. Les catholiques, au contraire, se prémunissaient contre tous ces dogmes impies et leur fermaient l'entrée de leurs États. De là différentes diètes qui se tinrent après celles de Nuremberg et de Ratisbonne. A Torgau les réformés se confédérèrent pour contrebalancer la ligue des catholiques. Ceux-ci se réunirent successivement à Augsbourg (1525) et à Spire (1526), et demandèrent à l'empereur d'agir avec plus d'activité et de vigueur. Alors le landgrave de Hesse leva des troupes et entra en campagne. Ce n'était point la guerre que les catholiques voulaient ; ils offrirent même de l'argent au landgrave pour qu'il consentît à désarmer. Ils s'assemblèrent une seconde fois à Spire (1529) et rendirent un décret dans lequel ils laissaient aux luthériens la liberté de conscience, et ne s'élevaient que contre les anabaptistes et les sacramentaires. On ne pouvait prendre une mesure plus sage et plus prudente ; néanmoins les réformés protestèrent contre cette décision, et de là leur vint le nom de *protestants*. L'électeur de Saxe, le landgrave de Hesse, le duc de Lunebourg, le prince d'Anhalt, les députés de Strasbourg, de Nuremberg, d'Ulm, de Constance et de plusieurs autres villes, signèrent cette protestation.

Diète d'Augsbourg (1530). — Charles-Quint, qui était alors en Italie, signa la paix avec le pape et François Ier, et s'empressa de convoquer lui-même une diète à Augsbourg. Il voulait entendre les deux partis et prononcer. Les protestants, obligés de s'expliquer, le firent par l'organe de Mélanchton, qui dressa une confession de foi, connue sous le nom de *confession d'Augsbourg*, et qui servit à l'avenir de point de ralliement aux luthériens, bien qu'ils y aient changé beaucoup de choses dans la suite. Charles-Quint découvrit tout le venin caché dans cet insidieux formulaire, le désapprouva et décréta la réhabilitation de toutes les croyances et de toutes les cérémonies de l'Église romaine que les novateurs avaient abolies. Les protestants devaient se soumettre à ce décret dans le délai de six mois, sous peine d'être mis au ban de l'empire (25 juin 1530).

Politique de Luther (1531-1534). — Charles-Quint ne pouvait veiller par lui-même à l'exécution de son décret d'Augsbourg. Il résolut de donner à l'Allemagne un chef dans la personne de Ferdinand, son frère, qui régnait alors sur l'Autriche, la Bohême et la Hongrie. Luther, pendant ce temps, poussait à la révolte son ignoble protecteur Philippe de Hesse. Dans un *avertissement* adressé à ses chers Allemands, il leur commandait de *tuer, de brûler, de rôtir tous ces chiens de papistes*. Une ligue formidable s'organisa contre Charles-Quint, et la guerre devint imminente. L'approche des Turcs réconcilia un instant les chefs des deux partis (1532). Mais, quand Soliman se fut retiré, les luthériens se mirent à dépouiller les églises et à envahir les possessions des catholiques. Ceux-ci sollicitèrent pourtant encore un accommodement, et la paix fut signée en Bohême sur les mêmes bases qu'à Nuremberg (1534). On laissait aux luthériens la liberté de conscience, mais on n'avait compris dans ce traité ni les sacramentaires, ni les anabaptistes, ni ceux qui ne reconnaissaient pas la confession d'Augsbourg.

Des anabaptistes (1534-1537). — Ces anabaptistes, que chacun proscrivait, se montrèrent tout à coup en Westphalie. Un compagnon tailleur qui était de Leyde, Jean Bocold, et un boulanger de Harlem, Jean Mathias, après s'être créé secrètement des partisans, coururent tout à coup dans les rues de Munster en criant : « Soyez rebaptisés ou mourez. » Les prêtres, les chanoines, les nobles s'enfuirent devant ces fanatiques forcenés, et Jean Mathias se trouva maître de la ville. Tous les anabaptistes de la Suisse et des Pays-Bas se joignirent à lui, et il remporta une grande victoire sur l'évêque de Munster, François de Waldeck, qui avait entrepris de reconquérir sa cité. Comme un autre Gédéon, le lendemain de sa victoire, il voulut avec cinquante hommes achever d'exterminer les ennemis, mais il périt lui-même dans cette folle entreprise. Jean de Leyde fit annoncer par un orfèvre que l'Esprit Saint était passé de Mathias en lui, et aussitôt tout le peuple s'agenouilla devant le nouveau David. On lui accorda les honneurs qu'on rendait aux rois de Juda, on crut à ses prophéties burlesques, on applaudit à ses infamies, et l'illusion ne cessa que quand Munster fut pris et Jean de Leyde fait prisonnier (1535). Luther sollicita des princes l'extermination de ses sectaires, et l'assemblée luthérienne de Hambourg les déclara tous dignes de mort. Aussi s'éleva-t-il parmi les peuples protestants une persécution horrible dont les anabaptistes se glorifient encore.

Concile de Trente (1545). — Ces événements sinistres n'empêchaient pas les catholiques et les protestants de s'observer avec beaucoup de défiance. On avait tenu des conférences à Haguenau, à Francfort et à Worms, et elles n'avaient contribué qu'à envenimer les haines. De toutes parts on demandait un concile général. Clément VII avait désigné pour le lieu de sa réunion Mantoue, Bologne ou Plaisance; mais les dissidents refusaient de se rendre dans une ville italienne. Les théologiens des deux partis eurent une conférence à Ratisbonne, sans pouvoir s'entendre sur aucun des points essentiels (1541). Alors Charles-Quint imposa silence à tout le monde jusqu'à la tenue du concile. Paul III fut assez heureux pour faire agréer la ville de Trente par les réformés, et il fut convenu qu'on s'y réunirait le 1er novembre 1542.

Progrès de la réforme. — Divers événements retardèrent encore de trois ans l'ouverture du concile. Au milieu de toutes ces tergiversations, la réforme faisait de grands progrès. L'électeur de Brandebourg l'introduisait dans ses États; le duc Henri la propageait dans la Misnie et la Thuringe (1539), et Frédéric II lui donnait entrée dans le Palatinat (1544); enfin l'apostasie de l'archevêque de Cologne lui assurait la majorité dans le collège électoral. Ces nouvelles inquiétèrent vivement le pape, et il apprit sans étonnement que les protestants refusaient de se rendre au concile. Cette assemblée n'en tint pas moins ses sessions (13 déc. 1545), et sapa par ses fondements la réforme en proclamant l'autorité de l'Église, en reconnaissant la suprématie du saint-siége et en déclarant authentiques tous les livres de la *Vulgate*. Paul III fulmina ses anathèmes contre l'archevêque de Cologne, et s'entendit avec l'empereur pour arrêter les progrès de l'erreur. Charles-Quint agit avec prudence et fermeté, leva des troupes et fit alliance avec Rome.

Mort de Luther (18 fév. 1546). — Partout on pressentait d'horribles tempêtes. Les protestants s'agitaient pour être prêts à résister aux innombrables bataillons de l'empereur. Luther mourut au moment où la guerre civile allait éclater. C'était assez d'avoir vu les anabaptistes et les paysans, soulevés par sa parole, promener leurs fureurs dans l'Allemagne entière, sans assister encore à de nouvelles catastrophes. Son corps fut transporté d'Eisleben à Wittemberg. On le plaça dans un caveau qu'on ouvrit en face de sa chaire, et son disciple Mélanchton, dans un long discours, loua son apostolat en retraçant ses travaux.

Première guerre des protestants en Allemagne (1546-1547). — Avant d'en venir aux mains, Charles-Quint avait fait jouer tous les ressorts de la politique pour jeter la division parmi les protestants. Il avait réussi à détacher de leur parti les margraves de Brandebourg, Charles et Albert, et l'ambitieux Maurice de Saxe. Quand il se crut sûr du succès, il mit au ban de l'empire l'électeur de Saxe et le landgrave de Hesse, et commença l'attaque par la prise de Neubourg, de Donawerth et de Dillembourg. Pendant ce temps, Maurice pénétrait dans la Saxe et envahissait les États de l'Électeur. Jean-Frédéric fut alors contraint de quitter ses alliés pour voler au secours de ses sujets, de sorte que la ligue protestante fut dissoute en quelques mois.

Bataille de Muhlberg (1547). — Charles-Quint triomphait, lorsque tout à coup la fortune changea de face. L'électeur chassa de ses États et fit prisonnier Albert, le margrave de Brandebourg, qui lui avait amené des secours. Pour surcroît de malheur, l'empereur apprit en même temps que son frère était inquiété en Moravie et en Bohême, et que François I*er* venait d'exciter contre lui les Turcs, les Vénitiens et les Danois. Heureusement, la mort du roi de France le délivra de cette dernière coalition et ne lui laissa plus à combattre que les protestants. Jean-Frédéric, campé sur l'Elbe, ayant alors descendu le fleuve jusqu'à Muhlberg, Charles-Quint le vainquit et le fit prisonnier (25 av. 1547).

Puissance de Charles Quint (1546-1551). — Après sa victoire, l'empereur s'écria dans le style de César : « Je suis venu, j'ai vu, Dieu a vaincu. » Jamais bataille ne fut en effet plus promptement gagnée ni plus décisive. L'électeur et le landgrave de Hesse devinrent les prisonniers de l'empereur, qui les dépouilla de leurs États, après les avoir humiliés. Charles-Quint fit raser toutes les places fortes de ses ennemis, s'empara de leur artillerie, et ayant investi Maurice de l'électorat, il l'envoya en Italie, dans les Pays-Bas et en Espagne. Charles devenu l'arbitre de l'Allemagne crut pouvoir aussi l'être de la croyance. Il s'entoura de théologiens, dicta le formulaire de foi que catholiques et protestants devaient souscrire, en attendant les décisions du concile (15 mai 1548). Ce décret, qui n'était que provisoire, reçut le nom d'*intérim*. Quoique à peu près conforme à la doctrine catholique, il mécontenta tout le monde, parce que personne ne reconnut à l'empereur le droit de prononcer en pareille matière.

Trahison de Maurice de Saxe (1551). — La plupart des villes d'Allemagne se déclarèrent ouvertement contre l'*intérim*, et l'électeur lui-même refusa de le recevoir. Ce prince ambitieux, entendant de tous les côtés murmurer les protestants, résolut de se mettre à leur tête et d'humilier l'empereur, l'auteur de sa propre fortune. Ayant reçu l'ordre de marcher contre Magdebourg, qui refusait le plus opiniâtrément d'accepter l'*intérim*, il traîna le siège en longueur, leva des troupes et s'allia secrètement avec le roi de France Henri II.

Deuxième guerre des protestants (1552-1555). — Charles-Quint ne crut à sa défection que quand il le vit envahir la Franconie avec les Hessois et les troupes du margrave Albert. La position de l'empereur était critique ; sans argent et sans armée, il eût voulu gagner du temps au moyen des négociations ; mais Maurice, qui s'en aperçut, tomba tout à coup sur le Tyrol et faillit le faire prisonnier à Inspruck, où il était malade. Délivré de ce péril, il fut néanmoins obligé de signer à Passaw une transaction par laquelle il renonçait à l'*intérim*, mettait en liberté le landgrave de Hesse, et s'engageait à réunir une diète dans le délai d'un an pour terminer toutes ces discussions religieuses (1552).

Paix d'Augsbourg (1555). — Charles-Quint tourna ensuite ses armes contre le roi de France. Mais l'échec qu'il éprouva sous les murs de Metz (1553) et sa défaite près de Renti (1554) lui firent désirer la paix (1). Malgré la transaction de Passaw, l'Allemagne était toujours

---

(1) Voyez plus haut page 212.

agitée. Maurice avait été obligé de prendre les armes contre le margrave de Brandebourg, le turbulent Albert, et était mort en gagnant sur lui une bataille dans les landes du duché de Lunebourg (1553). Les divers princes allemands se rapprochèrent ensuite, et à Augsbourg on conclut une paix définitive. On garantit aux réformés le libre exercice de leur religion, et la possession de toutes les propriétés qu'ils avaient ravies aux églises. Tout prince pouvait à son gré déterminer quelle serait la religion dominante dans ses États, sans obliger toutefois aucun de ses sujets à la suivre. Liberté était laissée à chaque individu de changer de pays sans autre motif que celui de la religion.

§ III. — *De la réforme dans les États scandinaves, en Prusse et en Livonie* (1).

De la réforme dans le Danemark. — Le roi de Danemark, Christian II, s'étant rendu odieux à ses sujets par sa cruauté, une révolte éclata contre lui, et on mit à sa place son oncle Frédéric de Holstein (1523). Ce prince était l'ami des novateurs et de leurs doctrines. Aussi s'empressa-t-il de les introduire dans ses États, dans le but d'accroître son autorité en ruinant celle des évêques qui lui portaient ombrage. La réforme se répandit dans tout le royaume avec une étonnante rapidité. Les évêques eurent beau protester, on feignit de croire que cette résistance ne leur était inspirée que par l'intérêt personnel et l'ambition. On les chassa de leurs siéges, on livra les monastères au pillage et l'on adopta la confession d'Augsbourg (1530).

Christian II essaya de remonter sur le trône, en se proclamant le défenseur des catholiques; mais Frédéric Ier lui ayant proposé une entrevue, n'eut pas honte de violer les droits les plus sacrés en le faisant prisonnier. On l'enferma dans le donjon de Sanderbourg, dans l'île d'Asen, où il mourut après 29 ans de captivité. Frédéric Ier ne survécut qu'un an à cette lâcheté (1533).

Après un interrègne d'une année, les nobles couron-

---

(1) Quoique le programme ne parle pas de la réforme dans les États du Nord nous avons cru nécessaire d'ajouter ce paragraphe pour être complet.

nèrent son fils Christian III (1534). Le premier acte de ce prince eut pour objet l'abolition de la religion catholique. Il fit arrêter les évêques, et les cita dans une diète qu'il avait assemblée à Copenhague. Il les rendit responsables de tous les maux produits par la dernière guerre, et sur cette accusation inique il les dépouilla de leur puissance, confisqua leurs biens et les jeta en prison. Des théologiens protestants furent chargés de les remplacer et de propager le luthéranisme.

La Norwége se souleva contre ces dispositions tyranniques ; mais Christian lui imposa de force ses volontés, et obligea les religieux à sortir de leurs monastères. L'Islande aussi s'ébranla au sein de ses frimas, pour protester avec énergie de son attachement à la religion de ses pères. On employa la force matérielle contre ces peuples malheureux, et le glaive trancha la tête de celui qui refusa de croire à la parole de Luther.

Dès lors la religion protestante fut la religion dominante en Danemark. Charles-Quint essaya, il est vrai, de relever le parti de Christian II ; mais en 1544 il fut obligé de reconnaître Christian III, à la seule condition que les Hollandais auraient le droit de naviguer dans la mer Baltique. Cette concession fut le coup de mort de la ligue hanséatique. Christian III s'occupa pendant le reste de son règne de l'administration intérieure de ses États, des sciences et des lettres, et laissa le trône en 1559 à son fils Frédéric II.

De la réforme en Suède. — La Suède unie au Danemark et à la Norwége gémissait sous le joug de fer de Christian II. Gustave Wasa, qui avait été fait prisonnier par ce prince, brisa ses fers au moment même où la barbarie de Christian inondait de sang son pays (1520). Il erra d'abord dans les déserts de la Dalécarlie sous le costume d'un simple paysan. Puis quand il crut que l'heure de l'insurrection était arrivée, il harangua ces populations malheureuses et se vit bientôt à la tête d'une armée de plus de 20 000 hommes. Westeras, Upsal et plusieurs grandes cités lui ouvrirent leurs portes. Il ne lui restait plus à prendre que Abo, Calmar et Stockholm, quand la chute de Christian II en Danemark lui aplanit toutes les difficultés. A partir de ce moment la nation fut unanime à le proclamer (1523).

Malheureusement le libérateur était dévoué à la doctrine de Luther. Deux frères, Laurent et Olaüs Pétri, en avaient répandu les premières semences en Gothie, dès l'année 1519, et Gustave Wasa s'était laissé séduire pendant son séjour à Lubeck. Devenu roi, il encouragea les prédications des luthériens, et essaya de gagner les évêques catholiques par la douceur. N'ayant pu y réussir, il convoqua les états généraux à Westeras, et décréta la confiscation de tous les biens des évêchés, des monastères, des églises, déclara les prêtres catholiques exclus des affaires, s'arrogea le droit de conférer lui-même les dignités ecclésiastiques, et défendit tout rapport avec Rome. S'étant fait ensuite couronner solennellement à Stockholm, il acheva la ruine du culte catholique, en prescrivant aux églises la liturgie qu'elles devraient suivre (1528). Il mourut en 1560 après un règne de trente-sept ans, laissant la réputation d'un grand guerrier, d'un profond législateur et d'un habile politique. Ses torts furent d'avoir abusé despotiquement, au profit de l'erreur, de tous les dons qu'il avait reçus du ciel.

De la réforme en Prusse et en Livonie. — La Prusse et la Livonie étaient sous la domination des chevaliers Teutoniques et des Porte-Glaives qui s'étaient emparés primitivement de ces contrées pour y établir le règne de l'Évangile. La mollesse et la corruption avaient depuis longtemps énervé le courage de ces deux ordres militaires, et la foi était profondément affaiblie parmi eux.

Albert de Brandebourg, grand-maître des chevaliers Teutoniques, imita par ambition les autres princes ; il se déclara en faveur de la réforme, afin de se délivrer de ses engagements et d'avoir ainsi le droit de se marier. Il épousa en 1515 la princesse Dorothée, fille du roi de Danemark, et rendit sa puissance héréditaire dans sa famille. La plupart des chevaliers se laissèrent entraîner par l'exemple de leur chef, et la Prusse se trouva ainsi détachée du catholicisme.

Les chevaliers Porte-Glaives s'étaient séparés des chevaliers Teutoniques en 1521, et leur provincial Walter de Plettenberg avait été nommé souverain de la Livonie. C'est sous son règne que le luthéranisme pénétra dans cette contrée, mais cette révolution religieuse ne fut définitivement consommée que sous Gottard Ketler, le dernier grand-maître de l'ordre (1559). Pour perpétuer le pouvoir dans sa famille, il se maria comme avait fait Albert de Brandebourg, et fit comme lui un traité avec la Pologne par lequel il se reconnut vassal de ce pays, à condition qu'il aurait les duchés de Courlande et de Sémigalie à titre de possession héréditaire, et que le luthéranisme serait la religion dominante de la Livonie (1571). C'est ainsi que dans cet État, comme en Prusse, la religion catholique fut remplacée par le luthéranisme, uniquement pour satisfaire l'ambition du souverain.

RÉSUMÉ DE CE CHAPITRE. — La réforme fait en quelque sorte le tour de l'Europe, mais partout elle se présente avec le même caractère. Elle a pour prétexte l'autorité de l'Église contre laquelle elle se révolte, mais partout l'idée religieuse ne tarde pas à faire place à l'idée politique, et nous voyons les peuples entraînés par les souverains qui les abusent sur leurs vrais intérêts.

I. Le mouvement commence en Suisse. Un curé de Glaris, Zuingle, s'élève contre les indulgences avant Luther (1516). Cet esprit fougueux et violent s'était nourri des auteurs païens plutôt que de la doctrine chrétienne, et ses erreurs agitent toute la Suisse. Les divisions éclatent à la suite de ces prédications nouvelles; les réformateurs ne s'entendent pas entre eux et ils ont naturellement pour adversaires les catholiques qu'ils contredisent et qu'ils insultent. La guerre civile est la suite inévitable de toutes ces dissensions; les catholiques triomphent, et l'on trouve le corps de Zuingle parmi les morts (1531).

II. En Allemagne, Luther est l'auteur de la réforme. C'est un moine saxon qui s'élève contre Rome parce qu'il n'a pas été choisi pour prêcher les indulgences (1516). Il attaque les indulgences elles-mêmes et entre en lutte avec les docteurs allemands les plus célèbres. Sa doctrine est condamnée par Léon X (15 janvier 1520) Au lieu de se soumettre, il brûle la bulle qui le condamne et les décrétales des papes (10 oct. 1520). Il paraît ensuite devant la diète de Worms et cette assemblée ne fait que donner plus d'importance à sa révolte (1522). Frédéric son protecteur le fait enfermer au château de Wartbourg, et c'est de là qu'il lance au sein de l'Allemagne ses pamphlets incendiaires. Mais à peine eut-il proclamé le principe du libre examen que chacun voulut en user à son profit. Carlostadt se sépara de Luther et Müncer se mit à la tête des anabaptistes. Ces derniers excitèrent une révolte dans la Franconie, la Thuringe, l'Alsace, la Lorraine et le Palatinat (1524). Luther conseilla aux princes d'exterminer ces bandes indisciplinées qui se laissèrent massacrer près de Frankhausen. Le moine saxon mit alors le comble à tous ses scandales en épousant une religieuse, Catherine de Bora. Les divisions devinrent tous les jours plus profondes entre les réformés eux-mêmes au sujet de leurs doctrines. Les princes allemands, sans faire grande attention à toutes ces controverses théologiques, ne consultèrent que leurs intérêts, et l'on vit bientôt toute l'Allemagne divisée en deux partis, d'un côté les catholiques et de l'autre les novateurs qui prirent le nom de *protestants*. La confession d'Augsbourg donna enfin à la réforme plus d'unité sous le rapport religieux (1530), et Luther ne craignit pas d'exciter ses coreligionnaires à prendre les armes contre les catholiques. Mais les réformés firent la paix avec les catholiques (1534), et ils se bornèrent à attaquer de nouveau la secte des anabaptistes qui était sortie de leur sein et qui les épouvantait par ses excès (1535). Le concile de Trente se tint quelque temps après et promulgua la foi catholique sur tous les points contestés ou attaqués par les réformateurs (1545). Les protestants s'agitèrent alors, et Luther mourut au moment même où la lutte allait s'engager (1546). Cette guerre tourna tout à fait à l'avantage des catholiques. Charles-Quint défit les protestants à la bataille de Muhlberg (1547), et malgré la défection de Maurice de Saxe et la perte que l'empereur fit en France des trois évêchés, Metz, Toul et Verdun, il put conclure la paix d'Augsbourg qui mit fin, du moins pour un temps, aux guerres de religion en Allemagne (1555). Charles-Quint abdiqua l'année suivante (1556).

III. Dans les États du Nord, la réforme fut introduite par les princes. Le roi de Danemark Frédéric Ier ayant détrôné Christian II, favorisa l'établissement du protestantisme dans ce pays, parce qu'il vit dans cette religion nouvelle un moyen de se rendre plus indépendant (1530). Christian III son fils acheva son œuvre (1534). — En Suède, Gustave Wasa, le libérateur de cette contrée, se fit aussi dans le même but le protecteur zélé du luthéranisme. En renversant le catholicisme il détruisit la puissance religieuse qui lui portait ombrage, et il arriva ainsi à la réalisation de ses idées qui tendaient toutes à rendre son pouvoir absolu. — La Prusse fut poussée au protestantisme par Albert de Brandebourg et la Livonie par Gottard Ketler qui sécularisèrent les ordres dont ils étaient les grands-maîtres pour rendre leur pouvoir héréditaire dans leurs familles. C'est ainsi que l'ambition des souverains fut la principale cause des changements qui arrivèrent alors dans l'esprit religieux de tous ces peuples.

CHAPITRE XXV.

LA RÉFORME EN ANGLETERRE ET EN ÉCOSSE. HENRI VIII. ÉDOUARD VI. MARIE TUDOR. ÉLISABETH ET MARIE-STUART (1).

La réforme en Écosse n'eut pas le même caractère qu'en Angleterre. Les novateurs, pour réussir en Écosse, mêlèrent leurs doctrines à l'idée politique, et ce fut au nom de la liberté qu'ils soulevèrent les populations. En Angleterre, le changement de religion

(1) AUTEURS A CONSULTER : Outre les histoires générales de l'Angleterre et de l'Écosse, consultez encore : Audin, *Histoire de Henri VIII*; Bossuet, *Histoire des variations*; Cobbett, *Histoire de la réforme* et les différentes monographies de Marie Stuart.

fut au contraire l'œuvre de l'absolutisme. Après la guerre des deux Roses, la nation était si profondément anéantie qu'elle obéit à tous les caprices de ses souverains. Avec Henri VIII elle se borna à être schismatique; elle se fit protestante avec les ministres d'Édouard VI, redevint catholique sous Marie, et retourna au protestantisme sous Élisabeth. Cette princesse mit toutes les ressources de son génie au service des doctrines nouvelles. Elle ne se contenta pas de donner à l'Église anglicane sa forme et d'obliger tous ses sujets à se soumettre aux décisions dogmatiques qu'elle promulguait elle-même, mais elle soutint encore les protestants révoltés dans toutes les contrées de l'Europe. Tout en paraissant protéger Marie Stuart, elle l'attira perfidement dans ses États et eut la barbarie de la faire monter sur l'échafaud. Philippe II, qui était le défenseur des catholiques, arma une flotte considérable pour tirer vengeance de cet affreux attentat, mais les tempêtes la détruisirent. Élisabeth ne reçut ici-bas d'autre punition de son crime que les remords qui dévorèrent son âme pendant la dernière partie de sa carrière.

§ Ier. — *Henri VIII. Édouard VI. Marie Tudor (1509-1558).*

Henri VIII avant son divorce (1509-1527). — Henri VIII monta sur le trône à l'âge de 18 ans. L'Angleterre, fatiguée de la triste monotonie du dernier règne, salua avec bonheur les premières années d'un prince qui se montra tout d'abord agréable, généreux et complaisant. Il débuta par une alliance avec Jules II contre la France et s'illustra par la journée des Éperons et la prise de Térouane et de Tournai. Louis XII n'obtint la paix qu'en épousant sa sœur (1514).

Henri VIII songea à se mettre sur les rangs pour disputer à François Ier et à Charles-Quint la couronne impériale, mais ne se sentant pas les ressources suffisantes, il aima mieux faire acheter son alliance par ces deux rivaux. *Qui je défends est maître*, telle était sa devise. Aussi vit-on les deux premiers monarques de l'Europe épuiser tous les secrets de leur politique pour le séduire. Charles-Quint l'emporta, et Henri VIII renouvela la vieille rivalité de l'Angleterre contre la France et soutint ce rôle jusqu'à la captivité de François Ier (1521-1527).

Mais dans ce moment, blessé par l'orgueil de Charles-Quint, il se tourna du côté des vaincus. Wolsey irrité contre l'empereur, parce que celui-ci avait trompé son ambition en lui promettant vainement la tiare, travailla par vengeance à la conclusion de ce nouveau traité. Le pape Clément VII, les Vénitiens et les princes d'Italie entrèrent dans la ligue, et le roi d'Angleterre en fut déclaré le protecteur.

Divorce de Henri VIII (1527-1530). — C'est à cette époque que le règne de Henri VIII change entièrement de caractère. Ce prince néglige ses relations avec les autres Puissances, pour ne plus songer qu'à bouleverser l'intérieur de ses États. Après avoir écrit contre Luther (1521) un livre que Léon X avait appelé un *diamant du ciel* et qui lui avait valu le titre de *défenseur de la foi*, il devint schismatique obstiné, et quoiqu'il se fût toujours montré doux et humain, il se laissa soudainement entraîner à la cruauté et à la tyrannie.

Il fut poussé dans cette nouvelle voie par la plus insigne bassesse. Follement épris d'amour pour Anne de Boleyn, une des filles d'honneur de Catherine d'Aragon sa femme, il lui découvrit sa coupable passion, et Anne, par une perfidie adroitement calculée, lui répondit que le mariage seul pourrait vaincre ses refus. Alors Henri résolut de répudier la reine pour lui substituer Anne de Boleyn. Comme Catherine avait été mariée à son frère, il éleva des doutes sur la légitimité de son mariage; il crut lire dans saint Thomas d'Aquin, son auteur favori, que l'empêchement du beau-frère à la belle-sœur était de droit divin et que le pape n'en pouvait dispenser; il cita encore le *Lévitique* et le *Deutéronome*, et consulta les différentes universités catholiques. En Angleterre et à Paris, la plupart des docteurs furent éblouis par l'or du monarque et donnèrent un effroyable scandale dans toute la chrétienté. Clément VII évoqua l'affaire à son tribunal, et nomma une commission pour l'examiner. Wolsey conjura d'abord à genoux son maître de renoncer à son dessein; mais quand il vit qu'il était inflexible, il se prononça pour le divorce. Le pape envoya son légat Campegge en Angleterre, avec l'ordre secret de traîner les choses en longueur, dans l'espérance que le temps amènerait un dénouement à cette malheureuse affaire. Mais le roi, ennuyé de tant de retards, se disposa à faire prononcer son divorce par l'autorité ecclésiastique de son royaume et par le parlement. Le crédit d'Anne de Boleyn amena la disgrâce de Wolsey. Le roi lui retira les sceaux pour les confier à Thomas Morus.

Peu après, Wolsey mourut de chagrin et de remords (1530).

Commencements du schisme (1530-1534). — Henri fit encore une tentative près du pape et de l'empereur pour les engager à consentir à son divorce. Charles-Quint répondit qu'il n'était pas un marchand pour vendre l'honneur de sa tante, et Clément VII, sans donner de réponse précise, promit de faire pour Henri tout ce que sa conscience lui permettrait. Le roi cessa dans ce moment ses poursuites, et Anne de Boleyn croyait sa cause perdue, quand un homme de basse naissance, mais adroit et intelligent, l'insinuant Thomas Cromwell, lui offrit sa protection. Il donna le premier au monarque l'idée de résister au souverain pontife, de se déclarer le chef suprême de l'Église anglicane, et de concentrer ainsi dans ses mains la puissance civile et ecclésiastique. C'était habilement flatter les deux grandes passions de Henri VIII, son ambition et sa licence effrénée. Il applaudit à ce dessein, donna entrée à Cromwell dans son conseil privé, et se mit en mesure de préparer les esprits à cette surprenante innovation. Un statut d'Édouard III défendait à tout Anglais d'accepter des provisions, réserves ou bénéfices de la part de la cour romaine; on fit le procès à Wolsey et à tout le clergé d'Angleterre pour l'avoir enfreint, et Henri prit le titre de protecteur et de chef suprême de l'Église d'Angleterre. Le pape lui ayant écrit à ce sujet une lettre affectueuse, quoique sévère, il assembla son parlement, abolit les annates, et déclara nulles toutes les censures portées par Rome (1532). Il eût voulu mettre François Ier dans ses intérêts, et, dans une entrevue qu'il eut avec lui à Calais, il lui avait même promis de ne pas compliquer davantage sa situation par rapport au pape. Mais le 25 janvier 1533, le désir qu'il avait de légitimer l'enfant qu'Anne de Boleyn portait dans son sein, l'engagea à faire bénir secrètement leur union par un de ses aumôniers dans un des greniers du palais de Whitehall. Il donna ensuite l'archevêché de Cantorbéry, alors vacant, à un luthérien marié, l'ignoble Cranmer, qui s'empressa d'approuver son divorce et de confirmer son alliance adultère. Ce fut seulement après ces scandales que le pape excommunia Henri VIII, en lui ordonnant de reprendre Catherine, sa femme légitime (23 mars 1534.)

Constitution de l'Église anglicane (1534). — La sentence de Rome ne fut point la cause du schisme. Avant de la recevoir, le parlement avait défendu les appels à Rome (30 mars 1533), et le roi avait commandé à Cromwell divers bills, dont le but était d'établir une séparation marquée entre l'Église nouvelle et la communion romaine. Mais une fois excommunié, Henri ne garda plus de mesure ; il se fit déclarer par le parlement juge suprême de la religion en Angleterre (23 nov. 1534). Il devait seul nommer les évêques, et ceux-ci ne devaient prêter serment qu'entre ses mains. Les faveurs spirituelles, au lieu d'être dispensées par Rome, ne dépendirent plus que du primat. Enfin on exclut de la succession au trône la princesse Marie, fille de Catherine d'Aragon, et on déclara seule héritière de Henri la fille d'Anne de Boleyn, Élisabeth.

Persécutions. Spoliation des monastères (1535-1536). — Quiconque refusa de souscrire à ces décrets du parlement fut immolé sans pitié. L'évêque de Rochester, Jean Fisher, et l'ancien chancelier, Thomas Morus, ayant protesté contre ces actes impies, Henri les dégrada, les jeta dans un cachot et les envoya ensuite à l'échafaud (1535). Cet horrible attentat émut l'Europe entière. Le pape Paul III, pour le flétrir, renouvela l'excommunication déjà portée contre ce prince barbare ; il déclara en outre les enfants d'Anne de Boleyn incapables de lui succéder, et délia ses sujets du serment de fidélité. Mais ces coups de foudre ne purent tirer le peuple anglais de son inexplicable léthargie.

Henri VIII, aidé des conseils de Cromwell, son vicaire général, entraîna même tout le clergé anglican dans son schisme. Il suspendit les pouvoirs des évêques et les contraignit à recevoir de ses mains leur juridiction. Ensuite il tenta la cupidité des lords, en provoquant la suppression des monastères et leur spoliation. Sur ses instances, le parlement abolit dans un premier décret toutes les maisons dont les revenus n'excédaient pas 200 livres sterling ; par suite de cette mesure, 376 monastères furent supprimés et leurs biens confisqués (8 juin 1536).

Mariages nouveaux de Henri VIII (1536-1542). —

Toutes ces richesses furent entièrement employées en plaisirs, en fêtes, en prodigalités de tout genre qui, en excitant les passions du monarque, le poussèrent de plus en plus dans la voie du crime et de l'ignominie. Anne de Boleyn, qui avait été l'objet de ses premiers scandales, lui ayant déplu par sa légèreté, il l'accusa d'infidélité et la fit décapiter (19 mai). Le jour même de sa mort, il mit ses habits de fête, épousa Jeanne Seymour et fit déclarer seuls légitimes les enfants qui naîtraient de cette union. Jeanne mourut en donnant le jour à Edouard VI (12 octobre 1537). Après trois ans de veuvage, Henri s'unit à Anne de Clèves, dont il s'était épris en voyant un de ses portraits (1540). Mais cette princesse n'ayant pas eu l'adresse de le captiver, il fit prononcer son divorce par le parlement, sans autre motif que son caprice (1541). Alors il contracta un cinquième mariage avec la nièce du duc de Norfolk, Catherine Howard; mais la famille de la nouvelle reine étant l'ennemie des réformateurs, Cranmer la perdit dans l'esprit du roi, et après un an de mariage, elle mourut sur l'échafaud (1542). Enfin, Catherine Parr, veuve de lord Latimer, fut la dernière femme de ce prince dissolu (12 juillet 1543); elle ne dut la vie qu'à son extrême prudence et à ses continuels ménagements.

Réaction contre sa tyrannie — (1536-1539). — Pendant que toutes ces turpitudes déshonoraient le trône, il y eut de grands mouvements parmi le peuple et le clergé. Les comités du Nord prirent les armes pour la défense de leur foi, et principalement pour se venger de la suppression des monastères. L'insurrection prit un caractère menaçant surtout depuis l'Humber jusqu'aux frontières de l'Ecosse. Les révoltés qui avaient donné à leur association le nom de *pèlerinage de grâce*, s'avancèrent au nombre de plus de trente mille vers Duncastre. Henri VIII eut l'adresse de les amuser par des promesses, et quand ils se furent dissipés, il mit à mort leurs chefs.

Le clergé ne fut pas plus heureux dans sa résistance. Mais, il faut le dire, nulle part il ne déploya cette mâle fermeté toujours nécessaire en face d'un pouvoir qui s'attaque à la vérité. La division se mit dans son sein et fut la cause de son asservissement.

Nouveaux excès de Henri VIII (1539-1540). — Ces oppositions partielles et mal concertées ne servirent qu'à aigrir le monarque. Comme chef suprême de l'Église, il s'était engagé à détruire les abus; sous ce prétexte, il abolit un grand nombre de fêtes, restreignit le culte des images, et assouvit sa cupidité en pillant les châsses et les reliquaires. C'est ainsi qu'après avoir effacé du calendrier le nom de saint Thomas Becket, il le cita en jugement, s'appropria les richesses qui ornaient son tombeau, et dispersa ses cendres au vent. En même temps il achevait la ruine des monastères et s'emparait de leurs propriétés.

Loi des six articles (1539). — Tout en commettant ces injustices, par le fait d'une inconséquence inexplicable, il se piquait néanmoins d'orthodoxie. Ainsi il fit adopter au parlement le fameux bill des six articles qu'on a appelé le *statut de sang*. Par ce décret il établissait la présence réelle, la communion sous une seule espèce, l'obligation de garder le vœu de chasteté, le célibat des ecclésiastiques, l'utilité des messes privées et la nécessité de la confession auriculaire. Ceux qui niaient le premier article devaient être brûlés, et il n'y avait peine de mort contre ceux qui niaient les autres qu'en cas de récidive. Une première faute était punie par la confiscation des biens et l'emprisonnement. La persécution enveloppait les protestants comme les catholiques.

Soumission du pays de Galles et de l'Irlande. — Le pays de Galles eut voulu se soustraire à ces lois tyranniques, et l'Irlande frémissait d'horreur à la vue de ces innovations monstrueuses. Les Kildares, qui se trouvaient à la tête du gouvernement irlandais, s'étant révoltés malgré les conseils de l'archevêque d'Armagh, Henri profita de cette circonstance pour établir par la force sa doctrine qu'il n'aurait pu faire accepter par la persuasion. Le chef des séditieux fut décapité et le calme se rétablit. Les seigneurs irlandais sollicitèrent même la pairie, et du rang de *seigneurie* l'Irlande fut élevée à celui de *royaume*.

Mort de Henri VIII (1547). Henri VIII s'immisça ensuite dans les affaires d'Écosse, où il voulut faire pénétrer ses idées schismatiques. Mais Jacques V préféra l'alliance de la France à la sienne, et il en résulta d'abord une guerre où Henri VIII fut victorieux. Mais à la mort de Jacques V, les Écossais se prononcèrent en faveur de Marie de Guise, et le roi d'Angleterre fut obligé de comprendre l'Écosse dans le traité conclu avec François Ier (1546). Il mourut peu de temps après, car ce fut le 29 janvier de l'année suivante qu'il alla rendre compte à Dieu de la tyrannie qu'il avait fait peser sur son peuple, des maux dont il avait affligé l'Église, et de tous les crimes qui avaient souillé sa vie. Sa santé avait été si profondément affaiblie par ses plaisirs et ses débauches, que depuis longtemps il n'avait de force que pour signer des arrêts de mort. Il éprouva dans ses derniers instants les douleurs les plus horribles.

Édouard VI établit le protestantisme (1547-1548). — Henri VIII, tout schismatique qu'il était, respectait néanmoins les dogmes catholiques. Il persécutait les luthériens et s'alarmait à la seule pensée des doctrines protestantes. Le règne d'Édouard VI n'ayant été qu'une minorité dont le duc de Sommerset fut le protecteur, ce ministre s'entendit avec Cramner pour étendre la réforme à la croyance et établir le protestantisme.

Toutefois on ne brusqua rien pour mieux s'assurer du succès. Sommerset fit d'abord faire une visite générale de tous les diocèses, changea la liturgie catholique dans le dessein d'incliner les esprits vers les usages des Églises réformées, et défendit aux prédicateurs orthodoxes de prêcher hors de leurs paroisses. Une victoire remportée en Écosse le rendit ensuite plus hardi. Il fit abroger la loi des six articles, interdit les messes privées, fit enlever les images des églises, et permit aux laïques la communion sous les deux espèces (1548). Après ce décret, qui légalisait absolument le protestantisme de l'Allemagne en Angleterre, le parlement sanctionna la nouvelle liturgie, où l'on n'avait conservé du rit romain que ce qui s'accordait avec les doctrines des novateurs.

Cet ambitieux ayant voulu aussi étendre son influence sur l'Écosse se vit chassé de ce pays, et peu après il fut aussi renversé en Angleterre. Jean Dudley, comte de Warwick, critiqua son administration et forma contre lui un puissant parti dans le conseil. Se voyant sous le poids de mille accusations diverses, il fut obligé de se démettre de ses fonctions et Warwick le remplaça.

Administration de Warwick (1550-1553). — Warwick fit la paix avec la France et l'Écosse; mais il ne remédia pas aux maux qu'avait faits le protecteur. Comme lui il était attaché au protestantisme, et comme lui il persécuta les catholiques. Il alla même jusqu'à inquiéter la princesse Marie, le seul enfant légitime de Henri VIII. Ayant fait décapiter Sommerset, son rival (1552), son ambition lui fit désirer pour lui-même l'autorité souveraine. Il usa de son crédit près d'Édouard VI pour le déterminer à exclure du trône ses deux sœurs Marie et Élisabeth et à reporter la couronne sur Jeanne Gray, fille du marquis de Dorset et arrière-petite fille de Henri VII. Il maria ensuite Jeanne avec son quatrième fils, Guildford Dudley, et se flatta de voir ses enfants sur le trône. Édouard mourut quelque temps après ces dispositions, le 6 juillet 1553, à l'âge de seize ans.

Triomphe de Marie sur Jeanne Gray (1553). — La nation anglaise ne vit dans le testament d'Édouard qui laissait la couronne à Jeanne Gray, que le jeu de l'ambition de Warwick, qui avait alors le titre de duc de Northumberland. On ne concevait pas comment on pouvait remettre la couronne à la petite-nièce de Henri VIII, du vivant de ses deux filles Élisabeth et Marie. Cependant Northumberland entreprit de faire violence à l'opinion publique. Il alla, suivi de quelques seigneurs, annoncer à Jeanne la mort d'Édouard et son élévation au trône.

Marie, pendant ce temps, s'entoura de ses amis, fit un appel aux troupes, et au bout de quelques jours elle se vit à la tête de 30 000 hommes. Northumberland en avait moins; cependant avec de l'activité il eût pu détruire en un instant cette armée rassemblée à la hâte, qui manquait de discipline et d'expérience. Mais il fut effrayé par les clameurs qui lui arrivaient de tous les points du royaume, et, ses craintes ayant gagné ses soldats, il fut obligé de venir lui-même à Londres reconnaître, les larmes aux yeux, pour légitime souveraine celle qu'il aurait voulu déposséder de ses droits.

On avait donné à Marie, le jour même de son triomphe, une liste de vingt-cinq personnes qu'on désignait comme complices de la révolte de Northumberland. Sur-le-champ elle la réduisit à onze, et n'en livra ensuite que sept à la justice. Northumberland et ses deux principaux conseillers furent seuls condamnés à mort. Elle fit grâce à Jeanne, ne pouvant oublier qu'elle n'avait été que l'instrument de l'ambition de son beau-père.

Mariage de Marie (1554). — On admira dans Marie tant de justice et de clémence, surtout après les cruautés des derniers règnes. Comme elle ne s'était conduite dans cette circonstance que d'après les conseils de Charles-Quint, elle se sentit une vive affection pour cet illustre empereur, et préféra son fils Philippe, infant d'Espagne, à tous les partis qui briguèrent sa main. Les Anglais n'avaient que de l'éloignement pour un mariage qui les devait mettre en guerre perpétuelle avec la France. Gardiner et tous ses autres conseillers firent à Marie de sages remontrances; mais elle persista.

Mort de Jeanne Gray (12 fév. 1554). — Alors éclatèrent sur divers points du royaume des séditions et des révoltes à la tête desquelles se trouvaient Thomas Woatt, dans le comté de Kent, et Pierre Carew dans le Devonshire. Le père de Jeanne Gray, le duc de Suffolk, se rangea du côté des rebelles, dans l'espérance de voir sa fille monter sur le trône, et Élisabeth trempa aussi dans cette conspiration. Marie se montra ferme et calme au milieu des dangers et étouffa la rébellion. Elle pardonna à sa sœur Élisabeth; mais elle fit périr Guildford et Jeanne Gray, pour que leur nom ne servît à l'avenir de ralliement à aucune faction.

Rétablissement de la religion catholique. — Après avoir ainsi consolidé son trône, Marie s'occupa du rétablissement de la religion catholique. Selon les conseils de Charles-Quint, elle procéda à cette grande œuvre avec prudence et lenteur. Le peuple regrettait l'ancienne liturgie, le parlement la rétablit par un bill qui fut adopté à l'unanimité. Il ne restait plus qu'à proclamer la primauté du saint-siége. Les lords qui s'étaient enrichis des dépouilles des églises et des monastères, craignaient d'être inquiétés dans leurs possessions s'ils rétablissaient la juridiction de l'Église romaine. Pour faire tomber leur opposition, le pape déclara par l'entremise du cardinal Pole, que tous les biens meubles et immeubles enlevés à l'Église appartiendraient à jamais à leurs possesseurs. Après cette déclaration, la suprématie du saint-siége fut reconnue à l'unanimité. Les prisons s'ouvrirent, et tous ceux qui avaient été incarcérés sous le règne précédent pour motif de religion recouvrèrent leur liberté (1555).

Persécution contre les protestants. — Dans ces temps malheureux, les catholiques, aussi bien que les protestants, regardaient comme un devoir de s'attaquer à ceux qui professaient des doctrines qu'ils jugeaient erronées. Henri VIII avait persécuté les protestants et les catholiques qui refusaient d'adhérer à son schisme. Édouard VI s'était armé contre les catholiques, et avait fait brûler les unitaires et les anabaptistes. Sans doute après avoir déclaré le catholicisme religion de l'État, Marie eût mieux fait de laisser à ses sujets une entière liberté de conscience; mais les idées de son temps triomphèrent de sa douceur naturelle.

Cependant ses premiers coups ne portèrent que sur des hommes souillés qui méritaient l'échafaud par leurs crimes. Quand la persécution devint purement religieuse, il y eut des catholiques qui réclamèrent contre ces violences. Un moine espagnol, le confesseur de Philippe II lui-même, Alphonse de Castro, dit publiquement en chaire que ce n'était point ainsi qu'on devait travailler à étendre le règne de l'Évangile. Ces réclamations ébranlèrent un instant la reine et son conseil; mais les réformés obligèrent par leurs excès le pouvoir à de nouvelles rigueurs. Ils ne cessaient de publier contre le gouvernement, les évêques et l'Église romaine, les plus violentes diatribes. Ils demandaient au ciel la mort de la reine, attentaient à la vie des prêtres catholiques, et excitaient partout des séditions contre l'autorité établie. Si cette insubordination n'excuse pas la sévérité de Marie, du moins elle l'explique, et rend indulgent à son égard celui qui veut être impartial.

Affaires extérieures (1555-1558). — La politique que Marie suivit à l'extérieur fut celle de Philippe II, son époux. Ce prince, qui venait d'entrer en possession d'une partie des vastes États de son père, avait hérité de ses guerres avec la France. Marie, par pur dévouement, prit part à la querelle, et fournit 10 000 hommes, contrairement aux avis de son conseil. Ces troupes aidèrent Philippe à remporter la brillante victoire de Saint-Quentin (1557), qui n'empêcha pas le duc de Guise de s'emparer l'année suivante de Calais (1558). Cet événement remplit de deuil Marie, qui déjà souffrait beaucoup des inquiétudes que lui donnait Élisabeth, dont la foi lui semblait suspecte. *Qu'on ouvre mon cœur,* disait-elle souvent, *on y trouvera Calais et Élisabeth.* Ces deux grandes douleurs lui causèrent une fièvre violente, qui l'emporta le 24 novembre 1558. Ses vertus lui ont mérité les éloges des protestants eux-mêmes.

§ II. — *Élisabeth et Marie Stuart* (1558-1603).

Rétablissement de l'Église anglicane (1558-1559). — Tant que Marie avait vécu, Élisabeth avait dissimulé son penchant pour la réforme. Elle assista même à la messe pendant les premiers jours de son règne, se fit couronner selon le rit de l'Église romaine, et ne dévoila ses sentiments qu'après avoir gagné tous les membres du parlement; alors elle rétablit la religion de Henri VIII et s'empara de la puissance spirituelle. Le clergé murmura, tous les évêques protestèrent, mais William Cécil, que la reine avait élevé à la dignité de secrétaire d'État, eut assez d'habileté pour entraîner l'épiscopat et étouffer presque toutes les résistances du clergé inférieur.

De la réforme en Écosse. — L'Écosse était en ce moment en pleine révolution. Les idées des novateurs s'étaient répandues parmi le peuple pendant le règne de Marie de Lorraine, et le protestantisme avait pris dans cette contrée un caractère démocratique tout opposé à l'absolutisme que nous avons trouvé dans les États du Nord. Un moine apostat de Londres, appelé Jean Knox, avait soufflé son fanatisme au sein de la nation, et y avait établi un calvinisme ennemi de tout pouvoir spirituel et temporel. Les nobles le protégèrent par ambition, et il excita une insurrection très-menaçante. La régente effrayée par tous les désordres que commettaient ces sectaires, fit marcher contre eux une armée. Ils se réunirent de leur côté par un *covenant* ou traité, et invoquèrent le secours d'Élisabeth, qui venait de monter sur le trône d'Angleterre (1559). Luther les avait encouragés dans leur rébellion, et leur avait même donné le conseil de déposer leur souverain. Mais ils échouèrent, et la mort de Marie de Lorraine amena la conclusion d'un traité de paix d'après lequel on reconnaissait pour reine d'Écosse sa fille, Marie Stuart, qui résidait en France, où elle avait été mariée au roi François II (1560).

Marie Stuart en Écosse (1561). — En attendant son retour, l'administration du royaume fut confiée à un conseil de douze personnes. Ce conseil, dévoué aux novateurs, s'empressa d'interdire le culte de l'Église romaine et d'établir des peines très-sévères contre tous les *papistes*. Jean Knox, chargé de la formation de l'Église nouvelle, abolit l'épiscopat, et consacra ainsi ce qu'on a appelé le *presbytérianisme*. Il signala ensuite les monuments catholiques comme des restes d'idolâtrie, et, à sa voix, on se précipita sur les abbayes, les cathédrales, les bibliothèques, et on alla jusqu'à troubler les morts dans leurs tombeaux.

Marie Stuart, qui pleurait en France la mort de François II, son royal époux, résolut, d'après les conseils du duc de Guise, de se rendre au milieu de son peuple pour modérer sa haine barbare et farouche. Élisabeth eût voulu la faire prisonnière pendant son trajet, mais elle fut assez heureuse pour traverser les croisières anglaises à la faveur d'une brume épaisse, sans être aperçue, et arriver en Écosse (21 août 1561). Mais la fortune ne parut lui ménager ce succès que pour l'accabler ensuite par des revers plus affreux.

Politique d'Élisabeth (1562-1564). — Élisabeth dissimula le regret d'avoir manqué sa proie, et adopta dès lors pour politique de soutenir les protestants dans tous les États de l'Europe et de se déclarer l'ennemie des catholiques. Ainsi, pour satisfaire sa haine contre les Guises, elle envoyait de l'argent et des troupes au prince de Condé et aux calvinistes (1562). Par inimitié pour Philippe II, elle secourait également les réformés des Pays-Bas. Dans ses propres États elle multipliait ses édits sanguinaires, et décrétait la peine de mort contre ceux qui refusaient de croire à sa suprématie religieuse. Ces exécutions devinrent si fréquentes, que les protestants eux-mêmes s'en plaignirent, et il fallut donner l'ordre au bourreau de se reposer.

Mariage de Marie Stuart (1564). — En Écosse, Élisabeth fomentait aussi des révoltes incessantes, au moyen de l'exaltation religieuse, mais c'était en secret. Elle entretenait officiellement avec Marie Stuart une correspondance affectueuse, et s'offrait de la meilleure grâce du monde à lui trouver un époux digne de son rang. Après l'avoir longtemps amusée, elle eut la bassesse de lui proposer un de ses indignes favoris, le comte de Leicester. A ce seul nom, le noble cœur de Marie se souleva de nouveau. Elle répondit à sa *bonne sœur* par un refus formel, se décida pour Darnley, qui était du sang de Henri VIII, et qui descendait des rois d'Écosse par son père le comte de Lennox (29 juil. 1564).

Meurtre de Rizzio (1566). — Malheureusement ce seigneur n'était pas digne de la main de la reine d'Écosse. Capricieux, bizarre et emporté, livré au vin et à la débauche, il ne méritait aucune considération, et désirait néanmoins partager avec Marie l'autorité souveraine. Les refus qu'il éprouva le portèrent aux plus sanglants outrages. Comme Marie avait donné sa confiance à un Piémontais plein d'adresse et de ruse, appelé David Rizzio, Darnley fit planer sur elle les plus odieux soupçons, et s'unit à Murray et aux protestants pour massacrer ce malheureux favori. Le complot fut exécuté dans l'appartement et sous les yeux de la reine enceinte, qui faillit en mourir d'effroi (9 mars 1556).

Duplicité d'Élisabeth. — A l'époque du mariage de Marie Stuart, Élisabeth avait provoqué une révolte en Écosse. Les rebelles n'ayant pas réussi, elle désavoua leur entreprise, chassa de Londres Jacques Murray leur chef, mais elle lui donna en secret une pension pour le récompenser de ses services. Après le meurtre de Rizzio, il y eut encore des soulèvements excités par l'argent d'Élisabeth. Marie ayant arboré avec fermeté l'étendard royal sur le château de Dumbar, et s'étant rendue maîtresse de tous ses ennemis, Élisabeth lui adressa des lettres de félicitation, et commanda des réjouissances publiques pour célébrer la naissance de Jacques VI, à qui la reine d'Écosse venait de donner le jour (19 juin 1566).

Meurtre de Darnley (1567). — Jusqu'alors les Écossais n'avaient eu qu'à se louer de la douceur et de la bonté de Marie. Sa vie pure et simple lui avait gagné l'affection de tous les cœurs. Mais autant elle était heureuse comme reine, autant elle éprouvait de chagrin comme épouse. Quoiqu'elle eût pardonné de grand cœur à Darnley le meurtre de Rizzio, il ne lui avait pas été possible de rendre son affection à un homme qui se dégradait chaque jour par de nouvelles infamies. De lâches courtisans lui proposèrent le divorce, comme un moyen de délivrance, mais sa foi aima mieux attendre de la volonté de Dieu la fin de ses maux. Alors les auteurs de cette proposition, craignant à juste titre le ressentiment de Darnley, résolurent de le prévenir en conspirant sa perte.

Les circonstances les favorisèrent. Le roi étant tombé malade dans son château de Glascow, Marie oublia toutes les injures qu'elle en avait reçues pour se rendre auprès de lui. Elle le ramena à Édimbourg dans un château situé hors de la ville, et passa souvent les jours et les nuits à le soigner. Elle le quitta la nuit du 9 février 1567 pour assister au mariage de l'une de ses femmes. Les conjurés saisirent ce moment pour faire sauter l'appartement de Darnley par l'explosion d'une mine. On trouva le lendemain son cadavre et celui de son page dans le jardin, et plusieurs autres personnes furent ensevelies sous les décombres.

Second mariage de Marie Stuart (1567). — Les chefs du parti protestant avaient été les auteurs de cette infâme conspiration, et l'innocence de Marie ne peut être mise en doute. Mais, faible et tremblante, elle se laissa circonvenir par le crédit des hommes puissants qui avaient ourdi ce complot, ne pressa pas assez vivement la condamnation des coupables, et les laissa même absoudre par le grand justicier, le comte d'Argyle, leur complice. Le perfide Bothwel, que l'opinion publique accusait spécialement, ala plus loin : il mit dans ses intérêts vingt-quatre pairs du parlement, enleva la reine à son retour de Stirling, où elle était allée voir son fils, l'intimida en lui montrant les signatures de tous les grands prêts à le soutenir, et l'obligea ainsi à l'épouser. Cet homme indigne était protestant et déjà marié. Il fit prononcer son divorce par l'une et l'autre communion, et vint à Édimbourg célébrer solennellement ses noces avec la reine (15 mai 1567).

Révolte contre Marie. — On devrait vivement blâmer cette faiblesse de Marie Stuart, si elle ne l'avait expiée par tant de malheurs. Bothwel n'était pas aussi puissant qu'il s'en était vanté. Les nobles virent même son élévation d'un œil jaloux, et, quand on sut qu'il cherchait à s'emparer de l'héritier présomptif du trône, une révolte générale éclata. Marie et Bothwel se mirent à la tête de l'armée royale, mais les soldats refusèrent de combattre. Bothwel s'enfuit dans les Orcades, et alla mourir dans les prisons de la Norwége après avoir exercé le métier de pirate. Marie fut ramenée à Édimbourg au milieu des injures et des outrages. On l'accusait de la mort de Darnley, et on portait devant elle un étendard où était représenté le cadavre de son royal époux. Après l'avoir ainsi donnée en spectacle à la populace, les rebelles l'enfermèrent au château de Lochleven, sous la garde de la mère de Murray, son implacable ennemi.

Fuite de Marie en Angleterre (1568). — Elisabeth n'avait rien fait pour secourir Marie contre ses ennemis. Quand elle apprit qu'elle était devenue captive des insurgés, elle protesta publiquement contre cet attentat, et envoya son ambassadeur pour en obtenir justice. Mais son zèle n'était pas sincère. Elle laissa les ennemis de la reine d'Écosse en pleine liberté, et quand cette princesse, délivrée de sa prison, lui vint demander un asile hospitalier, elle ne trouva en elle qu'une ennemie inexorable. Elle ne voulut pas même la recevoir en sa présence, prétextant avec une amère dérision qu'une reine accusée de meurtre et d'adultère ne pouvait comparaître devant une *reine vierge*. Marie comprit dès lors que sa captivité commençait.

Sa captivité (1568-1587). — Cependant les ministres anglais, désireux de se donner un air apparent de justice et d'impartialité, entendirent les accusations des ennemis de Marie, et d'après ces allégations calomnieuses, osèrent solliciter son abdication. Mais elle leur répondit avec fermeté : « Plutôt mourir que de laisser tomber volontairement de mes mains le sceptre que je tiens de mes ancêtres; il ne me quittera qu'avec la vie, et mes dernières paroles seront celles d'une reine d'Écosse. » Ne pouvant lui ravir l'honneur, ses juges lui enlevèrent sa liberté. Le pape Pie V fit consoler dans sa prison cette auguste captive. Le duc de Norfolk, les comtes de Northumberland et de Westmoreland entreprirent même de la sauver, mais le duc de Norfolk fut jeté dans la tour de Londres et les autres s'enfuirent en Écosse après avoir perdu tous leurs biens (1569-1570).

État de l'Écosse pendant la captivité de Marie (1568-1587). — Quand les amis de l'illustre captive arrivèrent en Écosse, le régent Murray, qui s'était saisi du gouvernement, venait de périr sous la main de Jacques Hamilton, qui l'avait assassiné pour se venger d'une injure particulière qu'il en avait reçue (1570). La régence fut en ces temps d'anarchie une proie offerte à toutes les ambitions. Le duc de Lennox, le comte de Marck s'en emparèrent successivement, et succombèrent sous le poids de cette charge périlleuse (1570-1572). Chaque année était marquée par une révolution. Après ceux-ci, les ducs de Morton, les comtes d'Arran et de Lennox furent tour à tour régents, mais aucun d'eux ne put rendre à l'Écosse sa tranquillité.

Conduite d'Élisabeth pendant ce même temps (1568-1587). — Tous ces troubles qui désolaient l'Écosse réjouissaient l'artificieuse Élisabeth, qui les excitait sans cesse. Elle nourrissait aussi la guerre civile en France et dans les Pays-Bas, entretenait à propos de son mariage les espérances de tous les princes dont elle avait besoin, et se plaisait à les humilier par d'outrageantes déceptions. A l'intérieur de ses États, elle affermissait son intolérable despotisme, au prix d'injustices et de crimes sans nombre. Non contente de persécuter les catholiques à la façon de Henri VIII, elle établit une *haute cour de commission* pour rechercher et punir les hérétiques. Jamais inquisition ne se montra aussi terrible que cette barbare institution. Les membres de cette haute cour avaient un pouvoir qui s'étendait sur le royaume entier, ils pouvaient impunément s'attaquer aux personnes de tout rang et de toute condition. Leurs arrêts étaient purement arbitraires, et, quand ils suspectaient quelqu'un, ils lui lançaient ce qu'on appelait un serment *ex officio*, et l'obligeaient à accuser son père, sa mère, son frère ou ses enfants. Les peines les plus sévères étaient portées contre ceux qui s'écartaient de la religion de la reine. Entendre la messe, croire à la suprématie du pape et nier celle d'Élisabeth, étaient des délits qui conduisaient à l'échafaud. Comme on se proposait de détruire surtout les prêtres catholiques, il y avait peine de mort contre eux, et contre ceux qui les recevaient ou qui se confessaient à eux.

Mort de Marie Stuart (1587). — C'est au milieu de ces excès que le procès de Marie Stuart fut instruit. On supposa qu'elle était entrée dans un complot qu'un jeune seigneur nommé Babington avait formé contre les jours d'Élisabeth, et quoiqu'il fût impossible de prouver la vérité de cette accusation, on la condamna à mort, au mépris de toutes les règles les plus simples de la procédure. Élisabeth feignit d'abord de se refuser à cette horrible exécution. Sans cesse elle appelait Marie « sa chère cousine, sa bonne sœur, son aimable parente, » et demandait avec l'accent de la tendresse, « comment elle pourrait faire mourir l'oiseau qui s'était réfugié dans son sein. » Pendant ce temps elle achetait les suffrages des puritains qui siégeaient au parlement, et se faisait demander par ces fanatiques de mettre à mort sa captive. Elle exaltait l'imagination du peuple, en lui révélant tous les jours de prétendus complots. Quand la nation abusée eut demandé le sang de Marie, Élisabeth signa, en regrettant d'être poussée par le vœu du peuple à un tel sacrifice.

Le 7 février, deux commissaires vinrent annoncer à l'auguste reine que son exécution aurait lieu le lendemain. A cette nouvelle elle demanda les secours de la religion à ses bourreaux ; sur leur refus, elle se résigna avec calme et piété, et passa la nuit en prières. Après quelques heures d'un sommeil tranquille, elle écrivit plusieurs lettres, distribua tout ce qu'elle possédait à ses serviteurs, et se retira ensuite dans son oratoire, où elle communia avec une hostie que lui avait envoyée saint Pie V pour s'en servir dans le cas de nécessité. A huit heures, elle suivit les commissaires un crucifix à la main. La vue de l'échafaud et des spectateurs n'ébranla point sa grande âme. Elle s'assit sur le tabouret de velours qu'on lui avait préparé, protesta de son innocence, repoussa la sentence de ses juges, et rappela en ces termes toute sa grandeur : « Je suis cousine de votre reine, je suis du sang royal de Henri VIII ; j'ai été reine de France par mariage, j'ai été sacrée reine d'Écosse. » Elle fut alors interrompue par un grossier prédicant qu'on avait chargé de l'exhorter et qui ne sut qu'insulter lâchement à sa foi. Elle allait lui répondre lorsque le comte de Shrewsbury lui dit qu'elle devait se contenter de prier. A ce mot la pieuse reine se jeta à genoux pour la dernière fois, et prononça ces mémorables paroles en élevant le crucifix qu'elle tenait dans les mains : « Mon Dieu, comme tes bras s'ouvrirent pour s'étendre sur cette croix, ouvre-les aujourd'hui pour me recevoir dans ta miséricorde. » En marchant vers le billot fatal, elle répéta plusieurs fois avec force : « Mon Dieu, je remets mon âme entre vos mains. » Au premier coup elle demeura immobile, mais sa tête ne tomba qu'au troisième. Le bourreau la montra au peuple, et on s'aperçut qu'une longue suite de calamités et une prison de dix-huit années avaient rendu chauve cette pauvre reine de quarante-cinq ans (18 fév. 1587).

Lâcheté du roi d'Écosse. — Selon sa politique accoutumée, Élisabeth, après la mort de Marie Stuart, affecta une grande douleur. Elle versa des larmes, prit le deuil, accusa ses ministres de ce qui s'était passé, les suspendit de leurs fonctions, et jeta l'un d'eux, le lâche Davison, dans les fers. Le roi d'Écosse, en apprenant la mort de sa mère, témoigna la plus violente indignation. La noblesse et toute la nation partagèrent sa peine et son ressentiment. Le jour que la cour prit le deuil, lord Sainclair se présenta au roi tout armé et lui dit en frappant sur sa cuirasse : « Voici le deuil de la reine. » Mais Jacques VI était trop timide pour braver l'Angleterre ; il agit même avec tant de ménagement envers les bourreaux de sa mère, que plusieurs crurent sa douleur simulée.

L'Armada de Philippe II. Victoire d'Élisabeth. (1487-1590). — Il n'y eut que Philippe II qui entreprit de venger la reine d'Écosse. Il avait depuis longtemps à se plaindre de l'Angleterre qui avait attaqué les Espagnols dans les îles du Cap-Vert, à Saint-Domingue, dans la Floride et dans le port même de Cadix, et qui ne cessait d'envoyer des secours à toutes les provinces révoltées contre lui. Songeant à renverser Élisabeth et à rétablir le catholicisme en Angleterre, il donna l'ordre aux vice-rois de Naples et de la Sicile ainsi qu'au gouverneur de Milan d'équiper des troupes et des navires; il établit un impôt sur le Portugal et sur chacune des provinces d'Espagne, et réunit à Lisbonne, sous les ordres du marquis de Santa-Cruz, 150 bâtiments de guerre, 8000 matelots et 20 000 soldats.

La Flandre fournit des forces non moins considérables, et de tous les points de l'Allemagne et de l'Italie on accourait sous les étendards du roi catholique, comme s'il se fût agi d'une guerre sainte. On était si sûr du succès, qu'à l'avance on décora la flotte du surnom d'invincible (*armada invencible*). L'Angleterre n'était pas en effet capable de résister à de pareilles forces, mais les tempêtes firent ce que n'auraient pu les soldats d'Élisabeth. Tous les vaisseaux furent dispersés le long de la mer, depuis Ostende jusqu'à Gravelines, et la plupart allèrent se briser sur les côtes du Danemark et de la Norwége.

Élisabeth avait montré beaucoup de courage dans cette circonstance si critique pour elle; elle avait voulu monter sur le vaisseau amiral et marcher en personne contre l'ennemi. Après la destruction de la flotte de Philippe II, elle reprit, conformément aux vœux de sa nation, l'offensive contre ce prince. Ses flottes jetèrent l'alarme dans Lisbonne (1589) pendant que ses troupes de terre soutenaient les protestants dans les Pays-Bas et arrêtaient les progrès des Espagnols en France. Elle envoya en même temps contre l'Espagne une escadre de dix-sept vaisseaux de guerre et de cent cinquante bâtiments de ligne, sous la direction de lord Effingham et du comte d'Essex. Cadix fut emporté, et c'en était fait de l'Andalousie, si le comte d'Essex n'eût été entravé dans sa marche par le conseil de guerre qu'Élisabeth lui avait imposé pour calmer son impétuosité (1597).

Affaires d'Irlande (1598-1601). — Philippe II se vengea de ces revers en poussant à la révolte les catholiques d'Irlande dont la position était vraiment intolérable. On avait tenté de les soumettre aux doctrines nouvelles par le glaive, et tout le pays était couvert d'Anglais qui ne connaissaient que le meurtre et le pillage. Le comte de Tyrone, ne pouvant pas supporter plus longtemps l'asservissement honteux de ses concitoyens, se mit à la tête des rebelles et chassa de l'île le gouvernement anglais. Élisabeth envoya contre lui le comte d'Essex encore tout enivré de ses dernières victoires; mais il trahit ses devoirs, transigea lâchement avec Tyrone, contrairement aux instructions de sa souveraine, et s'en retourna à Londres. Elisabeth le reçut froidement, et pour punir sa désobéissance elle le condamna aux arrêts. De dépit, le comte d'Essex se jeta dans le parti de la révolte, mais il fut bientôt arrêté et condamné à mort. La reine contresigna la sentence, sans égard pour ses services passés (1601).

Mort d'Élisabeth. Apogée de l'autorité royale en Angleterre (1603). Ce dernier acte de rigueur fit perdre à la reine toute sa popularité. Quand elle se montrait en public, elle n'était plus accueillie avec le même enthousiasme. Elle en conçut un violent chagrin que rien ne put dissiper. En vain elle apprit les succès de Montjoye qui avait remplacé d'Essex en Irlande, et la soumission de l'île entière; sa noire mélancolie ne la quitta pas un seul instant. Ces inquiétudes et les remords la conduisirent au tombeau à l'âge de soixante-dix ans (24 mars 1603).

La puissance royale était arrivée à son apogée sous cette femme extraordinaire. Élisabeth avait publié les édits les plus sévères non-seulement contre les catholiques, mais encore contre les sectes protestantes qui n'admettaient pas les doctrines de l'Église établie. Le parlement se pliait docilement à toutes ses volontés et n'osait faire entendre la moindre réclamation devant cette impérieuse souveraine, qui envoyait en prison tout député qui manifestait contre elle la moindre opposition. En mettant de l'ordre dans les finances, elle sut d'ailleurs se passer des subsides de la nation. Elle favorisa le développement du commerce, encouragea les entreprises des navigateurs qui firent sous son règne d'importantes découvertes. Drake, Cavendish, Davis, Raleigh s'illustrèrent alors par leurs voyages et jetèrent les fondements de l'empire colonial de l'Angleterre. Ce dernier donna à l'une des contrées de l'Amérique méridionale le nom de Virginie en l'honneur de l'illustre princesse. En Europe toutes les nations recherchèrent son alliance; la France, la Hollande et la Russie applaudissaient à l'étendue et à l'élévation de son génie; mais, malgré toutes ces louanges qui l'enivraient sur le trône, sa politique astucieuse, ses mœurs déréglées et ses cruautés barbares n'en ont pas moins flétri sa mémoire (1).

RÉSUMÉ DE CE CHAPITRE. — Si la réforme dans les États de l'Allemagne et du Nord fut l'œuvre des souverains, on peut dire qu'il en fut de même en Angleterre.

I. Henri VIII se montra d'abord un zélé défenseur de l'orthodoxie catholique. Il écrivit même contre Luther un livre qui lui valut les éloges les plus flatteurs du pape Léon X. Mais ayant voulu se séparer de Catherine d'Aragon sa femme pour s'unir à Anne de Boleyn, il se jeta dans le schisme, et se sépara du souverain pontife, parce qu'il n'avait pas voulu prononcer son divorce (1532). Il ne craignit pas de se faire déclarer par le parlement juge suprême de la religion, et de persécuter les catholiques qui eurent le courage de lui résister, et de dépouiller les monastères pour satisfaire la cupidité des lords (1536). Anne de Boleyn étant morte, il épousa successivement Jeanne Seymour (1537), Anne de Clèves (1540), Catherine Howard (1541) et Catherine Parr (1542). Pendant ce temps il continua ses persécutions contre les catholiques, et publia une profession de foi en six articles qu'on devait admettre sous peine de mort, d'emprisonnement ou de confiscation. Il essaya même de faire pénétrer ses idées schismatiques en Écosse, mais l'influence de la France l'empêcha d'exécuter ses desseins. Il mourut en 1547. — Édouard VI qu'il avait eu de Jeanne Seymour lui succéda. Sous le règne de ce prince, qui n'était qu'un enfant, le duc de Sommerset qui avait le titre de protecteur s'entendit avec l'archevêque de Cantorbéry Cramner pour modifier la croyance dans le sens de la réforme et établit le protestantisme dans le royaume. Le comte de Sommerset fut renversé par Warwick, qui fit reconnaître par Édouard VI Jeanne Gray pour son héritière. Édouard VI mourut le 6 juillet 1553. Le parti de Jeanne Gray fut renversé par celui de Marie, la fille que Henri VIII avait eue de Catherine d'Aragon. Cette princesse était catholique comme sa mère. Elle épousa le fils de Charles-Quint, Philippe II, qui devait jouer un si grand rôle dans les affaires de l'Europe. Aussitôt qu'elle se fut affermie sur le trône, son premier soin fut de rétablir le catholicisme (1553). Elle se déclara par là même contre les protestants, mais malgré les condamnations portées alors contre quelques-uns d'entre eux, les réformés eux-mêmes admettent que le gouvernement de cette princesse fut plein de mansuétude et de clémence. Malheureusement les affaires extérieures et les dispositions qu'elle remarquait dans sa sœur Élisa-

(1) ROIS D'ANGLETERRE : Henri VIII (1513-1547), Édouard VI (1547-1553), Marie (1553-1558), Élisabeth (1558-1603).

beth remplirent d'amertume ses dernières années, et elle succomba sous ce double chagrin (1558).

II. Élisabeth, qui succéda à Marie Tudor, était fille d'Anne de Boleyn et par là même ennemie du catholicisme. Elle se déclara contre les catholiques dans toutes les luttes qu'ils eurent à soutenir en Europe. Elle encouragea d'abord les réformés qui agitaient l'Écosse et leur conseilla même de détrôner leur souverain. N'ayant pu empêcher Marie Stuart, sa cousine, d'arriver au trône (1561), elle eut perpétuellement recours à la politique la plus insidieuse pour l'empêcher de réussir. Elle tenta d'abord de lui faire faire un mariage indigne de son rang, mais Marie ayant repoussé avec une noble fierté ses propositions, elle dissimula. La reine d'Écosse épousa d'abord Darnley et fut ensuite forcée de donner sa main au perfide Bothwel, un de ceux qui avaient fait périr son premier mari (1567). Depuis ce moment elle ne cessa d'être en proie aux plus grands malheurs. Son peuple s'étant révolté, elle fut obligée de prendre la fuite et de se réfugier en Angleterre (1568). Élisabeth lui donna pour asile une prison où elle resta pendant près de vingt années (1568-1587). Pendant ce temps la reine d'Angleterre alimenta la guerre civile en Écosse, en France, dans les Pays-Bas au profit des novateurs, et prit les mesures les plus sévères contre les catholiques qui pouvaient se trouver dans ses États. Enfin elle fit condamner à mort Marie Stuart, et cette malheureuse reine monta sur l'échafaud le 7 février 1587. Son fils Jacques VI n'eut pas le courage de la venger, mais le roi d'Espagne Philippe II se mit à la tête d'une flotte formidable pour opérer une descente en Angleterre. Élisabeth déploya dans ce grand péril une étonnante intrépidité, et fut assez heureuse pour que les vents et les tempêtes la délivrassent d'un si redoutable ennemi (1588). A la suite de cet événement elle parut plus fière que jamais. Elle soutint les protestants dans toutes les parties de l'Europe, et l'on peut dire qu'elle éleva à son apogée l'autorité royale en Angleterre. Cependant, malgré tous ses succès, dans ses dernières années elle vit que ses crimes lui avaient fait perdre sa popularité, et elle en conçut un chagrin si violent qu'elle en mourut (24 mars 1603).

CHAPITRE XXVI.

LA RÉFORME DANS LES PAYS-BAS.
AFFRANCHISSEMENT DES PROVINCES-UNIES; PRINCES DE LA MAISON D'ORANGE. PHILIPPE II. CONQUÊTE DU PORTUGAL (1).

L'Espagne jouit sous Philippe II de la prépondérance que lui avait acquise en Europe le génie de Charles-Quint. Cette monarchie puissante, en se déclarant dévouée à l'Église catholique, rendit à la vraie foi les plus importants services. Philippe II fut le protecteur du catholicisme dans toute l'Europe, et, à ce titre glorieux, il faillit arriver à la domination universelle qui parut être l'objet de son ambition. Le moment semblait en effet favorable : le Portugal subissait la plus effroyable décadence ; l'Angleterre et la France étaient déchirées par la guerre civile ; l'Allemagne s'était fractionnée en deux camps ; la Pologne s'abîmait dans l'anarchie : il n'y avait de fort que l'empire de Philippe II, dont les vastes provinces enlaçaient, comme dans un réseau, tous les autres États de l'Europe. La Providence ne permit pas que ce prince réussît dans ses vastes projets. Elle fit même échouer la plupart de ses entreprises ; et la décadence de la monarchie espagnole commença sous son règne, pour se continuer rapidement sous ses faibles successeurs. Néanmoins son influence fut très-utile à la vérité, parce qu'elle aida puissamment les catholiques de toutes les contrées à réprimer les envahissements de l'erreur, et que son énergie ferma l'entrée de l'Espagne à l'hérésie.

§ Ier — *La réforme dans les Pays-Bas. Affranchissement des Provinces-Unies. Princes de la maison d'Orange* (1555-1579).

Puissance et politique de Philippe II. — Il n'y avait pas en Europe de souverain capable de le disputer en puissance à Philippe II. La Castille, l'Aragon, la Navarre, Naples, la Sicile, la Sardaigne, le Milanais, le Roussillon, les Pays-Bas et la Franche-Comté lui obéissaient. Il possédait en Afrique les provinces de Tunis

---

(1) AUTEURS A CONSULTER : Outre les histoires générales de l'Espagne et du Portugal consultez encore : Weiss, *Histoire de l'Espagne depuis l'avénement de Philippe II*; Vertot, *Révolutions du Portugal*; Schiller, *Histoire de l'insurrection des Pays-Bas*; Prescott, *Histoire du règne de Philippe II*; Théodore Juste, *Histoire de la révolution des Pays-Bas sous Philippe II*.

et d'Oran, les Canaries, les îles de Fernando-Po et de Sainte-Hélène, le Mexique, le Pérou, enfin les plus belles contrées de l'Amérique l'enrichissaient de leurs trésors. Il disait avec vérité que le soleil ne se couchait jamais sur ses États, et ses sujets aimaient à répéter avec orgueil : « Au moindre mouvement de l'Espagne la terre tremble. »

Philippe II espéra qu'avec les innombrables ressources dont il disposait, il pourrait facilement arriver à la domination universelle. La réforme ayant jeté des semences de discorde en Allemagne, en Angleterre, en France et dans les États du Nord, il se déclara le protecteur de la religion catholique et se flatta de la rétablir partout, en faisant plier le monde entier sous sa puissance. Mais la fortune le trahit dans toutes ses entreprises, et il transmit à son successeur un empire moins puissant et moins redoutable que celui qu'il avait reçu de son père.

Premiers troubles dans les Pays-Bas (1560). — Philippe débuta, il est vrai, dans sa lutte contre la France par sa brillante victoire de Saint-Quentin (1557), et il obtint de la faiblesse de Henri II l'avantageux traité de Câteau-Cambrésis (1559) (1). Mais il ne tarda pas à rencontrer de graves difficultés dans le gouvernement des Pays-Bas. Charles-Quint s'était fait aimer par les Hollandais et les Flamands, en favorisant leur commerce ; mais Philippe n'hérita pas de cette affection. Castillan de cœur, il parut vouloir soumettre aux lois espagnoles ces villes opulentes si fières de leurs priviléges et de leurs coutumes, affecta de confier les principales dignités à des étrangers, établit l'inquisition contre le gré du peuple, et blessa le clergé lui-même en formant trois archevêchés et treize évêchés qu'il dota avec le produit des abbayes et des monastères. Cette dernière mesure avait été provoquée par le cardinal Granvelle, dans l'espérance qu'en multipliant le nombre des évêques il serait plus aisé d'arrêter les progrès du protestantisme. Mais les réformés, qui étaient déjà très-nombreux, surtout parmi les Bataves, se moquèrent du cardinal, et répandirent des caricatures qui le repré-

(1) Voyez plus haut, page 284.

sentaient *couvant des œufs d'où sortaient en rampant des évêques*. La noblesse se déclara contre lui, parce qu'elle le regardait comme l'instrument des volontés despotiques de Philippe II. Le prince d'Orange, Guillaume de Nassau, le comte de Horn et le comte d'Egmont s'unirent aux mécontents et demandèrent à Philippe le rappel des troupes espagnoles qu'il avait laissées dans les Provinces, contrairement aux libertés des Pays-Bas. Le roi céda devant leurs réclamations, et rappela Granvelle lui-même (1563), mais sans rien changer à la rigueur de ses édits.

Compromis de Bréda (1564). — En vain représentat-on au monarque espagnol qu'il était impossible de sévir contre les hérétiques, parce qu'ils étaient trop nombreux ; il renouvela ses ordres sévères aux gouverneurs, et publia même dans les provinces agitées les règlements du concile de Trente que plusieurs États catholiques n'avaient pas cru devoir aussitôt promulguer. Alors tout le Brabant, Anvers, Bruxelles et Louvain se soulevèrent. Guillaume le Taciturne fit signer aux nobles le pacte ou *compromis de Bréda*, et ceux-ci demandèrent impérieusement à Marguerite de Parme, la gouvernante, le redressement de leurs griefs. La princesse épouvantée consentit à tout, mais le peuple ne tint aucun compte de ses concessions. Enflammé par les pamphlets des calvinistes, à Saint-Omer, Gand, Anvers et Tournai, il se précipita dans les églises, brisa les autels et les images, et rétablit de force le culte réformé. Dans les Flandres et le Brabant plus de 400 églises furent ainsi profanées, et les mêmes scènes se reproduisirent à Leyde, Utrecht, Amsterdam et dans toutes les provinces du Nord.

Conduite du duc d'Albe — Les nobles désapprouvèrent généralement ces excès. Tous les catholiques qui se bornaient à solliciter le maintien de leurs franchises et de leurs priviléges, s'alarmèrent de ces désordres et se pressèrent autour de Marguerite pour en tirer vengeance. Valenciennes et Cambrai furent repris sur les rebelles, Anvers se soumit, et les auteurs des derniers troubles sortirent du pays, sous la conduite de Guillaume, pour aller au dehors chercher du secours.

Néanmoins Philippe II, sur les remontrances de Marguérito, était disposé à traiter ces provinces avec moins de rigueur. Mais le duc d'Albe, Alvarès de Tolède, représenta dans le conseil que l'insurrection n'était que comprimée par la peur, et que la force seule pouvait dignement venger la majesté de la religion et du trône outragée par les rebelles. Philippe, ébranlé par ses raisons, le nomma généralissime, et l'envoya contenir les Brabançons avec une armée de vingt mille hommes. Le duc fit son entrée à Bruxelles le 16 août 1567, au milieu d'un peuple consterné, et Marguerite lui ayant remis ses pouvoirs partit pour l'Italie, emportant les regrets de la nation.

Conseil des troubles (1567). — Le nouveau gouverneur commença par faire arrêter les comtes de Horn et d'Egmont qu'il jeta en prison à Gand et qui furent exécutés sur la place publique. Ensuite il ordonna l'arrestation du fils du prince d'Orange qui étudiait à Louvain, l'envoya en Espagne où il resta vingt-huit ans prisonnier. Enfin il institua un tribunal composé de douze juges étrangers, mais dévoués à l'Espagne, pour informer contre les auteurs des derniers soulèvements. Ce tribunal fut appelé par les Espagnols le *Conseil des troubles*, mais les Brabançons le flétrirent du nom de *Conseil de sang* et ses horribles sentences ne justifièrent que trop cette dénomination. Jamais procédure ne fut plus cruelle ni plus inexorable. Dix-huit mille personnes périrent sous la main du bourreau, et trente mille furent dépouillées de leurs biens; une sentence avait été portée contre le prince d'Orange lui-même, mais il s'enfuit et leva l'étendard de la révolte.

Triomphes passagers du duc d'Albe (1568). — Le prince d'Orange ne pouvait manquer d'avoir des partisans. Les anciens auteurs du *compromis de Bréda*, qui avaient pris ironiquement le nom de *gueux*, se ranimèrent sous les coups de la persécution. Les uns se retirèrent dans les bois et les marais pour se livrer au brigandage, c'étaient les *gueux des bois*; d'autres exercèrent sur mer le métier de pirates, et reçurent le nom de *gueux marins*. Quand Guillaume sortit de l'Allemagne avec 6000 cavaliers et 14000 fantassins, il vit accourir à lui une foule de ces aventuriers italiens ou flamands, et il se joignit à Louis de Nassau, son frère, qui venait de remporter une victoire près de Groningue. Mais malheureux dans toutes ses tentatives, il fut contraint après deux défaites de licencier ses troupes (1568). Le duc d'Albe alors rentra triomphant dans Bruxelles, et avec les canons pris sur l'ennemi il se fit ériger, sur la place d'Anvers, une statue qui le représentait foulant à ses pieds deux figures, emblèmes du peuple et de la noblesse.

Nouvelles causes de révolte (1569-1572). — Cet orgueilleux monument était une provocation constante à la révolte. En vain publia-t-il une amnistie générale; on ne put lui pardonner ni son arrogance, ni son inhumanité. L'exaspération fut à son comble quand il tenta d'établir un impôt de dix pour cent sur les marchandises. Les députés des Etats lui firent à cet égard les représentations les mieux fondées; il ne voulut rien entendre, et prétendit qu'il n'avait pas d'autre moyen de pourvoir à l'entretien et au payement de ses troupes. Ce fatal édit fut publié en 1571. Alors tous les magasins furent fermés à Bruxelles, le marché resta désert, et l'insurrection s'organisa.

Révolte de la Zélande et de la Hollande (1572-1573). — Déjà le duc d'Albe se disposait à sévir contre les Bruxellois obstinés, quand il apprit que les *gueux marins* s'étaient emparés, au nom du prince d'Orange, de la ville de Briel dans l'île de Wern (1572). Le Taciturne, après ses derniers revers, s'était réfugié en France où l'amiral de Coligny, avec lequel il s'était étroitement lié, lui avait fait observer que les Espagnols n'ayant pas de vaisseaux dans les Pays-Bas, pouvaient être attaqués par mer avec avantage. Ce trait de lumière orienta tout à coup la politique de Guillaume. Il résolut de s'attacher les *gueux marins* et de diriger leurs efforts. Après la prise de Briel, l'insurrection se propagea rapidement, et toutes les villes de la Zélande ouvrirent leurs portes aux révoltés, à l'exception de Middelbourg. La Hollande suivit cet exemple, et une assemblée des états tenue à Dordrecht déclara le prince d'Orange *stathouder* ou gouverneur de Hollande, de Zélande, de Frise et d'Utrecht. Le calvinisme fut établi dans toutes ces contrées.

Rappel du duc d'Albe (1573). — Les circonstances

devenaient très-critiques. Les insurgés, pleins d'enthousiasme et animés par l'espoir d'être soutenus par les réformés d'Allemagne, d'Angleterre et de France, s'illustrèrent par les plus brillants exploits. Leur audace détruisit sur les côtes de Hollande une flotte de 50 vaisseaux commandée par le duc de Médina-Cœli, et ils surprirent vingt navires chargés de munitions de guerre que le duc d'Albe envoyait à Middelbourg. Les Espagnols se vengèrent de ces revers par le sac des villes de Vaerden et de Harlem; mais Philippe II désapprouvant les cruautés et surtout l'orgueil avec lequel le duc d'Albe avait étalé ses premiers exploits, lui donna pour successeur don Luis de Requesens.

Administration de Requesens (1574-1576). — Requesens n'était pas l'homme qu'il fallait pour réparer le mal qu'avait fait le duc d'Albe par sa sévérité outrée. A la vérité, il était doux, humain et modéré; mais il manquait de fermeté, et n'avait pas assez d'autorité sur ses soldats pour les commander. Il échoua d'abord en voulant secourir Middelbourg qu'il laissa tomber entre les mains du prince d'Orange. Son lieutenant Sanche d'Avila releva un peu sa fortune par la victoire de Mooker où furent tués Louis et Henri de Nassau (1574). Il tenta même d'envahir la Hollande et la Zélande (1575), mais il ne put exécuter aucun de ses desseins. Quatre fois ses soldats se mutinèrent pour défaut de solde, sans qu'il eût jamais assez d'ascendant pour les contenir. Voyant qu'il demandait inutilement de l'argent à Philippe, il prit sa position en dégoût et mourut de chagrin au siége de Zéric-Zée dans l'île de Schowen.

Pacification de Gand (1576). — En ce moment le désordre fut à son comble. Les troupes non soldées quittèrent les provinces maritimes pour se diriger vers le Brabant. Les états réunis à Bruxelles, effrayés de leurs dévastations, les déclarèrent rebelles, et dès lors la guerre civile fut allumée même dans les provinces espagnoles. Les mécontents s'emparèrent de Maëstricht et d'Anvers, et les remplirent pendant trois jours de meurtre et de pillage. Les états alarmés s'unirent aux protestants contre les Espagnols et jurèrent avec eux un traité qui prit le nom de *Pacification de Gand*.

Don Juan et ses inutiles exploits. Guillaume de

Nassau (1577-1578). — Philippe II pensa que, pour rétablir son autorité dans les Pays-Bas, il ne fallait pas moins que le génie de don Juan d'Autriche, qui avait triomphé des Maures en Espagne et des Turcs à Lépante. Il lui donna donc l'ordre de soumettre ces contrées. Le célèbre gouverneur ayant d'abord recours à l'artifice, feignit d'accepter la *pacification de Gand*, et se montra favorable à la paix. Mais Guillaume réveilla la révolte, et se fit déclarer chef de l'armée par les états assemblés. Cependant les nobles qui redoutaient son influence, appelèrent à leur tête Mathias, le frère de l'empereur d'Allemagne Rodolphe II. Le Taciturne, qui ne demandait qu'à diviser la maison d'Autriche, accepta cette proposition avec empressement, et la guerre recommença. Don Juan gagna la bataille de Gemblours (1578), mais il fut ensuite défait à Diemar. Il fut enlevé peu après par une maladie si violente qu'on soupçonna Philippe II de l'avoir empoisonné (1578).

Union d'Utrecht. Indépendance des Provinces-Unies (1579). — Après la mort de don Juan, sous le gouvernement d'Alexandre Farnèse son successeur, les provinces du Nord s'isolèrent du reste des Pays-Bas. Guillaume les poussa à se coaliser, parce qu'il avait remarqué en elles une certaine identité de mœurs, d'habitudes et d'intérêts qui devaient à jamais les unir contre l'Espagne. Cet acte d'union fut signé à Utrecht le 25 janvier 1579 par les provinces de Hollande, de Zélande, d'Utrecht, de Gueldre et de Groningue. Cinq mois après, celles de Frise et d'Ower-Yssel y adhérèrent, et la république des sept Provinces-Unies fut fondée.

§ II. — *Philippe II et l'Espagne. Conquête du Portugal*
(1579-1598).

État de l'Espagne. — L'Espagne avait été aussi menacée d'être envahie par les doctrines de Luther et de Calvin. Augustin Gazagia propageait le calvinisme à Séville, Valladolid, Tora et Palencia, pendant que le docteur Constantin de Séville répandait le luthéranisme dans les principales villes de l'Andalousie. Pour arrêter les progrès de l'erreur qui auraient allumé en Espagne comme ailleurs la guerre civile, Philippe encouragea les rigueurs de l'inquisition que Ferdinand et Charles-Quint avaient autorisées, assista lui-même à un auto-da-fé à Valladolid et dit publiquement qu'il livrerait son fils aux flammes, si jamais il le voyait tomber dans l'hérésie.

En 1568, il entreprit d'anéantir les divisions religieuses qui existaient alors en Espagne, et dans ce but il ordonna aux Maures de changer leur idiome, leurs vêtements, de renoncer à leurs pratiques superstitieuses, et d'embrasser la religion catholique. Ce décret excita une vaste insurrection; le royaume de Grenade s'agita et choisit pour roi Mahomet-Aben-Humaya; on planta en terre quatre drapeaux tournés vers les quatre parties du monde, et le nouveau monarque, la tête inclinée vers l'Orient, jura fidélité au prophète. Pendant deux ans, le marquis de Mondejar poursuivit les rebelles jusque dans les montagnes inaccessibles des Alpujarras; mais Philippe II, ennuyé des lenteurs de cette guerre, lui ôta le commandement pour le remettre à don Juan d'Autriche, son frère naturel. Ce nouveau général fit périr les rebelles au nombre de plus de cent mille, en les isolant des cités voisines et réduisit le reste en esclavage (1570).

Conquête du Portugal (1581). — Philippe II se dédommagea de la perte des Provinces-Unies par la conquête du Portugal. Après le règne d'Emmanuel, ce royaume avait eu pour roi son fils Jean III (1521) qui ne songea qu'à rendre sa puissance absolue. La dynastie d'Avis eut pour derniers représentants l'infortuné Sébastien, qui périt dans une expédition contre les Maures en Afrique (1578) et le cardinal Henri. Ce dernier était un saint évêque qui avait travaillé avec zèle à la réforme du clergé, fondé des écoles et des hospices en faveur des pauvres et protégé les lettres en récompensant les savants et en créant des colléges à Coïmbre, à Lisbonne, ainsi qu'une université à Evora. Mais, quand il recueillit le sceptre, l'âge avait glacé ses forces, et il ne fut que le triste spectateur des débats auxquels donnait lieu le choix de son successeur. Il mourut en 1580.

Six prétendants aspiraient à sa couronne, mais Philippe II était le plus puissant. Sans attendre la décision des états, il mit la plupart des nobles dans ses intérêts, et envoya le duc d'Albe avec une armée de 30 000 hommes faire la conquête du pays. En trois semaines, cet illustre général remplit sa mission. La victoire d'Alcantara et la dispersion de la flotte portugaise par le marquis de Santa-Cruz étouffèrent toutes les résistances. Philippe II vint tenir ses premières cortès à Tomar (15 avril), et le 15 juin il fit son entrée à Lisbonne (1581).

Cette conquête doubla les forces de Philippe en établissant l'unité de la péninsule ibérique, et en étendant sa domination sur une foule de possessions extérieures en Amérique, en Afrique et aux Indes.

Relations de Philippe II avec l'Angleterre et la France. — Philippe II, depuis la mort de la reine Marie, sa femme, était en opposition directe avec l'Angleterre. Élisabeth avait dédaigné sa main et s'était ouvertement déclarée pour les protestants. Philippe II promit son appui aux catholiques d'Angleterre, et négocia à Paris, à Lisbonne, à Vienne, à Rome, en faveur de Marie Stuart. Élisabeth de son côté excitait les réformés dans les Pays-Bas, et ses vaisseaux se mirent à exercer une sorte de piraterie contre les navires espagnols. La guerre éclata à l'occasion de la mort de Marie Stuart, et Philippe II fut encore défait (1). En apprenant ce désastre, le monarque espagnol s'écria avec résignation : « Je remercie Dieu de m'avoir donné des ressources pour supporter cette perte. Une branche a été coupée, mais l'arbre est encore florissant et peut y suppléer. »

En effet, rien n'était désespéré pour Philippe. La mort du duc de Guise, qui arriva peu de temps après (1588), lui fit espérer de régner un jour sur la France. Il avait déjà envoyé un secours de 3000 hommes à Montluc, après que les protestants eurent livré le Havre aux Anglais et fait un appel à leurs frères d'Allemagne. Son influence grandit surtout sous le faible règne de Henri III. Il se déclara le protecteur de la Ligue, et après l'assassinat de ce prince, il n'y eut plus personne pour balancer son autorité. Le duc de Mayenne était

(1) Voy. plus haut, pag. 291-292.

trop faible pour soutenir les catholiques, et les ligueurs avouaient qu'ils aimeraient mieux obéir à un étranger qu'à un hérétique. Paris fut alors défendu par les Espagnols contre Henri IV (1590); la faction des Seize se prononça pour Philippe, et les états généraux de 1593 proposèrent de reconnaître reine de France l'infante Isabelle. Mais l'abjuration de Henri IV détruisit tous ces projets en mettant fin à la Ligue.

Depuis ce moment, Philippe II n'éprouva plus en France que des revers. La Ligue se dissipa et les troupes espagnoles évacuèrent Paris. Ne pouvant régner sur cette nation, Philippe eut du moins voulu la démembrer. Il revendiqua la Bourgogne comme descendant de Charles le Téméraire, la Provence comme héritier de Ferdinand, et rappela les droits prétendus de sa fille sur la Champagne, la Bretagne, la Normandie, le Bourbonnais et l'Auvergne. Mais il n'excita que d'impuissants soulèvements dans quelques-unes de ces provinces, et après la prise d'Amiens il fut obligé de reconnaître Henri IV à Vervins, et de lui restituer toutes ses conquêtes (1598).

Mort de Philippe II. Épuisement de l'Espagne (1598). — Philippe II mourut la même année. Ce grand prince, qui avait conçu des projets si gigantesques, ne transmit à ses successeurs qu'un royaume affaibli et ruiné. Les efforts qu'il lui avait fallu faire pour conserver son autorité dans les Pays-Bas l'avaient tellement rebuté, qu'il remit, avant de mourir, ses droits sur cette contrée à sa fille Isabelle et à son gendre l'archiduc Albert.

Résumé de ce chapitre. — Au seizième siècle, l'Espagne a joué un rôle tout opposé à celui de l'Angleterre. Élisabeth ne se contenta pas de séparer son royaume de Rome, mais elle soutint le parti de la réforme dans toute l'Europe. Philippe II fut, au contraire, le défenseur du catholicisme; il ferma l'Espagne aux doctrines des novateurs et combattit leurs efforts non-seulement dans les Pays-Bas, mais encore en France, en Angleterre et en Allemagne. Malheureusement, tout en défendant la foi, il ne fut pas insensible à l'ambition, et au milieu de toutes ces luttes, il poursuivit le rêve de domination universelle qui abusa peut-être pendant un temps Charles-Quint.

I. L'étendue de ses États lui permettait d'ailleurs de faire de vastes projets sans avoir l'air d'entreprendre des choses au-dessus de ses forces. Il continua d'abord la lutte que son père avait engagée avec la France, et la termina tout à fait à son avantage, deux ans après sa victoire de Saint-Quentin, par le traité de Câteau-Cambrésis (1559). Il déploya ensuite un grand zèle pour maintenir la pureté de la foi dans tous ses États. Les Pays-Bas, mécontents de la manière dont ils étaient traités sous ce nouveau gouvernement, prirent de là occasion de se révolter. Guillaume le Taciturne fit signer aux nobles le pacte ou compromis de Bréda (1564). Les calvinistes se livrèrent alors à de déplorables excès, mais Marguerite de Parme parvint à comprimer les rebelles. Elle conseillait à Philippe II la modération quand le duc d'Albe fit prévaloir la politique contraire. Ayant été nommé généralissime des troupes espagnoles, il fit son entrée à Bruxelles (26 août 1567), et traita tous ceux qui lui parurent suspects avec la dernière sévérité. Guillaume s'étant mis à la tête d'une armée, le duc d'Albe en triompha (1568). Ce succès le rendit si insolent qu'il ne ménagea plus personne. La Zélande et la Hollande se révoltèrent, et Guillaume le Taciturne fut proclamé stathouder (1572). Philippe II comprit qu'il devait rappeler le duc d'Albe (1573) Il donna le gouvernement des Pays-Bas à Requesens qui compromit tout par sa faiblesse et son indécision. En vain le remplaça-t-il par don Juan, le vainqueur de Lépante. Ce nouveau général périt, peut-être empoisonné, après avoir été défait à Diemar (1578). Les provinces du Nord se séparèrent alors du reste des Pays-Bas, et les provinces de Hollande, Zélande, Utrecht, Gueldre, Groningue, Frise et Over-Yssel formèrent ce qu'on a appelé la république des sept Provinces-Unies (1579).

II. En Espagne, Philippe II déploya la plus grande sévérité pour maintenir l'autorité religieuse. Les ressources de son vaste empire étaient si considérables qu'après avoir perdu une partie des Pays-Bas et fait les plus grands sacrifices pour cette guerre, il put encore faire la conquête du Portugal, entreprendre une descente en Angleterre et se mêler aux affaires de la France. — Après le règne d'Emmanuel, le Portugal affermit ses possessions dans l'Inde, mais Jean III n'ayant laissé pour héritier qu'un enfant de trois ans, l'infortuné Sébastien (1557), ce prince fut lui-même remplacé par un vieillard septuagénaire (1578), le cardinal Henri, qui vit de son vivant une foule de prétendants se disputer sa succession. Philippe II, qui était le plus puissant, l'emporta sur les autres, et la conquête du Portugal (1581) ajouta à ses États une foule de possessions dans les différentes parties du monde. — Il usa de sa puissance contre Élisabeth en déjouant partout les calculs de sa politique astucieuse. Après la mort de Marie Stuart, il mit en mer une flotte immense à laquelle l'Angleterre n'aurait pu résister, si les vents et les tempêtes ne l'avaient pas dispersée (1587). Il avait voulu profiter des dissensions qui déchiraient alors la France pour s'en emparer; mais la conversion de Henri IV leva toutes les difficultés, et le traité de Vervins ferma pour toujours la France aux Espagnols (1598). Philippe II mourut la même année.

CHAPITRE XXVII.

LA RÉFORME EN FRANCE. CALVIN. GUERRES DE RELIGION. FRANÇOIS II ET CHARLES IX (1).

La réforme s'introduisit en France sous François Ier, et fit de grands progrès sous ses successeurs. Les rois de France déployèrent contre les novateurs une grande sévérité, mais leur zèle pour la pureté de la foi fut constamment paralysé par leur fausse politique. Pendant que François Ier et Henri II persécutaient les réformés en France, ils soutenaient les protestants d'Allemagne; cette conduite contradictoire enleva ainsi à leur action toute son efficacité. D'un autre côté, une partie de la noblesse se déclara pour les novateurs, parce qu'elle crut que c'était un moyen d'arriver à la souveraine puissance et de se substituer à la royauté dont le pouvoir était presque absolu. Les passions politiques se voilèrent derrière les intérêts religieux, et la guerre civile éclata à la suite de toutes ces dissensions. Sous les faibles règnes de François II et de Charles IX nous allons voir l'odieuse politique de Catherine de Médicis alimenter la discorde au profit de son intérêt personnel, et précipiter la France dans toutes les horreurs de l'anarchie.

§ Ier. — *La réforme en France. Calvin.*

De la réforme sous François Ier (1520-1525). — Les doctrines de Luther n'eurent d'abord qu'un faible écho en France. La royauté avait compris que le catholicisme seul pouvait défendre le trône contre les factieux qui l'entouraient. Le peuple ne lisait pas les libelles des sectaires, et les théologiens étaient si indignés de leurs attentats que la Sorbonne censura, le 15 avril 1521, les ouvrages de Luther, et ordonna de les jeter au feu. L'erreur ne s'accrédita dans les commencements que près de ces hommes superficiels, engoués de l'étude des lettres profanes, et qui n'avaient de la religion qu'une connaissance peu approfondie. Les étudiants, impatients du

---

(1) AUTEURS A CONSULTER : Outre les histoires générales de France, consultez les mémoires contemporains de Montluc, Tavanne, la Noue, de Castelnau, etc.; Audin, *Histoire de Calvin*; de Haller, *Histoire de la réforme protestante dans la Suisse occidentale*; Maimbourg, *Histoire du Calvinisme*; Soulier, id.

frein que l'Église imposait à leurs passions, se montrèrent pour la plupart favorables aux opinions des novateurs, et bientôt dans les universités les plus célèbres, la doctrine de Luther trouva des défenseurs et des apôtres secrets, mais zélés. Louis Berquin traduisit à Paris la *Captivité de Babylone*, et des écoles le poison gagna la cour, qui, dans ce temps-là, était très-licencieuse. Les *Colloques* d'Érasme, cette vive, mais spirituelle satire des moines et du clergé, étaient lus avec avidité. Les dames et les gentilshommes chantaient les psaumes de Marot. Marguerite de Navarre et Renée de France attiraient dans leurs châteaux tous les chefs de la religion nouvelle, espérant trouver près d'eux des pratiques moins gênantes et une morale plus facile.

François I⁰ʳ s'oppose à la réforme (1525-1545). — François I⁰ʳ se ligua à la vérité avec les protestants d'Allemagne contre Charles-Quint dans des vues politiques; mais jamais il n'approuva leurs doctrines. Il n'y voyait qu'une semence d'anarchie, et c'est pour ce motif qu'il chargea le parlement d'en empêcher les progrès. En 1525 et 1526, on ordonna aux évêques d'établir dans leur diocèse une commission composée de deux laïques et de deux ecclésiastiques pour étouffer l'erreur partout où elle se manifesterait. On proscrivit en même temps une traduction française de la Bible calquée sur celle de Luther. On ne sévit contre les personnes qu'en 1535, à l'occasion d'un pamphlet insultant que les réformés de Paris affichèrent dans toutes les rues de la capitale et jusque sur les murs du Louvre. Ce libelle blasphématoire, qui attaquait la messe et la transsubstantiation, parut révéler un vaste complot, et les principaux auteurs de cette espèce de conspiration furent brûlés sous les yeux du roi et de toute la cour. L'année suivante, François I⁰ʳ avait supprimé l'imprimerie; mais sur les remontrances du parlement, il se contenta de faire censurer les livres. La faculté de Paris publia le catalogue des livres qu'elle avait censurés depuis l'apparition du protestantisme. Le roi sanctionna cette liste, et il fut défendu à tout libraire de vendre ou imprimer ces ouvrages.

Calvin et ses premières prédications. — Toutes ces mesures n'empêchèrent pas l'erreur de se propager. Jean

Calvin, né à Noyon de parents peu fortunés, se fit le digne émule de Luther. La noble famille des Mommor avait pourvu aux frais de son éducation, et il avait été envoyé tout jeune à Paris pour y recueillir les leçons du célèbre Aléandro. Ses rapides succès lui valurent plusieurs bénéfices; mais, à mesure qu'il grandit, il oublia les services de ses bienfaiteurs et se détacha de la foi de ses pères. Il lisait furtivement les pamphlets de Mélanchton et les livres de Luther, se riait en secret du jeûne, de l'abstinence et des lois de l'Église, et s'attachait à tous ceux dont les sentiments étaient suspects. Il fit connaissance avec Farel, Zuingle, Œcolampade et Haller, et quitta Paris pour aller étudier à Orléans. De là il se rendit à Bourges pour entendre le célèbre Alciati de Milan, et l'Allemand Melchior Wolmar que François Ier avait attirés en France pour y répandre le goût de l'antiquité. Partout son mauvais cœur et son lâche penchant pour la délation le firent mépriser de ses condisciples. Il ne se lia guère qu'avec le voluptueux Théodore de Bèze, qui devait un jour s'associer à ses grands travaux.

Ce fut en 1522 que Calvin quitta Bourges pour venir à Paris commencer ses prédications, il les fit d'abord en secret dans la boutique d'un luthérien ardent, Étienne de la Forge. Là il parlait contre le pape, les moines, les évêques et les prêtres romains. Ses discours étaient goûtés, et sa secte s'accrut au delà de ses espérances. Ses partisans, embrasés du zèle le plus ardent, se répandaient partout avec l'intention de faire des conquêtes. Les premiers troubles éclatèrent dans le diocèse de Meaux, où l'évêque Briçonnet avait appelé, sans les connaître, Guillaume Farel et deux autres sectaires, pour leur confier des chaires publiques.

Calvin, voyant ses disciples persécutés par le pouvoir, n'osa pas prendre ouvertement leur défense. Il publia son commentaire sur le traité de Sénèque *De clementiâ*, et mérita les applaudissements de Bucer, de Capito et d'Œcolampade, en faisant indirectement la satire des ennemis des novateurs. Ne se sentant pas lui-même en sûreté à Paris, il se réfugia près de Marguerite de Navarre à Nérac, se fit des partisans dans l'Angoumois et la Saintonge, et commença à rassembler chez un chanoine, appelé Louis du Tillet, les matériaux de son livre de l'*Institution chrétienne*. Le but de cet ouvrage était d'unir tous ses disciples dans une foi commune, en leur traçant ce qu'ils devaient croire et pratiquer. François Ier ayant refusé à Calvin un prieuré qu'il sollicitait, l'hérésiarque furieux jura de répandre dans son livre assez de fiel et de venin pour faire encore parler de lui dans cinq cents ans.

Il tint sa promesse. La persécution l'ayant forcé à s'exiler, il acheva la composition de son grand ouvrage à Bâle, et le lança, comme un tison enflammé, au sein du monde chrétien (1536). Tous ses partisans l'attendaient avec impatience, et quand il parut on le salua comme une œuvre inspirée. Il y prétendait prouver que la religion nouvelle était vieille comme le monde, et il avait voulu appuyer par l'Écriture et les Pères toutes les innovations qu'il proposait touchant l'eucharistie, la prédestination, les sacrements, etc. Le livre était dédié à François Ier et précédé d'une éloquente préface en faveur de la tolérance.

Après la publication de son ouvrage, Calvin se rendit à Ferrare où il fut parfaitement accueilli par la duchesse Renée de France, fille de Louis XII, et épouse du duc d'Este. Cette princesse avait alors des démêlés avec le souverain pontife, et elle recevait à sa cour Marot et plusieurs autres réformateurs français. Un traité de paix qu'elle conclut avec le pape l'obligea de bannir ces réfugiés, et Calvin s'éloigna de sa maison sans cesser pour cela d'entretenir avec elle une correspondance très-active. Il se dirigeait vers Bâle, quand Farel, sachant qu'il était arrivé à Genève, alla le trouver et le somma de rester avec lui pour achever la réforme des Génevois. Il lui céda même la première place, et Calvin devint le chef de cette opulente cité.

Calvin à Genève (1536-1638). — Genève était alors divisée en trois partis. Il y avait les *eidgenots* que Calvin appelait les libertins, parce qu'ils étaient incrédules à sa parole et censuraient ses discours; les catholiques qui étaient beaucoup plus timides et réservés; et les disciples des réformateurs. Jean de Noyon attaqua vivement ceux qui restaient attachés à l'ancienne foi; il leur retira leurs livres de messe et leurs catéchismes, et inventa contre eux les plus noires calomnies. Affectant une certaine rigidité de mœurs, il institua une inquisition de bas étage, nourrie par les plus viles délations, ordonna de sortir des cabarets à la nuit tombante, fit fermer les tavernes pendant le service divin, proscrivit, sous peine d'amende ou de prison, les jurements, les propos grossiers, la danse villageoise, les jeux de dés et de cartes. Le conseil de Genève était chargé de régler les prêches, la toilette des femmes et d'autres bagatelles aussi misérables. Un jour ce conseil s'indigna contre Calvin et les ministres parce qu'ils avaient refusé la cène à des bourgeois qu'ils prétendaient être de mauvaises mœurs, et prononça leur bannissement.

Calvin se retira à Strasbourg. Il enseignait et prêchait chaque jour, entretenait une correspondance très-étendue, travaillait à ses ouvrages, cherchait une femme à Viret, son ami, et en faisait chercher une pour lui. Il épousa la veuve d'un anabaptiste, Idelette de Bures, dont il n'eut qu'un enfant mort-né. Jamais il ne fut plus malheureux que pendant son séjour à Strasbourg. On voulait une imagination brûlante, et, comme il ne savait que discuter, ses leçons et ses prédications étaient abandonnées. Il parut dans les assemblées de Francfort, d'Haguenau, de Worms et de Ratisbonne à côté de Mélanchton, mais sa parole y exerça peu d'influence. Sa physionomie pâlissait tristement en face de ces natures saxonnes toutes de verve et d'animation. Heureusement les partisans qu'il avait laissés à Genève sollicitèrent et obtinrent son rappel.

Le peuple de Genève ne vit qu'avec peine le retour du réformateur; on eût dit qu'il pressentait tous les maux qu'il allait lui faire endurer. En effet, Calvin présenta bientôt au conseil des ordonnances sur la discipline ecclésiastique qui prouvèrent que son génie ne s'était pas adouci dans les souffrances de l'exil. D'après une de ces dispositions, il établit un *consistoire* composé d'ecclésiastiques et de laïques pour veiller à la conservation de la saine doctrine et des bonnes mœurs. Le consistoire n'infligeait pas de peines corporelles, mais il dénonçait au conseil les délits graves. Calvin, qui était tout puissant dans le consistoire et le conseil, se trouva ainsi maître de toutes les actions et de toutes les opinions des

Génevois. Se figurant le ministre du nouvel Évangile, comme un combattant qui doit tout faire ployer sous son autorité, il imagina une législation de sang.

Tyrannie de Calvin (1542-1564). — Pendant vingt ans il tint Genève dans la souffrance, le deuil et les larmes. Les enfants, les jeunes filles étaient punis, pour le moindre délit, par les peines les plus sévères. À chaque faute la mort, la prison ou l'exil. Mort à tout criminel de lèse-majesté divine et humaine ; mort au fils qui frappe et maudit son père ; mort à l'adultère ; mort aux hérétiques. Ainsi Jacques Gruet eut la tête tranchée *pour avoir écrit des livres impies et des vers libertins :* Servet fut arrêté et brûlé vif à Genève pour avoir attaqué le mystère de la sainte Trinité dans un livre qui avait été écrit et publié à Genève ; Bolzec fut exilé pour avoir autrement pensé que Calvin sur la prédestination et le mérite des œuvres.

Meurtre des Vaudois (1545). — Cette conduite devait provoquer les plus terribles représailles. Calvin ayant organisé un système de colportage pour répandre ses livres principalement en France, François Ier se vit contraint de rendre son édit de Fontainebleau (1540), par lequel il déclarait les partisans de Luther et de Calvin criminels de lèse-majesté divine et humaine et les menaçait des plus terribles peines ; mais il s'en tint aux menaces et fut peu sévère dans l'exécution.

Le parlement d'Aix n'imita pas cette modération du monarque. En 1540 il décréta la confiscation, le bannissement et l'extermination de quelques peuplades d'anciens Vaudois qui vivaient retirés dans les montagnes de la Provence et du Dauphiné, et qui s'étaient unis aux calvinistes de Suisse et aux luthériens d'Allemagne. Le digne évêque de Carpentras, l'illustre et charitable Sadolet, fut vivement ému à cette nouvelle. Il implora pour ces malheureux la clémence du roi, et fit différer l'exécution de ce terrible arrêt jusqu'en 1545. Alors, malgré les réclamations nouvelles du pieux prélat, qui avait profité de ce délai pour tenter, mais presque sans succès, la conversion de ces pauvres peuplades, le président d'Oppède et l'avocat général Guérin marchèrent avec 30 000 hommes, commandés par le baron de la Garde, **contre les bourgs et les villages habités par les sectaires.**

Hommes, femmes, enfants, vieillards, tout fut égorgé. 4000 Vaudois furent massacrés et 28 villages incendiés. Le récit de ces épouvantables horreurs troubla l'âme de François I*er*, et il mourut en léguant à son successeur la vengeance de ces excès.

Des progrès du protestantisme sous Henri II (1547-1559). — Henri II poursuivit les féroces meurtriers des Vaudois. Toutefois le parlement de Paris se montra timide et faible, parce qu'il craignait de servir, par un acte de sévérité, la cause des réformés. Le président d'Oppède fut acquitté avec ses complices; il n'y eut de condamné à mort que l'avocat général Guérin, encore fut-ce comme faussaire. L'opinion publique était avertie des intentions du roi, mais l'esprit de schisme et d'hérésie n'en faisait pas moins de rapides progrès. Des mouvements séditieux dans l'Agénois, le Périgord, la Saintonge, la Gascogne et le Limousin, firent pressentir à Henri II tout ce qu'il avait à craindre des nouveautés qui se répandaient parmi le peuple. Il rendit contre les sectaires son édit de Châteaubriand (1551). Malgré la sévérité de cet acte, ils trouvèrent un appui dans Coligny, Dandelot, Condé et tous les grands qui étaient travaillés par des pensées d'ambition. Le cardinal de Lorraine, effrayé, proposa l'inquisition (1555). Le parlement s'y refusa d'abord, puis il l'adopta, après y avoir mis certaines restrictions (1558). Mais toutes ces mesures furent impuissantes contre la contagion, qui faisait invasion de toutes parts. Immédiatement après l'établissement de l'inquisition, les réformés ne craignirent pas de s'assembler au Pré-aux-Clercs, traversant Paris en procession et chantant les psaumes de Marot (1559). Plusieurs membres du parlement se déclarèrent pour eux, et il fallut instruire leur procès. Pendant ce temps, les protestants de l'Ile-de-France, de la Normandie, de l'Orléanais, de l'Aunis et du Poitou envoyèrent leurs députés au faubourg Saint-Germain. Là ils réglèrent leur constitution en quarante articles, firent un appel aux princes d'Allemagne et formèrent véritablement un État dans l'État. Henri II mourut au moment où la guerre civile était sur le point d'éclater.

§ II. — *Guerres de religion. François II. Charles IX* (1559-1574).

François II. Pouvoir des Guises (1559). — Le règne de François II fut court, mais funeste. Le roi étant trop faible pour gouverner par lui-même, les factions se disputèrent le pouvoir. Catherine de Médicis, qui s'était tenue à l'écart pendant le règne précédent, devint tout à coup une puissance que tous les ambitieux flattèrent. Les Guises la gagnèrent d'abord, et par elle le pouvoir passa dans leurs mains.

Conjuration d'Amboise (1560). — Leur puissance absolue inspira de la jalousie au connétable de Montmorency et aux ducs de Bourbon. Comme les protestants formaient déjà un parti puissant dans l'État, Condé résolut de s'unir à l'amiral Coligny, leur chef, pour satisfaire son ambition. Son dessein était de renverser les Guises pour jouir de leur crédit. L'amiral voulait beaucoup plus, il méditait la ruine du trône et l'établissement de la république. Mais on convint qu'avant tout il fallait se liguer contre les Guises, que les calvinistes abhorraient comme les auteurs de tous les édits qui les faisaient souffrir. On conspira donc leur perte dans le secret. Jean de Bari, seigneur de la Renaudie, qui avait déjà été traduit devant les tribunaux comme faussaire, se mit lui-même à la tête de la conjuration. Son indiscrétion ayant tout laissé transpirer, le duc de Guise averti transféra la cour de Blois au château d'Amboise, et attendit de pied ferme les conjurés. Ils donnèrent dans les embuscades qu'il leur avait dressées et furent tous exterminés.

Édit de Romorantin. Arrestation de Condé. — Les Guises feignirent de ne pas croire à la complicité de Condé et des autres princes et les déclarèrent innocents. Le chancelier Olivier étant mort, on le remplaça par Michel de l'Hôpital, l'homme le plus modéré de son temps. Il rendit *l'édit de Romorantin* (mai 1560) pour interdire aux juges séculiers la connaissance du crime d'hérésie et rendre plus douce la juridiction des tribunaux. Néanmoins la France entière était dans une fermentation qui présageait d'effrayantes catastrophes. On convoqua *l'assemblée des notables* à Fontainebleau sans rien gagner sur les esprits, et on réunit ensuite les états généraux à Orléans (18 oct.). Le roi de Navarre et le prince de Condé, qui ne cessaient d'exciter à la sédition, s'y rendirent, et on les arrêta. Les Guises auraient voulu la perte de Condé, et déjà sa condamnation était prononcée, quand la mort de François II le sauva.

Charles IX. Politique de Catherine de Médicis (1560-1562). — Le frère et le successeur de François II, Charles IX, n'était qu'un enfant de dix ans. Catherine de Médicis s'empara du gouvernement. Sa devise était *qu'il fallait diviser pour régner.* D'après cette maxime, elle opposa les Bourbons aux Guises, et alimenta les discordes pour s'assurer le pouvoir. Ses premiers soins furent de rappeler le connétable de Montmorency à la cour, de rendre la liberté au prince de Condé, de témoigner à Coligny la plus grande déférence, et de flatter en même temps les Guises. Les états généraux se tinrent sur ces entrefaites à Orléans ; mais ils provoquèrent de si grands orages qu'il fallut les suspendre. Alors, au milieu de cette complication d'affaires, le duc de Guise, le connétable de Montmorency et le maréchal de Saint-André s'unirent et formèrent ce qu'on appela *le triumvirat catholique.* La reine inquiète se jeta du côté des calvinistes qui remplissaient Paris de leurs clameurs et couvraient déjà la France de leurs attentats. Elle réunit sur leur demande des théologiens des deux communions à Poissy (9 sept. 1561), pour discuter la croyance, comme si elle n'avait pas été fixée depuis longtemps. Dans ce *colloque* les partisans de Calvin ayant refusé formellement de recevoir la confession d'Augsbourg, on leur donna le nom de *calvinistes*. On les comprenait auparavant sous la dénomination générale de luthériens. Cette réunion ne servit d'ailleurs qu'à aigrir les esprits. La reine publia ensuite l'édit de Janvier (1562), qui accordait aux protestants le libre exercice de leur culte, à condition que leurs prêches se feraient dans les faubourgs des villes ou dans les campagnes.

Première guerre civile (1562). — Cette concession indigna les catholiques sans contenter les protestants. La tempête grondait de toutes parts ; un accident imprévu la fit éclater. Le duc de Guise, en passant à Vassy, fut insulté par les calvinistes, qui troublèrent par le chant de leurs psaumes l'office des catholiques auquel il assistait. Il envoya ses gens pour leur imposer silence, au nom du dernier édit. Une rixe s'engagea ; le duc accourut pour apaiser le tumulte, et fut blessé lui-même au visage. A la vue de son sang qui coulait, ses serviteurs ne purent se contenir ; ils se jetèrent sur les huguenots, en tuèrent quelques-uns, et en blessèrent d'autres. Les calvinistes exagérèrent cet événement, et partout on n'entendait parler que du massacre de Vassy. Ce fut le signal de la guerre civile (1ᵉʳ mars 1562).

Condé leva des troupes et se jeta dans Orléans, où Dandelot, le frère de Coligny, lui ménagea un parti puissant. Blois, Tours, Poitiers, Angers, Bourges, Rouen, Mâcon, la Rochelle, Lyon, Grenoble, Montauban et plusieurs autres villes furent enlevées par les réformés. Le duc de Guise et les catholiques s'armèrent. Malgré les négociations de la reine et les édits pleins de justice des parlements, on en vint aux mains. Les catholiques reprirent toutes les villes qu'ils avaient perdues sur la Loire jusqu'à Tours. Condé eut la lâcheté d'ouvrir la France à l'étranger, en s'alliant avec l'Angleterre et l'Allemagne, et de livrer le Havre aux troupes d'Élisabeth. Toutes ces démarches antinationales n'arrêtèrent pas les progrès du duc de Guise. Il s'empara de Rouen, frappa Condé d'une grande défaite à Dreux, et le fit prisonnier (19 déc. 1562). Il se réconcilia ensuite avec lui ; et en dépit de la reine-mère, qui s'était plus effrayée de la victoire de Dreux qu'elle ne s'en était réjouie, il poursuivit ses succès et vint assiéger Orléans. C'était là que la mort l'attendait. Un huguenot de l'Angoumois, appelé Poltrot de Méré, l'assassina, à la grande joie des protestants, et peut-être d'après les ordres de Coligny (13 fév. 1563). Alors Catherine de Médicis se hâta de signer la paix à Amboise, ce qui donna quelque relâche aux réformés. Calvin mourut l'année suivante (1564).

Deuxième guerre civile (1567). — Condé, revenu à lui-même, fut le premier à demander qu'on profitât de la paix pour chasser de la France les Anglais qu'il y avait appelés, et qu'on leur reprît le Havre. Catherine y consentit, fit reconnaître le roi majeur, pour jouir par lui de toute la souveraineté, et le conduisit ensuite dans toute la France (1564-1566), se proposant d'étudier partout la disposition des esprits et d'apaiser les plaintes. En passant par Bayonne, elle eut avec le duc d'Albe une entrevue, qui alarma les calvinistes. Ils reprirent leurs séditions; Condé et Coligny tentèrent de s'emparer du roi et le pressèrent depuis Meaux jusqu'à Paris. Leur armée rencontra celle des catholiques près de Saint-Denis, et éprouva là un grand échec (10 nov. 1567). L'électeur palatin vint à temps avec ses Allemands pour rétablir leurs affaires, et les mettre à même d'imposer à la cour la paix de Longjumeau (27 mars 1568).

Troisième guerre (1568-1570). — Le traité de Longjumeau fut appelé la *petite paix*, parce qu'il ne tint que six mois. Les calvinistes firent entendre de nouvelles plaintes et réunirent toutes leurs forces à la Rochelle. Les Anglais, les Allemands et les Navarrais leur envoyèrent des secours. Ils élurent pour chef le jeune prince de Béarn, qui devait être Henri IV, et ils envahirent l'Aunis et la Saintonge. Le duc d'Anjou, qui devait régner sous le nom de Henri III, marcha contre eux avec une armée supérieure à la leur et livra bataille sur les bords de la Charente, à Jarnac (13 mars 1569). Les huguenots furent vaincus, et Condé resta au nombre des morts.

La reine de Navarre, Jeanne d'Albret, déploya un courage héroïque. Elle rallia les débris de l'armée vaincue et ranima le courage des protestants au nom de Henri de Béarn, son fils. On prêta serment au jeune prince, et la guerre reprit son cours. Coligny se trouvait à la tête des réformés. Après divers combats partiels mêlés de succès et de revers, le duc d'Anjou engagea de nouveau un grand combat près de Montcontour. L'armée huguenote fut encore vaincue (3 oct). Ce revers ne découragea point l'amiral. Pendant que son vainqueur s'emparait de Saint-Jean-d'Angély, il ranimait les fureurs des sectaires dans le Midi, et il négociait pour obtenir de l'Allemagne des secours nouveaux.

Catherine, qui ne voulait laisser triompher aucun parti, revint à son système de négociations. Les protestants répondirent avec fierté aux avances qui leur furent faites, et ils obtinrent beaucoup plus qu'ils ne pouvaient espérer. On désigna les lieux où ils auraient des temples, on les déclara habiles à tous les emplois, et on leur accorda comme garantie quatre places de sûreté, la Rochelle, la Charité, Montauban et Cognac. Ces concessions furent accordées à Saint-Germain en Laye, le 15 août 1570.

Massacre de la Saint-Barthélemy. (1572). — Le sentiment général du parti protestant, à la lecture de l'édit de Saint-Germain, fut une satisfaction mêlée de défiance; aussi les principaux chefs réformés restèrent-ils réunis afin d'attendre l'exécution du traité auquel on donnait déjà le nom de *paix boiteuse et mal assise*, par allusion aux deux négociateurs qu'avait employés la cour : le boiteux Biron et le seigneur de Malassise, Henri de Mesmes. Cette paix n'offrait en réalité aucune sécurité. Le roi voyait avec peine les prétentions de l'amiral de Coligny, le chef des huguenots, et il considérait cette faction comme l'ennemie de la royauté. N'ayant pas la force de la combattre ouvertement, il eut recours, comme toutes les âmes faibles, aux moyens lâches et criminels, et résolut de sortir des embarras de la situation par un crime. Catherine de Médicis, qui n'avait d'autre désir que de perpétuer sa propre puissance, ayant aussi cru qu'il était de son intérêt d'éteindre dans le sang la faction protestante, attira à la cour Henri de Béarn et l'amiral de Coligny qu'elle s'efforça de séduire par ses flatteries, et quand elle crut avoir obtenu leur confiance, elle fit signer par le roi leur arrêt de mort ainsi que l'ordre de massacrer tous leurs partisans.

Au signal donné, Coligny fut assassiné dans son hôtel, et l'horloge du palais ayant immédiatement après sonné minuit, qui était l'heure convenue, le massacre devint général (24 août). On se répandit dans les rues, on assaillit les huguenots dans leurs maisons, et il y en eut près de 4000 qui furent victimes de cette effroyable exécution. Le roi de Navarre et le prince de Condé ne se sauvèrent qu'en feignant d'abjurer.

Mais il est à remarquer que ce triste événement fut purement politique. Il n'y eut ni cardinaux, ni évêques, ni prêtres dans le conseil où cette mesure sanguinaire fut résolue; ceux qui la prirent n'eurent pas d'autre but que leurs intérêts particuliers, et le clergé ne parut au milieu de ces horribles représailles que pour protester contre elles par une conduite tout opposée. Ainsi à Lyon et à Toulouse des religieux ouvrirent leurs couvents aux malheureux proscrits pour leur servir d'asile; à Lisieux l'évêque prit lui-même la défense des protestants qui se trouvaient dans sa ville épiscopale. Nîmes avait vu deux fois les catholiques massacrés par les réformés dans son sein, cependant les premiers ne se crurent pas pour cela autorisés à user de représailles. A Paris une foule de catholiques ne virent dans les novateurs que des frères que leur charité devait mettre à l'abri du glaive qui était alors levé sur eux.

Mort de Charles IX. — Ce crime ne produisit pas l'effet qu'en avaient espéré ses auteurs. Tous les gens de bien déplorèrent ces violences barbares, et les réformés n'en devinrent que plus hostiles à la royauté. Ils se défendirent avec une incroyable fureur dans toutes les villes où ils étaient assiégés. La Rochelle, dont le duc d'Anjou faisait le siége, ayant résisté à vingt-neuf assauts qui avaient coûté la vie à 40 000 hommes, et le duc ayant été appelé sur ces entrefaites au trône de Pologne, on s'empressa de faire la paix (6 juill. 1573). Charles IX revenu à lui-même reconnut toute la honte des attentats dans lesquels l'avait entraîné l'odieuse politique de sa mère. Le remords s'empara de son âme, et chaque nuit il fut en proie à des visions affreuses qui troublaient son sommeil en le jetant dans une espèce de délire. Il mourut à l'âge de vingt-quatre ans (30 mai 1574). Sa maladie avait été si cruelle qu'on crut qu'il avait été empoisonné; mais après sa mort on ouvrit son corps et ce soupçon ne fut pas confirmé.

RÉSUMÉ DE CE CHAPITRE. — La réforme fut combattue en France par les souverains, mais elle fut soutenue avec passion par une partie de la noblesse, qui profita des divisions religieuses pour soulever la nation contre le roi et enlever ainsi à la monarchie toute sa puissance.

I. Les doctrines de Luther pénétrèrent en France sous François Ier. Ce prince prit les mesures les plus sévères pour en arrêter les progrès. Les évêques reçurent l'ordre d'établir une commission particulière dans leur diocèse pour étouffer l'erreur partout où elle se manifesterait, et on censura tous les livres hérétiques. Mais on ne put empêcher le mal de se répandre. Calvin se mit à la tête des novateurs et ne tarda pas à devenir le chef d'une secte nouvelle qui compta de nombreux partisans en France, dans la Suisse, les Pays-Bas et en Écosse. François Ier l'exila, mais il se retira à Ferrare et vint ensuite se fixer à Genève (1536). Les Génevois le bannirent, mais ils le rappelèrent ensuite et il exerça sur ce pays une autorité vraiment tyrannique (1542-1564). Il criait à l'intolérance quand il s'agissait des catholiques qui défendaient avec énergie leurs croyances contre les erreurs des novateurs, et il ne trouvait pas de peine assez sévère à infliger à ses contradicteurs. Ses libelles et ses pamphlets excitant en France les esprits à la révolte, François Ier rendit un décret contre ses partisans. Mais le monarque ne dépassa pas les limites de la modération et du droit. Le parlement d'Aix eut moins de sagesse; il fit exterminer des Vaudois qui vivaient retirés dans les montagnes de la Provence et du Dauphiné (1545). Henri II poursuivit les auteurs de ce massacre, mais le parlement de Paris n'eut pas la force de seconder le monarque. Des mouvements séditieux éclatèrent dans le Midi. Henri II rendit son édit de Châteaubriand contre les sectaires (1551), et le cardinal de Lorraine proposa l'établissement de l'inquisition (1555). Mais toutes ces mesures furent impuissantes. A la mort de Henri II on sentit que la guerre civile allait éclater.

II. Le règne de François II fut si court (1559-1561) que ce prince n'eut que le temps de voir les partis se dessiner, les Guises d'un côté, les calvinistes de l'autre, et Catherine de Médicis cherchant à entretenir les dissensions dans les deux partis, suivant sa maxime : *diviser pour régner*. La conjuration d'Amboise (1560) fit alors pressentir les périls qui environnaient le trône et la nation. Mais l'orage n'éclata que sous Charles IX à l'occasion du massacre de Vassy (1562). La guerre civile désola le royaume à trois reprises différentes : dans la première les huguenots furent défaits par le duc de Guise sous les murs de Dreux (19 déc. 1562), et Catherine leur accorda la pacification d'Amboise (12 mars 1563); la seconde fut célèbre par la bataille de Saint-Denis (10 nov. 1567), et se termina par la prise de Longjumeau (29 mars 1568); enfin dans la troisième le duc d'Anjou s'illustra par ses victoires de Jarnac (13 mars 1569) et de Montcontour (3 oct.), et la paix fut signée l'année suivante à Saint-Germain en Laye (15 nov. 1570). Toutes ces guerres furent couronnées par le massacre de la Saint-Barthélemy, qui fut un événement purement politique dont toute la responsabilité pèse exclusivement sur Catherine de Médicis, qui avait voulu d'abord se défaire de l'amiral de Coligny, et qui ayant appris que le complot avait manqué, se décida tout à coup à cette mesure effroyable. Charles IX ayant eu la faiblesse de la sanctionner en mourut de chagrin (1574).

CHAPITRE XXVIII.

HENRI III ET LA LIGUE (1574-1587).

Le règne de Henri III fut un des règnes les plus déplorables de la monarchie. Sa faiblesse laissa les dissensions qui déchiraient la France s'envenimer de plus en plus, et la nation entière se trouva d'abord partagée en deux camps, les huguenots et les catholiques. Ces derniers se voyant menacés dans leurs croyances par l'inertie du roi lui-même, s'unirent, selon l'expression des anciens, *pro aris et focis*, et leur ligue eut pour objet tout à la fois la religion et le patriotisme. Mais à côté de ces nobles sentiments, on remarque dans ces temps malheureux une foule de passions étroites et mesquines qui excitent une profonde pitié. Il y eut des hommes assez malheureux pour chercher dans ces tristes débats la satisfaction de leurs intérêts personnels. Ainsi le frère du roi, le duc d'Anjou, se mit à la tête des mécontents et réunit autour de lui une opposition qui était plutôt politique que religieuse. Après la mort de ce prince, les faiblesses et les hésitations de Henri III créent un parti différent de celui des calvinistes et des ligueurs, de sorte que le royaume se trouve divisé en trois grandes fractions : les réformés qui veulent le triomphe des doctrines nouvelles, les partisans de la ligue qui soutiennent l'ancienne foi de leurs pères, et les royalistes qui restent attachés à la monarchie, malgré ses fautes et ses faiblesses.

§ Ier. — *Depuis l'avénement de Henri III jusqu'à la mort du duc d'Anjou (1574-1584).*

Caractère de Henri III. — Henri III régnait en Pologne où il avait été appelé après ses victoires de Jarnac et de Montcontour, lorsqu'il apprit la mort de son frère Charles IX. Il s'évada aussitôt de Cracovie comme un fugitif et s'empressa de venir en France recueillir la couronne qui l'attendait. Dans les premières années de sa vie, ce prince avait montré de l'énergie et du courage, mais une fois qu'il fut monté sur le trône, il se laissa énerver par les plaisirs et se prêta aveuglément à tous les desseins de Catherine de Médicis sa mère. Sa faiblesse et son abaissement de caractère multiplièrent autour de lui les désordres, et l'on vit le duc d'Alençon, son frère, se mettre lui-même à la tête des factieux qui avaient pris le nom de *Malcontents*. Pour donner à son parti plus d'importance, il ne craignit pas de s'unir aux protestants et de reconnaître, dans les traités qu'il conclut avec eux, des principes républicains qui allaient au renversement de la monarchie. Le duc de Guise, fidèle aux sentiments religieux et patriotiques que sa famille avait toujours défendus avec dévouement, prit les armes contre ces deux factions, et remporta sur elles une victoire à Château-Thierry où il fut blessé, ce qui le fit surnommer le *Balafré* (octobre 1575).

Paix de Monsieur (1576). — Mais au lieu de tirer parti de cette victoire, Catherine de Médicis s'empressa de recourir aux négociations et de conclure une trêve (20 novembre 1575). Le duc d'Alençon en stipula les conditions au nom des séditieux. Le roi s'engageait à remettre six villes de sûreté au parti des mécontents et des huguenots, et à payer les Allemands que le prince de Condé avait appelés à son service.

La reine reparut ensuite à la cour où elle manifesta, après l'humiliation de cette trêve, toute la joie d'une victoire. Le roi épuisait le trésor en prodigalités et en fêtes ignobles, et prêtait aux railleries insultantes des huguenots par un affreux mélange de dévotion et de scandale. Les hostilités ne tardèrent pas à recommencer.

Le roi de Navarre, qui était resté jusqu'à ce moment attaché au parti du roi, l'abandonna et vint à Saumur rejoindre les séditieux, en déclarant que la profession de catholicisme qu'il avait faite à la journée fatale de la Saint-Barthélemy lui avait été arrachée par la violence. En même temps le prince de Condé, qui n'avait point accepté la trêve, reparut dans la Bourgogne avec ses Allemands. Le duc d'Alençon alla se joindre à cette invasion, et le commandement en chef lui fut remis. Mais il n'avait ni la force ni le génie du soldat, et il aimait mieux les négociations que les batailles.

Catherine de Médicis profita de nouveau de cette disposition et conclut avec lui, à Chastenoy près de Château-Landon, la cinquième paix de religion, qui fut appelée la *paix de Monsieur* (6 mai 1576), parce que l'on commençait à donner ce nom au frère puîné du roi. On accorda aux huguenots une liberté de conscience indéfinie, on cassa tous les édits antérieurs qui leur étaient défavorables et on les combla de richesses et d'honneurs. Huit places de sûreté furent remises aux factieux; la Rochelle, Montauban, Cognac, Saint-Jean d'Angely, Niort, Saumur, la Charité et Mézières. Le duc d'Alençon prit le titre de duc d'Anjou et ajouta à ses apanages l'Anjou, la Touraine et le Berry; le roi de Navarre eut le gouvernement de la Guyenne, Condé celui de la Picardie, et tous les princes furent tenus pour bons et fidèles sujets, parents et amis.

Formation de la ligue (1576). — La *paix de Monsieur* était pour la royauté l'aveu d'une défaite humiliante. Désormais la religion catholique cessait d'être la religion de l'État; l'unité religieuse, pour laquelle on avait tant combattu, se trouvait sacrifiée, et les principes fondamentaux de la monarchie étaient renversés. Les catholiques, effrayés par ces concessions arrachées à la pusillanimité de leur roi, commencèrent à craindre pour leur foi et pour l'honneur de la nation. Dans toutes les provinces les huguenots avaient formé des associations. Ils s'assemblèrent à leur tour pour aviser au moyen de sauver la foi qui était en péril. Des formules de protestations circulèrent dans toutes les villes. On adopta généralement celle qui fut rédigée à Péronne.

D'après la paix de Monsieur, le gouvernement de la Picardie ayant été abandonné au prince de Condé, d'Humières, qui commandait à Péronne, refusa de livrer cette place au nouveau gouverneur, et organisa pour résister aux Huguenots une ligue que dans le reste de la France on prit pour modèle. Tous ceux qui signèrent cette protestation s'engageaient, au nom de la sainte Trinité, à employer leurs biens et leur personne à la défense de la foi contre les ennemis du dedans et du dehors.

Le duc de Guise était le chef que les ligueurs parurent se donner. On répandait même parmi le peuple que cette glorieuse maison de Lorraine était issue du sang de Charlemagne, qu'elle était probablement destinée par la Providence à reprendre le sceptre si faiblement porté par les mains des Valois. L'ambition se mêlait ainsi au sentiment religieux qui avait provoqué cette association, et dès le début la politique y eut peut-être une part plus grande que la foi.

Premiers états de Blois. (6 décembre 1576). — Henri III fut d'abord très-inquiet de ce mouvement populaire, mais la politique astucieuse de Catherine le rassura en lui conseillant de se déclarer lui-même chef des ligueurs et de révoquer toutes les concessions qu'il avait faites aux protestants dans la *paix de Monsieur*. Il manifesta ces dispositions devant les états généraux qu'il avait assemblés à Blois et approuva la ligue en en prenant lui-même la direction (12 décembre). Les députés lui ayant ensuite demandé la révocation des édits de pacification, il y consentit sans faire la moindre difficulté (1er janvier 1577). Mais lorsqu'il eut représenté à son tour que cette démarche était une déclaration de guerre et qu'il avait besoin d'argent pour la soutenir, il ne trouva plus dans l'assemblée la même unanimité. Le clergé offrit d'entretenir six mille deux cents hommes, la noblesse s'engagea à servir en personne, mais le tiers état refusa son concours. « Voilà une trop énorme cruauté, dit le roi à cette nouvelle, ils ne veulent ni me secourir du leur ni permettre que je m'aide du mien. » Les États se retirèrent le 1er mars ne laissant que des vœux stériles.

Guerre mal faite, paix mal gardée avec les huguenots. — Le roi n'avait pas gardé la paix qu'il avait faite avec les protestants, il ne sut pas non plus leur faire la guerre. Le duc d'Anjou et les autres princes entrèrent avec lui dans la Ligue, mais lorsqu'il fallut exécuter les engagements qu'ils avaient pris, aucun d'eux ne déploya l'énergie et l'activité qui auraient été nécessaires. Le duc d'Anjou ayant pris le commandement de l'armée de la Loire, se contenta de s'emparer de la Charité et d'Issoire. Le duc de Mayenne à qui Henri III avait donné le commandement du Poitou, de préférence au duc de Guise son frère, se signala par quelques exploits dans la Saintonge.

Le roi de Navarre et le prince de Condé n'étaient pas alors en mesure de résister à leurs adversaires. Mais au lieu de profiter de ces circonstances, Henri III, changeant tout à coup ses plans, voulut la paix, sans qu'on puisse se rendre compte d'un pareil caprice. Il publia un édit de pacification (17 septembre 1577), dans lequel il accordait aux protestants la liberté de conscience, des juges dans les huit parlements, neuf places de sûreté et des troupes, et prononçait l'abolition de toute union de confédération, portant ainsi un coup indirect à la ligue. Il appela complaisamment cette paix *mon édit* par opposition à la *paix de Monsieur*.

Mort du duc d'Anjou (1584). — L'anarchie n'en continua pas moins dans tout le royaume. Les huguenots tenaient leurs assemblées et essayaient vainement de se constituer en république. Catherine de Médicis parcourait le royaume, s'épuisant en négociations stériles. Henri III insensible à tous ces désordres s'oubliait dans la débauche et les infamies. Son âme ne s'ouvrait à la douleur que pour pleurer la mort de ses mignons. On l'avait vu recueillir après leur trépas leurs cheveux et leurs pendants d'oreilles et les conserver avec un soin qu'on n'accorde qu'aux objets les plus précieux. Un tel prince ne pouvait être qu'une honte pour ses défenseurs, et un amusement pour ses ennemis. Les ligueurs faisaient entendre des plaintes, et grossissaient leurs griefs, quand la mort du duc d'Anjou, arrivée sur ces entrefaites, changea entièrement la face des affaires. Ce prince avait été appelé dans les Pays-Bas pour y soutenir la lutte contre Philippe II. Il avait été proclamé duc de Brabant et comte de Flandre (19 février 1582); mais n'ayant eu à sa disposition ni l'argent ni les troupes nécessaires, il avait été obligé d'évacuer le pays et de se retirer en France où il mourut peu après à Château-Thierry, à peine âgé de trente ans (10 juin 1584).

§ II. — *Depuis la mort du duc d'Anjou jusqu'à celle de Henri III (1584-1589).*

Henri de Navarre. — La mort du duc d'Anjou était un événement dont les conséquences furent immenses. Il était l'héritier présomptif de la couronne, et Henri III n'ayant pas d'enfants, le trône revenait naturellement au roi de Navarre, Henri de Bourbon. Comme il était hérétique, les catholiques jurèrent qu'ils ne le reconnaîtraient jamais. Aux yeux du peuple, la *Ligue* conservait avant tout son caractère religieux, et n'était considérée que comme une défense de la foi. Mais aux yeux des princes et des grands elle était plutôt une entreprise politique. Les ducs de Guise s'unirent avec le roi d'Espagne et décidèrent que si Henri III mourait sans enfants, le cardinal de Bourbon lui succéderait. Le cardinal prit au sérieux son titre d'héritier présomptif de la couronne, et dans une assemblée publique à Péronne il parla des moyens de remédier à la misère du peuple. Toute la nation était dans l'enthousiasme, et on sollicita du souverain pontife une bulle qui sanctionnât ce qui s'était fait et qui déclarât Henri de Bourbon inhabile à régner, pour cause d'hérésie. Le pape accorda ce qu'on lui avait demandé, et d'après sa décision, la Ligue devint pour le peuple une sorte de croisade catholique.

Henri III ne savait quel parti prendre. Il eut l'air d'incliner d'abord vers le roi de Navarre, parce qu'il craignait l'ambition des Guises et l'effervescence des ligueurs. Cette protection apparente pour les réformés ayant excité parmi les catholiques des réclamations violentes, il se décida tout à coup pour la Ligue, et d'après les conseils de sa mère, il la fit déclarer *patriotique et sainte* (1585). Si ce prince avait eu de la fermeté et du caractère, et qu'il eût dominé la situation, il aurait pu mettre fin à l'anarchie. Mais en s'unissant aux ligueurs il se laissa entièrement effacer par l'éclat des hommes qui étaient à leur tête. On ne parlait que de la lâcheté, de la mollesse et de la dégradation du monarque, et on lui opposait l'activité, la gloire et le génie du duc de Guise. Les événements vinrent encore faire ressortir davantage cet injurieux contraste.

Guerre des trois Henri (1586-1587). — La guerre ayant été déclarée aux huguenots, Henri III remit le commandement des armées au duc de Joyeuse et au duc d'Épernon, ses deux favoris. Joyeuse marcha contre Henri de Navarre et le rencontra près de Coutras (1587). Avant la bataille, le Navarrais dit aux princes de Condé et de Soissons qu'il envoyait à leurs postes : « Souvenez-vous que vous êtes du sang de Bourbon, et vive Dieu! je vous ferai voir que je suis votre aîné. » La victoire fut complète. Les catholiques furent exterminés.

On croyait que ce revers ferait sortir Henri III de son inaction, qu'il se rappellerait ses victoires de Jarnac et de Montcontour, et qu'il marcherait du moins contre les Allemands qui faisaient invasion dans le royaume pour porter du secours aux calvinistes. Mais rien ne put l'arracher à ses ignobles plaisirs. Il s'amusait à faire des collections de petits chiens, de singes et de perroquets, pendant que son royaume était souillé par la présence de l'étranger. Henri de Guise prit l'épée et alla moissonner de nouveaux lauriers en s'opposant à ce torrent de reîtres et de lansquenets qui envahissaient la France. Il remporta sur eux deux brillantes victoires à Vimori et à Auneau (1587), et obligea ceux qui avaient survécu à cette double défaite de repasser la frontière et de s'en retourner dans leur pays. Ces succès étaient purs, puisqu'ils avaient été inspirés par le sentiment national, et, dans ces temps de trouble, lorsque sur tous les champs de bataille on ne voyait couler que le sang français, il était glorieux de combattre pour l'indépendance de la nation contre l'intervention étrangère. Aussi le duc de Guise fut-il reçu à Paris comme un triomphateur. Le peuple, dans l'exaltation de son enthousiasme, s'écriait : *Saül en a tué mille, et David dix mille.* C'était un reproche adressé à l'indolence du monarque.

Les Barricades (1588). — Les ligueurs ne se contentèrent pas d'humilier le roi; une faction terrible qui s'était formée dans leur sein voulut le renverser. Elle s'appelait la faction des *Seize*, parce qu'elle dominait sur les seize quartiers de Paris, et depuis deux ans ses colères grossissaient. Les chaires des églises retentissaient de séditieux discours; les livres des docteurs renfermaient des doctrines de révolte, et les Seize proclamaient qu'on devait se séparer du roi du moment qu'il se montrait infidèle à l'Église. Le duc de Guise se rendit à Paris à la voix de ces factieux. La multitude l'accueillit par des acclamations, et il alla se présenter au roi, qui ne lui adressa que des paroles pleines de crainte et d'indignation. Alors le peuple se mutina. Tout Paris se couvrit de *barricades*, les rues furent fermées, les maisons fortifiées, et les soldats du roi, cernés de toutes parts, ne se sauvaient qu'en criant : *Catholiques!* et en montrant leur chapelet. Henri III lui-même s'enfuit à Chartres, et Guise, resté seul à Paris, put se croire investi du pouvoir, comme si la couronne fût tombée de la tête du roi.

États de Blois. Meurtre des Guises (1588). — Les négociations commencèrent entre lui et Henri III. Le duc de Guise, étant maître de Paris et comptant sur les ligueurs et sur son alliance avec Philippe II, dicta les conditions de la paix à son souverain, comme un vainqueur. Henri approuva tout ce qu'il avait fait, lui confia le titre de généralissime de ses armées, et convoqua les États à Blois. Cette assemblée, dirigée par le duc de Guise, sembla prendre à tâche de détruire l'autorité du roi. Alors le malheureux prince, poussé à bout, résolut de se défaire de ses maîtres par un lâche assassinat.

On avertit maintes fois le duc de Guise des affreux complots qui se tramaient contre lui, mais il n'en voulut rien croire. Un jour, en se mettant à table, il trouva sous sa serviette un billet qui était encore un avertissement. *On n'oserait*, dit-il en le rejetant, et il reprit sa sécurité habituelle. Le matin du 23 décembre, au moment où il se rendait au conseil du roi, il vit venir à lui Larchant, le capitaine des gardes qui lui avait remis la veille un placet pour obtenir la paye de ses troupes. Il le reçut avec beaucoup de bienveillance; mais à peine l'eut-il quitté pour entrer dans le cabinet du roi, qu'il se vit assailli par dix assassins qu'on avait mis là en embuscade. Il ne put prononcer que ces paroles: *Mon Dieu, ayez pitié de moi!* Henri III courut voir ce cadavre, et s'écria dans le délire de sa joie et de son triomphe: « Maintenant je suis le maître, je n'ai plus de compagnon. » Il eût voulu détruire la famille entière des Guises. Le duc de Mayenne lui échappa, mais le cardinal fut arrêté et livré aussi à des assassins. Catherine de Médicis ne survécut que douze jours à tous ces crimes. Sur son lit de mort, elle donna à son fils des conseils de tolérance; c'était une bien faible rétractation après une vie qui avait été pleine de meurtres et d'infamie.

Siège de Paris. Assassinat de Henri III (1589). — Les corps des deux Guises furent brûlés, et on jeta leurs cendres au vent. La ligue, privée de ses chefs, répondit à toutes ces provocations en nommant leur frère, le duc de Mayenne, lieutenant général du royaume, et en déclarant Henri III déchu du trône, comme assassin et parjure. Paris était alors rempli de trouble et de confusion. Les docteurs de Sorbonne s'étant assemblés avaient déclaré qu'on ne devait plus ni soumission ni respect à Henri III. Les Seize emprisonnaient tous ceux qu'ils croyaient attachés au sang des Valois; les églises étaient tendues de noir en signe du deuil causé par le trépas des princes de Lorraine; on prononçait leur oraison funèbre dans les chaires, et le peuple versait des larmes en entendant leur éloge. Les prédicateurs déclamaient contre Henri III, qu'ils appelaient le *nouvel Hérode*, et leurs déclamations étaient souvent des exhortations au régicide. Le peuple applaudissait à ces sentiments, et on l'avait vu se précipiter au Louvre et en rapporter l'image du roi pour la brûler sur la place.

Henri III, abandonné de tout le monde et privé des conseils de sa mère, jeta les yeux du côté du roi de Navarre, et justifia sinon les excès, du moins les appréhensions des catholiques, en s'unissant aux huguenots. Pendant que leurs armées réunies marchaient contre Paris, l'infortuné monarque apprit que ses crimes passés et sa conduite présente avaient porté le souverain pontife à l'excommunier. Sa foi le rendit d'abord chancelant dans son dessein, mais le roi de Navarre le rassura : « Vainquons, lui dit-il, et nous nous ferons ensuite absoudre. » Ils vinrent ensemble mettre le siége devant la capitale du royaume.

Alors un pauvre religieux nommé Jacques Clément qui avait sans cesse entendu répéter qu'il fallait tuer le tyran, se prépara à cette effroyable action comme à une entreprise patriotique et sainte. Il passa huit jours dans la prière et les larmes, dit un matin adieu à ses frères, et s'en alla à Saint-Cloud solliciter une audience de Henri III, sous prétexte qu'il avait des lettres importantes à lui montrer. Aussitôt qu'il se vit en sa présence, il s'arma d'un couteau qu'il avait caché sous son habit et le frappa mortellement. Les satellites du prince percèrent l'assassin de mille coups, mais Clément mourut paisible et joyeux, persuadé qu'il avait sacrifié sa vie à sa religion et à son pays. Les Seize exaltèrent son courage et ne rougirent pas de glorifier sa mort comme un martyre. *Heureuses*, s'écriait le peuple, *heureuses les entrailles qui t'ont porté et les mamelles qui t'ont nourri.* L'enthousiasme allait jusqu'au blasphème.

Résumé de ce chapitre. — En perdant de vue les sentiments de foi qui ont autrefois animé les fondateurs de la monarchie, les fils de Henri II ne retrouvent plus ces idées d'honneur et cette sublimité de dévouement que nous avons admirées dans les anciens rois.

I. Henri III s'était distingué par son courage avant de monter sur le trône de Pologne, et on avait pu espérer qu'il serait un grand roi. Mais une fois arrivé au pouvoir, ses qualités s'éteignirent dans le crime et la débauche, et après avoir été estimé et chéri, il finit par devenir odieux et méprisable. Il avait près de lui les Guises dont la valeur et le génie pouvaient faire triompher la cause catholique, s'il eût su s'en montrer l'énergique défenseur. Loin de là, il laissa son frère, le duc d'Alençon, former à côté de lui un parti politique, et il fit ensuite aux réformés de si grandes concessions, que les catholiques alarmés se crurent obligés de former une ligue pour la défense de leur foi qu'ils voyaient en danger (1576). La crainte, à défaut du cœur et de l'intelligence, lui montre que la place de la royauté est à la tête de cette ligue parce que l'intérêt du trône et de la nation exige que le roi prenne la défense de la foi de saint Louis. Mais à peine a-t-il pris cette position qui paraît devoir conjurer tous les périls que son indécision le jette dans de nouvelles difficultés. Il ne sait ni garder la paix, ni faire la guerre, et les ligueurs comprennent qu'ils ne peuvent compter sur lui. Le duc d'Alençon, devenu duc d'Anjou ne se montre pas plus fidèle aux idées anciennes. Il passe du côté des réformés quand il croit que ses intérêts politiques l'y appellent, et il termine tristement sa carrière à l'âge de trente ans sans laisser après lui aucun souvenir durable (1584).

II. Henri de Navarre était l'héritier présomptif de la couronne. Le parti des ligueurs n'en devient que plus ardent en présence du danger que court la France d'avoir un roi hérétique. Henri III au lieu de se mettre à la tête des événements les laisse s'accomplir au hasard. La puissance des ducs de Guise l'effraye et il ne recule pas devant l'assassinat pour se défaire de ceux qu'il regarde comme ses rivaux (1588). Ce crime l'éloigne des ligueurs et le rejette dans les rangs des réformés. Son armée est unie à celle de Henri de Navarre, et il se voit contraint de faire le siège de sa capitale. Le sang appelle le sang, le crime provoque le crime; il tombe lui-même frappé d'un coup de poignard (1589). Rien de plus triste que cette terrible expiation. Cette dernière branche des Valois s'éteint ainsi au milieu de la guerre civile. Ces princes s'étant écartés des anciennes traditions monarchiques en refusant de prendre ouvertement les intérêts de la foi, sont tous moissonnés à la fleur de l'âge, et ne lèguent à leurs descendants qu'un trône battu par des tempêtes. C'est le grand enseignement que la Providence nous fait retirer de l'étude de ces malheureux temps.

CHAPITRE XXIX.

HENRI IV. ÉDIT DE NANTES. TRAITÉ DE VERVINS. SULLY. ADMINISTRATION ET POLITIQUE DE HENRI IV (1).

A la mort de Henri III, la France était dans une situation très-difficile. La réforme avait divisé les esprits, et la question religieuse s'était compliquée de tous les excès des passions politiques. L'abjuration de Henri IV vint heureusement mettre un terme à ces difficultés dont le dénoûment paraissait impossible, et une fois reconnu par la nation, il la délivra des étrangers en expulsant les Espagnols de son sein. Henri, aidé des sages conseils de Sully, eut bientôt fermé toutes les plaies de l'État et fait renaître partout la prospérité et l'abondance. Les dettes de l'État furent couvertes par ses réformes financières, l'agriculture fut encouragée, l'industrie se développa et une ère nouvelle s'ouvrit pour la France. La politique extérieure de Henri IV plaça en même temps la nation à la tête de l'Europe. Il fut choisi comme médiateur entre toutes les Puissances, et il avait conçu les plans les plus vastes et les plus élevés, lorsque la mort vint le surprendre au commencement même de leur réalisation.

§ I*er*. — *Depuis la mort de Henri III jusqu'à l'abjuration de Henri IV. Fin des guerres de religion* (1589-1593).

État de la France à la mort de Henri III. Bataille d'Arques (1589). — La France était alors divisée en deux camps bien tranchés, les huguenots et les catholiques. La naissance donnait au roi de Navarre des droits incontestables à la couronne; mais le peuple avait une foi trop ardente pour obéir, comme il disait, à un roi huguenot; Mayenne ranima la Ligue par des manifestes politiques, où il ne cessait de répéter que le salut de l'Église catholique, en France, était attaché au maintien de cette puissante association. Il montrait au peuple le cardinal de Bourbon comme le roi que les catholiques

---

(1) AUTEURS A CONSULTER : *Lettres missives de Henri IV*, le *Journal de l'Estoile*, les *Économies royales de Sully* et les *Mémoires du temps*, les *Histoires* de d'Aubigné, de de Thou, de La Popelinière et de Péréfixe; Anquetil, *Esprit de la Ligue*; Capefigue, *de la Réforme et de la Ligue*; Poirson, *Histoire de Henri IV*.

devaient opposer au Béarnais. Pendant ce temps, Henri IV, abandonné de la plupart de ses troupes, était contraint de lever le siége de Paris et de se retirer vers Compiègne. Le duc de Mayenne se mit à sa poursuite, annonçant avec une insupportable jactance qu'il le ramènerait « pieds et poings liés. » Il l'atteignit près d'Arques (21 septembre), mais il fut vaincu, quoiqu'il eût des forces dix fois supérieures à celles de son rival.

Bataille d'Ivry (1590). — Ce succès rendit le courage et l'espérance à Henri IV qui, après avoir montré ses armes victorieuses aux portes de Paris, se retira à Tours où il établit son parlement. Il y reçut l'ambassadeur de la république de Venise qui venait reconnaître sa royauté. C'était la première nation catholique qui lui rendait un pareil hommage, il l'accueillit avec grandeur et s'efforça de le justifier par de nouveaux faits d'armes. Mais la Ligue n'en paraissait pas moins redoutable. Mayenne avait fait proclamer roi le cardinal de Bourbon, sous le nom de Charles X, et s'était réservé la lieutenance générale du royaume. Après ce coup d'État, il était rentré en campagne dans l'espérance de réparer l'échec qu'il avait essuyé à la bataille d'Arques l'année précédente. Il rencontra cette fois le Béarnais dans les plaines d'Ivry (14 mars). Avant le combat, Henri IV dit à ses soldats : « Compagnons, si vous perdez vos cornettes, enseignes ou guidons, ralliez-vous à mon panache blanc; vous le trouverez toujours au chemin de la gloire et de l'honneur : Dieu est pour nous! » Les ligueurs furent vaincus, et laissèrent plus de quatre mille hommes sur le champ de bataille.

Siége de Paris (1590). — Ce succès ayant considérablement grossi l'armée de Henri IV, il vint bloquer Paris (8 mai). Quand on le vit maître de toutes les communications, chaque citoyen devint soldat; les Seize reprirent leurs fureurs enthousiastes, les moines endossèrent la cuirasse; tout le peuple, en un mot, jura de mourir plutôt que d'obéir à un roi hérétique. La foi éveillait partout la valeur, et s'il est juste de condamner les excès dans lesquels l'ambition des factieux précipita souvent ces populations généreuses, on ne peut refuser à l'élévation de leurs pensées et de leurs sentiments l'admiration qu'elle mérite. Henri IV lui-même fut profondément touché du spectacle de ce peuple de héros qui sacrifiait sa vie pour sa religion. Quelquefois laissant parvenir des secours dans Paris on lui avait entendu dire : « Je ne veux pas régner sur des morts. » Et encore : « Je ressemble à la vraie mère de Salomon; j'aimerais mieux n'avoir point de Paris que de l'avoir en lambeaux. » La misère était à son comble; les rues se remplissaient de cadavres qu'on ne prenait pas même le soin d'enterrer; on se jetait sur les chiens, les chats, les chevaux et toutes les bêtes immondes qu'on pouvait rencontrer; on arrachait l'herbe qui croissait entre les murs, et on avait essayé de faire du pain avec des ossements broyés qu'on avait recueillis dans le cimetière des saints Innocents (16 août). On dit même qu'une femme mangea son propre enfant. Ces scènes se racontaient avec horreur, et cependant personne ne songeait à se rendre. A la fin le prince de Parme parut et fit cesser tous ces maux en obligeant Henri IV à se retirer (18 sept.).

Abjuration de Henri IV (1593). — Cette intervention des troupes espagnoles annonçait que la Ligue cessait, du moins en partie, d'être patriotique et sainte, comme elle s'était d'abord déclarée. Le roi d'Espagne Philippe II voulait profiter des malheurs de la France pour s'emparer de la couronne. Dans toute l'Europe il s'était constitué l'intrépide défenseur de la cause catholique, et à ce titre il avait mérité la confiance du souverain pontife. Parmi les ligueurs, les Seize s'étaient ouvertement déclarés pour lui. La mort du cardinal de Bourbon, arrivée sur ces entrefaites, accrut ses espérances et éveilla en même temps les désirs d'une foule d'ambitieux. Le duc de Guise et le duc de Mayenne étaient opposés aux partisans du roi d'Espagne, parce qu'ils songeaient avant tout aux intérêts de leur famille. Le duc de Savoie se rappelait qu'il était né d'une fille de France et se croyait en droit d'intriguer. M. de Nemours sollicitait pour lui la main de l'infante d'Espagne, et lui promettait à cette condition son appui. Enfin, de toutes parts on voyait éclater les ambitions personnelles, et ces rivalités mesquines n'invoquaient plus l'idée religieuse que comme un prétexte.

Alors les catholiques modérés eurent avec Henri IV

une conférence à Suresnes (29 avr. 1593). Après avoir discuté avec des prélats et des docteurs les points principaux sur lesquels les protestants se trouvaient en désaccord avec les catholiques, le roi se déclara satisfait et consentit à l'abjuration de toutes les erreurs qu'il avait jusqu'alors professées.

Il accepta, le 23 juillet, la formule de foi qui lui fut présentée par les évêques, et la solennité de son abjuration fut annoncée pour le 25. Tout Paris s'émut, et malgré les menaces des ligueurs, le peuple se porta en foule à l'église de Saint-Denis où devait avoir lieu la cérémonie. La pompe fut d'une magnificence imposante.

« Le roy revestu d'un pourpoint et chausses de satin blanc, d'un manteau et chapeau noir, assisté de plusieurs princes, grands seigneurs, des officiers de la couronne et autres gentilshommes en grand nombre, précédé des Suisses de la garde, des gardes du corps écossois et françois, de douze trompettes, alla à la grande église de Saint-Denys, les murs étant tapissés et jonchés de fleurs, le peuple répétant mille fois : *Vive le roy*.

« Lorsque Henri mit le pied sous le porche de l'église l'archevêque de Bourges lui demanda : Qui êtes-vous? — Je suis le roy? — Que demandez-vous? — Je demande à être reçu au giron de l'Église catholique, apostolique et romaine. — Le voulez-vous sincèrement? — Oui, je le veux et le désire. » Alors se mettant à genoux il lut la profession de foi rédigée par les évêques, anathématisa toutes les hérésies contraires, et s'avança ensuite jusqu'au pied de l'autel, où il jura sur les Évangiles de vivre et de mourir fidèle à l'Église catholique et de la protéger et défendre au péril de son sang et de sa vie.

A ce spectacle, tous les assistants fondirent en larmes. L'enthousiasme royaliste se réveilla dans les cœurs; la foi avait triomphé; l'ancienne monarchie se relevait avec tous ses droits et la Ligue n'avait plus d'objet.

§ II. — *Depuis l'abjuration de Henri IV jusqu'à sa mort. Sully. Administration de Henri IV. Ses projets (1593-1610).*

Entrée de Henri IV à Paris (1794). — Les ligueurs s'efforcèrent d'abord de faire suspecter la sincérité de l'abjuration du monarque, et il y eut un instant de défiance universelle. Mayenne hésitant sur le parti qu'il devait prendre, continuait ses négociations avec Philippe II ; mais le peuple voyait avec peine ces intrigues avec l'étranger. Henri IV s'étant fait sacrer à Chartres (27 fév.), cette manifestation nouvelle d'attachement à la foi catholique triompha de bien des incertitudes. Chaque jour de grandes défections alarmaient la Ligue et réjouissaient le roi. Le nombre de ses partisans se trouva bientôt considérable au sein de Paris même et Brissac lui en ouvrit les portes le 22 mars 1594. Le peuple, étonné de la clémence du roi, le reçut avec d'incroyables transports. En l'entendant crier : « Vive le roi ! vive la paix ! vive la liberté ! » Henri IV disait : « Je vois bien que ce pauvre peuple a été tyrannisé. » Comme ses gardes voulaient éloigner la foule qui retardait sa marche : « Laissez-les, disait-il, me regarder à leur aise, car ils sont affamés de voir un roi. » Le lendemain une amnistie générale était prononcée et les Espagnols recevaient l'ordre de quitter Paris. En les voyant défiler du haut de la porte Saint-Denis : « Recommandez-moi à votre maître, leur criait plaisamment le roi, mais n'y revenez plus. » La France allait enfin s'appartenir.

Henri publia les mêmes faveurs et les mêmes libertés pour toutes les villes du royaume que pour Paris, et de toutes parts il vit les grandes cités lui adresser leur soumission. A Rome, où l'on avait paru d'abord chancelant, parce qu'on ne savait comment interpréter la conversion inattendue du monarque, Clément VIII se déclara en sa faveur. Il dressa une formule de foi et exposa les conditions auxquelles le roi de France devait souscrire pour rentrer dans l'Église romaine. Henri IV ayant consenti à tout, le canon du château Saint-Ange et les cloches de toutes les églises de Rome annoncèrent à l'univers la joie que cette nouvelle causait au monde catholique.

Ruine de la Ligue (1595-1598). — « De là en avant, dit un chroniqueur, Mayenne ne battist plus que d'une aile, non plus que la Ligue, qui ressembloit proprement à une corneille desplumée. » Henri IV vainquit toutes les résistances qu'il rencontra, soit par l'habileté des négociations, soit par la force des armes. La Normandie, la Champagne et la Bourgogne se soumirent. Mayenne lui-même déclara qu'il n'avait pris l'épée que pour défendre la religion catholique, et qu'il la déposait puisque le roi avait été absous par l'Église. Ce manifeste tua la Ligue (1596). Il n'y avait plus à satisfaire que les ambitions particulières qui agitaient les provinces. On acheta la fidélité de toutes les villes, et la rébellion fut étouffée dans la Bretagne, son dernier refuge.

Pendant ce temps le peuple souffrait beaucoup. La famine désolait le royaume, et à la cour on ne s'occupait que de fêtes et de réjouissances. Le roi s'oubliait dans les plaisirs, et il ne craignait même pas de donner de la pompe et de la magnificence à ses scandales. Déjà la nation murmurait, et de mordantes satires étaient lancées contre celui qu'on avait d'abord accueilli avec enthousiasme. On attenta plusieurs fois à sa vie, et ces épouvantables complots ne l'arrachèrent point à ses joies coupables. Tout à coup on vint lui apprendre que les Espagnols s'étaient rendus maîtres d'Amiens par surprise et qu'ils avaient envahi la Picardie. A cette nouvelle il s'écria : « C'est assez faire le roy de France, il est temps de faire le roy de Navarre. » Et il se prépara à entrer en campagne.

Paix de Vervins. Ruine de la prépondérance de l'Espagne (1598). — Les succès de Henri IV furent rapides. Il défit les Espagnols à Fontaine-Française, en Bourgogne (5 juin 1595), reprit la ville d'Amiens (1597) et soumit toute la Picardie. Après ces brillants exploits, les négociations pour la paix commencèrent, et enfin un traité fut conclu à Vervins (2 mai 1598). La France rentra dans les possessions qui lui avaient été confirmées en 1559 par la paix de Câteau-Cambrésis avant les guerres civiles. Calais, Ardres, Doullens, la Capelle et plusieurs autres places occupées par les Espagnols dans la Picardie furent restituées à Henri IV. Philippe II recouvra de son côté le comté de Charolais et stipula l'intégrité de ses droits sur la Bourgogne et la Bretagne, tout en accordant au roi de France le même privilège par rapport à la Navarre. Ces conventions faisaient tomber toutes les prétentions qu'avaient eues la maison d'Autriche à la domination universelle, et elles étaient même le commencement de sa décadence. A Paris on s'en réjouit et on donna des fêtes splendides où Henri IV se plut à étaler beaucoup de pompe et de grâce.

Édit de Nantes (1598). — Un mois avant ces événements, Henri IV avait calmé et satisfait les protestants eux-mêmes par la promulgation de l'*édit de Nantes* (avril 1598). Cet édit leur accordait non-seulement la liberté de leur culte et le droit d'admission à tous les emplois civils et militaires, mais encore la permission de tenir des assemblées générales, de s'imposer des taxes pour leur culte et de conserver des places de sûreté. C'était créer un État dans l'État et laisser subsister une sorte de république en face du trône. Personne ne comprit clairement le véritable danger de ces immenses concessions; mais on fut frappé du sacrifice du principe de l'unité religieuse qui avait été jusqu'alors un des fondements de la société. Le parlement ayant réclamé et s'étant refusé à enregistrer l'édit, Henri IV alla lui-même exposer devant cette assemblée les motifs de sa conduite. Sa harangue fut simple, mais entraînante. Il parla des malheurs de la guerre civile, appuya sur la nécessité de l'union entre les catholiques et les huguenots, et termina par ces paroles : « Je vous prie que je n'aye plus à parler de cette affaire, et que ce soit pour la dernière fois. Faites-le, je vous le commande et vous en prie. » On obéit, et les luttes intestines qui désolaient la France depuis quarante ans parurent enfin terminées.

Sully. Administration de Henri IV. — Henri IV eut cependant encore à soutenir une guerre contre la Savoie; mais ce pays n'était pas en état de résister à la France. Le pape et le roi d'Espagne intervinrent, et la paix fut conclue moyennant la cession par la Savoie, de la Bresse, du Bugey, du Valromey et du pays de Gex, ce qui recula de ce côté les frontières de la France jusqu'à la limite naturelle du Rhône et des Alpes (1600).

Pendant les négociations qui amenèrent ce traité, Henri IV épousa sa seconde femme, Marie de Médicis, fille de François, ancien grand-duc de Toscane, et nièce de Ferdinand qui était alors à la tête de cet État. Le mariage se célébra avec pompe à Florence d'abord et ensuite à Lyon (9 déc. 1600).

La France jouit alors de la plus parfaite tranquillité, et la sage administration du roi, éclairée par Sully, ferma promptement toutes les plaies que la guerre avait faites à la nation. Quand cet habile ministre fut chargé des finances, il trouva le domaine royal envahi, le trésor dilapidé, l'État grevé d'une dette énorme et les ressources taries par le désordre des administrations précédentes. Pour remédier à de si grands maux, Sully n'employa pas de moyens extraordinaires ; il mit de l'ordre dans les dépenses et réduisit les traitements. Il exigea avant tout la régularité dans les comptes, et, à l'exemple de Jacques Cœur, il établit l'équilibre entre les recettes et les dépenses en introduisant partout une économie sévère, en surveillant l'entrée des impôts et l'activant par des mesures énergiques, en supprimant une foule d'emplois inutiles, et en relevant le prix des baux consentis à des taux inférieurs à leur valeur. A force de soin et de persévérance, il parvint à diminuer le fardeau des tailles de quatre millions, et mit néanmoins le roi en état de payer cent millions de dettes, de racheter pour soixante millions de rentes ou de domaines, de fortifier ses frontières, d'approvisionner ses magasins de toutes sortes d'armes et de munitions, de construire plusieurs palais superbes, de les enrichir de peintures et de meubles précieux, et de mettre vingt millions d'argent comptant dans les coffres de l'État.

Ce sage ministre considérait l'agriculture comme la principale ressource du Pays. Il ne cessait de répéter au roi : « Labourage et pasturage sont les deux mamelles dont la France est alimentée et les vraies mines et trésors du Pérou. » Aussi eut-il recours à tous les moyens pour protéger et encourager ceux qui se livraient aux travaux des champs. Il parcourut deux fois le royaume dans les années 1596 et 1598 pour s'assurer par lui-même des efforts que l'on faisait pour améliorer la culture des terres. Il renouvela les anciennes ordonnances qui déclaraient insaisissables les laboureurs ainsi que leurs instruments de labour pour dettes envers les particuliers et même envers l'État. Il diminua l'impôt foncier et permit l'exportation des grains en 1601, pour stimuler de plus en plus la production. Il engagea les seigneurs à s'occuper eux-mêmes d'agriculture et à chercher ainsi dans les occupations des champs des distractions aux fatigues et aux périls de la guerre.

Sully fit en même temps exécuter d'immenses travaux. Pour faciliter le commerce, il avait projeté d'unir par des canaux la Seine à la Loire, la Loire à la Saône, la Saône à la Meuse, mais il ne fit exécuter que le canal de Briare qui part de la Loire à Briare et va joindre la Seine à Moret, à quatre kilomètres de Fontainebleau. Le Pont-Neuf, qui avait été commencé sous Henri III, fut achevé et livré alors à la circulation. Sully fit en même temps continuer la galerie du Louvre qui s'étend le long de la Seine entre le pont du Carrousel et le pont des Arts, et fit achever, en 1601, la façade de l'Hôtel de Ville dont les fondements avaient été jetés sous François I*er*. L'année précédente on avait commencé la place Royale, où devait se réunir toute la haute société du dix-septième siècle. On s'occupa également des châteaux royaux : Saint-Germain, Monceaux, Fontainebleau furent augmentés, et on jeta les fondements de la Bibliothèque. « Quand don Pedro de Tolède fut envoyé par Philippe III à Paris en ambassade auprès de Henri IV, il ne reconnut plus cette ville qu'il avait vue autrefois si triste et si languissante : *C'est qu'alors le père de famille n'y était pas*, lui dit Henri, *et aujourd'hui qu'il a soin de ses enfants, ils prospèrent.* »

Sully favorisait l'agriculture, mais il craignait l'industrie parce qu'il détestait le luxe. Si Henri IV avait cru son austère ministre, il aurait arrêté le développement de tous les arts manufacturiers, sous prétexte qu'ils ne servaient qu'à alimenter la corruption. Mais le monarque avait une intelligence trop élevée pour se laisser diriger d'après des considérations qui étaient inspirées plutôt par l'abus de la chose que par la chose elle-même. Selon les conseils d'Olivier de Serres, il fit planter des mûriers blancs jusque dans le jardin des Tuileries et fit organiser des magnaneries pour l'éducation des vers à soie. Il établit en même temps des manufactures de crêpe fin de Bologne à Mantes, de fil d'or, façon de Milan, de tapisseries aux Gobelins et à la Savonnerie, de verreries et de cristaux. La France enleva ainsi à l'Italie le monopole de ces riches tissus qui faisaient sortir de France chaque année plusieurs millions.

Projets de Henri IV. — Pendant que le roi travaillait à la prospérité intérieure de son royaume, il élevait la France, par sa politique extérieure, au premier rang parmi les nations européennes. Il avait été choisi comme médiateur entre Venise et le saint-siége, il le fut également entre l'Espagne et les Provinces-Unies. Là de grandes difficultés se présentaient. Les deux hommes qui étaient à la tête des États, Maurice d'Orange et Barneweld avaient des opinions contraires. Le prince d'Orange, qui était à la tête de l'armée voulait la guerre, et Barneweld, qui était le chef des députés, désirait la paix. L'habileté diplomatique du président Jeannin parvint après de longues négociations à rapprocher tous les esprits et à conclure un traité d'après lequel l'Espagne reconnaissait la souveraineté des *États généraux des Provinces-Unies des Pays-Bas*, déclarait libre leur commerce, et s'engageait à payer aux héritiers du prince d'Orange trois cent mille florins (1609).

Henri IV conçut ensuite le projet d'établir une paix perpétuelle dans toute l'Europe, au moyen d'un tribunal suprême qui aurait le droit de juger les différends des rois et des peuples. Tous les États chrétiens n'auraient ainsi formé qu'une vaste république fédérative composée de quinze États, savoir : l'État de l'Église et l'Empire redevenu électif, représentant à la tête de l'Europe l'expression la plus haute de la puissance spirituelle et de la puissance civile ; cinq royaumes héréditaires : la France, l'Espagne, la Grande-Bretagne, le Danemark et la Suède ; trois royaumes électifs : la Pologne, la Hongrie et la Bohême ; un duché, celui de Savoie augmenté de la Lombardie ; quatre républiques, celle de Venise avec la Sicile, celle de l'Italie, celle de la Suisse avec l'Alsace, le Tyrol et la Franche-Comté, et celle des Pays-Bas. On devait, pour le succès de cette vaste fédération, réunir les forces et l'argent nécessaires pour expulser les

Turcs et les Russes, qui n'étaient pas encore comptés à cette époque parmi les nations européennes.

Pour exécuter ce plan, qui prouve la droiture des intentions de Henri IV et la bonté de son cœur, il avait besoin de jouir à l'intérieur de son royaume d'une autorité incontestée, et il lui fallait au dehors attaquer la prépondérance de la maison d'Autriche. Il avait obtenu le premier de ces résultats par la sévérité avec laquelle il avait puni les seigneurs qui avaient cherché à se soustraire à son autorité. Pour atteindre le second, il entra en rapport avec les protestants d'Allemagne, et déjà il s'était entendu avec eux, lorsqu'il succomba au moment où il allait entreprendre la réalisation de ses vastes projets.

Assassinat de Henri IV (1610). — Les factions comprimées avaient plusieurs fois entrepris de se réveiller et de replonger la France dans l'anarchie. Le maréchal de Biron avait eu la tête tranchée à la Bastille pour avoir conspiré contre la personne du roi et contre l'État (31 juillet 1602). Le duc de Bouillon s'était aussi révolté (1606), et malgré la bonté et la douceur du roi, plusieurs conspirations et dix-sept tentatives d'assassinat avaient déjà mis ses jours en péril. Enfin le 4 mai 1610, étant sorti du Louvre sur le soir pour aller voir Sully qui logeait à l'Arsenal et qui était un peu malade, son carrosse fut arrêté à l'entrée de la rue de la Ferronerie par un embarras de voitures. Alors un furieux, appelé Ravaillac, qui suivait le carrosse depuis le Louvre, monta sur la roue et frappa le roi de deux coups de poignard, dont l'un l'atteignit au cœur. Le roi leva le bras en s'écriant : *Je suis blessé!* et aussitôt il expira (14 mai 1610).

RÉSUMÉ DE CE CHAPITRE. — Le règne de Henri IV se divise en deux parties bien distinctes, les temps qui ont précédé son abjuration et ceux qui l'ont suivie.

I. Pendant le règne de Henri III, la France s'était divisée en trois partis opposés, celui du roi, celui des ligueurs et celui des protestants, qui avaient à leur tête l'héritier de la couronne, Henri de Navarre. Après la mort de Henri III, les royalistes s'éloignèrent de Henri IV qui se vit réduit aux seuls réformés. Les ligueurs n'en devinrent que plus ardents, puisque le seul but avoué de la Ligue était de faire triompher le catholicisme qui se trouvait plus que jamais menacé. Mais ils n'avaient plus à leur tête que Mayenne qui était loin d'avoir le génie militaire de ses frères. Henri IV le battit deux fois, à Arques, près de Dieppe (21 sept. 1589), et à Ivry

(14 mars 1590). Ces deux victoires lui permirent de mettre le siége devant Paris, mais l'obstination avec laquelle la ville se défendit, dut lui faire comprendre qu'il n'y avait qu'un prince catholique qui pût régner sur la France. Sully lui-même lui conseilla d'abjurer, et il fut reçu solennellement dans le sein de l'Église catholique le 25 juillet 1593.

II. A partir de cette époque, la Ligue n'ayant plus de raison d'exister, il fut facile de vaincre sa résistance. Henri IV fit alors deux grandes choses qui expliquent à elles seules toute sa popularité. Par une sage administration il rétablit l'ordre dans les finances, adoucit les impôts, encouragea l'agriculture, soutint l'industrie et le commerce et fit faire de nombreux travaux aussi remarquables qu'utiles. Il ferma ainsi toutes les plaies que la guerre avait faites à la nation. Il releva en même temps la France aux yeux de l'Europe en écartant la domination espagnole. Il remporta sur les troupes de Philippe II la bataille de Fontaine-Française (5 juin 1595) et imposa ensuite à ce monarque la paix de Vervins qui fit rentrer la France dans toutes les possessions qu'elle avait cédées en 1559 par le traité de Cateau-Cambrésis. Mais il faut aussi reconnaître que Henri IV commit deux grandes fautes qui tinrent à ses anciennes erreurs et qui détournèrent la royauté de la route qu'elle aurait toujours dû suivre. Son édit de Nantes créa un État dans l'État par les concessions exagérées qu'il fit aux protestants sous le rapport politique, et prépara pour les règnes suivants les plus graves difficultés. Dans sa politique extérieure il eut aussi le tort de s'attacher à l'alliance protestante et de tracer à l'avance le plan que nous verrons suivre par Richelieu.

CHAPITRE XXX.

ÉTAT DE L'EUROPE EN 1610.

A la mort de Henri IV, en 1610, la réforme avait divisé l'Europe en deux grandes fractions politiques : les catholiques et les protestants. La maison d'Autriche était à la tête des catholiques; elle était en possession de l'Empire en Allemagne, elle était maîtresse de l'Espagne, du Portugal, d'une partie de l'Italie; mais elle avait contre elle l'Angleterre et l'Écosse, les Provinces-Unies, les royaumes du Nord, et les petits États de l'Allemagne. La France était restée catholique; mais Henri IV, qui voyait avec peine la domination de la maison d'Autriche, avait résolu de s'unir aux États protestants pour rendre la France prépondérante en Europe.

État de la France. — Les projets de Henri IV qui furent repris et exécutés par Richelieu, jetaient la France dans une voie opposée à sa politique traditionnelle. La fille aînée de l'Église qui avait toujours mis son épée au service de la foi catholique allait se mettre en opposition avec le souverain pontife et aider les protestants de tous les pays dans leur opposition à la maison d'Autriche, uniquement dans le but d'humilier une Puissance rivale. On réussit, mais la France tout en devenant prépondérante sous Louis XIV faussa sa mission en Europe et se créa des difficultés qui n'ont fait que s'accroître depuis ce moment et dont elle n'est pas encore sortie.

Henri IV en fermant les blessures que lui avaient faites les guerres civiles, en lui rendant par le traité de Vervins les possessions qui lui avaient été enlevées par le traité de Cateau-Cambrésis, en ramenant la prospérité du commerce, de l'industrie et de l'agriculture, en rétablissant ses finances, en lui donnant une administration sage et intelligente et en réformant l'armée, lui avait donné une force et une puissance, qui permettront à ses successeurs d'être les arbitres de l'Europe. Si au lieu de se faire les alliés des Turcs et les protecteurs des protestants, ils avaient pris le rôle contraire, on ne saurait dire à quel degré de gloire la nation serait arrivée. Malheureusement on chercha des alliances dans le camp opposé et on patronna l'erreur au lieu de défendre la vérité.

De l'Angleterre. — En Angleterre Élisabeth était morte en 1603 et elle avait eu pour successeur le fils de Marie Stuart Jacques VI qui porta le nom de Jacques Ier. « Ce prince théologien qui était hostile aux presbytériens et aux catholiques n'avait pas contre les Espagnols la haine d'Élisabeth. Il avait fait avec la cour de Madrid en 1604 un traité de commerce. Mais Henri IV avait su le détacher de l'Espagne pour le rapprocher de la France. Il n'y avait pas beaucoup à compter sur l'esprit flottant et indécis de ce prince aussi faible qu'incapable. Mais dans une guerre contre la maison d'Autriche, Henri IV était persuadé qu'il aurait les sympathies de l'Angleterre qui avait été si hostile aux prétentions de Philippe II.

Des Provinces-Unies. — Les Provinces-Unies ne pouvaient manquer de s'allier avec la France contre l'Espagne leur ennemie. Après une lutte de quarante années cette république venait d'obtenir une trêve de 12 ans (1609) qui lui permettait de se mettre désormais au rang des nations européennes. Henri IV avait été l'auteur de cette trêve dont les négociations commencées sous ses auspices avait été menées à bonne fin par l'habilité du président Jeannin. Cette république avait jeté déjà les bases de sa grandeur coloniale. Elle avait fondé sa Compagnie des Indes en 1602, s'était établie à Java, aux îles de la Sonde, et à Timor en attendant qu'elle pénètre au Japon. Ses hardis marins avaient reconnu en 1606 les côtes de l'Australie septentrionale qu'ils avaient appelée la Nouvelle-Hollande et ses marchands avaient créé des comptoirs dans l'Amérique du Nord. C'était une Puissance maritime qui allait se développer et qui devait se substituer à l'empire colonial des Portugais.

De l'Espagne. — L'Espagne, qu'il s'agissait de combattre, était très-affaiblie. Philippe II poursuivant les projets de domination universelle conçus par Charles-Quint, avait partout échoué. Il avait échoué dans les Pays-Bas, qu'il n'avait pas pu empêcher de se rendre indépendants, il avait échoué en Angleterre, où l'Invincible Armada n'avait rien pu contre Élisabeth ; il avait échoué en France, où il avait voulu profiter de nos dissensions. Le traité de Vervins avait fermé pour toujours la France aux Espagnols. Ce prince étant mort en 1598 avait livré à Philippe III, son successeur, un royaume épuisé. Celui-ci, incapable de gouverner par lui-même, laissait tout faire au duc de Lerme, son premier ministre, dont les prodigalités contrastaient avec la misère générale de la nation. Il venait de signer la trêve de douze ans avec la Hollande, et l'année suivante (1610) il expulsa les Maures d'Espagne. Ces infidèles s'étaient entendus avec les sultans de Fez et de Maroc pour exciter une insurrection en Espagne. Malgré les remontrances du pape Paul V, le duc de Lerme les bannit. Le royaume de Valence perdit à lui seul plus de cent quarante mille habitants ; les villages de la Catalogne furent dépeuplés aux trois quarts et les montagnes de la Sierra-Morena devinrent désertes. La plus grande partie des émigrés périrent de faim et de misère ; c'est ce qui a fait dire à Richelieu que leur bannissement avait été le plus hardi et le plus barbare conseil dont l'histoire fasse mention. Le Portugal faisait alors partie de l'Espagne. Philippe II en avait fait la conquête en 1581. Le Nouveau-Monde ne cessait de lui envoyer son argent et son or. Son empire colossal embrassait le Mexique et le Pérou, toute l'Amérique centrale et méridionale. Malgré ces immenses ressources, le trésor de la nation était vide, et il fallait avoir recours aux impôts les plus durs pour faire face aux dépenses de première nécessité.

De l'Italie. — L'Italie était très-divisée. L'Espagne y possédait Naples, la Sicile, la Sardaigne et le Milanais. Dans le royaume des Deux-Siciles, elle avait profité des divisions qui existaient parmi les nobles, les uns angevins, les autres aragonais, pour les affaiblir et rendre sa puissance absolue. Mais ce pays était épuisé comme l'Espagne, et dans un conflit européen, il ne pouvait être d'une grande ressource.

Le Milanais était pour les Espagnols une position tout à fait exceptionnelle. Elle les mettait en relation avec les Suisses et les Allemands et assurait leur prépondérance en Italie. La France leur avait toujours disputé pour ce motif cette province, et ils en étaient si peu sûrs qu'ils étaient forcés de l'occuper militairement et de respecter ses immunités et ses franchises.

Au centre, il n'y avait que de petits États. On y remarquait les duchés de Parme et de Plaisance, de Mantoue, de Ferrare, de Modène et de Reggio. Henri IV flattait ces petits souverains et avait su, par ses faveurs, les détacher de la maison d'Autriche. Il avait épousé Marie de Médicis et avait gagné ainsi les sympathies du grand duc, qui avait une autorité absolue à Florence.

La république de Gênes n'avait plus alors d'importance. Venise, tout affaiblie qu'elle était, gardait encore quelque chose de son ancien prestige. Elle avait été la première à reconnaître Henri IV à son avénement, et ce prince avait demandé à être inscrit sur le *Livre d'or* de la République. Dans un conflit qui s'était élevé entre Paul V et les Vénitiens, il était intervenu et avait réussi à apaiser ce différend. Le cardinal de Joyeuse fut le négociateur qui parvint à réconcilier les deux partis.

Henri IV avait enlevé à la maison de Savoie par le traité de Lyon, en 1601, la Bresse, le Bugey, le val Romey et le pays de Gex; mais il lui avait cédé le marquisat de Saluces. Mais le duc qui espérait avoir une partie du Milanais et du Montferrat dans le partage des possessions de la maison d'Autriche, avait marié son fils aîné avec Élisabeth, fille de Henri IV, et conclu un traité d'alliance offensive et défensive avec la France contre les Espagnols.

De la papauté. — La papauté brillait alors dans tout son éclat. Après avoir été cruellement éprouvée par les bandes fanatisées du luthérien Fronderberg qui avaient saccagé Rome, elle avait été représentée par le célèbre Paul III qui introduisit dans le sacré collège les Contarini, les Caraffa, les Sadolet, c'est-à-dire les hommes les plus saints et les plus savants de leur siècle, et qui ordonna la convocation du concile de Trente dont l'ouverture se fit le 15 mars 1545. Il réforma la Chambre apostolique, la Rote, la Chancellerie et la Pénitencerie, et, après lui, on ne vit plus paraître sur le siège pontifical que des hommes de génie. Ce fut Pie IV qui gouverna l'Église, appuyé de la science et de la vertu de saint Charles Borromée; ce fut saint Pie V le vainqueur de Lépante, ce fut Grégoire XIII, l'auteur de la réforme du calendrier, ce fut Sixte V dont le génie n'a pas besoin d'éloges. Le seizième siècle se ferma par le pontificat de Clément VIII qui avait à ses côtés l'historien de l'Église, l'immortel Baronius et le théologien Bellarmin, qui fit paraître son traité *De potestate summi pontificis*, dans lequel il faisait connaître à toute l'Europe les augustes prérogatives du saint-siège, appuyant toutes ses propositions de la certitude d'une science incontestable. Paul V, de la famille Borghèse, promulguait les mêmes doctrines dans sa bulle *In cœnâ Domini*, précisément l'année même où Henri IV fut assassiné. La lumière était là, et la vérité se révélait avec autorité à toutes les nations. Il aurait été bien à désirer qu'elles marchassent à la clarté de ce flambeau, au lieu de s'égarer dans le dédale ténébreux et dans les replis tortueux de l'astuce et de la politique moderne.

De l'Allemagne. — Le protestantisme avait divisé l'Allemagne en deux camps : les catholiques et les protestants. Les princes qui s'étaient séparés de l'Église avaient été, de l'aveu de tous, beaucoup moins convaincus par les thèses et les déclamations de Luther qu'attirés par la possession des bénéfices ecclésiastiques dont ils s'emparèrent. L'Église, avant la réforme, possédait près du tiers des terres en Allemagne. Les archevêchés de Magdebourg et de Bohême, les évêchés de Moravie, de Verden, de Lubeck, d'Halberstadt et une foule de grandes abbayes se sécularisèrent et leurs titulaires s'étant mariés devinrent les possesseurs héréditaires de tous ces biens. La paix d'Augsbourg avait stipulé qu'à l'avenir celui qui entrerait dans le parti protestant renoncerait aux bénéfices ecclésiastiques dont il était investi. C'est ce qu'on appela les *réserves ecclésiastiques*. Mais cette clause toute juste qu'elle était se trouvait perpétuellement violée. Le souverain pontife l'ayant fait observer à l'occasion de l'archevêque de Cologne Gebhard Truchsess qui avait abjuré le protestantisme et qui prétendait conserver l'électorat et en faire un bien de famille (1584), les protestants se récrièrent contre les envahissements des catholiques et soutinrent que leur liberté religieuse était menacée. Ils formèrent des ligues entre eux en 1594, 1598, 1600, et le landgrave de Hesse, Maurice le Savant, fut envoyé en France pour exposer à Henri IV l'état de l'Allemagne. Le roi de France qui voyait dans ces protestants d'Allemagne des alliés contre la maison d'Autriche qu'il voulait renverser, envoya parmi eux un habile diplomate, Bongars, qui avait pour mission de grouper tous ces petits États mécontents afin d'en faire un faisceau puissant dont on devait se servir dans la guerre qu'on méditait. On arriva à former une ligue redoutable appelée l'*Union évangélique* qui avait pour chef l'Électeur Palatin (1608). Le duc de Clèves, de Juliers, de Berg, comte de la Mark et de Raveinstein étant venu à mourir l'année suivante (1609) sans postérité, le comte palatin de Newbourg et l'électeur de Brandebourg se disputèrent son héritage. Le premier avait l'appui des catholiques, le second celui des protestants. Ceux-ci s'assemblèrent à Hall en Souabe (1610) et renouvelèrent leur union. Henri IV adhéra au traité de Hall, et les hostilités étaient déjà commencées lorsque le roi de France fut assassiné. Cette catastrophe obligea l'*Union* à renoncer à ses desseins. La guerre de Trente ans fut différée de huit années

(1618), mais elle ne devait en être que plus terrible.

De la maison d'Autriche — Après l'abdication de Charles-Quint, la maison d'Autriche se trouva effacée. Elle avait laissé à l'Espagne la direction de la politique intérieure de l'Europe. Les successeurs immédiats de Charles-Quint, Ferdinand I*er* et Maximilien II avaient affecté en Allemagne une clémence religieuse dont les protestants n'avaient pas manqué d'abuser. La tolérance de Maximilien était allée jusqu'à l'indifférentisme et avait laissé les nouvelles doctrines se propager dans la haute et la basse Autriche, et quand les ducs de Bavière lui eurent cédé le comté de Glatz, la noblesse, les fonctionnaires et la plus grande partie du peuple embrassèrent la confession évangélique.

Rodolphe II, qui lui succéda (1576) était très-attaché au catholicisme, mais il avait un caractère bizarre et il aimait mieux s'occuper d'astronomie, de mathématiques et d'alchimie avec les savants que de gouverner ses États. Quand il monta sur le trône le protestantisme dominait dans les provinces autrichiennes de langue allemande, slavone et hongroise. Dans la Carinthie et la Styrie, on l'avait adopté à l'unanimité et il avait fallu accorder le libre exercice de la confession d'Augsbourg dans les villes de Grætz, Judenbourg, Clagenfurth et Laybach.

Son frère Matthias profita de son insouciance pour lui enlever la Hongrie, l'Autriche et la Moravie et se faire reconnaître comme son successeur en Bohême. Ce prince qui ne pouvait conserver ses États, n'était pas en état de relever le catholicisme en Allemagne. Il accorda aux Bohémiens les *Lettres de majesté*, par lesquelles il concédait aux protestants le droit d'ouvrir des écoles, de bâtir des églises, de se donner des chefs qu'on appelait les *défenseurs de la foi* et de former ainsi un parti perpétuellement armé contre la royauté (11 juillet 1609).

En face de l'*Union évangélique*, les catholiques formèrent la ligue de Wurtzbourg qui est restée célèbre sous le nom de ligue catholique. On ne pouvait songer à mettre à la tête le faible Rodolphe. Le duc de Bavière Maximilien I*er*, qu'on a surnommé le Grand, en fut proclamé le chef (11 juillet 1609).

Des États Scandinaves. — Le Danemark et la Suède devaient se déclarer avec ardeur pour les protestants dans la guerre qui allait éclater. Le royaume de Danemark comprenait alors la Norwége et la partie méridionale de la Suède. Christian III avait imposé de force ses idées luthériennes aux Norwégiens et avait abusé de son despotisme pour protestantiser ses États. Christian IV qui devait prendre part à la lutte n'avait pas une armée bien organisée ; il manquait de talent et c'est ce qui explique le peu d'influence qu'eurent les Danois dans la guerre de Trente ans.

La période suédoise fut beaucoup plus éclatante grâce au génie de Gustave Adolphe et au fanatisme des Suédois. Gustave Wasa avait introduit le luthéranisme dans ce royaume. Son fils Jean III avait essayé d'y rétablir le catholicisme et son dessein avait été repris par Sigismond III son successeur. Mais ces tentatives avaient échoué et il en était résulté une réaction terrible qui fit des Suédois des fanatiques intolérants et cruels.

De la Pologne. — A l'extinction des Jagellons la Pologne était devenue un royaume électif (1572). Elle offrit sa couronne à Henri de Valois qui quitta ce trône pour venir en France régner sous le nom de Henri III. Étienne Bathori (1575-1586) se distingua par les succès qu'il remporta sur les Russes, mais il laissa enlever à la royauté son indépendance en consentant que tous ses actes fussent soumis au contrôle de seize seigneurs. Sigismond III régnait en Pologne à la mort de Henri IV. Il avait été en même temps roi de Suède, mais les Suédois l'avaient expulsé pour se donner à son oncle Charles de Sudermanie qui régna sous le nom de Charles IX. La couronne de Russie lui fut offerte en 1610 pour son fils Wladislas.

De la Russie. — Le roi de Pologne ne tira aucun parti de cet événement. La Russie n'avait d'ailleurs pas d'importance à cette époque. La dynastie de Rurik s'étant éteinte en 1578 une période de troubles et d'anarchie (1578-1613) avait pendant près de quarante ans désolé cette contrée. La Russie n'en sortit qu'à l'avénement de la maison de Romanof qui devait lui donner Pierre le Grand dont les réformes furent si salutaires à ce vaste Empire.

Des Turcs-Ottomans. — L'Empire ottoman était tombé en décadence depuis la mort de Soliman le Magnifique. Sous Sélim II son successeur, les infidèles avaient fait la conquête de l'île de Chypre (1570), mais l'année suivante leur flotte avait été détruite à Lépanto par Don Juan d'Autriche (7 oct. 1571). Les janissaires devinrent alors tout puissants et disposèrent arbitrairement de la couronne. Mahomet III qu'ils élevèrent sur le trône passa son règne dans l'oisiveté (1593-1603). Achmet Ier le contemporain d'Henri IV est jeune et a plus d'énergie. Mais il échoue contre l'Autriche en voulant soutenir la Hongrie et la Transylvanie, et il se laisse prendre à l'Est Tauris et plusieurs provinces par le schah de Perse Abbas (1611).

RÉSUMÉ DE CE CHAPITRE. — En jetant un coup d'œil sur l'Europe au commencement du dix-septième siècle, on la voit divisée en deux camps : les catholiques et les protestants. Les nations catholiques sont la France, l'Espagne, l'Italie, l'Autriche et la Pologne. Les États protestants sont l'Angleterre, la Hollande, le Danemark, la Suède et la plupart des provinces de l'Allemagne du Nord. La France occupait le premier rang parmi les nations catholiques. En fermant l'ère de ses dissensions intestines, Henri IV avait ramené la prospérité à l'intérieur par la sagesse de son administration et il n'y avait qu'à suivre la mission qu'elle avait remplie si dignement sous Charlemagne et sous saint Louis, pour la mettre à la tête de l'Europe glorieuse et florissante. Mais au lieu de s'inspirer de ces grandes traditions, on n'écouta qu'un intérêt étroit de famille et l'on voulut que la maison de France fît la guerre à la maison d'Autriche. Pour cela on lui fit prendre pour alliés les protestants et on lui assigna un rôle opposé à celui qu'elle avait toujours eu dans l'histoire. Sans doute on parvint à rendre la maison de France prépondérante, mais on fortifia en même temps le protestantisme, en favorisant toutes les mauvaises doctrines qui sont venues à la suite de l'hérésie et on créa à côté de la nation française cette Allemagne du libre examen qui nous reproche aujourd'hui notre catholicisme, qui le persécute et qui menace perpétuellement notre indépendance et notre sécurité.

TABLEAU SYNCHRONIQUE DE L'HISTOIRE DE L'EUROPE DE 1270 A 1610.

FRANCE ET ANGLETERRE.	ITALIE ET EMPIRE D'ALLEMAGNE.	ÉTATS DU NORD.	DE L'EMPIRE D'ORIENT ET DES CROISADES.	DE L'ASIE.	DE L'ESPAGNE.
1270. Saint Louis part pour la dernière croisade. — Sa mort. — Avénement de Philippe le Hardi. 1272. Édouard Ier. 1273.	Rodolphe de Habsbourg est élu empereur.		1270. Huitième croisade. — Mort de saint Louis à Tunis.		Le Portugal atteint sous Alphonse III son étendue actuelle. 1279 Réunion de la Sicile à l'Aragon. 1282
1282.	Vêpres siciliennes. — Réunion de la Sicile à l'Aragon.				
1285. Philippe IV dit le Bel.			1291. Les chrétiens sont entièrement expulsés de la Syrie.		La Navarre est unie à la France par le mariage de Jeanne de Navarre avec le roi de France Philippe le Bel. 1284
1293. Guerre contre l'Angleterre.			1294.	Fin de l'empire des Turcs Seldjoucides.	Guerre de la France contre l'Aragon. 1285
1295. La chambre des communes en Angleterre. 1297. Guerre contre la Flandre. 1299. Démêlés de Philippe le Bel avec Boniface VIII.		Grands-ducs de Moscou. 1295	1299.	Osman fonde l'empire des Turcs Ottomans.	
1302. Premiers états généraux. — Bataille de Courtray. 1304. Bataille de Mons-en-Puelle. 1307. Édouard II. 1308. 1309.	Établissement de la confédération helvétique. Translation du saint-siége à Avignon.				
1312. Concile général de Vienne. — Abolition de l'ordre des Templiers. 1314. Louis X, dit le Hutin. Exploit de Robert Bruce en Écosse. 1316. Jean Ier Philippe V dit le Long. Application de la loi salique. 1321. Charles IV dit le Bel. 1328. Avénement des Valois.	L'empereur Louis V soutient les Gibelins en Italie.				La Navarre passe à la maison d'Évreux. 1328

FRANCE ET ANGLETERRE.	ITALIE ET EMPIRE D'ALLEMAGNE.	ÉTATS DU NORD.	ESPAGNE ET PORTUGAL.	EMPIRE D'ORIENT ET TURCS OTTOMANS.	ASIE, AFRIQUE ET AMÉRIQUE.
1328. Avénement de Philippe VI de Valois. 1329. Le roi d'Angleterre Édouard III fait hommage au roi de France. Invention de la poudre à canon. 1337. Le roi d'Angleterre prend le titre de roi de France. Commencement de la guerre de Cent ans. 1338. 1344. Commencement de la guerre des deux Jeanne en Bretagne. 1346. Bataille de Crécy. 1347. Prise de Calais par Édouard III. 1349. Réunion à la France du Dauphiné et du comté de Montpellier. 1350. Avénement de Jean II le Bon. 1356. Bataille de Poitiers, où le roi Jean est fait prisonnier. 1360. La Jacquerie. Traité de Brétigny, délivrance du roi Jean. 1363. Création du duché de Bourgogne en faveur de Philippe le Hardi, fils de Jean le Bon. 1364. Charles V. Bataille de Cocherel gagnée par du Guesclin. 1365. Bataille d'Auray. Du Guesclin prisonnier.	L'empereur Louis V soutient les Gibelins en Italie. Le pape excommunie l'empereur, et l'empereur dépose le pape. Pragmatique de Francfort. Rivalité de Gênes et de Pise.	Casimir III, surnommé le Grand, règne glorieusement en Pologne. 1333 La bulle d'or fixe en Allemagne le mode d'élection des empereurs.	1327 1342. Les Arabes Mérinides sont chassés d'Espagne. 1359 1360.	Prise de Nicée. Prise de Gallipoli par les Turcs Ottomans; ce succès leur ouvre l'Hellespont. Amurath II. — Création des janissaires.	Tamerlan, chef des Mongols. 1360

FRANCE ET ANGLETERRE.	ITALIE ET ALLEMAGNE.	ÉTATS DU NORD.	ESPAGNE ET PORTUGAL.	EMPIRE D'ORIENT ET TURCS OTTOMANS.	ASIE, AFRIQUE ET AMÉRIQUE.
1365. Traité de Guérande, qui met fin à la guerre de Bretagne.			1368. Lutte entre Henri de Transtamarre et Pierre le Cruel, roi de Castille. Celui-ci est tué et détrôné par son frère (1369).		
1376.	Fin du séjour des papes à Avignon.				Tamerlan subjugue les Gètes. 1371
1378. Charles le Mauvais livre Cherbourg aux Anglais.	Grand schisme d'Occident. Urbain VI à Rome, Clément VII à Avignon.				
1380. Mort de du Guesclin. Minorité de Charles VI. 1381.	Guerre de Chiozza entre Gênes et Venise.				Conquête du Kharisme. 1379
	Paix entre Gênes et Venise. Le duc d'Anjou entreprend de monter sur le trône de Naples.		1383. Avénement de la dynastie d'Avis en Portugal.		Conquête du Khorasan. 1383
1382. Bataille de Rosbeck. Les Maillotins.					Conquête de la Géorgie. 1386
1383. La Flandre réunie au duché de Bourgogne.					Conquête du Turkestan. 1387
		Vladislas Jagellon, converti au christianisme, règne sur la Pologne et la Lithuanie. 1386			
1388. Mariage de Charles VI avec Isabeau de Bavière. La guerre recommence entre la France et l'Angleterre.			1389.	Bajazet Ier succède à Amurath.	
		Réunion du Danemark, de la Suède et de la Norwége sous Marguerite de Valdemar. 1389			
1392. Démence de Charles VI. Régence de ses oncles.					Invasion en Mésopotamie. 1393
1395. Trève avec les Anglais.	Jean Galéas Visconti, premier duc de Milan.		1396.	Bataille de Nicopolis gagnée par Bajazet Ier.	
		Union de Calmar. 1397			Conquête de l'Indoustan. 1399

FRANCE ET ANGLETERRE.	ITALIE ET ALLEMAGNE.	ÉTATS DU NORD.	ESPAGNE ET PORTUGAL.	EMPIRE D'ORIENT ET TURCS OTTOMANS.	ASIE, AFRIQUE ET AMÉRIQUE.
1404. Jean sans Peur, duc de Bourgogne. 1405. Querelle des ducs d'Orléans et de Bourgogne. 1406. 1407. Assassinat du duc d'Orléans. 1409. 1410. Les Bourguignons et les Armagnacs.	Florence domine sur toute la Toscane. Concile de Pise. Élection d'Alexandre V.		1402.	Défaite de Bajazet Ier à Ancyre.	Invasion des Mongols dans l'empire ottoman. 1402. Tamerlan gagne la bataille d'Ancyre, 1402. Démembrement de l'empire de Tamerlan après sa mort. 1405.
		Mort de Marguerite, la Sémiramis du Nord. 1412.	1412.	Les Turcs vainqueurs de l'empereur Sigismond à Sémendria.	
1414. 1415. Bataille d'Azincourt. 1416. 1418. Perrinet le Clerc livre Paris au duc de Bourgogne. 1419. Assassinat du duc de Bourgogne à Montereau. 1420. Traité de Troyes; la France est livrée aux Anglais.	Concile de Constance. Condamnation de Jean Huss et de Wicklef. Le comté de Savoie est érigé en duché.		1415. Guerre des Portugais en Afrique. 1418. Ils découvrent Porto-Santo. 1419. Découverte de Madère.		
1422. Charles VII et Henri VI proclamés rois de France. 1423. Bataille de Crevant. 1424. Bataille de Verneuil. 1428. Siége d'Orléans par les Anglais. 1429. Jeanne d'Arc les oblige à lever le siége d'Orléans, elle poursuit ses succès, et Charles VII est sacré à Reims. 1430. Siége de Compiègne. Jeanne d'Arc tombe entre les mains des Anglais.	Influence de Côme de Médicis à Florence.		1422. 1429.	Amurath assiége Constantinople. Prise de Thessalonique par Amurath.	

FRANCE ET ANGLETERRE.	ITALIE ET ALLEMAGNE.	ÉTATS DU NORD.	ESPAGNE ET PORTUGAL.	EMPIRE D'ORIENT ET TURCS OTTOMANS.	ASIE, AFRIQUE ET AMÉRIQUE.
1431. Supplice de Jeanne d'Arc à Rouen. Henri VI couronné roi de France à Paris. 1435. Traité d'Arras, réconciliation de Charles VII et du duc de Bourgogne. 1436. Entrée de Charles VII à Paris. 1439. 1440.	Invention de l'imprimerie par Jean Guttemberg, de Mayence. Concile de Florence, Réunion de l'Église grecque et de l'Église latine. Frédéric III, empereur.		1435.	Guerre des Turcs contre les Hongrois.	
1444. Trêve entre la France et l'Angleterre.		Vladislas VI, roi de Pologne et de Hongrie, est vaincu par Amurath II. 1444 Rupture de l'union de Calmar. La Suède se sépare du Danemark et de la Norwège. 1449	1440.	Exploits de Hunyade Corvin, waïvode de Transylvanie.	
1449. Conquête de la Normandie et de la Guyenne. 1450.					
	François Sforza, duc de Milan.		1451. 1453.	Mahomet II succède à Amurath. Prise de Constantinople par Mahomet II. Fin de l'empire d'Orient.	
1453. Combat de Castillon qui met fin à la guerre de Cent ans. Les Anglais ne conservent plus en France que Calais. 1454. Ordonnance pour la rédaction des coutumes. 1455. Commencement de la guerre des deux roses. Bataille de Saint-Alban.	Congrès de Lodi.	Les Prussiens se donnent à la Pologne. 1454			
1457. 1458.	Séparation de la Bohême et de la Hongrie. Pie II prêche une nouvelle croisade.— Georges Podiebrad, roi de Bohême; Mathias Corvin, roi de Hongrie.		1458.	Mahomet II assiége Belgrade. Les Turcs s'emparent de la Servie et de la Morée.	
1460. Richard, duc d'York, cherche à se faire proclamer roi d'Angleterre.				Destruction de l'empire de Trébizonde par les Turcs.	Découverte des îles du Cap-Vert et du Sénégal.

FRANCE ET ANGLETERRE.	ITALIE ET ALLEMAGNE.	ÉTATS DU NORD.	ESPAGNE ET PORTUGAL.	TURCS OTTOMANS.	ASIE, AFRIQUE ET AMÉRIQUE.
1461. Louis XI, roi de France. Édouard IV, roi d'Angleterre. Bataille de Towton. 1464. Ligue du bien public contre Louis XI. 1465. Bataille de Montlhéry. Traités de Conflans et de Saint-Maur.		Ivan III, grand duc de Moscou. 1461	1461.		
	Exploits de Scanderberg contre les Turcs.				
		Traité de Thorn. Démembrement des États des chevaliers Teutoniques. 1466			
1467. Charles le Téméraire, duc de Bourgogne. 1468. Louis XI à Péronne. 1469.					
	Les Médicis Julien et Laurent, chefs de la république florentine.	Ivan III vainqueur des Tartares du Kasan. 1469			
1470. Louis XI convoque les états généraux. Charles le Téméraire organise une coalition. Édouard IV est forcé de fuir; rétablissement de Henri VI. 1471. Rétablissement d'Édouard IV en Angleterre. Mort de Henri VI et de son fils. 1472. Héroïsme de Jeanne Hachette à Beauvais.	Sixte IV, pape; Wladislas, roi de Bohême.	1471			Découverte des îles Açores. Le pape arme le roi de Perse Ouzoun-Hassan contre les Turcs. 1471
					Ouzoun-Hassan est défait par les Turcs. 1475
1474. Ligue du duc de Bourgogne et du roi d'Angleterre contre Louis XI. 1475. Trêve entre Louis XI et Charles le Téméraire. 1476. Défaites de Charles le Téméraire à Granson et à Morat.	Guerre de Mathias Corvin contre les Polonais, les Bohémiens et les Turcs. 1476		1474. Isabelle, femme de Ferdinand d'Aragon, reine de Castille. 1475.	Conquête de la Crimée par les Turcs.	
1477. Charles le Téméraire est tué devant Nancy. 1478. Établissement des postes en France. 1479. Guerre entre Louis XI et Maximilien. Bataille de Guinegate.	Convention d'Olmutz entre les rois de Bohême et de Hongrie. Mathias Corvin envahit l'Autriche. Maximilien épouse Marie de Bourgogne. Décadence de la république de Venise.		1476. Le roi de Portugal Alphonse V est défait à Toro par Ferdinand le Catholique. 1477. 1479. Ferdinand le Catholique, roi d'Aragon.	Invasion des Turcs en Italie.	

TABLEAU SYNCHRONIQUE DE L'HISTOIRE DE L'EUROPE DE 1270 A 1610.

FRANCE ET ANGLETERRE.	ITALIE ET ALLEMAGNE.	ÉTATS DU NORD.	ESPAGNE ET PORTUGAL.	TURCS OTTOMANS.	ASIE, AFRIQUE ET AMÉRIQUE.
		Iwan III détruit la grande horde et prend le titre d'autocrate des Russies. 1480	1480. Établissement de l'inquisition en Espagne.		
1481. L'Anjou, le Maine et la Provence sont réunis à la France.			1481. Jean II, roi de Portugal.	Bajazet II succède à Mahomet II.	
1483. Charles VIII, roi de France. Les enfants d'Édouard IV en Angleterre sont assassinés par leur oncle Richard III.			1482. Diète d'Évora en Portugal.		Les Portugais s'établissent en Guinée. 1482 Colonie espagnole dans les Canaries. 1483
1484. Anne de Beaujeu, régente, convoque les États généraux à Tours. 1485. Révolte du duc d'Orléans contre Charles VIII. Bataille de Bosworth. Henri VII, roi d'Angleterre.					Découverte du Congo. 1484
1488. Bataille de Saint-Aubin. Le duc d'Orléans fait prisonnier. — Jacques III, roi d'Écosse, est assassiné. 1490.			1486. 1488.	Les Turcs s'emparent de la Moldavie. Guerre des Turcs contre les Perses.	Découverte du cap de Bonne-Espérance. 1486
1491. Réunion de la Bretagne à la France. 1492.	Ladislas II succède à Mathias Corvin en Hongrie. Alexandre VI, pape. Pierre de Médicis à Florence.	Jean Albert, roi de Pologne. 1492	1492. Les Maures sont expulsés d'Espagne. Prise de Grenade par Ferdinand et Isabelle.		Découverte de l'Amérique par Christophe Colomb. 1492
1493.	Maximilien succède à Frédéric III, empereur d'Allemagne.				
1494. Expédition de Charles VIII en Italie.	Louis le More, duc de Milan. Alphonse II, roi de Naples.		1495. Emmanuel le Fortuné, roi de Portugal.		Découverte de la Jamaïque par Christophe Colomb. 1494
1495. Bataille de Fornoue; retour de Charles VIII en France. 1496.	Ferdinand II, roi de Naples.		1496. Philippe le Beau épouse Jeanne la Folle, héritière d'Espagne.		
1498. Louis XII, roi de France.	Les Français sont chassés de Naples. Frédéric III, roi de Naples. Supplice de Savonarole.				Voyages de Vasco de Gama aux Indes orientales. 1497
1499. Louis XII s'empare du Milanais.		Progrès d'Iwan III en Russie. 1499	1499.	Guerres des Turcs qui ravagent le Frioul.	

HISTOIRE DE L'EUROPE, cl. de 2ᵉ   18

FRANCE ET ANGLETERRE.	ITALIE ET ALLEMAGNE.	ÉTATS DU NORD.	ESPAGNE ET PORTUGAL.	TURCS OTTOMANS.	ASIE, AFRIQUE ET AMÉRIQUE.
1500. Les Français perdent le Milanais et le reprennent. Alliance avec l'Espagne.	Division de l'empire en six cercles.		1500. Alliance de Ferdinand le Catholique avec Louis XII.		
1501. Les Français s'emparent du royaume de Naples.	Organisation du conseil aulique.				Découverte du Brésil. 1501
1503. Les Français sont chassés du royaume de Naples.	Jules II.	Guerres entre la Suède et le Danemark. 1502			
1504. Traités de Blois.		Sténon-Sture, administrateur de la Suède. 1504	1504. Mort d'Isabelle. Jeanne et Philippe, roi de Castille.		
1506.	Le pape pose la première pierre de l'église de Saint-Pierre.	Wasili IV succède à Iwan III. 1505 Sigismond Iᵉʳ, roi de Pologne. 1506			Almeida, premier vice-roi des Indes. 1505
1508. Ligue de Cambrai contre Venise. 1509. Henri VIII, roi d'Angleterre. 1511. Sainte ligue.	Bataille d'Agnadel.		1507. Le cardinal Ximenès, ministre en Espagne.		
1512. Exploits de Gaston de Foix. Bataille de Ravenne. 1513. La France est envahie. — Jacques IV, roi d'Écosse, est tué à la bataille de Flodden. 1515. François Iᵉʳ, roi de France. Bataille de Marignan; conquête du Milanais. 1516. Traité de Noyon. 1517. 1519. Rivalité de François Iᵉʳ et de Charles-Quint. 1520. Le camp du Drap d'or. 1521. Guerre entre François Iᵉʳ et Charles-Quint. 1522. Défaite des Français à la Bicoque.	Cinquième concile de Latran. Léon X. Louis II, successeur de Ladislas en Hongrie. Premières prédications de Zuingle. Luther attaque les indulgences. Charles-Quint, empereur. Luther brûle la bulle du pape qui le condamne. Condamnation de Luther à la diète de Worms. Adrien VI.	Sténon-Sture II, administrateur de Suède. 1512 Christian II, roi de Danemark. 1513 Conquête de Christian II en Suède. 1520 Invasion des Tartares en Moscovie. 1521	1512. 1516. Charles-Quint, roi d'Espagne. 1517. 1520. 1521. Révolte en Espagne. 1522.	Sélim Iᵉʳ succède à Bajazet. Conquête du Diarbékir par les Turcs. Prise du Caire par les Turcs. Avénement de Soliman II le Grand. Prise de Belgrade par Soliman. Prise de Rhodes.	Mort d'Albuquerque; décadence de la puissance portugaise dans les Indes. 1515 Fernand Cortés au Mexique. 1519 Siège de Mexico. 1521 Découverte des Philippines par Magellan. Conquête du Mexique. 1522

FRANCE ET ANGLETERRE.	ITALIE ET ALLEMAGNE.	ÉTATS DU NORD.
1523. Les Français sont chassés d'Italie par Charles-Quint. 1524. Siège de Marseille. 1525. Déroute des Français à Pavie. Captivité de François Ier. 1526.	Hérésie des anabaptistes. Hérésie des sacramentaires. Ligue catholique de Ratisbonne. Ligue catholique de Dessau. Guerre des anabaptistes. 1526. Diète de Spire. Ligue luthérienne de Torgau. Jean Zapoyla, roi de Hongrie, et Ferdinand Ier, roi de Bohême.	Frédéric Ier, roi de Danemark. — Gustave Wasa, roi de Suède. 1523. Sécularisation de la Prusse et de la Livonie. Progrès de la réforme dans le Nord. 1525.
1527. 1529. 1530.	Sac de Rome. Ligue catholique de Breslau. Protestation des luthériens contre la diète de Spire. Diète et confession d'Augsbourg. Ligue de Smalkade.	
1532. Henri VIII épouse Anne de Boleyn. Premières prédications de Calvin. 1534. Schisme de l'Angleterre. La France s'allie avec les Turcs. 1535. 1536. Supplice d'Anne de Boleyn. Spoliation des monastères en Angleterre. L'armée de Charles-Quint est repoussée de la Picardie.	Expédition de Charles-Quint contre Tunis.	Ivan IV, grand-duc de Moscovie. 1533. Christian III, roi de Danemark. 1534. La Norwège est réunie au Danemark. 1537.
1538. Trêve de Nice entre François Ier et Charles-Quint. 1539. Loi des six articles promulguée par Henri VIII. 1540. Charles-Quint obtient de traverser la France avec son armée. 1541. 1542. Marie Stuart, reine d'Écosse.	Approbation de la société de Jésus fondée en 1534. Expédition de Charles-Quint contre Alger.	Jean Sigismond. 1540.

ESPAGNE ET PORTUGAL.	TURCS OTTOMANS.	ASIE, AFRIQUE ET AMÉRIQUE.
		Pizarre au Pérou. 1525.
1526. Traité de Madrid qui rend la liberté à François Ier.		
1529.	Soliman assiège Vienne.	
		Conquête du Pérou. 1532.
1534.	Alliance de Soliman avec François Ier.	Les Français au Canada. 1534. Fondation de Lima et de Buénos-Ayres. 1534. Découverte de la Californie. 1536.
1538.	Conquête de l'Yémen par les Turcs.	
1540.	Paix entre la Turquie et Venise.	Mission de saint François Xavier dans les Indes. 1541. Les Portugais au Japon. 1542.

TABLEAU SYNCHRONIQUE DE L'HISTOIRE DE L'EUROPE DE 1270 A 1610.

FRANCE ET ANGLETERRE.	ITALIE ET ALLEMAGNE.	ÉTATS DU NORD.	ESPAGNE ET PORTUGAL.	TURCS OTTOMANS.	ASIE, AFRIQUE ET AMÉRIQUE.
1543. Nouvelle guerre entre Charles-Quint et François Ier. 1544. Bataille de Cérisolles. Paix de Crespy. 1545. Massacre des Vaudois. Henri VIII dépouille les universités, les hôpitaux, les églises. 1546. Traité de paix entre la France et l'Angleterre. Progrès de la réforme en Écosse. 1547. Henri II, roi de France. Édouard VI, roi d'Angleterre; il établit le protestantisme. 1548. Marie Stuart en France. 1550. Traité de la France avec l'Angleterre. 1551. Édit de Château-briant. 1552. Conquête des Trois-Évêchés sous Henri II. 1553. Siège de Metz. Marie Tudor, reine d'Angleterre. 1554. Elle épouse Philippe d'Espagne et rétablit le catholicisme. 1555. 1556. Trêve de Vaucelles. 1557. Défaite de Saint-Quentin. 1558. Prise de Calais. Bataille de Gravelines. Élisabeth, reine d'Angleterre. Mariage de Marie Stuart avec le dauphin François II. 1559. Rétablissement de la religion anglicane. Paix de Câteau-Cambrésis; François II, roi de France. 1560. Conjuration d'Amboise, dit de Romorantin. Charles IX. États généraux d'Orléans. Triomphe du protestantisme en Écosse.	Ouverture du concile de Trente. Bataille de Muhlberg. Publication de l'Intérim. Jules III. Réouverture du concile de Trente. Transaction de Passau. Bataille de Renty. Diète d'Augsbourg; paix de religion. Charles-Quint abdique la souveraineté des Pays-Bas. Abdication complète de Charles-Quint. Ferdinand Ier, empereur. Mort de Charles-Quint. Pie IV.	Sigismond II, roi de Pologne. 1548 Code d'Iwan IV. 1550 Guerre entre la Russie et la Pologne. — Éric XIV, roi de Suède. 1560	1544. 1545. 1548. 1556. Philippe II, roi d'Espagne. 1557. Sébastien, roi de Portugal.	Soliman envahit la haute Hongrie. Mort de Barberousse. Les Perses sont vaincus par Soliman.	

FRANCE ET ANGLETERRE.	ITALIE ET ALLEMAGNE.	ÉTATS DU NORD.	ESPAGNE ET PORTUGAL.	TURCS OTTOMANS.	ASIE, AFRIQUE ET AMÉRIQUE.
1561. Édit de Saint-Germain. Colloque de Poissy. Marie Stuart, reine d'Écosse. 1562. Édit de janvier, qui accorde aux protestants le libre exercice de leur culte. Prétendu massacre de Vassy. Bataille de Dreux. 1563. Pacification d'Amboise. Assassinat du duc de Guise. 1564.	Deuxième réouverture du concile de Trente.	Cession de la Livonie à la Pologne.	1560. Troubles dans les Pays-Bas. 1563. Rappel de Granvelle. 1564. Compromis de Bréda. 1565.		
1566. Assemblée des notables à Moulins. 1567. Bataille de Saint-Denis. 1568. Paix de Longjumeau. Marie Stuart, prisonnière d'Élisabeth. 1569. Batailles de Jarnac et de Montcontour. 1570. Paix de Saint-Germain en Laye. 1571.	Clôture du concile de Trente. Pie V.	Nouvelle guerre entre la Russie et la Pologne. 1561 Jean III, roi de Suède. 1567 Union définitive de la Lithuanie et de la Pologne. 1569	1566. Le duc d'Albe dans les Pays-Bas. 1571.	Les Turcs sont obligés de lever le siège de Malte. Sélim II, sultan. Conquête de l'île de Chypre. Défaite des Turcs à Lépante.	
1572. Massacre de la Saint-Barthélemy. 1573. Édit de juillet. 1574. Henri III, roi de France. 1575. 1576. Le duc d'Alençon, chef des huguenots. États de Blois. 1577. Formation de la ligue. 1578. Institution de l'ordre du Saint-Esprit par Henri III. 1579. Paix de Nérac. Ordonnance de Blois.	Bataille de Lépante. Rodolphe, roi de Hongrie. Rodolphe, roi de Bohême. Édit perpétuel.	Henri de Valois, roi de Pologne. 1573 Étienne Bathori, roi de Pologne. 1575 Découverte de la Sibérie. 1577	1572. Révolte de la Hollande. 1574. Guerre des Pays-Bas. Défaite des Espagnols. 1575. Secte des illuminés en Espagne. — Conférences de Bréda. 1576. Pacification de Gand. Don Juan. 1578. L'archiduc Mathias dans les Pays-Bas. Le cardinal Henri Ier, roi de Portugal. 1579. Constitution de la république des sept Provinces-Unies. Guillaume le Taciturne, stathouder.	Mort de Sélim II. Avénement d'Amurath III.	Les Anglais cherchent à s'établir dans l'Amérique du Nord. 1578

FRANCE ET ANGLETERRE.	ITALIE ET ALLEMAGNE.	ÉTATS DU NORD.	ESPAGNE ET PORTUGAL.	TURCS OTTOMANS.	ASIE, AFRIQUE ET AMÉRIQUE.
1580. Nouvelle guerre de religion.		La Sibérie est unie à la Moscovie. 1581	1580. Philippe II s'empare du Portugal. 1581. Les Provinces-Unies se séparent définitivement de l'Espagne.		
1582. Lois contre les catholiques anglais.	Calendrier grégorien.				
1585. Henri III, chef de la ligue.	Sixte-Quint.		1584. Succès de Farnèse dans les Pays-Bas. 1585. Les Provinces-Unies s'offrent à l'Angleterre et à la France. 1586. Exploits de Farnèse dans les Pays-Bas.		Colonie anglaise dans la Virginie. 1584. Découverte du détroit de Davis. 1585.
1586. Guerre des trois Henri. 1587. Bataille de Coutras. Supplice de Marie Stuart.		Fondation de Tobolsk en Sibérie. 1585. Sigismond III, roi de Suède. 1587.			Voyage de Cavendish au Chili et au Pérou. 1587.
1588. Faction des Seize. Puissance du duc de Guise. États généraux de Blois. Assassinat du duc de Guise. Mort de Catherine de Médicis.		Christian IV, roi de Danemark. 1588.	1588. Destruction de l'armada invincible.		
1589. Henri III est assassiné. Henri IV. Bataille d'Arques. Le cardinal de Bourbon est proclamé roi et le duc de Mayenne lieutenant général du royaume.	Restauration de la bibliothèque du Vatican.		1589.	Paix entre la Turquie et la Perse.	
1590. Bataille d'Ivry gagnée par Henri IV. 1591. Journée des farines. Prise de Chartres.		Guerre entre la Suède et la Russie. 1590.	1591. Exploits de Maurice dans les Pays-Bas. 1592.	Révolte des janissaires.	Voyages de Raleigh. 1592.
		Sigismond, roi de Suède. 1592.			
1593. Conférence entre les catholiques et Henri IV. Abjuration de Henri IV. Troubles en Écosse excités par Élisabeth.					
1594. Entrée de Henri IV à Paris. Troubles en Irlande.			1594.	Prise de Raab.	
1595. Henri IV défait les Espagnols à Fontaine-Française.	Clément VIII absout Henri IV.	Révolte de la Finlande. 1595.	1595.	Mahomet III.	Les Hollandais aux Indes orientales. 1595.
1596. Soumission des ligueurs. Assemblée des notables.	Indépendance de la Transylvanie, reconnue.		1596.	Expédition en Hongrie. Prise d'Agria.	
			1597. Victoire de Maurice de Nassau. 1598. Philippe III, roi d'Espagne.		
1598. Soumission de la Bretagne. Édit de Nantes. Paix de Vervins.		Guerre civile en Suède. 1598.			

FRANCE ET ANGLETERRE.	ITALIE ET ALLEMAGNE.	ÉTATS DU NORD.
1600. Administration de Sully. Guerre avec la Savoie. 1602. Nouvelles réformes opérées par Sully. 1603. Jacques Ier, roi d'Angleterre. 1605. Conspiration des poudres. 1607. Henri IV réconcilie le pape et Venise. 1608. 1609. 1610. Assassinat de Henri IV. Louis XIII.	Mathias est élu roi de Hongrie. Diète de Ratisbonne. Révolte de Bohême.	Charles IX, roi de Suède. — Code danois. 1604. Faux Dmitri en Russie. 1605. Troubles en Russie. 1610.

ESPAGNE ET PORTUGAL.	TURCS OTTOMANS.	ASIE, AFRIQUE ET AMÉRIQUE.
1603. 1606. Exploits de Spinola. 1609. Trêve de douze ans entre les Provinces-Unies et l'Espagne.	Achmet Ier.	Compagnie hollandaise des Indes orientales. 1602. Les Hollandais aux Moluques. 1604. Les Danois au Groenland. 1605. Les Hollandais au Japon. Les Jésuites au Paraguay. Découverte des Bermudes. 1609.

PROGRAMME OFFICIEL
POUR
L'ENSEIGNEMENT DE L'HISTOIRE DANS LES LYCÉES
CLASSE DE SECONDE

HISTOIRE DE L'EUROPE
DE LA FIN
DU XIII° AU COMMENCEMENT DU XVII° SIÈCLE (1270-1610)

(Comme nous avons suivi exactement le programme, il nous servira de table de matières.)

I.	Géographie politique de l'Europe en 1270......	1
II.	Philippe le Hardi et Philippe le Bel. — Guerres avec l'Aragon, la Flandre et l'Angleterre.....	10
III.	Différend de Philippe le Bel et de Boniface VIII. — États généraux. — Résidence des papes à Avignon. — Condamnation des Templiers....	26
IV.	Institutions de Philippe le Bel. — Les trois fils de Philippe le Bel. — La loi salique..........	34
V.	Avénement des Valois. — Philippe VI. — Première partie de la guerre de Cent ans. — Bataille de Crécy..........................	46
VI.	Jean. — Bataille de Poitiers. — Les États généraux. — La Jacquerie. — Paix de Brétigny...	60
VII.	Charles V. — Duguesclin. — Guerres et gouvernement. — Grand schisme d'Occident......	69
VIII.	Charles VI. — Les Armagnacs et les Bourguignons. — Bataille d'Azincourt et traité de Troyes.............................	81
IX.	Charles VII. — Jeanne d'Arc. — Traité d'Arras.	96
X.	Fin de la guerre de Cent ans. — Institutions de Charles VII........................	112
XI.	De l'Allemagne. — Avénement de la maison de Habsbourg. — Affranchissement de la Suisse. — Maison de Luxembourg. — La bulle d'or. — Guerre des Hussites. — Fin du grand schisme d'Occident. — Maison d'Autriche : Maximilien.........................	118
XII.	Les Turcs en Europe. — Mahomet II. — Prise de Constantinople.......................	138
XIII.	De l'Angleterre. — Richard II. — Avénement des Lancastre.......................	151

		Pages.
XIV.	De l'Angleterre et de l'Écosse jusqu'à l'avénement de Henri VIII. — Guerre des deux roses. — Avénement des Tudors. — Tableau sommaire de la Constitution anglaise...	167
XV.	Formation du royaume d'Espagne. — Ferdinand et Isabelle. — Prise de Grenade.............................	182
XVI.	Découvertes maritimes des Espagnols et des Portugais. — Christophe Colomb. — Empire portugais aux Indes. — Empire espagnol au Nouveau-Monde.	194
XVII.	Louis XI et Charles le Téméraire. — Agrandissement du domaine royal. — Gouvernement de Louis XI.	211
XVIII.	Charles VIII et Anne de Beaujeu. — Les États généraux de 1484. — État de l'Italie à la fin du XVe siècle. — Guerres d'Italie sous Charles VIII......	232
XIX.	Louis XII. — Conquête du Milanais. — Expédition de Naples. — Jules II. — La Ligue de Cambrai. — La sainte Ligue. — Bataille de Ravenne...........	244
XX.	François Ier. — Bataille de Marignan. — Charles-Quint. — Rivalité de la France et de la maison d'Autriche. — Bataille de Pavie. — Traités de Madrid et de Cambrai...	256
XXI.	Soliman. — Henri VIII. — Traités de Crépy et d'Ardres..	268
XXII.	Henri II. — Acquisition des trois évêchés. — Abdication de Charles-Quint. — Philippe II. — Bataille de Saint-Quentin. — Prise de Calais. — Paix de Cateau-Cambrésis...	281
XXIII.	Découverte et influence de l'Imprimerie. — La renaissance en Italie et en France........................	286
XXIV.	La réforme en Suisse et en Allemagne. — Zuingle et Luther. — Bataille de Muhlberg. — Paix d'Augsbourg..	301
XXV.	La réforme en Angleterre et en Écosse. — Henri VIII. — Édouard VI. — Marie Tudor. — Élisabeth et Marie Stuart...	318
XXVI.	La réforme dans les Pays-Bas. — Affranchissement des Provinces-Unies; princes de la maison d'Orange. — Philippe II. — Conquête du Portugal...........	341
XXVII.	La réforme en France. — Calvin. — Guerres de religion. — François II et Charles IX................	352
XXVIII.	Henri III et la Ligue.................................	366
XXIX.	Henri IV. — Édit de Nantes. — Traité de Vervins. — Sully. — Administration et politique de Henri IV..	376
XXX.	État de l'Europe en 1610............................	387

SAINT-CLOUD. — IMPRIMERIE V^e EUG. BELIN ET FILS.

www.ingramcontent.com/pod-product-compliance
Lightning Source LLC
Chambersburg PA
CBHW051838230426
43671CB00008B/1001